CARRÉ

…PHIE

Afriques noires

Héritages et mutations

3e ÉDITION REVUE ET AUGMENTÉE

Roland Pourtier, *professeur émérite à l'Université Paris I Panthéon-Sorbonne*

Mise en pages : Nord Compo
Cartographie : Nouchka Pourtier

ISBN : 978-2-01-140341-4

Introduction

La première édition d'« Afriques noires », en 2001, brossait le tableau d'un continent achevant un cycle. Le passage au XXIe siècle, en gésine dans la profondeur du temps, amorce un nouveau cycle. La véritable rupture n'a pas été l'an 2000 mais l'attentat qui le 11 septembre 2001 frappa les États-Unis. Bien qu'il n'existât aucun lien originel entre ce traumatisme qui affecta durablement la première puissance mondiale et les affaires du continent africain, ce dernier, solidaire de l'histoire globale, a pris sa part dans la recomposition de l'échiquier géopolitique du monde. La conjugaison des évolutions de temps long et des soubresauts du temps présent a présidé à l'accélération du changement.

La présente édition n'est donc pas une simple mise à jour de données factuelles. La réécriture du texte s'inscrit dans un contexte de transformations radicales des configurations économiques et politiques mondiales. Sans remettre en cause les analyses antérieures, elle les prolonge à la lumière de l'inflexion des trajectoires planétaires dans lesquelles l'Afrique est plus que jamais partie prenante. Son entrée dans le troisième millénaire s'est accomplie sous les auspices du renouveau.

Ce réveil de l'Afrique est d'autant plus perceptible qu'il fait suite à une vingtaine d'années de crise économique et d'histoire chaotique qui firent le lit de l'« afro-pessimisme ». Depuis quelques années les travaux empiriques et les indicateurs macroéconomiques se rejoignent pour annoncer que le vent a tourné. Les points de vue sur l'Afrique ont changé de tonalité ; les intitulés mêmes des publications les plus récentes sont au diapason de ce renversement de perception. *Le temps de l'Afrique* sous la plume de Jean-Michel Severino, Directeur général de l'Agence Française de Développement de 2001 à 2010, et d'Olivier Ray est représentatif d'une nouvelle veine placée sous le sceau de l'optimisme (Severino 2010). De tous les horizons, les publications rivalisent pour donner une image renouvelée et positive de l'Afrique. L'Afrique serait la « nouvelle frontière » du XXIe siècle. MacKinsey Global Institute évoque « l'heure des lions » qui sonnerait après celle des « tigres » asiatiques, tandis que certains, par référence implicite à Alain Peyrefitte, se prennent à rêver à voix haute : « Quand l'Afrique s'éveillera »... mais la comparaison avec la Chine s'arrête là tant les héritages historiques et culturels sont incommensurables. Les voix venues d'Afrique, comme celle de la kenyane Wangari Maathai, prix Nobel de la paix en 2004, n'oublient pas les lourdes contraintes du développement, même quand elles parlent de *renaissance africaine*.

L'optimisme, désormais de bon aloi, est un miroir tout aussi déformant que le pessimisme. Le recours à une démarche scientifique fondée sur l'exigence d'un parcours itératif sans cesse renouvelé entre terrain et théorie, comme la géographie la pratique, constitue le meilleur antidote contre les excès tant de la déploration que du dithyrambe. L'Afrique va mieux, dans son ensemble, mais elle va encore mal. Applaudir ses performances récentes ne doit pas minimiser le chemin à parcourir avant qu'elle puisse s'extraire de la pauvreté : l'Afrique subsaharienne représente seulement 1,4 % du revenu mondial, alors qu'elle compte pour 12 % de la population de la terre.

Une troisième édition d'*Afriques noires* s'imposait tant les changements s'accélèrent depuis le basculement de millénaire. L'édition de 2010 faisant écho au cinquantenaire des indépendances africaines, celles du moins des anciennes colonies françaises, invitait à actualiser les mutations du Continent. 2010 a été un moment d'exception à l'échelle planétaire avec l'organisation par l'Afrique du Sud de la Coupe du monde de football. Pour la première fois le continent africain, huit ans après l'Asie, s'est trouvé au centre du monde médiatisé du sport, le temps d'une compétition dont les multiples enjeux dépassent de loin le jeu de ballon. Ce n'est pas un hasard si l'Afrique du Sud a été le premier pays africain à héberger le mondial du football – après la coupe du monde de rugby en 1995 qui contribua à la réconciliation post apartheid. Elle est en effet le pays phare du continent. Unique représentant africain dans le « Groupe des 20 » officialisé en 2009, elle est pressentie pour occuper un siège de membre permanent au Conseil de Sécurité de l'ONU lorsque le temps sera venu de son élargissement. Cette singularité s'ancre dans une histoire et des conditions écologiques qui en firent la seule colonie de peuplement européen au sud du Sahara. Aujourd'hui la « nation arc-en-ciel » occupe une position de pointe dans le développement économique du continent. Son revenu national représente près de 40 % de celui de l'ensemble de l'Afrique subsaharienne. Les analyses macro-économiques à l'échelle continentale ne doivent pas occulter cette donnée essentielle qui rappelle à quel point il est réducteur de parler de l'Afrique au singulier.

Depuis 2000, l'Afrique noire a été au rendez-vous de la croissance, avec des taux atteignant 5 à 6 % par an, voire plus dans certains pays. La crise financière mondiale de 2008 a marqué un temps d'arrêt, mais la reprise s'est confirmée depuis 2010 redonnant des ailes à son économie. Toutefois, de bonnes performances exprimées en pourcentage ne doivent pas masquer les faiblesses en volume. C'est parce qu'elle part de très bas que l'Afrique connaît des taux de croissance élevés, loin toutefois d'égaler ceux des pays asiatiques les plus dynamiques.

La derrière décennie a été marquée par des changements dont aucun prévisionniste n'avait imaginé l'ampleur. Le plus médiatisé concerne la place qu'occupe la Chine sur la scène africaine, encore discrète en 2000, aujourd'hui véritable « tsunami » pour ceux qui en redoutent les conséquences. Les grands pays émergents du Sud, Chine, Inde, Brésil, sont en train de bouleverser les héritages géopolitiques de la colonisation. L'Afrique, sans rompre les amarres avec les anciennes métropoles, s'ancre de plus en plus dans les réseaux d'une mondialisation multicentrée qui met à mal les derniers « prés carrés ». Autre bouleversement majeur aux conséquences difficiles à mesurer : la déferlante des télécommunications. Le téléphone portable, encore réservé au tournant du millénaire à une élite, s'est « démocratisé » au-delà de toute attente, au point que le nombre d'unités a dépassé les 750 millions en 2013.

Ces tendances générales ne jouent pas partout de façon identique car les 49 États d'« Afrique subsaharienne », selon la nomenclature des Nations unies, forment un ensemble composite d'une grande diversité. Les 24 millions de km^2 compris entre le Sahara et le Cap de Bonne Espérance sont inclus dans la zone tropicale, à l'exception de la pointe méridionale de l'Afrique australe, mais c'est son peuplement noir qui constitue le dénominateur commun le plus significatif de ce sous-continent fort de 925 millions d'habitants en 2013. Son unité ne prend sens que du point de vue de Sirius ; elle se dissout dès qu'on l'observe à distance d'homme. La diversité des paysages, celle des sociétés, de leurs techniques d'exploitation du milieu comme de leur expérience historique, la riche panoplie des cultures locales confrontées à des dynamiques inégales de mondialisation disent sa nature plurielle – et légitiment le pluriel d'« Afriques noires ».

Les approches macro-économiques, notamment en termes de revenu par habitant, éclipsent cette diversité. Il est vrai que, prise en bloc, l'Afrique subsaharienne cumule tous les symptômes du sous-développement. Pauvreté persistante, instabilité politique, guerres civiles, famines, explosion de l'épidémie de sida : le continent noir serait-il frappé de la malédiction des fils de Cham ? La tentation est grande de désigner des responsables au lieu d'analyser les causes des retards de l'Afrique avec rigueur et sans concession envers les idées reçues. On accuse tantôt la nature et les méfaits d'une « tropicalité » réduite à un climat débilitant et des sols ingrats, tantôt l'histoire et les séquelles de la traite des Noirs et du colonialisme. On pointait jadis l'arriération des sociétés africaines pour justifier l'entreprise coloniale au nom de la Civilisation. On incrimine aujourd'hui la « mauvaise gouvernance » et la corruption. Ou, selon le point de vue, le néocolonialisme et sa variante la « *Françafrique* » (Vershave 1998). Quels qu'ils soient, les jugements à l'emporte-pièce biaisés par l'idéologie restent très éloignés de réalités toujours fort complexes. Une des ambitions de ce livre est de mettre en évidence cette complexité en dénonçant quelques fausses certitudes.

Trop focaliser l'attention sur les difficultés qui assaillent l'Afrique rend aveugle aux évolutions en cours. C'est pourquoi il est important de mettre en exergue les facteurs de changement. Car c'est à travers eux qu'avance, à pas feutrés ou bruyants, l'Afrique de demain. Une approche géohistorique permet d'en apprécier les antécédents et les vecteurs actuels, de mesurer les conséquences d'une colonisation dont cinq décennies d'indépendance sont loin d'avoir effacé les traces, tout en évaluant les forces d'avenir. L'Afrique du XXIe siècle se construit sur les sédiments de modernité déposés par l'Europe, et sur le mouvement impulsé par la mondialisation. Les crises et les changements en cours s'éclairent à la lumière de ces legs et de ces ouvertures nouvelles. Héritages et mutations s'inscrivent en filigrane dans l'ensemble de l'ouvrage.

Le propos de celui-ci est de fournir un corpus de connaissances de base et des éléments de réflexion nécessaires à la compréhension des organisations socio-spatiales africaines et de leurs dynamiques. L'éventail des questions abordées étant très largement ouvert, ce livre ne peut, sur aucune, prétendre à l'exhaustivité. Il aura toutefois atteint son but s'il suscite chez le lecteur le désir d'en savoir davantage.

L'Afrique des États

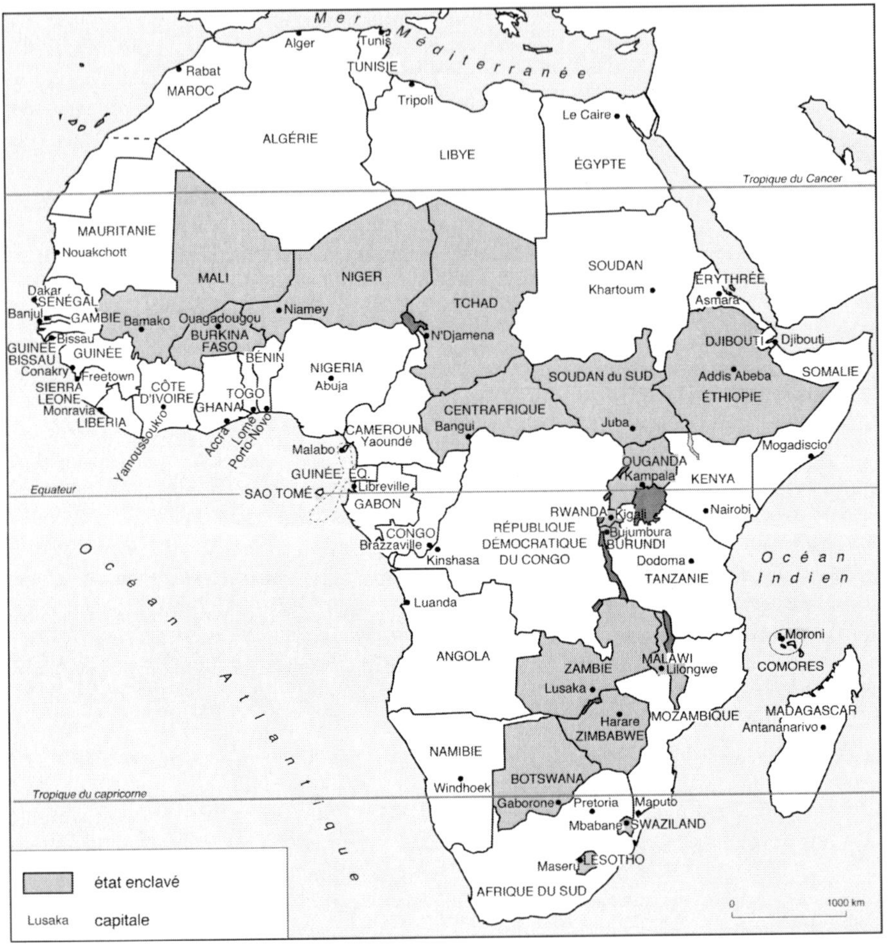

I

UN CONTINENT PLURIEL
ENTRE CRISE ET RENOUVEAU

À la veille du troisième millénaire, la représentation la plus communément véhiculée de l'Afrique était encore celle d'un continent en crise. Une crise lourde, nourrissant un « afro-pessimisme » tenace. Les images du malheur, occupaient plus souvent qu'à leur tour le devant de la scène médiatique. Quand ce n'était pas la sécheresse au Sahel ou en Éthiopie, c'était la guerre et son cortège de misères, la famine, les déplacements de populations, qui faisaient l'actualité au sud du Sahara, tandis qu'ici, puis là, s'épaississait l'ombre mortelle du sida. La malédiction semblait s'acharner sur le pays des Noirs que le monde entier n'entrevoyait qu'au travers de ses drames : il a fallu l'horreur d'un génocide pour faire connaître le Rwanda. L'Afrique semblait ne faire recette que dans la tragédie et le malheur aigu. Hors des périodes de paroxysme et d'excitation médiatique c'est une image totalement différente qui était – et est encore – privilégiée : celle, rassurante et sans histoire, d'une nature tantôt rude, tantôt luxuriante, paradis d'une innombrable faune. Ce monde des débuts du monde invite au safari, c'est-à-dire, en langue swahili, au voyage.

Pourtant, l'avènement de la nouvelle Afrique du Sud, derrière la figure emblématique de Nelson Mandela, a rompu avec ce schéma et beaucoup contribué à humaniser l'image d'un continent qui n'est ni un zoo grandeur nature, ni l'inéluctable théâtre de violences tribales. Ces dernières années, y compris au plus profond de la crise qui la travaille, l'Afrique a montré qu'elle était un acteur à part entière de l'histoire. La première décennie du XXIe siècle se présente sous de meilleurs auspices que les deux précédentes. La croissance est à nouveau au rendez-vous. Le changement qui se tramait dans l'ombre recommence à porter ses fruits… La mondialisation en cours accélère des mutations dont on a du mal à mesurer l'ampleur car leurs manifestations parfois brutales en masquent souvent les dynamiques profondes.

L'Afrique bouge, au prix souvent de convulsions désordonnées brouillant la perception du développement. Ses soubresauts surprennent, sa violence inquiète, et plus d'un observateur se demande « où va l'Afrique ? ». René Dumont, visionnaire, avait brutalement anticipé la réponse en publiant en 1962 son retentissant *L'Afrique noire est mal partie* alors que les tam tam des fêtes de l'indépendance s'étaient à peine tus. Ce livre, il est vrai prophétique à certains égards, a inauguré la veine inépuisable des publications qui ont alimenté, année après année, le lourd registre des analyses désespérantes : *Afrique en panne*, *Afrique étranglée*, *Afrique trahie*, jusqu'à ce *Négrologie* qui prétendait expliquer en 2003 « *Pourquoi l'Afrique meurt* » (Stephen Smith, 2003). Par réaction, quelques auteurs ont pris le parti inverse en disant les raisons d'espérer : *Espoir pour l'Afrique noire*, *Une Afrique en marche*, *Besoin d'Afrique*. En réalité, les discours généralistes, quelle que soit leur tonalité, souffrent des excès inhérents à une observation au « macroscope » gommant les différences d'une Afrique fondamentalement plurielle. C'est pourquoi, avant toute investigation des syndromes de crise comme des dynamiques du renouveau il importe d'esquisser les grands traits d'un espace deux fois et demi plus étendu que l'Europe.

Regroupements régionaux

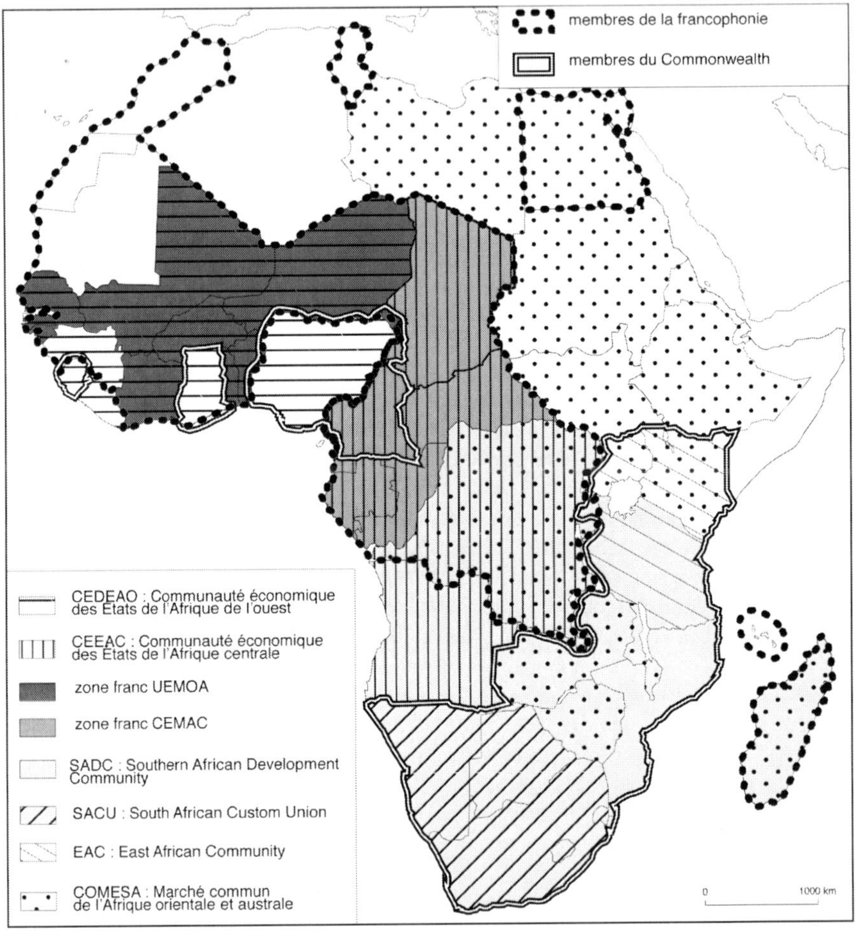

UN CONTINENT, DES AFRIQUES

À l'échelle planétaire, le continent africain forme un ensemble compact de 30 200 000 km². Au bout de la grande déchirure de la mer Rouge, l'isthme de Suez l'accroche à l'Asie. La pointe septentrionale du Maroc le projette vers l'Europe toute proche, distante d'à peine 15 km au détroit de Gibraltar. De l'Égypte au Maghreb, le nord de l'Afrique s'ouvre sur la Méditerranée, carrefour millénaire de civilisations. C'est vers le sud que le décor change, qu'apparaît la grande coupure : bien qu'il n'ait jamais constitué une barrière étanche, le Sahara a entravé la vie de relation, filtré les influences réciproques entre l'Afrique blanche, au nord du désert, et l'Afrique noire au sud.

La césure du Sahara

La traversée du plus grand désert du monde (5 000 km d'est en ouest et 2 000 km du nord au sud) représente une aventure millénaire. Les caravanes chamelières, remplacées aujourd'hui par les convois automobiles, ont jeté un pont entre le *bled es sudan,* le « pays des Noirs », et le *bled es beidan,* le « pays des Blancs, » selon la terminologie arabe. L'islam a suivi avec succès les voies du commerce. Mais si les espaces riverains du Sahara, ce *sahel* qui en arabe signifie justement « rivage », portent l'empreinte ancienne et profonde d'une influence arabo-musulmane, celle-ci est restée circonscrite à quelques sphères de la vie sociale et n'a pas pénétré le continent dans ses profondeurs. C'est ainsi que, jusqu'à l'arrivée tardive des Européens, l'Afrique noire a ignoré deux innovations majeures de l'humanité : l'écriture et la roue. Le Nil ouvre pourtant, sur les 5 600 km d'un cours reliant le lac Victoria à la Méditerranée, un axe méridien qui semblait destiné à favoriser les contacts entre le foyer de civilisation de la basse Égypte et l'Afrique équatoriale. Le christianisme a certes remonté le fleuve avant de trouver refuge dans le bastion montagneux d'Éthiopie, mais il n'a pas diffusé au-delà, pas plus que n'a diffusé l'araire : le paysan éthiopien fut le seul en Afrique noire à utiliser l'attelage pour le labour des champs, le reste du continent restant voué à la houe.

Les divergences de destin historique entre l'Afrique septentrionale, anciennement et intensément parcourue par des courants d'échanges qui n'ont cessé de l'associer à l'Europe méditerranéenne et au Moyen-Orient, et l'Afrique au sud du Sahara, durablement isolée, suffisent à légitimer le découpage du continent en deux grands sous-ensembles. À la suite de la Banque mondiale, la dénomination d'« Afrique subsaharienne » (*Sub-Saharan Africa*) est de plus en plus couramment employée pour désigner cet ensemble territorial qui couvre 24 271 000 km^2.

L'Afrique au sud du Sahara se confond pour l'essentiel avec l'Afrique noire. Deux États en situation de contact posent cependant problème. La Mauritanie, dont la population se partage entre les Maures, groupe blanc dominant, et les Africains noirs, est parfois incluse dans le Maghreb. De même le Soudan est tantôt associé à l'Égypte dans un ensemble géopolitique « vallée du Nil », tantôt à la Corne de l'Afrique. L'Afrique du Sud multiraciale avec sa minorité blanche de près de 5 millions de personnes et ses communautés d'Indiens et de métis constitue un autre cas d'espèce. Toutefois, l'immense majorité des habitants d'Afrique subsaharienne – 925 millions en 2013 – sont des Noirs. Cela justifie qu'on parle indifféremment d'Afrique au sud du Sahara ou d'Afrique noire. On se réfère dans un cas à un élément déterminant de la configuration physique du continent, dans l'autre à la caractéristique dominante de sa population.

La pluralité des Afriques

L'Afrique noire offre une riche diversité de paysages. Située entre les tropiques du Cancer et du Capricorne, elle connaît toute la gamme des climats tropicaux, tandis que son extrémité méridionale, à une latitude de près de 35° au cap de Bonne-Espérance, jouit d'un climat tempéré. Les formes tabulaires monotones d'un vieux socle précambrien alternent avec des reliefs vigoureux, produits d'une tectonique cassante et de l'activité volcanique. La diversité, toutefois, est surtout humaine. Le kaléidoscope des ethnies et des cultures, des coutumes et des langues, des croyances et des expressions artistiques fait miroiter les innombrables facettes de cette Afrique plurielle qui est aussi une Afrique en mouvement. Partout les formes anciennes d'économie et de gestion sociale sont bousculées par les dynamiques de changement qui s'incarnent dans une urbanisation accélérée. Dans cette grande confrontation entre tradition et modernité, tout le monde ne marche pas au même pas. Nombreux sont les laissés-pour-compte d'un développement très inégal qui différencie les États entre eux et, à l'intérieur des États, des groupes sociaux fortement contrastés.

Parler de l'Afrique au singulier expose donc au risque d'une approche réductrice, quand bien même il existe une singularité africaine. La pluralité croise plusieurs critères dont la pertinence dépend de l'échelle d'observation. Une représentation très simplifiée du continent permet d'y distinguer trois grands ensembles : une Afrique sèche, une Afrique humide, une Afrique fraîche d'altitude, chacune se singularisant par un usage différencié des milieux. Le pastoralisme et la culture des mils sont ainsi associés aux milieux secs, la culture sur brûlis du manioc et de la banane plantain aux milieux humides, tandis que l'étagement thermique des pays de haute terre autorise l'association de plantes tempérées et tropicales. Les transformations des économies privilégient aujourd'hui les espaces humides et les terres fraîches. Mais les dynamiques de développement dépendent dans une large mesure du contexte politique des États : le cadre étatique constitue le paramètre premier de la diversité des Afriques.

Découpages politiques : le poids des héritages

■ ***Un puzzle de 49 États.*** L'Afrique au sud du Sahara compte 49 États, dont les derniers à avoir accédé à l'indépendance sont la Namibie (1990), l'Érythrée (1993) et le Soudan du Sud en 2011. On évoque souvent la « balkanisation » à propos de la carte politique de l'Afrique. Il convient cependant de relativiser les choses : la superficie moyenne des États (micro-États insulaires non compris) s'élève à 564 000 km^2, soit plus que celle de la France, et plus du double de la moyenne européenne. Neuf d'entre eux couvrent plus d'un million de km^2.

Le fractionnement territorial résulte des rivalités entre les puissances coloniales qui se partagèrent la quasi-totalité de l'Afrique noire dans la deuxième moitié du XIXe siècle. L'exemple le plus flagrant est celui des États du golfe de Guinée : des tranches de territoires s'adossent les unes contre les autres, image de la compétition entre Anglais, Français, Allemands, Portugais. Cinquante années d'une histoire pourtant émaillée de conflits et de guerres n'ont pas entraîné de redéfinition frontalière majeure depuis les indépendances. Contrairement aux clameurs des Cassandre, la carte politique a peu bougé. Les États, même en crise, restent le cadre de référence privilégié, les pièces essentielles d'un puzzle aux combinaisons multiples.

■ ***Des regroupements régionaux.*** Le fractionnement territorial est partiellement compensé par des regroupements en sous-ensembles territoriaux souvent qualifiés de

« régionaux » ou « sous-régionaux » par une curieuse dérive de sens du concept de région. Deux grandes organisations dépassant le cadre continental rappellent le rôle historique majeur que jouèrent l'Angleterre et la France : le Commonwealth et la Francophonie. Elles s'enracinent dans l'héritage linguistique : la pluralité de langues de nombreux États africains a favorisé le maintien comme langue officielle de celle qu'ils héritèrent de l'ancienne puissance tutélaire. Trois aires d'influence principales se dessinent ainsi : Afrique anglophone, francophone, lusophone. Dans certains cas plusieurs langues officielles coexistent, la langue européenne assurant l'ouverture sur le monde extérieur : swahili et anglais au Kenya, malgache et français à Madagascar. De même, l'arabe peut seconder des langues nationales comme le tigrinya en Érythrée ou le somali en Somalie. Une grande pluralité linguistique caractérise les États de structure fédérale : en Afrique du Sud, neuf langues africaines ont acquis le statut de langue officielle aux côtés de l'anglais et de l'afrikaans avec l'entrée en vigueur de la constitution de 1996. Depuis qu'elle est devenue République fédérale, l'Éthiopie reconnaît pareillement plusieurs langues à égalité avec l'amharique, mais l'anglais s'est imposé comme langue internationale.

■ ***La zone franc,*** ancrée sur le socle du passé colonial, constitue l'exemple le plus original d'un regroupement à base économique, douanière et monétaire. Elle comprend la totalité des anciennes possessions françaises en Afrique occidentale et centrale, à l'exception de la Guinée et de la Mauritanie. La Guinée équatoriale, ancienne Guinée espagnole, a adhéré à la zone franc en 1985, la Guinée-Bissau en 1997, portant à 15 le nombre de pays africains membres de cette institution unique au monde. C'est en effet la Banque de France qui garantit la valeur du franc CFA par rapport aux autres devises. Établi sur une parité correspondant à un cinquantième du franc français en 1948, il a subi une dévaluation de 50 % en janvier 1994.La mise en place de l'euro a entraîné des réajustements d'un système qui a jusqu'ici maintenu un cordon ombilical entre la France et ses anciennes colonies africaines, tout en les arrimant à l'Europe.

La zone franc se subdivise elle-même en deux sous-ensembles greffés sur les anciennes fédérations d'Afrique occidentale française (AOF) et d'Afrique équatoriale française (AEF). Chacun possède sa banque d'émission. La Banque centrale des États de l'Afrique de l'Ouest (BCEAO) à Dakar émet le franc de la Communauté Financière Africaine ; la Banque centrale des États de l'Afrique centrale (BEAC) à Yaoundé émet le franc de la Coopération Financière en Afrique centrale. À ces deux entités distinctes de la zone franc correspondent deux unions, l'Union économique et monétaire ouest-africaine (UEMOA) et la Communauté économique et monétaire d'Afrique centrale (CEMAC), héritière de l'Union douanière et économique d'Afrique centrale (UDEAC), dont les sièges respectifs se trouvent à Ouagadougou, au Burkina Faso, et à Bangui, en Centrafrique.

■ ***Des organisations régionales plus englobantes*** se superposent aux unions de la zone franc avec pour ambition de dépasser les clivages hérités de la colonisation. La Communauté économique des États de l'Afrique de l'Ouest (CEDEAO, ou ECOWAS, Economic Community of West African States), créée en 1975, regroupe la totalité des 16 États d'Afrique de l'Ouest. Son secrétariat se situe à Abuja, capitale du

Nigeria. L'intervention militaire de l'ECOMOG (ECOWAS Monitoring Group) dans la guerre civile du Libéria a montré qu'elle pouvait exister autrement que sur le papier, même si des rivalités entre les États anglophones, principalement le Nigeria qui voudrait y exercer un leadership, et les États francophones restreignent ses capacités d'action. Au centre du continent, la Communauté économique des États d'Afrique centrale (CEEAC), créée en 1981 par les États de l'UDEAC, par ceux de la Communauté économique des pays des Grands Lacs (CEPGL regroupant Zaïre, Rwanda et Burundi) et par Sao Tomé, a eu moins de succès. L'adjonction de l'Angola en 1999 a porté à 11 le nombre de ses membres, mais la CEEAC cherche encore sa voie.

■ ***En Afrique australe,*** les unions économiques et douanières ont davantage de consistance, surtout depuis que la République sud-africaine a rejoint le concert des nations avec l'abolition de l'apartheid. La South African Custom Union (SACU) réunit des pays à l'économie étroitement imbriquée. L'ensemble beaucoup plus étendu de la Southern African Development Community (SADC) s'est substituée en 1992 à l'ancienne Southern African Development Coordination Conference (SADCC) qui avait été créée en 1979 par les voisins de l'Afrique du Sud – les États de la « ligne de front » – pour faire pièce au pays de l'apartheid. Ce changement capital de l'environnement politique en Afrique australe, marqué par l'entrée de Pretoria dans la SADC en 1994, confirme le leadership que l'Afrique du Sud post-apartheid entend jouer comme puissance régionale et pôle de développement.

■ ***D'autres regroupements.*** Parmi les organisations régionales ou pluri-étatiques dont la liste ne cesse de s'allonger, deux retiennent l'attention. Le COMESA, Marché commun d'Afrique orientale et australe, fondé en 1994, regroupe une vingtaine de pays, de l'Égypte au nord au Zimbabwe au sud. Créé pour contrer la SADC, son hétérogénéité le rend peu efficace. Le NEPAD, Nouveau partenariat pour le développement de l'Afrique, est né en 2002 de l'initiative de cinq Chefs d'États (Afrique du Sud, Nigeria, Algérie, Égypte, Sénégal) désireux de mettre en œuvre des mécanismes innovants de développement. Depuis qu'il a vu le jour le NEPAD a élaboré de nombreux projets, dans le domaine des infrastructures régionales notamment, mais leur concrétisation reste à venir.

Sept sous-ensembles

Des sous-ensembles géographiques à géométrie variable

La définition de sous-ensembles géographiques varie selon le point de vue des auteurs et les expériences singulières des acteurs de l'histoire. Ils combinent en général données écologiques et héritages politiques. La notion d'Afrique centrale, par exemple, reste ambiguë. Pour les Français, il s'agit d'un ensemble d'orientation méridienne, aboutissement de l'expansion territoriale à partir des bases du Gabon et du Congo en direction du Tchad. Pour les Belges, l'Afrique centrale c'est évidemment le centre de l'Afrique, le bassin du fleuve Congo, l'Afrique de Tintin et celle que met en scène le Musée royal d'Afrique centrale de Tervuren, près de Bruxelles. Les Anglais, subjugués par le rêve d'un grand axe du Cap au Caire, placent l'Afrique centrale en son milieu, de part et d'autre de l'équateur et d'un océan à l'autre. Quant aux Allemands, leur vision projeta le concept de *Mitteleuropa* en terre d'Afrique : une *Mittelafrika*, Afrique du milieu, dessinait une diagonale entre leurs possessions du Cameroun et du Tanganyika (Tanzanie). On retrouve un écho de cette représentation géopolitique dans le numéro « Afrique médiane » de la revue *Hérodote* (n° 86-87, 1997). Malgré quelques divergences de vue, l'Afrique subsaharienne peut se subdiviser en sept sous-ensembles.

■ ***L'Afrique occidentale*** forme une masse compacte entre la Mauritanie et le Cameroun, le Sahara et le golfe de Guinée. Des complémentarités fonctionnelles ont toujours entretenu des échanges nord-sud dans cette partie de l'Afrique qui est la plus marquée par la zonalité bioclimatique. La différence entre les pays de l'intérieur, doublement handicapés par la sécheresse et l'enclavement, et les pays côtiers, favorisés par leur climat et par leur position géographique, conduit à distinguer deux sous-ensembles : l'**Afrique sahélienne** et l'**Afrique guinéenne**. Le Sénégal, la Gambie, la Guinée-Bissau et le Cap Vert, tout en étant membres du CILSS (Comité permanent inter-États de lutte contre la sécheresse au Sahel), se rattachent à l'Afrique guinéenne, leur ouverture océanique l'emportant sur les contraintes sahéliennes. Quant au Tchad, bien qu'il fasse partie pour des raisons historiques des organisations régionales d'Afrique centrale, ses caractères physiques et humains dominants le rapprochent davantage de l'Afrique occidentale sahélienne que des pays congolais.

■ ***L'Afrique centrale*** gravite autour du bassin du Congo. L'importance des espaces forestiers, le sous-peuplement, des économies pétrolières et minières confèrent son originalité à cette Afrique qui représente aussi le plus vaste ensemble francophone du continent. Le Cameroun, État charnière adossé au Nigeria, dont il subit les effets de proximité, depuis les rives du lac Tchad au nord jusqu'aux hautes terres du sud-ouest (sa diversité physique et humaine en fait une « Afrique en miniature »), a sa place dans cette Afrique centrale à laquelle le soude sa moitié méridionale. En revanche, le Rwanda et le Burundi, qui ne furent que très artificiellement associés au Congo après que la Belgique eut obtenu sa part des dépouilles de l'empire colonial allemand, regardent vers l'Afrique orientale à laquelle les rattachent les courants d'échange dominants.

■ ***L'Afrique orientale.*** Si la vision française du continent passe très souvent par le prisme de l'Afrique occidentale, celle des Anglais est plutôt est-africaine. La reine

Victoria, incarnation de l'empire britannique à son apogée, n'a-t-elle pas laissé son nom au plus grand lac africain, et aux somptueuses Victoria Falls sur le Zambèze ? L'Afrique orientale a nourri l'imaginaire des Européens, qu'il s'agisse des origines de l'homme, des aventures de Tarzan, du fantôme d'Hemingway sur fond de Kilimandjaro, des safaris modernes dans les parcs aménagés du Kenya et de Tanzanie ou du mariage entre l'Afrique et l'Orient célébré à Zanzibar. Rien d'étonnant à ce que cette Afrique exerce une étrange fascination née du rajout aux cultures africaines des influences arabo-musulmanes, indiennes et européennes.

■ ***L'Afrique du Nord-Est*** donne une image beaucoup plus éclatée. La Corne de l'Afrique est un espace des plus tumultueux dont les incertitudes concernant la Somalie soulignent la complexité : le nord du pays, le Somaliland, ancienne colonie britannique intégrée à la Somalie en 1960, s'est déclaré indépendant en 1991, sans reconnaissance internationale toutefois. C'est probablement la partie du continent où les enjeux territoriaux s'expriment avec le plus de force. L'histoire de l'Éthiopie peut d'ailleurs être interprétée comme une succession de dilatations et de contractions du cœur amharique, tantôt contrôlant les piémonts, tantôt replié sur les hautes terres inexpugnables. L'Érythrée a fini par recouvrer son indépendance en 1993, après trente années de lutte contre Addis Abeba, mais la guerre de frontière érythréo-éthiopienne (1998-2000) a rappelé s'il en était besoin que les tensions n'avaient pas disparu pour autant. La guerre a repris en Somalie sans perspective de règlement prochain. Quant au Soudan, les accords de paix de 2005 ont mis un terme au conflit qui opposait depuis 1955 le sud animiste et chrétien au pouvoir des nordistes et à la loi de l'islam, et se sont conclus par l'indépendance du Soudan du Sud en 2011. Mais à l'ouest, le conflit d'une grande violence qui a éclaté en 2003 au Darfour n'est toujours pas terminé dix ans plus tard.

■ ***L'Afrique australe*** forme une entité très vaste dont le facteur d'unité tient au rôle moteur déterminant tenu par la République sud-africaine dans le développement économique régional. On peut la subdiviser en deux. Un premier cercle comprend l'Afrique du Sud et les États voisins les plus étroitement associés : Namibie, Botswana et les enclaves du Lesotho et du Swaziland. Le deuxième cercle, plus composite, comprend les ex-Rhodésies du Nord et du Sud, devenues respectivement Zambie et Zimbabwe, et les anciennes colonies portugaises, Angola et Mozambique, qui furent le théâtre de guerres civiles après une indépendance tardivement acquise en 1975. Les appuis extérieurs apportés aux partis politiques rivaux en firent aussi le champ principal de la guerre froide en Afrique, principalement en Angola où le conflit n'a pris fin qu'avec la mort en 2002 du chef de l'Unita, Jonas Savimbi. Entre les deux pays lusophones, la Zambie et le Zimbabwe, – l'indépendance de celui-ci ne datant que de 1980 après quinze ans de « pouvoir blanc » – ont gardé d'assez fortes traditions britanniques. Les relations du Zimbabwe avec la Grande-Bretagne se sont cependant beaucoup dégradées par suite de la politique du Président Mugabe à l'égard des fermiers blancs.

■ ***Les îles de l'océan Indien*** qu'on associe habituellement à l'Afrique sont autant asiatiques qu'africaines. Si Madagascar constitue une grosse écaille détachée de la plaque africaine lors de la dérive du Gondwana primitif, son peuplement et sa culture portent les marques d'une origine partiellement indonésienne. L'influence indienne est prépondérante dans le peuplement de Maurice. Les Comores arabo-africaines rappellent l'importance et l'ancienneté des contacts maritimes entre l'Arabie et les avant-postes du continent. La présence française à la Réunion et à Mayotte, nouveau département de la République depuis 2011, ajoute enfin à l'originalité de ces mondes insulaires métis.

Les différents ensembles identifiés ne composent pas des entités immuables et étanches. Le puzzle des États et des groupes d'États n'est qu'une des représentations spatiales possibles, celle qui privilégie la ligne, facilitant mesure et quantification. Lui échappent les gradients, les chevauchements, les réseaux qui transgressent les frontières. Les pratiques des populations révèlent beaucoup de fluidité dans le fonctionnement de leur espace vécu. Les marges floues comptent autant que les fronts linéaires dans des espaces encore inachevés.

LA CRISE OU LES CRISES ?

Aussi diverse soit-elle, l'Afrique a été confrontée dans sa quasi-totalité à une crise dont les manifestations se font encore sentir à toutes les échelles d'observation mais avec des intensités variables selon les lieux. Crise globale du continent que la mondialisation de l'économie a marginalisé dans les dernières décennies du XXe siècle ; crise écologique dans les espaces fragiles ; crise des États soumis à des revendications démocratiques ou théâtres de violences pour la conquête du pouvoir ; crise locale de paysanneries déstructurées hésitant entre progrès et conservatisme, et de citadins en attente d'une humanisation de villes trop rapidement ébauchées. Qu'on aborde ce phénomène complexe dans sa globalité ou dans sa pluralité, dans tous les cas se pose préalablement la question des outils qui permettent d'en prendre la mesure.

L'incertaine mesure des choses

■ ***Des données fragiles.*** L'approche macro-économique des réalités africaines, à l'échelle des États et des grands agrégats, se heurte à bien des obstacles. Les difficultés de collecte et d'interprétation des données rendent l'exercice hasardeux. L'instrument statistique est souvent défaillant, quand il n'est pas volontairement biaisé pour des motifs politiques. Le Nigeria eut la surprise de découvrir, en 1991, que 25 millions de personnes manquaient à l'appel des prévisions démographiques : les projections basées sur les résultats d'un recensement de 1963 gonflé par les surenchères de rivalités politico-ethniques avaient faussé, pendant plus d'un quart de siècle, l'appréciation de sa population. L'Afrique du Sud post-apartheid a aussi révisé les chiffres à la baisse : 38 millions d'habitants au recensement de 1996 pour une estimation de 42 millions.

Ces incertitudes concernant le nombre des hommes invitent à manier les chiffres avec prudence et discernement. Elles ne sont pourtant rien en comparaison du flou

PNB par habitant en parité de pouvoir d'achat

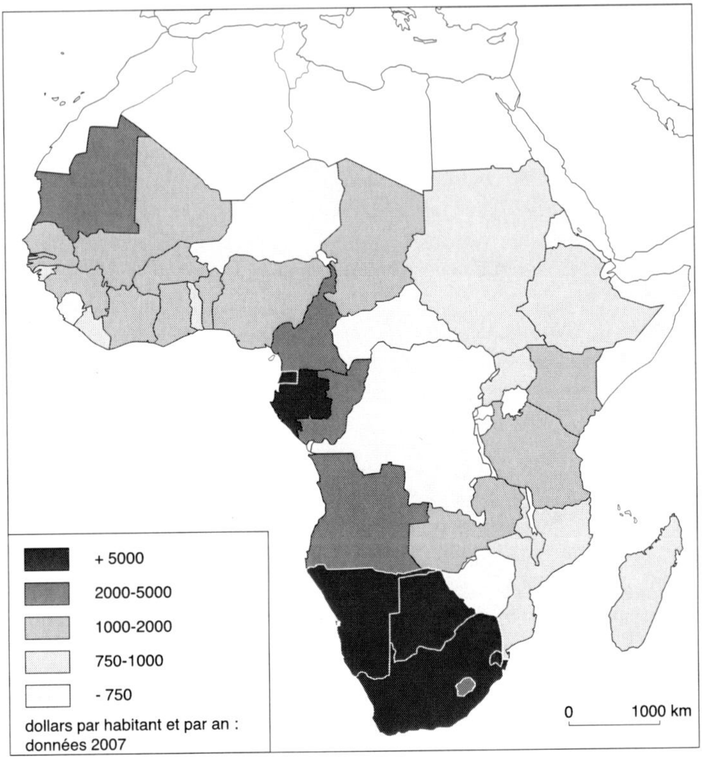

Source : Banque mondiale.
Rapport sur le développement dans le monde 2009.

qui règne dans le domaine de l'information économique et sociale. Des données aussi fondamentales que le capital, l'investissement ou le chiffre d'affaires restent souvent insaisissables. Le secteur qu'on qualifie en vrac d'« informel » ne se laisse pas appréhender avec les classiques instruments de mesure. Il faut avoir recours à des enquêtes qualitatives pour cerner la réalité d'activités de production qui fournissent travail et revenus à la majorité des citadins. Il en résulte que les catégories « emploi » ou « chômage », par exemple, ne sont signifiantes que dans le secteur structuré des administrations et des entreprises de production modernes gérées conformément aux modèles d'organisation empruntés au monde occidental.

■ ***Une difficile interprétation des chiffres.*** Établir des statistiques dans un tel contexte est évidemment un exercice délicat. Une difficulté particulière concerne le secteur agricole car la part de l'autoconsommation familiale reste très importante par rapport à la production marchande. Il est plus facile de faire entrer dans la comptabilité nationale la valeur du cacao ou du café vendus par les paysans que celle du mil, de l'igname ou du manioc qu'ils consomment. La comparaison avec des sociétés aux échanges monétaires généralisés est donc bien hasardeuse, même si les calculs du Produit intérieur brut (PIB) tentent d'intégrer la valeur supposée du secteur non marchand de l'économie. Il convient donc de porter un regard critique sur les informations chiffrées ; points de repère indispensables, celles-ci ne doivent être considérées que comme des ordres de grandeur.

Les données agrégées des comptabilités nationales et les moyennes calculées par tête d'habitant ne restituent pas l'image d'un spectre social très ouvert. C'est une constante que les écarts sociaux mesurés en termes de patrimoine et de revenu sont d'autant plus grands que le pays est pauvre. L'Afrique n'échappe pas à la règle : une infime minorité, généralement issue des cercles du pouvoir politique, accapare les quelques richesses du pays, tandis que la pauvreté est le lot de l'immense majorité. Les fastes désolants du couronnement de Bokassa, sacré en 1977 « empereur » d'une République centrafricaine qui compte parmi les pays les plus pauvres du monde, ont à cet égard une valeur symbolique. Dans les situations extrêmes de désorganisation de l'État, les chiffres, moyennes et autres médianes ne signifient plus rien. Dans les dernières années du règne de Mobutu, les Zaïrois étaient « statistiquement morts ». Une difficulté qui n'est pas propre à l'Afrique provient du choix du dollar comme étalon monétaire unique : les variations de parités entre les monnaies, les différences de pouvoir d'achat de l'équivalent dollar selon les lieux faussent la comparaison de pays aux structures économiques trop dissemblables. Quelles que soient les réserves qu'on puisse faire quant à la validité et à la signification des indicateurs, ceux-ci n'en demeurent pas moins utiles, en particulier parce qu'ils permettent des comparaisons dans l'espace et dans le temps. C'est ainsi que l'évolution du PNB au cours des dernières décennies du XXe siècle donne la mesure de la gravité d'une crise qui s'est traduite dans quelques pays par une croissance négative, tandis que celle qu'on observe depuis 2000 est le signe incontestable d'une reprise de la croissance.

Les retards de l'Afrique noire

Dans le classement annuel des États selon l'indicateur de développement humain (IDH) établi par le Programme des Nations unies pour le développement (PNUD), l'Afrique subsaharienne occupe le bas du tableau. En 2012, parmi les 36 pays à développement humain faible, 27 sont africains. L'Afrique du Sud (l'État le mieux placé si l'on exclut le cas particulier des Seychelles et de Maurice) ne se situe qu'au 121e rang mondial. Sur 15 États dont le PIB par habitant est inférieur à 1000 dollars, 13 sont africains... Tous les indicateurs soulignent le retard de l'Afrique. Ils sont naturellement à prendre pour ce qu'ils sont : que signifie en effet que le Burkina Faso soit classé 183e avec un IDH de 0,332 et un PIB par habitant de 1202 $ quand ces chiffres sont de 0,818 et 42 293 $ pour les Émirats Arabes Unis ? Arithmétique quelque peu absurde qui ne rend pas compte de la qualité de la vie.

L'Afrique subsaharienne sur l'échelle du développement

	ASS	Asie du Sud	OCDE	Monde
IDH	0,475	0,558	0,955	0,768
PIB réel, PPA ($/hab)	2 010	3 343	33 391	10 184
Espérance de vie	55	66	80	70
Taux de mortalité juvénile (0-5 ans) pour 1000*	157	83	7	72
Alphabétisation des adultes (%)	63	63	99	81

Sources PNUD 2013, *Banque mondiale 2009

■ ***« L'Afrique en panne ».*** Ce titre d'un livre de Jacques Giri paru en 1986 chez Karthala résume bien la situation de l'Afrique noire dans les dernières décennies du xxe siècle. Celle-ci a connu, globalement, entre 1960 et 2000 deux phases diamétralement opposées. Tout d'abord une phase de croissance prolongeant la prospérité des années 1950 jusqu'au milieu des années 1970. Des progrès constants dans l'agriculture, un démarrage industriel prometteur, tout portait à l'optimisme ; la Côte d'Ivoire avec Abidjan comme vitrine était donnée en modèle, même si certains économistes attiraient l'attention sur la fragilité du « modèle ivoirien ». Alors que l'Asie tropicale connaissait de graves difficultés (famines dans la péninsule indienne, guerres en Indochine), l'Afrique noire semblait promue à un rapide développement. Or, c'est le contraire qui s'est produit. Dès la fin des années 1970, des économies trop fondées sur ce qu'on a pris l'habitude d'appeler la « rente », agricole ou minière, ont subi la dure loi d'un marché qu'elles ne contrôlaient pas. La crise économique a été en grande partie provoquée par l'effondrement des cours des matières premières. Tous les pays exportateurs de produits primaires ont été frappés, à des degrés divers et avec des décalages dans le temps. Pour faire face à leurs difficultés financières, les États ont été contraints d'emprunter : ils sont entrés dans le cycle de l'endettement sans fin et des Plans d'ajustement structurel (PAS) que le FMI leur a imposés. Le coût social des PAS (baisse du pouvoir d'achat, réduction des dépenses publiques au détriment en particulier de la santé et de l'éducation) a fortement contribué à entretenir l'agitation politique des années 1990.

Croissance économique : le décrochage de l'Afrique dans les années 1980-1990

Taux de croissance annuel du PNB par habitant	**ASS**	**PED**	**PI**	**Monde**
1965-1980	1,2	3,2	3	2
1980-1993	– 1,4	2	1,7	0,9

Source : PNUD, Rapport mondial 1997.

Tous les pays n'ont pas été logés à la même enseigne. Quelques-uns s'en sont sortis très honorablement : on cite en exemple le Botswana dont la croissance annuelle du PNB par habitant a atteint 6 % sur la décennie 1985-1995. Mais quelques belles réussites ne suffisent pas à inverser les tendances globales. La marginalisation économique de l'Afrique subsaharienne à la fin du XXe siècle se lit dans la baisse de sa compétitivité extérieure : entre 1970 et 1990, sa part dans le commerce mondial a diminué de plus de moitié. Ses exportations ont chuté entre ces deux dates de 2,4 % à 1 % du total mondial. Sur le front de l'industrie, la situation s'est dégradée. Le coût élevé des facteurs de production, la surévaluation de la monnaie dans la zone franc jusqu'en 1994, des erreurs dans les stratégies de développement industriel qui ont fait du continent un « cimetière d'usines », la corruption des responsables politiques, l'insécurité : autant de facteurs dont la combinatoire explique les difficultés du secteur industriel.

■ ***L'amorce d'un renouveau.*** Les données macroéconomiques soulignent le virage spectaculaire des années 2000. Sur la période 2003-2012, les pays africains ont progressé en moyenne de 4 à 6 % par an. La récession mondiale de 2008 n'a donné qu'un coût d'arrêt provisoire à la croissance. Des pays aux héritages très divers se retrouvent dans le peloton de tête : Mozambique, Ghana, Burkina Faso. Leurs performances sont d'autant plus à souligner qu'ils ne sont pas dotés de ressources minières ou pétrolières : leur développement repose sur la mobilisation du capital humain, soutenu par des apports extérieurs (investissements étrangers, diaspora, ONG, Banque mondiale). Les investissements affluent à nouveau vers l'Afrique, redevenue un continent convoité dans la nouvelle configuration géopolitique mondiale. Ses « potentialités », longtemps vantées sont en passe de se réaliser.

Le retour à la croissance au début du XXIe s. Taux de croissance du PIB

	2000	2005	2008	2009	2010	2011	2012	2013
Afrique	3,8	5,7	5,4	3,1	5	3,5	6,6	4,8
Angola	3	20,6	13,8	2,4	3,4	3,9	7,9	8,2
Burkina Faso	1,9	7,1	5,8	3	8,4	4,4	8	6,7
Côte d'Ivoire	– 3,7	1,2	2,3	3,8	2,4	– 4,7	8,6	8,9
Ghana	5,6	5,0	8,4	4	8	14,4	7,1	8
Mozambique	1,9	8,4	6,8	6,3	6,8	7,3	7,4	8,5

Source : OCDE-BAD, *Perspectives économiques en Afrique 2013.*

■ ***Le desserrement de l'étau de la dette.*** Pour tenter de compenser la baisse de leurs revenus dans les années 1980, les États se sont lourdement endettés : l'Afrique subsaharienne a détenu des records peu enviables dans le ratio dette/richesse nationale.

La plupart des États africains ont été contraints de se plier aux exigences du FMI. L'efficacité des Plans d'ajustement structurel n'est cependant pas apparu évidente après deux décennies d'application. En l'absence d'une relance économique significative, il est rigoureusement impossible pour les pays les plus pauvres d'honorer leur dette extérieure. Des rééchelonnements et des annulations de dette, discutés dans des forums de créanciers (club de Paris, club de Londres) n'ont été que des palliatifs tant que le niveau d'endettement restait incompatible avec les possibilités d'économies fragilisées par l'incertitude des marchés d'exportation, et leur tendance à la baisse dans le dernier quart du xxe siècle. Des allégements de dette au titre de l'initiative des pays pauvres très endettés (PPTE) mise en place en 1996 ont représenté un véritable ballon d'oxygène pour les économies d'un grand nombre de pays africains. Plus récemment, l'Initiative multilatérale d'allègement de la dette lancée en 2005 lors du sommet du G8 à Gleneagles (Écosse) a renforcé les mécanismes d'annulation de dettes. L'encours global reste élevé (plus de 200 milliards de $ selon le rapport 2010 d'Africa Progress Panel), mais la dette souveraine des pays d'Afrique subsaharienne a été ramenée à des niveaux moins paralysants pour leur croissance : elle est passée de plus de 85 % de leur PIB en 2000 à 40 % dix ans plus tard selon le FMI (Severino, 2010).

■ ***Des famines plus géopolitiques que naturelles.*** Si les approches en termes macroéconomiques demeurent abstraites, la faim et sa manifestation paroxysmique que sont les famines constituent l'expression la plus douloureusement tangible de la crise. La géographie mondiale des famines contemporaines montre un glissement de l'Asie, où elles furent fréquentes et très meurtrières durant la première moitié du xxe siècle, à l'Afrique. On est tenté, quand surgit le spectre de la famine, d'incriminer la nature, d'établir une causalité simple entre les drames de la faim et la sécheresse. Les famines ne résultent pourtant pas seulement de calamités naturelles. Seuls les milieux sahéliens sont exposés à des aléas climatiques aux conséquences graves : des sécheresses sévères, plus ou moins cycliques, y menacent les troupeaux et les hommes. À cela s'ajoutent les ravages des acridiens : les hommes restent démunis contre les invasions périodiques de criquets dont les nuées, grosses de milliards d'insectes, réduisent à néant les cultures sur leur passage. Mais si les caprices de la nature ont leur part de responsabilité, la plupart des famines contemporaines ont été la conséquence d'une organisation territoriale déficiente et de dysfonctionnements politiques. En Europe, disettes et famines ont rapidement reculé dès lors que, au xviiie siècle, le « laisser passer » des physiocrates a pu s'appliquer, le commerce des grains compensant les déficits locaux par des surplus venus de régions excédentaires. Ne faudrait-il pas à l'Afrique l'équivalent de l'édit sur les grains de Turgot ? Il lui faudrait aussi des systèmes de transports plus efficaces pour réduire le cloisonnement et faciliter les échanges de nourriture. Et surtout davantage de sécurité, car ce sont avant tout les troubles politiques et les guerres civiles qui traînent la famine à leur trousse.

Les famines les plus terribles sont en effet la conséquence des guerres, soit directement comme au Biafra, soit de façon indirecte lorsqu'elles ont désorganisé encadrements sociaux, administration et circuits d'échange comme au Mozambique ou en Ouganda. La famine qui a frappé le Soudan en 1998, et celle qui a touché l'Ogaden en 2000 démontrent, une fois encore, qu'il s'agit d'une calamité dont les hommes portent une large part de responsabilité : les famines africaines d'aujourd'hui sont très largement de nature géopolitique. Elles le sont d'autant plus que les groupes dominants des pays menacés par la famine ont appris à tirer parti de la charité internationale.

La faim a toujours été une arme. Elle est maintenant aussi une ressource : à l'ère des médias, la compassion est sollicitée par des ONG de plus en plus nombreuses à venir au secours des populations en détresse d'un continent qui est devenu la terre d'élection de l'action humanitaire dans sa version moderne. La médiatisation de leurs interventions, au Sahel, en Éthiopie ou en Somalie a beaucoup contribué à diffuser l'image d'un continent accumulant les malheurs. Pourtant, un sac de riz sur une épaule médiatisée esquive les vrais problèmes. Pourtant, la famine annoncée au Niger en 2005 n'en était pas une ; pas plus qu'en 2010. La sécurité alimentaire, celle des plus pauvres, est un problème politique et social plus qu'économique. Par ailleurs, l'aide fournie par les donateurs des pays du Nord pour pallier les déficits alimentaires a des effets pervers : elle n'est pas toujours utilisée pour sauver de la mort les personnes affamées. Elle démobilise en outre les paysanneries locales dans l'incapacité de produire à des coûts compétitifs avec ceux de l'aide alimentaire. Mais pour différentes ONG humanitaires il faut entretenir le spectre de la famine qui est une de leur raison d'être. La dernière véritable famine est celle qui frappa en 1985 le Wollo, en Éthiopie ; dans le même temps d'autres régions, notamment au sud du pays disposaient d'excédents alimentaires. Mais pas de routes pour les transporter, et un réflexe atavique des sociétés paysannes de conserver les réserves par devers soi. Depuis lors, l'amélioration de la desserte routière, et la constitution dans les régions exposées à des déficits vivriers de stocks céréaliers avec l'aide du PAM (Programme alimentaire mondial) a éloigné la hantise des famines en Éthiopie.

■ ***La malnutrition, symptôme de sous-développement.*** Par définition circonscrites dans le temps et l'espace, les famines tendent à faire oublier, par leur tour dramatique, que la faim banale et quotidienne reste chronique pour une partie des Africains. Que la quantité moyenne de calories disponibles par jour soit inférieure à ce qu'elle est dans le reste du monde constitue déjà un indice, quand bien même le calcul de la ration calorique réelle ou idéale soit très difficile à établir. Les observations de terrain confirment que la sous-alimentation et la malnutrition sévissent dans beaucoup de pays, frappant principalement les enfants. En RDC, la désorganisation de l'espace consécutive à la crise politique en est responsable ; l'insécurité, la dégradation des infrastructures de communication entravent l'articulation entre villes et campagnes. C'est ainsi que les maladies de la nutrition ont accompagné la débâcle du pays depuis les années 1990 : multiplication en ville des cas de marasme (dû à la sous-alimentation) et, dans les régions rurales, des cas de *kwashiorkor* (maladie provoquée par les carences protéiniques). Aucune malédiction naturelle ou divine dans tout cela : la faim, symptôme le plus incontestable du sous-développement, est le révélateur par excellence des dysfonctionnements de sociétés en crise.

Selon les données de la FAO, la sous-alimentation, définie par une consommation journalière inférieure à 2100 calories, diminue en pourcentage : de 34 % de la population africaine en 1990 à 24 % en 2013. Mais, du fait de la très forte croissance démographique, le nombre de personnes sous-alimentées – selon les critères quantitatifs retenus augmente en valeur absolue.

Population sous-alimentée (en million)

	1990-1992	2004-2006	2011-2013
ASS	170	212	223
PED	826	857	827
Monde	845	873	842

Source : FAO.

■ ***Éducation et santé : des progrès réels mais fragiles.*** L'Afrique noire dans son ensemble a enregistré des progrès considérables dans ces deux domaines, même si elle reste encore à la traîne. Pour apprécier à leur juste valeur les taux d'alphabétisation, il faut se rappeler qu'elle était un continent sans écriture, la transmission de sa culture et de ses savoirs passant par l'oralité. Quels bouleversements la craie et le tableau noir n'ont-ils pas apportés ! Or, aujourd'hui, l'école est doublement en crise. D'une part, les États n'ont pas les moyens de faire face à la demande d'une jeunesse de plus en plus nombreuse. D'autre part, les diplômes ont cessé d'être un sésame pour l'emploi : déscolarisés et diplômés chômeurs grossissent les rangs des désemparés chaque jour plus nombreux dans des villes démesurées. La jeunesse et les villes sont au cœur d'une crise structurelle et durable.

Cette même jeunesse, aujourd'hui, se trouve confrontée au sida qui ajoute, s'il en était besoin, au désarroi de la société dans les pays les plus gravement touchés d'Afrique australe. Berceau du VIH, l'Afrique est le continent le plus frappé par la maladie. L'explosion de la pandémie a focalisé l'attention au point de faire oublier que les grandes causes de mortalité sont ailleurs – paludisme, rougeole, tuberculose – et que la maladie du sommeil a refait son apparition dans des espaces que l'insécurité et la guerre soustraient aux contrôles de santé publique. Si, globalement, la santé des Africains s'améliore (allongement de l'espérance de vie, diminution de la mortalité infantile et maternelle), les indicateurs restent tous en deça des moyennes mondiales. Cette évolution s'accompagne en outre d'une aggravation des contrastes sociaux. Des systèmes de santé publique aux abois ne sont pas en mesure de faire face à la demande des pauvres. Partout, et cela vaut aussi dans l'enseignement, le privé supplé aux carences des États, mais la majorité de la population n'a pas accès à des établissements réservés à une clientèle solvable.

Les pays africains, même quand ils sont sortis de la crise, en supportent encore les séquelles. Elles se traduisent notamment par un durcissement des rapports sociaux, dans les villes, par nature génératrices de dynamiques sociales accentuant les inégalités économiques, mais aussi dans des campagnes dont un nombre croissant devient le lieu de compétitions foncières jadis inconnues.

■ ***Les objectifs du millénaire pour le développement (OMD) : des échéances difficiles à tenir.*** La « déclaration du millénaire » adoptée à l'ONU en 2000 s'est fixé des objectifs ambitieux pour 2015 (réduction de la pauvreté et de la faim, éducation primaire pour tous, promotion de la femme, amélioration de la santé, accès à l'eau etc.). Aucun de ces objectifs ne sera atteint en Afrique subsaharienne. Le volontarisme affiché à la tribune de l'ONU n'est pas suffisamment en prise avec les réalités de terrain.

Le PNUD (Programme des Nations Unies pour le Développement) n'a pas les moyens de ses ambitions. Tous les programmes préconisés relèvent d'une démarche de type *top down* dont l'expérience a montré les limites. Il n'y a pas d'ancrage durable du développement sans une convergence avec les acteurs locaux porteurs des démarches *bottom up*. La vision technocratique du développement qui est celle des économistes peuplant les institutions internationales ne tient pas compte, ou trop peu, de la dimension culturelle et des contraintes géopolitiques. L'affichage des OMD reste ainsi un exercice abstrait, déconnecté des dynamiques socio-politiques.

■ ***La crise politique et les guerres.*** Sur le terrain africain, les politiques de développement sont souvent entravées par la guerre, expression paroxysmique des tensions internes de sociétés déstructurées. À de rares exceptions près, les guerres africaines n'ont pas eu pour objectif la conquête de territoires. Il s'agit généralement de guerres civiles, sur fond de violences inter-ethniques exacerbées ou fomentées par des « entrepreneurs de guerre ». Manifestation d'un dérèglement collectif, elles apparaissent souvent comme un mode banalisé de résolution par défaut des conflits politiques. Cela est probablement à mettre en relation avec la jeunesse d'États encore à la recherche de leur propre mode de fonctionnement, et avec l'immense jeunesse de leur population, indéfiniment pourvoyeuse d'enfants-soldats.

Entre 1960 et 2006, un tiers des guerres que le monde a connues se sont déroulées en Afrique (Banque Africaine de Développement, rapport 2009). Ces guerres sont ruineuses pour un continent déjà empêtré dans la pauvreté. Qui pansera les plaies de Mogadiscio ? Le Congo n'avait-il pas d'autre usage à faire des recettes pétrolières qu'une guerre pour le pouvoir ? Et que dire du Libéria et de la Sierra Leone contraints à reconstruire leur économie après les années de guerre. Bien qu'un accord de paix signé en 2002 ait en principe mis un terme à la guerre du Congo Kinshasa et des Grands Lacs, l'est de la RDC est toujours le théâtre de violences liées à l'exploitation des minerais qui entravent tous les efforts de développement. Dans tous ces conflits aucune idéologie ne distingue les factions rivales. Le seul objectif des chefs est d'accéder au pouvoir pour contrôler les ressources économiques. Quant aux militaires, miliciens, soldats d'occasion, ils trouvent dans la guerre une possibilité d'intégration dans la société que les temps de paix leur avaient interdite. La guerre s'accouple ainsi étroitement à la crise économique qu'elle contribue à perpétuer. Pour beaucoup elle est une ressource économique dans un contexte de défaillance des États : le cas le plus récemment médiatisé est celui de la Somalie avec l'importance soudaine prise par la piraterie, réponse populaire audacieuse à une crise politique que les acteurs institutionnels sont incapables de juguler. À l'échelle du continent les conflits armés se sont déplacés depuis le début du XXIe siècle. La paix est revenue dans l'arc de crise Sierra Leone-Libéria-Côte d'Ivoire et en Angola, mais de nouveaux foyers de guerre et d'insécurité sont apparus dans les espaces sahélo-sahariens, principalement au Mali (2012-2013), mais aussi au nord-est du Nigeria. Dans les deux cas, des groupes extrémistes islamistes sont impliqués (AQMI, Boko Haram). Au cœur de la diagonale de conflits qui prend le continent en écharpe, de la mer Rouge au bassin du Congo (Somalie, Soudan et Soudan du Sud, Tchad) la RCA a brutalement basculé dans la guerre civile en 2013. Enfin, la guerre de Libye, marquée par l'intervention des occidentaux et la disparition de Kadhafi, a contribué à déstabiliser les régions sahariennes et nord-sahéliennes. Le renouveau de l'Afrique et les performances économiques de certains pays ne doivent pas occulter cette géographie mouvante des conflits. Il est peu probable que l'ensemble de l'Afrique parvienne, dans une échéance rapprochée, à une situation de paix généralisée et durable.

■ ***La dimension démographique.*** Toutes les pistes d'analyse des situations de crise se croisent d'une façon ou d'une autre au carrefour de la démographie. L'Afrique est actuellement le dernier grand bastion mondial de l'explosion démographique. Avec un taux d'accroissement moyen longtemps proche de 3 % par an et qui atteint encore 2,5 % en 2010, sa population double en l'espace d'une génération. Les conséquences d'une multiplication aussi rapide du nombre des hommes se sont déjà fait tragiquement sentir dans les espaces saturés de la crête Congo-Nil : ce n'est sans doute pas un hasard si le Rwanda a été le théâtre des pires excès de violence que le continent ait connus. Mais, au-delà des situations extrêmes, la charge démographique modifie les rapports entre les hommes et leur espace de vie : c'est un des fondements des mutations en cours.

Crise et mutation se rejoignent. La crise doit être comprise comme ce moment de tensions multiformes qui préparent le renouveau. À n'en considérer que l'expression macro-économique, on mutilerait une réalité que n'épuise pas la référence implicite à des modèles venus du Nord, à cet *homo economicus* sorti des cartons de la pensée occidentale. À ne retenir des troubles et des violences que des raisons de désespérer, on perdrait de vue les pulsions vitales qui créent le futur. L'entrée dans le troisième millénaire coïncide avec une embellie économique dont on peut espérer qu'elle sera durable. Ce qui est en cause, en dernière instance, c'est l'accouchement d'États issus d'héritages contradictoires, et de nations en quête d'identité. Pour comprendre les mouvements de fond qui travaillent l'Afrique, il est nécessaire de ne pas garder les yeux rivés sur une crise qui s'éloigne, mais de porter son regard plus loin, d'aller à la recherche des dynamiques de l'homme. De s'interroger sur les capacités des sociétés à transformer leur héritage en avenir.

■ ***L'Afrique émergente.*** Depuis le début des années 2010, l'émergence est devenue le maître-mot des responsables africains. En rejoignant les BRICs, l'Afrique du Sud a fait des émules. Son grand rival pour le leadership africain, le Nigeria, qui par une modification des modes de calcul du PIB vient de se proclamer première puissance du continent, ne jure que par son émergence prochaine. Dans un communiqué du 25 mars 2014, la Coface a identifié 10 nouveaux pays émergents dans le monde dont 4 en Afrique : Kenya, Tanzanie, Zambie et Ethiopie, tous situés à l'Est du continent. Les critères appliqués par la Compagnie française d'assurance pour le commerce extérieur peuvent être discutés, l'émergence n'est encore que potentielle, mais cette reconnaissance de l'Afrique est une confirmation de sa renaissance. La stratégie de développement du Gabon est placée sous le signe de l'émergence, à l'échéance 2025. Pour ne pas être en reste, le Congo a pris lui aussi le train de l'émergence avec le même horizon. La RDC a poussé le curseur jusqu'en 2030. Un plan « Sénégal émergent » a été adopté en 2014. De tels plans prennent la relève des DSCRP (Document stratégique de croissance et de réduction de la pauvreté) dont la plupart des États s'étaient dotés à l'instigation de la Banque mondiale. Le glissement sémantique de la lutte contre la pauvreté à l'aspiration à l'émergence, s'il traduit un effet de mode, n'est toutefois pas anodin. Il trouve sa légitimité dans la croissance soutenue depuis l'an 2000, et exprime la conviction dans les capacités de l'Afrique de s'extraire du sous-développement.

Document

■ Le continent de la pauvreté

Afrique subsaharienne

	Sup. (km²)	Population (milliers hab)	PNB/ PPA (par hab.)	IDH	Rang selon l'IDH
Afrique du Sud	1 221 000	50 700	9 584	0,629	121
Angola	1 124 700	20 200	4 812	0,508	148
Bénin	112 600	9 400	1 439	0,436	166
Botswana	581 700	2 100	13 101	0,64	119
Burkina Faso	274 000	17 500	1 202	0,343	183
Burundi	27 800	10 900	544	0,355	178
Cameroun	475 400	20 500	2 114	0,495	150
Cap-Vert	4 030	500	3 609	0,586	132
Comores	2 170	800	986	0,429	139
Congo RDC	2 344 900	69 600	319	0,304	186
Congo	342 000	4 200	2 934	0,534	142
Côte d'Ivoire	322 500	20 600	1 593	0,432	163
Djibouti	23 200	900	2 350	0,445	164
Erythrée	121 100	5 600	531	0,351	181
Ethiopie	1 100 800	86 500	1 017	0,396	173
Gabon	267 700	1 600	12 521	0,683	106
Gambie	11 300	1 800	1 100	0,456	168
Ghana	238 500	24 000	1 731	0,439	152
Guinée	246 000	10 500	941	0,355	178
Guinée-Bissau	36 100	1 600	470	0,396	165
Guinée équatoriale	28 000	700	21 715	0,554	136
Kenya	580 400	42 700	1 541	0,519	145
Lesotho	30 400	2 200	1 879	0,461	158
Libéria	111 400	4 200	480	0,388	174
Madagascar	587 000	21 900	828	0,483	151

	Sup. (km²)	Population (milliers hab)	PNB/ PPA (par hab.)	IDH	Rang selon l'IDH
Malawi	118 500	15 900	774	0,418	170
Mali	1 240 200	16 300	853	0,344	182
Maurice	2 045	1 300	13 300	0,737	80
Mauritanie	1 025 500	3 600	2 174	0,467	156
Mozambique	801 600	24 500	906	0,327	185
Namibie	824 300	2 400	5 973	0,608	128
Niger	1 267 000	16 600	701	0,304	186
Nigeria	923 800	166 000	2 102	0,471	158
Ouganda	235 900	35 600	1 168	0,456	161
Rép. Centrafricaine	623 000	4 600	722	0,352	180
Rwanda	26 300	11 300	1 147	0,434	167
Sao Tomé et Principe	965	200	1 864	0,525	144
Sénégal	196 700	13 100	1 653	0,470	154
Seychelles	280	100	22 615	0,806	46
Sierra Leone	71 700	6 100	881	0,359	177
Somalie	637 700	9 800	–	–	–
Soudan	1 861 000	35 600	1 168	0,456	161
Soudan du Sud	644 000	10 700	–	–	–
Swaziland	17 400	1 200	5 104	0,536	141
Tanzanie	945 000	47 700	1 383	0,476	152
Tchad	1 284 000	11 800	1 258	0,340	184
Togo	56 800	6 300	928	0,459	159
Zambie	752 600	13 900	1 358	0,448	163
Zimbabwe	390 800	13 000	424	0,397	172

Sources : PNUD, *Rapport sur le développement humain*, 2013.

2

La population : une croissance sans précédent

L'Afrique se distingue par une croissance démographique exceptionnelle : elle a atteint le chiffre symbolique du milliard d'habitants en 2009. La population de la seule Afrique subsaharienne est passée d'environ 100 millions en 1900 à 925 millions en 2013. Elle devrait encore doubler au cours des quarante prochaines années et atteindre 1,7 à 1,8 milliard en 2050 selon les projections des Nations Unies. Nulle part ailleurs l'expression « explosion démographique » n'est mieux appropriée pour désigner une augmentation aussi soudaine du nombre des hommes. Elle entraîne des bouleversements sans précédent dans l'organisation des sociétés et de leur espace. Conséquence d'un phénomène aussi brutal, des tensions, déséquilibres et désordres de toutes natures accompagnent les mutations du continent. Celles-ci ont pour acteur une population d'une extraordinaire jeunesse, porteuse des dynamiques de changement qui préparent l'Afrique de demain. Les effets d'une croissance démographique partout très forte diffèrent cependant beaucoup selon les lieux : la pluralité africaine se manifeste d'abord dans la répartition contrastée de sa population.

ESPACES VIDES, ESPACES PLEINS

Des densités contrastées

Dans son ouvrage consacré à l'Afrique, publié en 1970, Pierre Gourou évoque « un fond faiblement peuplé », sur lequel « se détachent des îles de forte densité nettement séparées les unes des autres ». Une génération plus tard, le « fond » s'est garni, mais de forts contrastes subsistent entre espaces vides et espaces pleins. L'image varie en fonction de l'échelle d'analyse : les densités moyennes des États sont à cet égard trompeuses car elles gomment les différences régionales. Que signifie par exemple une densité de 5,5 hab./km^2 au Tchad, alors que le Sahara couvre les 2/3 du pays et que 80 % de la population est concentrée dans le coin sud-ouest ? Les données nationales ne deviennent significatives que pour les petits États, même si la population ne se répartit nulle part de façon homogène : dire que la densité du Rwanda est de 420 hab./km^2 en 2013 a un sens.

■ ***L'échelle continentale permet de distinguer quelques grands ensembles.*** En Afrique occidentale, l'espace compris entre le Sahel et le Golfe de Guinée rassemble 330 millions d'habitants, dont la moitié pour le seul Nigeria. Un ensemble d'importance équivalente correspond grossièrement aux hautes terres d'Afrique orientale et australe entre Érythrée et Afrique du Sud. Entre ces deux dorsales, une vaste zone démographiquement déprimée s'étend du Soudan à la Namibie en englobant le bassin congolais. Les grands contrastes, qui doivent bien sûr être affinés, posent une question fondamentale : celle du déterminisme naturel confronté au rôle des sociétés et de leur histoire comme facteurs du peuplement. C'est une question d'importance car la nature a souvent tenu lieu sous les tropiques, surtout quand ils sont noirs, de *deus ex machina* dans les schémas interprétatifs des Européens.

À vrai dire, seuls quelques milieux très inhospitaliers interdisent une présence durable des hommes. Il s'agit essentiellement des déserts, espaces minéraux où alternent champs de dunes et étendues caillouteuses (les ergs et les regs du Sahara). En Afrique australe, à l'exception du désert côtier du Namib, l'aridité qui sévit en Namibie et au Botswana, dans le « désert » du Kalahari, est en réalité de type sahélien plus que désertique. Sans être aussi sévère que celle du Sahara, elle maintient cependant la charge humaine dans une gamme basse. La vie se réfugie dans de rares points d'eau. C'est pourquoi le désert impose la discontinuité. Celle de l'espace, ponctué par les oasis. Celle du temps, rythmé par les déplacements nomades. Le nombre des hommes reste forcément restreint dans ces milieux extrêmes de l'Afrique minérale : une densité même inférieure à 1 hab./km^2 peut signifier surcharge. Par comparaison avec les immenses étendues désertiques, les surfaces que l'altitude soustrait à l'habitat des hommes se réduisent aux parties sommitales de quelques grands édifices volcaniques.

■ ***L'Afrique centrale, une aire de « sous-peuplement » ?*** Le vide (relatif) de l'Afrique centrale n'a pas la même signification que celui du Sahara car le milieu équatorial chaud et humide ne constitue pas un obstacle au peuplement. Hormis quelques étendues inondables, tous les lieux y sont habitables et susceptibles d'être mis en valeur : les très faibles densités de l'Afrique centrale forestière ne sont pas en rapport avec ses capacités productives. La notion de « sous-peuplement » exprime cette apparente contradiction entre les potentialités du milieu et la discrétion du peuplement. Elle a alimenté de nombreuses réflexions, en particulier celles de Gilles Sautter dans sa thèse monumentale (*De l'Atlantique au fleuve Congo, une géographie du sous-peuplement,* 1966).

Du constat de la faiblesse du peuplement à une explication par l'hostilité du milieu, le pas a souvent été franchi. L'illusion déterministe – celle en particulier qui attribue les retards de l'Afrique à son climat chaud et « débilitant » – a la vie dure. Si le lien entre milieu, paresse et arriération, caractéristique de la vulgate coloniale sous sa forme la plus caricaturale, n'a plus cours, le déterminisme naturaliste pointe sous les discours encore fréquents qui rendent le milieu responsable de la fragilité des sociétés d'Afrique équatoriale. S'il en était ainsi, comment expliquer le dynamisme démographique des populations du sud-est du Nigeria situé en pleine zone forestière ? Les densités y comptent en effet parmi les plus fortes du continent, dépassant parfois les 500 hab./km^2 en pays Ibo. La forêt, ici, n'aurait donc pas été hostile ? C'est naturellement mal poser le problème. Il convient de raisonner en termes de capacités des sociétés à tirer parti de leur milieu de vie et de replacer le peuplement dans une perspective historique. Si l'emprise des populations est demeurée diffuse dans la cuvette congolaise, cela est dû, au moins pour partie, à une pénétration relativement tardive du massif forestier.

Distribution de la population

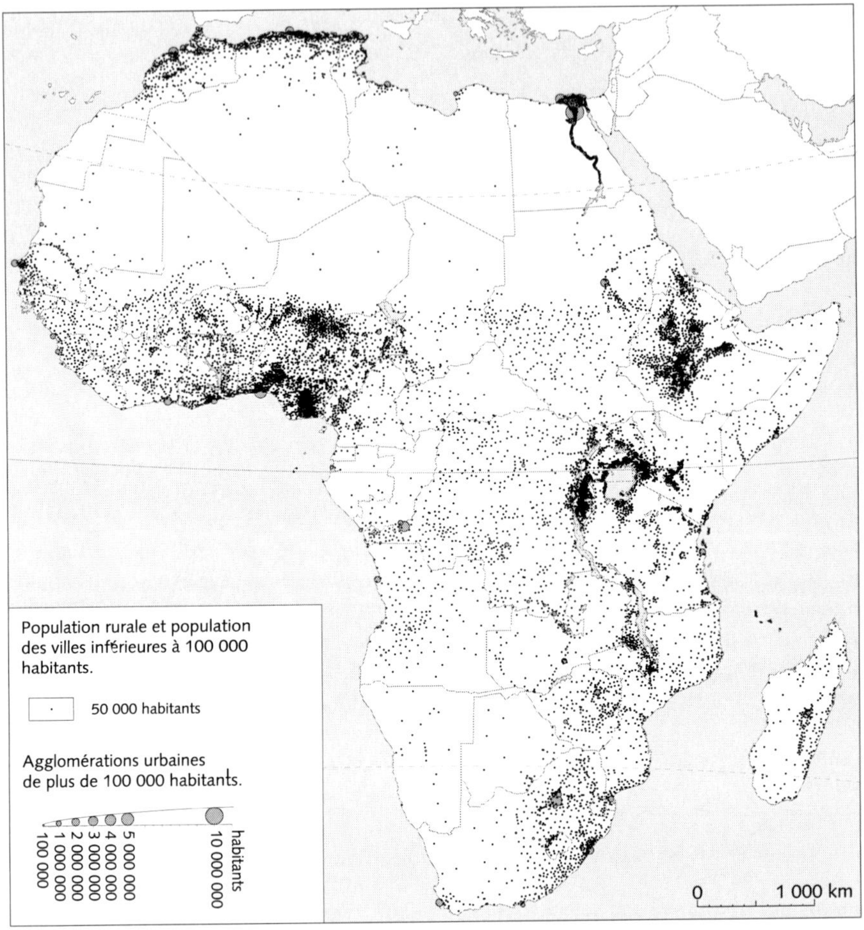

Source : D. Noin et G. Decroix, *La Population de l'Afrique subsaharienne*, UNESCO 1999.

L'Afrique, terre de mobilité

La mobilité des populations est une constante de l'histoire africaine. L'ancienneté des ancrages territoriaux constitue l'exception plus que la règle. La plupart des groupes ethniques n'occupent leur habitat actuel que depuis un temps relativement court. Grâce à l'avancée des connaissances historiques, on découvre que les peuples ont beaucoup bougé, sous le double effet de dynamiques internes liées à l'expansion du peuplement, ou de dynamiques externes, lorsque l'Europe via

Accroissement des densités (1960-2010)

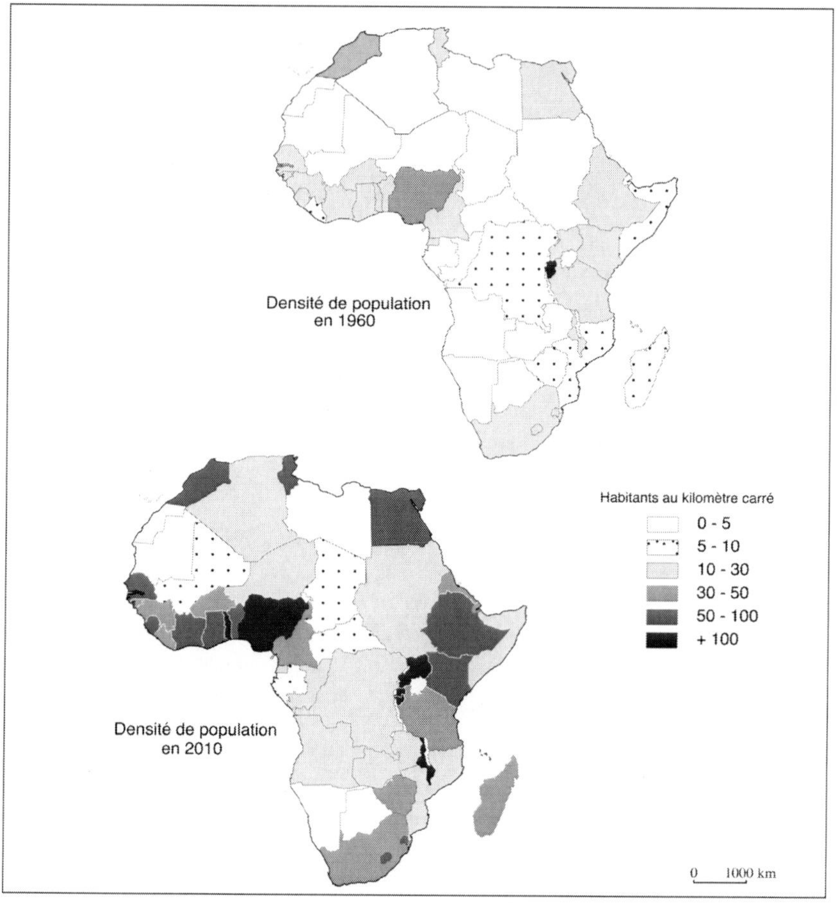

Source : Population Référence Bureau.

la traite des esclaves puis la colonisation devint le moteur central de l'histoire. Toutes les formes de mobilité, volontaire ou forcée, pacifique ou violente, se superposent dans le présent comme dans le passé, donnant une impression d'« inachèvement territorial ».

■ ***Les migrations bantoues.*** Parmi les grandes migrations dites « historiques », les migrations bantoues ont joué un rôle décisif dans le peuplement de la moitié méridionale de l'Afrique, au sud d'une ligne allant de la Cross River (sud-est du Nigeria) à la Somalie méridionale. C'est en découvrant des parentés entre les langues des populations noires sud-africaines que Wilhelm Bleek inventa au XIXe siècle le concept linguistique de *bantou*, pluriel de *muntou*, qui signifie « homme ». Comme dans le mythe de Babel, la dispersion des hommes au cours de leur migration a différencié les langues : on en compte environ 450, dérivées de la souche primitive. La reconstitution des itinéraires migratoires ne fait pas l'unanimité parmi les chercheurs. La plupart penchent cependant pour une origine géographique dans le bassin de la Bénoué (Nigeria), suivie d'un éclatement secondaire en deux branches aux alentours de 3000 av. J.-C. : les Bantous occidentaux et les Bantous orientaux. Ces derniers contournèrent la forêt par les pays des Grands Lacs avant d'investir les fraîches savanes herbeuses du « veld » sud-africain.

Les Bantous occidentaux pénétrèrent la forêt en suivant les voies d'eau qui tracent de précieux repères dans un milieu sans horizon. Ces populations, parfois qualifiées de « grands Noirs », entrèrent en contact avec les négrilles ou Pygmées – nom générique par lequel les Grecs désignaient des hommes hauts d'une coudée « *pugmaios* » issus des contrées mystérieuses d'au-delà du Nil. Ces petits hommes vivant de cueillette, de chasse et de pêche sont aujourd'hui quelques dizaines de milliers, répartis en un grand nombre de sous-groupes depuis le sud du Cameroun jusqu'à la crête Congo-Nil : Aka, Efe, Mbuti auxquels certains auteurs rattachent les Twa du Rwanda et du Burundi. Leur économie fondée sur le prélèvement de ce que la nature offre en surplus n'admet que de très basses densités.

Les migrations des Bantous se caractérisent par leur extrême lenteur. Les datations au carbone 14 de sites archéologiques indiquent leur présence au sud du Cameroun vers 1500 av. J.-C., puis sur le Congo vers 500 av. J.-C., mais seulement en 170 ap. J.-C. au Maniema (région centrale du Congo-Zaïre). Les migrants auraient mis 600 ans pour parcourir 1000 km entre le fleuve Sanaga et le Loango (région de Pointe-Noire). La pénétration par la grande coulée fluviale Congo-Oubangui fut certainement plus rapide, mais d'une manière générale l'expansion territoriale prit beaucoup de temps car il fallut à des hommes originaires des milieux clairs des savanes soudaniennes apprivoiser la forêt et son opacité mystérieuse. Leur migration n'était pas achevée lorsque les Européens entrèrent en scène. La tradition orale situe le glissement des Fang du Cameroun au Gabon à la fin du XVIIIe siècle. Leur avant-garde atteignit l'Ogooué vers 1860, en même temps que les Français qui devaient enrayer une progression séculaire.

En Afrique australe, la marche des Bantous vers le sud était toujours en cours lorsqu'ils se heurtèrent aux Blancs qui, au cours du XIXe siècle, étendaient leur emprise territoriale à partir du Cap. La migration bantoue relégua dans les espaces les moins favorables à l'agriculture les populations autochtones, dites Khoisan, composées d'une part des éleveurs nomades Hottentot, et d'autres part des chasseurs-cueilleurs *Bushmen* (ou Bochiman en français). Les abondantes peintures rupestres du Zimbabwe et d'Afrique du Sud attestent de la présence ancienne de ces peuples chasseurs dans une grande partie de l'Afrique australe.

■ ***Les migrations modernes.*** La colonisation a stoppé certains courants migratoires mais en a suscité d'autres. Depuis les indépendances, les mobilités humaines n'ont cessé de remodeler les espaces et de transgresser les frontières. Outre le phénomène général d'exode rural, des déplacements de type « front pionnier » et des migrations transfrontalières de grande ampleur ont profondément modifié le peuplement dans certaines parties du continent. En Afrique de l'Ouest, des flux considérables se sont dirigés des régions sahéliennes enclavées vers les pays côtiers, en particulier le Ghana et la Côte d'Ivoire. La complémentarité entre « pays réservoirs » et pays d'accueil où l'économie de plantation réclamait de la main-d'œuvre a fonctionné jusqu'à l'installation durable de la crise dans les années 1980. La Côte d'Ivoire est le pays qui a reçu le plus grand nombre de migrants, originaires du Mali, du Niger et surtout du Burkina Faso. L'ancienne Haute-Volta fut même fondue dans une grande Côte d'Ivoire entre 1932 et 1947 pour faciliter les recrutements de main-d'œuvre. Le « miracle ivoirien » a été en partie fondé sur cet afflux massif d'une force de travail étrangère, responsable d'une croissance démographique unique : la population de Côte d'Ivoire a été multipliée par 8 entre 1950 et 2009, passant de 2,6 millions à 21,4 millions d'habitants. En 1998, les étrangers représentaient un quart de la population ivoirienne. Aujourd'hui, ils ne sont plus désirables : l'« ivoirité », expression d'un repli identitaire de populations du sud du pays se proclamant autochtones, et s'estimant économiquement lésées par les migrants a provoqué des violences xénophobes. La crise politique ivoirienne s'est accompagnée d'un retour de quelque 400 000 personnes d'origine burkinabé vers leur pays d'origine.

Autre espace de déplacements massifs de population, l'Afrique du Sud a organisé de manière très systématique les migrations de travail vers les bassins d'emploi. Une des fonctions des Bantoustans comme des États satellites (Lesotho, Swaziland, Malawi, mais aussi Mozambique et Zimbabwe) résidait dans l'envoi d'une population masculine de travailleurs vers les régions minières et industrielles. Restaient sur place les femmes, les enfants et les vieillards. L'alliance du capitalisme et de l'apartheid a ainsi engendré des déséquilibres démographiques et spatiaux qui constituent toujours une des caractéristiques de l'Afrique du Sud et de ses voisins. Au cours de la dernière décennie, les crises politiques en RDC et au Zimbabwe ont engendré de nouveaux flux de migrants jusqu'à provoquer des réactions de rejet parmi les Sud-Africains noirs déshérités. Les violences dont des étrangers, principalement zimbabwéens, ont été victimes en 2008 ont écorné l'image d'exceptionnalité du pays de Mandela. Les accès périodiques de xénophobie surgissent toujours dans des contextes circonscrits de crise économique et sociale et ne doivent pas faire perdre de vue l'ampleur des mobilités interétatiques.

Selon les Nations Unies, l'Afrique subsaharienne compterait en 2010, 16 millions de migrants, ce qui est sans doute très sous-estimé étant donné l'importance des migrations clandestines. Quelle que soit l'imprécision des chiffres, les migrations internes à l'Afrique sont d'un tout autre ordre de grandeur que les migrations extérieures : les pays de l'OCDE par exemple n'hébergent que 4 millions de ressortissants d'Afrique subsaharienne dont les trois quarts se concentrent dans cinq pays : États-Unis (930000), Royaume-Uni (812000), France (565000), Portugal (348000), Canada (271000) (OCDE 2005). La migration africaine vers l'Europe, objet de vifs débats politiques, en particulier en France, est médiatisée du fait de ses conditions souvent dramatiques : tentatives désespérées pour pénétrer dans l'enclave espagnole de Melilla, embarquement sur des esquifs de fortune dans l'espoir d'atteindre les Canaries, Lampedusa ou la Sicile ou de franchir le détroit de Gibraltar. L'Europe tente d'endiguer cette poussée migratoire, ou à défaut de la contrôler, par le biais notamment de « l'immigration choisie ». En tout état de cause, la migration de Subsahariens en Europe sera une des composantes essentielles des relations euro-africaines dans les décennies à venir. L'horizon migratoire des Africains s'est par ailleurs mondialisé, et les diasporas jouent un rôle croissant dans les transformations économiques, sociales et politiques d'un continent plus que jamais ouvert sur le monde (voir chap. 8).

■ ***Les fronts pionniers.*** Les migrations actuelles prennent quelquefois la forme de fronts pionniers. Même s'ils n'ont pas l'ampleur des phénomènes observés au Brésil ou en Indonésie, ils progressent au détriment des forêts. Longtemps vide d'hommes, le Sud-Ouest ivoirien a été soumis à d'intenses défrichements depuis que l'exploitation du bois a ouvert des routes par lesquelles s'engouffrent les planteurs de café et de cacao. Au Burkina Faso, la saturation foncière des plateaux centraux pousse les paysans Mossi au départ. La fermeture du débouché ivoirien réoriente leurs flux migratoires vers l'espace intérieur, en particulier la région de Bobo Dioulasso. Le disponible foncier du Sud-Ouest burkinabé se raréfiant d'année en année, on peut présager l'extinction prochaine du front pionnier, et la montée de tensions, déjà sensibles, entre autochtones Bobo et migrants Mossi. Au Sénégal, les Mourides ont été les acteurs de la progression du front pionnier de l'arachide.

L'action des pouvoirs publics participe à la redistribution de la population, avec pour objectif la correction des déséquilibres démographiques régionaux et la mise en valeur des régions sous-exploitées. Telle a été l'ambition du programme de colonisation des « terres neuves » du Sénégal oriental après les indépendances conçu pour délester l'arrière-pays de Dakar et faciliter l'implantation de paysans Serer. Ces politiques ne datent pas d'aujourd'hui. La mission d'immigration des Banyarwandas (originaires du Rwanda), créée en 1937 par l'administration coloniale belge, avait organisé leur installation au Kivu : cela permettait d'atténuer la surcharge démographique qui commençait à se faire sentir au Rwanda, et de fournir de la main-d'œuvre aux colons européens. Au Soudan français (actuel Mali), l'Office du Niger, créé en 1932, s'était fixé comme objectif d'établir plusieurs dizaines de milliers de familles dans le delta intérieur du Niger.

Selon les *Perspectives à long terme en Afrique de l'Ouest* étude réalisée sous l'égide du Club du Sahel et de la Banque africaine de développement (1998), la population rurale de l'Afrique de l'Ouest (incluant Tchad, Cameroun et RCA) est passée de 75 à 115 millions de personnes entre 1960 et 1990 et pourrait atteindre 159 millions en 2020. La densification en cours conduit à terme vers un achèvement des territoires : les marges floues, les étendues d'incertitude se résorbent rapidement. L'extension des espaces habités se fait au détriment des milieux naturels : l'Afrique n'échappe plus à ce débat fondamental entre démographie et écologie. Elle se trouve à l'heure actuelle dans une phase d'accumulation des hommes qui l'expose localement à des effets de surcharge. Là encore il convient de rappeler la diversité du continent. Si la forêt, pour ne prendre que cet exemple, se réduit comme peau de chagrin en Afrique occidentale, elle reste largement intacte en Afrique centrale.

■ ***Espace et violence.*** La mise en mouvement des populations est souvent la conséquence de violences, de troubles politiques, du cortège de calamités engendrées par les guerres. La répartition des hommes en porte les cicatrices dans les contrastes de densité observables à moyenne échelle. Certains espaces ont servi de refuge, tels les reliefs montagneux. Au Mali, les Dogon abandonnèrent, après le XVe siècle, un piémont exposé aux razzias des nomades-guerriers, Peuls ou Touaregs, pour se replier sur la « falaise » de Bandiagara, inexpugnable citadelle naturelle. Ils s'y trouvèrent bientôt dans une position d'assiégés des plus contraignantes : l'accumulation démographique *in situ*, dans un pays de pierres, demanda beaucoup d'énergie pour gagner des terres à la culture. Avec l'instauration de la paix coloniale, les Dogon ont repris le chemin des plaines : la distribution de la population tend à s'égaliser. Dans le nord du Cameroun, les monts Mandara furent un sanctuaire pour les populations demeurées animistes que les Arabes appellent *kirdi* (« païen »). La pression du nombre les a contraintes à des aménagements soigneux d'un espace compté (construction de terrasses), afin d'intensifier la production. Les montagnes de l'Ouest camerounais ont joué un rôle comparable. Les Bamiléké, sous la pression des Bamoun, eux-mêmes pressés sur leurs arrières, ont trouvé depuis le XVIIe siècle une terre d'élection dans des massifs compartimentés, peu propices aux incursions de cavaliers, mais où d'excellentes conditions climatiques et pédologiques ont favorisé un peuplement dense.

En Afrique du Sud, la répartition des hommes dans l'espace répond à un autre type de violence imposée par le pouvoir blanc jusqu'à l'abolition légale de l'apartheid en 1991. Le « pays arc-en-ciel » (le *rainbow people* de Desmond Tutu) portera longtemps encore les stigmates de cette ségrégation raciale dont l'expression géographique reste terriblement prégnante. Mais des épisodes violents plus anciens ont eux aussi laissé des marques dans l'occupation de l'espace, en particulier le *mfecane* qu'on pourrait traduire par « guerre illimitée », qui correspond à la phase aiguë de l'expansion du royaume zoulou sous l'autorité du roi Chaka. Les troubles induits par le *mfecane* entre 1820 et 1840 furent très dévastateurs. Les migrations de populations fuyant les violences modifièrent les configurations ethniques et politiques. Le repli des Sotho dans le bastion montagneux du Drakensberg, pour ne citer qu'un exemple, a signé l'acte de naissance de l'actuel État du Lesotho.

■ ***Regroupements de population et « villagisation ».*** Des politiques autoritaires ont, dans maintes régions, modifié la géographie de la population. Les administrations coloniales menèrent des opérations de regroupements là où les populations, très dispersées, échappaient à leur contrôle. Les exemples abondent en Afrique centrale. Le regroupement des villages sur quelques axes routiers a transformé des espaces maillés en espaces linéaires. Si les regroupements de villages visaient à l'origine le contrôle politique, leur fonction d'encadrement s'est par la suite élargie aux domaines scolaire, sanitaire, agricole. Le regroupement a en effet été considéré par les idéologies d'État comme une condition *sine qua non* du progrès. La politique de « villagisation » mise en œuvre en Tanzanie dans les années 1970 relève de cette volonté étatique de remodeler l'espace pour aider au développement économique et social. Effectuée avec des méthodes coercitives, elle provoqua des perturbations durables dans le fonctionnement de la société rurale. De fait, en modifiant la micro-géographie des établissements humains, la villagisation introduisait une rupture profonde dans les rapports séculaires entre l'homme et son espace.

Dans un contexte radicalement différent, l'Éthiopie marxiste de Mengistu (1977-1991) appliqua une politique brutale de villagisation qui s'accompagnait d'un transfert au sud du pays de populations originaires du Nord. Sous prétexte d'alléger des campagnes affectées par la sécheresse, l'objectif était d'affaiblir les mouvements d'opposition armée du Tigré. Les excès provoqués par ce début de déportation conduisirent à une mise en sourdine de cette politique après la famine de 1984-1985. Aujourd'hui, la plupart des villages créés sous le régime de Mengistu ont disparu. Quelles qu'en soient les raisons, les opérations qui brisent de façon autoritaire le lien territorial, remettant en cause la familiarité de l'homme à ses lieux, créent des traumatismes durables.

■ ***Une population flottante : les réfugiés.*** Ils constituent un groupe spécifique de population au statut théoriquement provisoire mais dont l'histoire des dernières décennies indique qu'il peut se pérenniser. Le statut de réfugié, défini par le Haut Commissariat aux réfugiés (HCR) de l'ONU, concerne les seules personnes ayant franchi les frontières nationales pour fuir les violences constituant une menace pour leur vie. Le HCR a longtemps ignoré les « personnes déplacées » à l'intérieur d'un État, par exemple les victimes des violences politico-ethniques de 1992-1994 au Zaïre qui chassèrent du Shaba (Katanga) quelque 600 000 originaires du Kasaï qu'on qualifia de « refoulés ». L'ampleur croissante de tels déplacements sous contrainte a conduit le HCR à élargir ses compétences en ajoutant à la catégorie des réfugiés stricto sensu celle des déplacés internes, *internally displaced persons* (IDP).

En Afrique, la question des réfugiés et des personnes déplacées a pris, au fil des ans et de la cadence des conflits, une importance considérable : le continent noir détient le record peu enviable des déplacements forcés. Après le pic de 1994 lié à la crise rwandaise et quelques années de reflux, on assiste à nouveau à une forte augmentation des effectifs, consécutive à de nouveaux conflits au Darfour et en Somalie. Le Zaïre, avec la déferlante de 1 300 000 Hutus en juillet 1994, a accueilli le plus grand nombre de réfugiés : au total, 1 724 000 étaient officiellement enregistrés en 1995, en provenance du Rwanda, du Burundi, d'Angola et du Soudan. La même année, la Tanzanie accueillait 883 000 réfugiés, dont 626 000 Rwandais ; le Burundi 300 000 dont 278 000 Rwandais. Plus de deux millions de réfugiés étaient ainsi installés sur les périphéries du Rwanda avant le déclenchement de la guerre du Congo-Zaïre à l'automne 1996. D'après le HCR, 1 300 000 auraient été rapatriés depuis lors. L'attaque des camps du Kivu par l'Alliance des forces démocratiques pour la libération du Congo-Zaïre (AFDL) poussa cependant quelques centaines de milliers de réfugiés sur le chemin de l'exode, dans une fuite éperdue vers l'Ouest. Ceux qui ne furent pas massacrés par les soldats de l'AFDL et surmontèrent l'épreuve de la traversée de l'immense cuvette congolaise ont trouvé leur salut en franchissant les frontières du Congo Brazzaville, du Soudan, de la République centrafricaine ou de l'Angola : un certain nombre d'entre eux se sont reconvertis en mercenaires à la faveur des conflits locaux. Quelques milliers, anciens militaires et miliciens Hutus, sont restés dans les forêts de l'Est du Congo : ils y sont toujours. Organisé en un mouvement politico-militaire, le Front Démocratique de Libération du Rwanda (FDLR), ils constituent un des facteurs de l'insécurité chronique et des violences au Kivu qui engendrent sans cesse de nouvelles cohortes de déplacés.

Depuis 2003, l'axe de conflit Congo-Soudan-Somalie a produit un nombre considérable de personnes déplacées. En 2012, l'effectif des réfugiés en Afrique s'élève à 2 800 000 mais la totalité des déplacés dépasse les onze millions, soit près du tiers du stock mondial. Soudan et Soudan du Sud y contribuent pour près de 3 millions, tout comme la RDC ; la Somalie pour 1,1 million. Le camp de Dadaab au nord-est du Kenya, le plus vaste du monde, héberge 285 000 Somaliens. La géographie des camps de réfugiés est par nature éphémère. Ceux qui les peuplent ne sont pas tous des victimes civiles : les camps hébergent aussi les vaincus des conflits qui y trouvent des conditions propices à leur réorganisation car le HCR, soutenu par le Programme Alimentaire Mondial (PAM) et de multiples ONG, pourvoit aux besoins de la vie quotidienne. Cela n'est pas sans poser de délicates questions à l'humanitaire.

Réfugiés et déplacés fin 2013

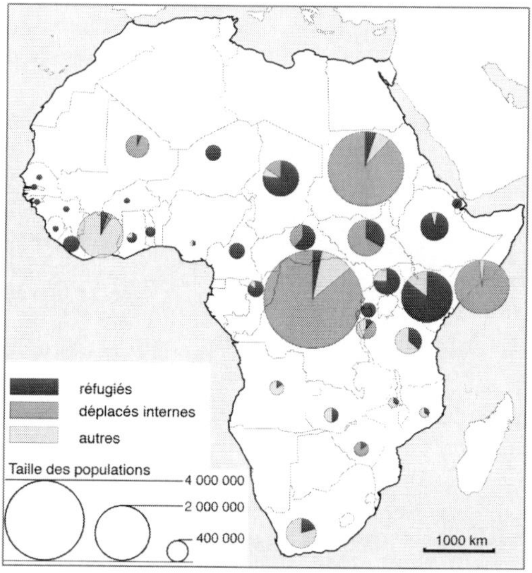

Source : UNHCR 2013.

	1960	1980	1994	1999	2012
Réfugiés en Afrique	9 000	4 153 000	6 752 000	3 523 000	2 800 000
Dans le monde	1 516 000	8 894 000	15 291 000	11 697 000	15 400 000

Source : HCR.

DÉMOGRAPHIE, NATURE ET HISTOIRE

La question démographique, avec toutes les craintes qu'elle suscite tant dans le domaine de l'économie que dans celui de l'écologie, se pose de façon nouvelle en Afrique. Le continent, en effet, est longtemps resté dans une sorte de creux démographique. La compréhension des dynamiques régressives de population, passées et présentes, conduit à placer sur le devant de la scène deux des principaux acteurs de l'histoire africaine : l'insecte et le négrier. Celui-ci fut l'instrument de la saignée provoquée par la traite esclavagiste : bien qu'il s'agisse d'une période révolue, son héritage demeure considérable. Celui-là est toujours présent, bien que sa nocivité soit en recul : l'amélioration de la santé est la cause première de l'explosion démographique. C'est ainsi que se construisent les mutations du continent, entre histoire et milieu.

Systèmes pathogènes et peuplement

L'Afrique tropicale, très éloignée de la « transition épidémiologique » des sociétés développées, demeure sous l'emprise de multiples « systèmes pathogènes ». Ceux-ci unissent l'homme, l'animal vecteur de l'agent pathogène et le milieu – un milieu qui résulte des interactions entre nature et pratiques sociales. Le cycle de vie de l'animal vecteur, insecte ou mollusque, dépend de caractéristiques naturelles (les températures) mais aussi des modifications apportées par l'homme à son environnement, notamment de l'état des eaux : la géographie de la maladie est inséparable des aménagements de l'espace. Avant qu'interviennent les progrès prophylactiques et thérapeutiques de la médecine occidentale, les grandes endémies maintenaient les taux de morbidité et de mortalité à des niveaux très élevés, principalement la mortalité infantile. Paludisme, maladie du sommeil, onchocercose, bilharzioses, fièvre jaune remplissaient une fonction brutale de régulation démographique.

■ ***Le paludisme*** (ou malaria), longtemps première cause de mortalité en Afrique, en particulier de mortalité infantile, est désormais dépassé par le sida. Il continue cependant à tuer des dizaines de milliers d'Africains chaque année : plus de 750 000 en 2008 selon l'OMS, soit 90 % de la mortalité mondiale dont il est la cause. Parmi les différentes espèces de parasites (plasmodes) responsables de la maladie, *Plasmodium falciparum* est le plus actif en Afrique tropicale, et le plus dangereux : accès de fièvre, manifestations diverses de neuro-paludisme peuvent entraîner la mort rapide de sujets fragiles, en particulier les petits enfants. Son activité est constante dans la zone équatoriale car les températures toujours élevées et l'abondance des eaux de surface permettent aux anophèles vecteurs de vivre et de se reproduire en toute saison : le cycle moustique-homme-moustique n'est jamais interrompu. Les régions à saisons alternées se caractérisent au contraire par une rémission en période sèche, mais le paludisme se réinstalle après l'arrivée des pluies, provoquant alors un pic de mortalité.

La totalité de l'Afrique tropicale se situe dans l'aire du paludisme. Il existe cependant quelques espaces protégés : les régions d'altitude, car l'abaissement des températures élimine successivement le parasite et les anophèles. Les hautes terres (au-dessus de 1500 m) sont de ce point de vue plus accueillantes que les terres basses. La lutte anti-malarienne se heurte à maints obstacles dans le contexte de sous-développement de l'Afrique. La pauvreté et l'isolement d'une partie du monde rural limitent l'accès aux médicaments ; les organismes de santé publique manquent de moyens. Les pulvérisations systématiques d'insecticide ne sont praticables et efficaces que dans les petits espaces insulaires : le paludisme a été éradiqué de Maurice ou de la Réunion. En outre certains insecticides comme le DDT (aujourd'hui interdit dans la plupart des pays) présentent des dangers secondaires en s'accumulant dans le sol. La chimio-prophylaxie individuelle à partir des dérivés de la quinine, aujourd'hui relayés par les antipaludéens de synthèse, voit son efficacité réduite par l'apparition de souches résistantes de plasmodes. Dans l'attente d'un vaccin qu'on ne cesse d'annoncer, éviter les piqûres d'insecte reste le moyen le plus sûr de se protéger : l'utilisation de moustiquaires imprégnées d'insecticide est partout préconisée par l'OMS, puisque la nuit constitue la période de prédilection pour les repas de sang des moustiques. Son usage, affaire d'éducation et de ressources financières, est très inégalement répandu selon les lieux et les groupes sociaux mais il progresse et touche désormais le tiers des ménages. La santé, ici comme ailleurs, a une forte composante économique et culturelle. Les campagnes menées par l'OMS, l'UNICEF ou le partenariat *Rock Back Malaria* commencent à porter leurs fruits : la mortalité est en baisse, et certains pays comme la Tanzanie ou le Rwanda pourraient même atteindre un des objectifs du millénaire pour le développement (OMD) visant à réduire de 75 % la mortalité due au paludisme en 2015 par rapport à 2000. Ce ne sera pas le cas en revanche pour les pays les plus impaludés, notamment ceux de la cuvette congolaise.

■ ***La trypanosomiase*** (ou maladie du sommeil), est l'exemple type d'une endémie inféodée à un milieu : celui des forêts humides et des savanes boisées. Elle est transmise par la piqûre d'une glossine, dite mouche *tsé-tsé*, abondante dans les écosystèmes forestiers et les forêts-galeries. La zone d'endémie s'étend entre 15° de latitude nord et 15° de latitude sud. Spécifique du continent africain, elle touche non seulement les humains, mais aussi les animaux, spécialement le gros bétail, bovins et équidés. C'est pourquoi la maladie du sommeil est doublement importante, par ses conséquences sur la santé et la démographie humaines d'une part, sur la géographie de l'élevage d'autre part.

La maladie fut responsable des terribles hécatombes qui saignèrent l'Afrique centrale au début du XXe siècle. Les perturbations introduites dans le fonctionnement des sociétés par la colonisation, et les nombreux déplacements des hommes, contraints de parcourir les forêts pour récolter le caoutchouc, ou recrutés pour les travaux de portage, rendirent l'endémie particulièrement virulente entre 1910 et 1920. C'est le triste spectacle des « sommeilleux » qui, en 1913, incita le docteur Schweitzer à ouvrir un hôpital au Gabon, à Lambaréné. À la suite d'une explosion épidémique qui prit un tour dramatique en 1924-1926 dans le centre du Cameroun, le docteur Jamot mit au point des méthodes de lutte contre les grandes endémies qui se généralisèrent ensuite avec succès. On pouvait considérer qu'aux alentours de 1960 la trypanosomiase humaine était pratiquement éradiquée dans toute l'Afrique. Malheureusement, le relâchement de la vigilance dans les pays touchés par la guerre civile ou victimes de la décomposition des encadrements étatiques a anéanti des décennies d'effort : la maladie du sommeil est réapparue au nord de l'Ouganda, dans la cuvette congolaise et au nord-est de l'Angola, foyer d'une forte recrudescence épidémique à la fin des années 1990. Partout des foyers apparemment éteints peuvent se rallumer lorsque les troubles politiques font disparaître surveillance et dépistage. Cela vaut non seulement pour la trypanosomiase mais pour l'ensemble du champ de la santé. La crise des encadrements sanitaires aggravée par l'insécurité politique pose un réel défi à l'Afrique – et pas seulement à l'Afrique, car à l'ère de la mondialisation et des médecins sans frontières, on ne saurait oublier les maladies sans frontières.

■ ***L'onchocercose*** est qualifiée de cécité des rivières par les habitants des savanes ouest-africaines qui savent d'expérience que le séjour prolongé près des cours d'eau expose à perdre la vue. La maladie est responsable d'un taux particulièrement élevé d'aveugles dans les pays soudano-sahéliens : jusqu'à 20 % dans les villages les plus exposés. Il s'agit d'une filariose, c'est-à-dire d'une maladie provoquée par la présence de filaires transmises par piqûre d'une petite mouche, ou simulie, principalement *Simulium damnosum.* Celle-ci a des exigences écologiques strictes. Les femelles pondent leurs œufs sur des plantes, des bois ou des rochers affleurant dans les eaux courantes. La localisation des gîtes larvaires explique le lien étroit entre les cours d'eau et la maladie.

Les vallées des Volta noire et blanche dessinaient encore, voici quelques dizaines d'années, d'étranges couloirs vides, en dépit de la qualité de leurs sols alluviaux. Dans les années 1960, on considéra que la cécité des rivières était responsable de cette désertion. La réalité est plus complexe (la maladie du sommeil, l'histoire coloniale, les techniques culturales ont joué un rôle) mais c'est la relation élémentaire vide/onchocercose qui a prévalu dans les représentations, et conduit le Burkina Faso (anciennement Haute-Volta) à mettre en œuvre en 1974 l'ambitieux projet de l'AVV, l'« Autorité des aménagements des Vallées des Volta ». Ce projet s'articulait avec une opération de grande envergure initiée sous l'égide des Nations unies (OMS, FAO, PNUD) dans l'ensemble de la zone onchocerquienne, soit 650 000 km^2 répartis entre sept pays. Cette énorme entreprise, étendue par la suite à 15 États, a disposé de moyens financiers considérables, pratiqué massivement les épandages aériens d'insecticide et obtenu des résultats appréciables dans l'assainissement de ces espaces. Mais, comme pour la maladie du sommeil, la vigilance ne doit pas se relâcher car les mouches sont promptes à reconstituer des gîtes larvaires. On a constaté par ailleurs qu'il existait un rapport étroit entre les densités de population et la gravité de la maladie. Au-dessus d'une quarantaine d'habitants au km^2, la morbidité perd en intensité, les piqûres infestantes se diluant entre un grand nombre de sujets. Cela donne toute son importance à la notion de seuil démographique : faible croissance de la population et sous-peuplement se sont longtemps auto-entretenus.

■ ***L'eau et les maladies.*** Le cycle des agents pathogènes fait intervenir un hôte intermédiaire aquatique dans le cas des schistosomiases (ou bilharzioses) contractées à la suite de la pénétration cutanée de vers au contact de l'eau. Les vers transitent au cours de leur cycle de vie par des mollusques vivant dans des eaux douces peu profondes. Plus de 100 millions d'Africains sont touchés par la maladie. Le contact corporel avec l'eau participe de pratiques quotidiennes : les femmes font la lessive et la vaisselle au bord de l'eau, la baignade est un jeu favori des enfants, mais en même temps les rejets urinaires et fécaux entretiennent le cycle des schistosomes. Les populations ignorent les dangers encourus, surtout en milieu rural : une meilleure éducation des femmes permettrait d'éviter bien des atteintes à la santé.

Toute modification hydrique entraîne des conséquences sur le fonctionnement des écosystèmes et la répartition des espèces vivantes. La formation de vastes nappes d'eau à l'arrière des barrages d'Akossombo sur la basse Volta (Ghana), et de Kossou sur le Bandama (Côte d'Ivoire), a supprimé des gîtes larvaires de simulies mais développé les risques de bilharziose. Toutefois, c'est surtout la multiplication des petits aménagements hydro-agricoles, difficiles à contrôler sur le plan sanitaire, qui contribue à redistribuer la géographie des endémies. L'eau de boisson est aussi un grand vecteur de maladies souvent fatales pour de jeunes organismes. Selon un rapport OMS-UNICEF paru en 2010, 60 % de la population d'Afrique subsaharienne aurait accès à l'eau potable, contre 82 % pour l'ensemble des pays en développement. La chaîne de potabilité – en particulier les conditions de stockage – présente de nombreuses insuffisances. La situation s'améliore d'année en année mais reste déplorable dans les quartiers sous-équipés et les bidonvilles des grandes agglomérations. Le manque de contrôle de l'évacuation des eaux usées provoque en outre de dangereuses pollutions des nappes phréatiques.

Les stigmates de la traite des Noirs

■ ***Une question controversée.*** L'impact de la traite des Noirs sur les populations et les sociétés africaines fait toujours l'objet de débats, l'objectivité scientifique s'effaçant souvent derrière des positions idéologiques ou passionnelles. On ne peut en effet évacuer la dimension morale de la déportation de millions d'Africains vers le nouveau monde et le monde arabo-musulman. Pendant des siècles, la participation de l'Afrique noire à la mondialisation s'est réduite à ce détournement démographique qui a contribué à la dissémination des Noirs et au peuplement des Amériques. S'il est relativement aisé de mesurer l'impact de ces migrations forcées dans les pays d'accueil, qu'il s'agisse des Antilles, du Brésil ou des États-Unis, l'estimation des conséquences sur le continent africain est beaucoup plus délicate à établir. L'histoire quantitative du passé de l'Afrique demeure un exercice fort aléatoire, mais les recherches historiques récentes ont fait progresser les connaissances, et un consensus de la plupart des historiens s'est établi sur les données chiffrées. L'étude d'Olivier Pétré-Grenouilleau, *Les traites négrières. Essai d'histoire globale* (Gallimard, 2004), fait référence en la matière.

Selon cet auteur, la traite transsaharienne vers le monde méditerranéen, qui existait déjà dans l'Antiquité et prit son essor avec la conquête arabe et l'organisation des grands empires soudano-sahéliens, aurait porté sur 9 millions de personnes du VIIe au XXe siècle. La déportation via l'océan Indien et la Mer Rouge se chiffrerait à 8 millions d'individus. Organisée par les Arabes installés sur la côte à partir du VIIe siècle, elle connut son apogée dans la deuxième moitié du XIXe siècle. Zanzibar fut alors une des bases les plus actives de cette traite qui eut d'importantes conséquences à l'Est et au centre du continent. Quant à la traite atlantique qui sévit du début du XVIe siècle à la fin du XIXe siècle, elle concernerait quelque 11 millions de personnes, le XVIIIe siècle comptant pour plus de la moitié dans ce total : c'est la grande période des ports négriers européens, celle des embellissements urbains de Nantes ou de Bordeaux. Interdite au nord de l'équateur par le congrès de Vienne, en 1815, quelques années plus tard au sud, la traite continua clandestinement. Les Brésiliens furent les derniers des négriers. Ils avaient d'ailleurs pignon sur rue : les maisons « brésiliennes » de Porto Novo au Bénin ou d'Epe au Nigeria en perpétuent le souvenir.

■ ***Les conséquences démographiques de la traite*** sont difficiles à évaluer. A-t-elle contribué à « dépeupler » l'Afrique ? Les taux de prélèvement, ramenés aux gains de la croissance naturelle, ont sans doute beaucoup varié selon les contextes locaux ; des effets de seuil ont joué, en fonction principalement des densités. Les sociétés peu nombreuses souffrirent davantage de cette agression extérieure que celles que confortait le grand nombre. Les régions d'Afrique occidentale qui exportèrent le plus d'esclaves comptent aujourd'hui parmi les mieux peuplées du continent. L'exportation atlantique touchant prioritairement les mâles, le déséquilibre du sex-ratio en faveur des femmes a sans doute favorisé la polygamie et minimisé les conséquences du déficit masculin sur les taux de reproduction. La traite en direction des pays du Maghreb et du Moyen-Orient accordait davantage de prix aux femmes : les effets démographiques n'étaient donc pas les mêmes. Il est en réalité impossible de généraliser. Chaque étude de cas apporte un éclairage différent sur les modalités de la traite et ses conséquences directes et indirectes. La gravité des perturbations provoquées dans les sociétés africaines par la traite ne fait cependant aucun doute, pas plus que le fait qu'elle ait été un ralentisseur démographique.

Les recherches en démographie historique aboutissent en effet à la conclusion que l'Afrique a décroché par rapport aux autres continents au cours du XVIIe siècle. En 1650, elle aurait compté 100 millions d'habitants, ordre de grandeur comparable à celui de l'Inde et de la Chine. Deux siècles plus tard le chiffre n'a pas sensiblement changé, alors que la Chine est passée à 350 millions d'habitants. Conséquence de cette stagnation, la part de l'Afrique dans la population mondiale n'a cessé de baisser jusqu'au renversement de tendance de ces dernières décennies : 20 % en 1650, 13 % en 1750, 10 % en 1800, 7 % en 1950. Tournons-nous maintenant vers la prospective : l'Afrique se trouve créditée de 20 % en 2050, comme si l'explosion démographique actuelle constituait un rattrapage de quatre siècles de déclin relatif.

■ ***L'implication des sociétés africaines dans la traite***. Quelle qu'ait été la destination de la traite, elle a toujours été organisée par les Africains eux-mêmes, y compris la traite atlantique : les négriers se contentaient d'acheter les esclaves sur la côte. En Afrique guinéenne, certains groupes forts de leurs appareils militaires se spécialisèrent dans les razzias d'esclaves, par exemple les Achanti du royaume de Kumasi (Ghana) ou les Fon du royaume d'Abomey (Bénin). De véritables entrepreneurs de guerres constituèrent de redoutables formations politiques esclavagistes dans les années qui précédèrent la colonisation européenne : Msiri au Katanga, Tippu-Tib sur le haut Congo en amont de Kisangani, Rabah entre Oubangui et Lac Tchad. Les expéditions pour la capture d'esclaves perturbèrent gravement les sociétés qui en furent victimes. Des populations entières fuirent devant la menace : une fraction des Luba du Katanga quitta les régions du lac Tanganyika pour se replier vers l'ouest, dans les Kasaï. Les espaces ouverts qui forment la moitié orientale de l'actuelle RCA, ravagés par les lieutenants de Rabah, ont été désertés : ils constituent aujourd'hui encore de grandes plages de sous-peuplement. La traite a laissé des traces non seulement dans l'espace mais aussi dans les mémoires collectives : la cohabitation entre des groupes qui en furent les uns organisateurs, les autres victimes, peut rendre compte de certains conflits contemporains. En Angola, l'hostilité de l'Unita envers le parti au pouvoir à Luanda perpétue les peurs et les haines des Ovimbundu, victimes autrefois des gens de la côte. Les guerres civiles qui se sont succédé au Tchad, celle qui a sévi au Soudan jusqu'à l'indépendance du Soudan du Sud renvoient à un schéma comparable d'affrontement entre les Noirs qui payèrent un lourd tribut à la traite et les groupes arabisés qui en étaient les instruments et les bénéficiaires. Une des dimensions de la guerre en RCA renvoie à ce passé que la mémoire collective réactualise.

Le choc démographique colonial

Si le commerce du « bois d'ébène » a sa part de responsabilité dans l'évolution régressive du continent, les catastrophes démographiques les plus brutales ne lui sont pourtant pas imputables : la responsabilité en incombe à la première phase de la colonisation. La traite des esclaves avait été organisée par les sociétés africaines elles-mêmes (un grand nombre pratiquaient d'ailleurs l'esclavage domestique). La règle du jeu, si l'on peut dire, leur était donc familière. L'irruption des Blancs changea la donne, car si les populations côtières avaient appris depuis la fin du XVᵉ siècle à se frotter aux Européens, celles de l'intérieur furent brutalement exposées au choc colonial, dans un contexte où le Blanc, de partenaire, devenait maître souverain. L'Afrique souffrit alors d'un violent traumatisme de contact, comme l'Amérique quatre siècles plus tôt. Certaines sociétés possédaient de solides défenses sociales : encadrements sociopolitiques éprouvés, islam. Elles absorbèrent sans trop de dommage l'onde de choc d'une colonisation qui composa avec leurs valeurs, sachant reconnaître leur culture, et avec les pouvoirs locaux dont elle chercha à se faire des alliés. D'autres, ayant perdu leurs repères, se trouvèrent désemparées, victimes, dans les cas extrêmes, d'un ethnocide involontaire. Ce fut le cas des sociétés peu nombreuses d'Afrique centrale. Les ravages combinés de maladies introduites par les Européens (principalement la variole), de l'alcool, et du désarroi psychologique confinèrent au désastre. Les déplacements de populations pour les besoins de l'économie (portage, chantiers forestiers ou de travaux publics) furent d'un coût humain particulièrement élevé. La construction du chemin de fer Congo-Océan, entre Pointe-Noire et Brazzaville, fit plus de 10 000 morts (un mort noir par traverse, un mort blanc par kilomètre, dit-on à l'heure du bilan). Le changement de milieu, supprimant des défenses immunitaires, et d'alimentation pouvait suffire à provoquer la mort : les Sara recrutés au Tchad et soudain transplantés dans le Mayombe en firent les frais.

La létalité du contact en Afrique centrale a provoqué une diminution absolue de population, peut-être de moitié dans certaines situations locales. De nombreux témoignages concordants attestent de l'ampleur de l'hémorragie démographique. Des flambées épidémiques de variole ravagèrent des régions entières sur les pas des explorateurs et des commerçants ; la maladie du sommeil sema la mort au rythme des mobilités contraintes. Le béribéri (provoqué par des carences en vitamine B) frappa une main-d'œuvre qui recevait des rations alimentaires déséquilibrées à base de riz blanchi. L'alcool, partout et toujours, ajoutait sa touche : vieille tradition du commerce triangulaire qui avait déversé, des siècles durant, ses mauvais rhums sur les côtes africaines. Mais comme tout cela ne jouait que sur des effectifs assez peu nombreux, les statistiques établies à petite échelle gommaient la gravité du mal. Les administrations coloniales furent néanmoins conscientes du drame démographique qui menaçait de ruiner les colonies : après la Première Guerre mondiale, elles devinrent plus attentives à la « protection de l'indigène ». Les politiques de santé publique ne firent toutefois sentir leurs effets bénéfiques qu'après 1945, avec le lancement de programmes de développement économique et social, à l'origine de la révolution démographique actuelle.

L'EXPLOSION DÉMOGRAPHIQUE

La population actuelle de l'Afrique noire croît à un rythme moyen d'environ 2,5 % par an en 2010. Malgré l'amorce d'un fléchissement de sa croissance, elle se détache encore nettement du reste du monde.

	Croissance démographique annuelle (%)	**Natalité (‰)**	**Mortalité (‰)**	**Indice de fécondité**
Afrique subsaharienne	2,5	40	15	5,5
Amérique du Sud	1,2	18	6	2,1
Asie	1,1	18	7	2,2
Europe	0	11	11	1,6
Monde	1,2	20	8	2,5

Source : Nations Unies, 2013.

Sa spécificité éclate à la lecture de ce tableau. Elle est le continent par excellence des hautes fécondités, avec un indice synthétique de 5,5, plus du double de la valeur mondiale. L'image des mères couvertes d'enfants est conforme à la réalité statistique. Une réalité qui ne remonte pourtant qu'à quelques décennies.

De la stagnation à la croissance

■ ***Le basculement de la démographie africaine.*** Jusqu'au milieu du XXᵉ siècle, la tendance générale était celle d'un régime de croissance lente, une mortalité élevée compensant une natalité élevée mais que limitaient certaines pratiques culturelles (longue période d'allaitement, interdit sexuel post-natal, réclusion des jeunes mères). Parmi les trois Parques – guerre, famine, maladie – responsables des anciennes régulations démographiques, la dernière tenait le premier rôle, en tout cas le plus régulier. Si les problèmes de population préoccupèrent parfois les autorités coloniales, ce fut en raison de la stagnation démographique et d'une situation sanitaire déplorable. La réputation, alors fondée, d'un « continent vide » masqua les prémices d'un retournement de tendance dont les effets n'allaient se faire pleinement sentir qu'après les indépendances.

■ ***La question de l'hypofécondité.*** Administrateurs et médecins coloniaux avaient été frappés par le niveau de fécondité anormalement bas, corrélé avec de forts taux de stérilité, observé dès les années 1920 principalement en Afrique centrale. Après 1945, en dépit des progrès accomplis dans le contrôle sanitaire, les symptômes de l'hypofécondité perduraient parmi les Mongo de la cuvette congolaise, les Zandé et les Nzakara du haut Oubangui (Centrafrique) et les populations du Gabon. Le cas des Mongo, avec un nombre d'enfants par femme inférieur à deux, devait alimenter la thèse de la « neurasthénie raciale », en vogue parmi les médecins du Congo belge. Que la fécondité, avec sa composante psychosomatique, soit sensible à l'environnement politique est plus que probable : après l'indépendance, l'anomalie mongo a disparu comme par enchantement. Mais autant et probablement plus qu'à des changements dans la psychologie collective, les modifications de la fécondité sont dues à des améliorations sanitaires et aux transformations de l'environnement induites par l'urbanisation. L'hypofécondité n'a plus aujourd'hui qu'un intérêt historique dans un contexte généralisé de très forte croissance de la population.

La transition démographique : l'Afrique noire au milieu du gué

La démographie africaine contemporaine se caractérise par un décalage considérable entre l'évolution de la natalité et de la mortalité. La forte baisse de celle-ci ne s'est pas accompagnée d'une diminution comparable de celle-là. Les taux de natalité les plus élevés du monde (le record est détenu par le Niger avec plus de 50 pour mille par an) s'expliquent par une fécondité exceptionnelle combinée à la structure très jeune des populations. Il en résulte une croissance unique dans l'histoire de l'humanité, à l'échelle d'un aussi vaste ensemble continental. Elle devrait se maintenir encore longtemps : bien que la fécondité ait commencé à diminuer, les niveaux toujours élevés de la mortalité constituent un important réservoir de croissance potentielle. La transition démographique est en cours mais sa deuxième phase – la baisse de la fécondité – n'est significative que depuis la fin du XXᵉ siècle. Elle devrait s'accélérer dans les années à venir et pourrait suivre, du moins pour certains pays, l'exemple des pays du Maghreb où la fécondité s'est effondrée en une génération, de façon spectaculaire dans le cas de la Tunisie.

Une fécondité exceptionnelle

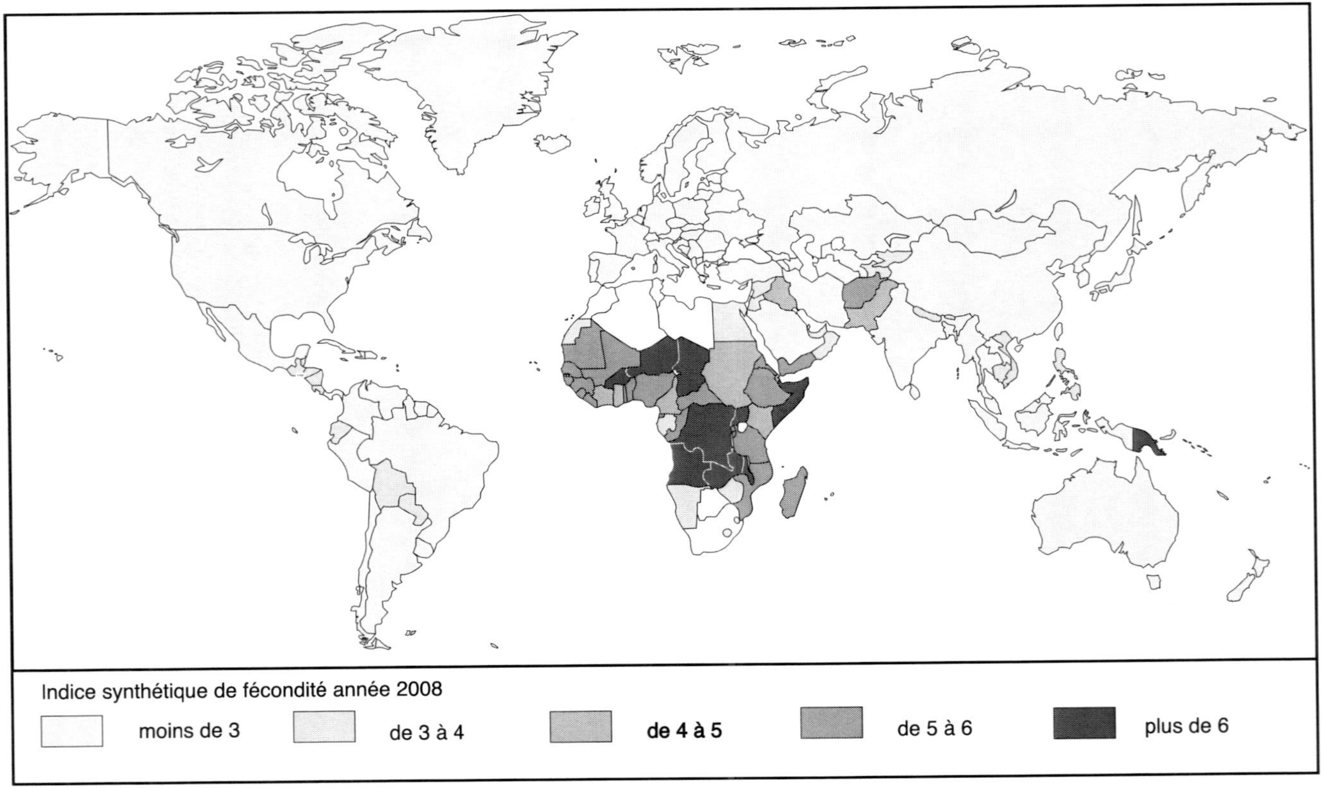

Source : Population Reference Bureau, 2009.

Afrique subsaharienne (taux pour mille)

	1960	**1980**	**2010**
Natalité	49	47	40
Mortalité	23	17	15
Taux de croissance	26	30	25
Indice synthétique de fécondité	6,8	6,8	5,5

■ ***La baisse de la mortalité*** n'est intervenue qu'après la Seconde Guerre mondiale. Les politiques de développement économique et social mises en place dans les empires coloniaux apportèrent de réelles améliorations aux conditions de vie des populations africaines. Citons, dans l'empire français, l'action du FIDES (Fonds d'investissement pour le développement économique et social), ancêtre du FAC (Fonds d'aide et de coopération) qui lui succéda après les indépendances avant de devenir en 1998 le FSP (Fonds de solidarité prioritaire). Les progrès dans la connaissance des pathologies tropicales, la systématisation des campagnes de vaccination, l'amélioration de l'encadrement médical et hospitalier conduisirent à une diminution de la mortalité.

Celle-ci n'a pourtant pas enregistré une chute aussi radicale que dans le reste du tiers-monde par suite d'une mortalité infantile et juvénile élevée. Les décès des enfants de moins de cinq ans demeurent importants car les premiers âges de la vie les exposent à de multiples agressions du milieu. Avant qu'il marche, le bébé africain bénéficie d'une protection relativement bonne : porté par sa mère, nourri au sein, ses contacts avec le monde extérieur sont réduits. Avec les premiers pas, l'exploration d'un environnement où l'hygiène laisse à désirer, la consommation d'eau de qualité douteuse et de nourritures nouvelles, multiplient les risques. C'est ainsi qu'en 2010, 10 des 11 pays dans le monde où la mortalité infantile dépasse 100 pour mille étaient africains. Dix ans auparavant, ils étaient 21 pays sur 23. Les progrès sont donc incontestables, même s'il reste encore beaucoup à faire : au Niger, 3 enfants sur 10 meurent avant 5 ans.

Mortalité infantile pour 1 000

	1998	**2013**
Afrique subsaharienne	106	72
Europe	12	5
Monde	58	40

Source : PNUD 1998, Nations Unies 2013.

■ ***Des systèmes de soin déficients***. La persistance de taux élevés tient aux carences de l'encadrement médical, aux mauvaises conditions générales d'hygiène, au manque d'éducation des mères. Même lorsque la couverture sanitaire est satisfaisante, les maladies infectieuses et parasitaires – le paludisme en première ligne – restent une cause importante de mortalité des enfants en bas âge. Des maladies ailleurs bénignes, comme la rougeole, peuvent être redoutables car la couverture vaccinale est très insuffisante. Dans la moitié des États d'Afrique noire, on compte moins de 1 médecin pour 20 000 habitants – contre 1 pour 500 dans les pays riches. Les écarts entre la ville et la « brousse » sont considérables, la plupart des médecins africains exerçant dans les grands centres urbains. Les populations des régions isolées n'ont d'autre recours que la médecine et la pharmacopée traditionnelles.

La crise financière des États et les compressions de dépenses publiques imposées par les PAS ont entraîné une dégradation des conditions sanitaires du plus grand nombre. Il est vrai aussi que la santé publique ne compte pas parmi les préoccupations premières des responsables politiques : la ligne budgétaire qui lui est consacrée apparaît dérisoire en comparaison des budgets militaires. Face au délabrement quasi général du secteur de la santé, l'élite politico-économique se fait soigner en Europe ou en Afrique du Sud. La pharmacopée traditionnelle peut fournir un utile palliatif, mais elle ne met pas à l'abri de toutes sortes de charlatanismes. Les trafics de médicaments menacent la santé : les « pharmacies par terre » (étalage de médicaments sur les trottoirs) proposent des pilules d'origine souvent inconnue, sinon périmées, que le chaland choisit sur des critères de forme, de couleur, voire d'emballage. L'aide publique au développement et diverses ONG interviennent sur ce terrain, entre autres en faveur des médicaments génériques, mais leur distribution se heurte encore souvent aux intérêts des réseaux commerciaux et des laboratoires pharmaceutiques du Nord. Le procès que l'Afrique du Sud a gagné en avril 2001 contre ces derniers marque un tournant : elle peut désormais importer ou fabriquer légalement des médicaments, notamment pour le traitement du sida, sans payer de droits aux détenteurs de brevets. L'abaissement des coûts va ainsi élargir l'accès aux soins des populations frappées par une épidémie dont la gravité légitime l'entorse aux règles de l'OMC.

Aux facteurs structurels qui rendent compte de la persistance d'une mortalité infantile et juvénile beaucoup plus élevée que dans le reste du monde, s'ajoutent les dramatiques conséquences des guerres dont les jeunes enfants sont les premières victimes. Les incidences démographiques à terme sont difficiles à évaluer, les phénomènes de « rattrapage » consécutifs aux conflits tendant à compenser les pertes. Mais les guerres laissent d'autres séquelles, ne serait-ce que les mutilations causées par les mines antipersonnel : l'Angola détient sur le continent le record du nombre de mines et du nombre de victimes qu'elles provoquent.

Il ne faudrait pas pour autant dresser un tableau trop sombre de l'Afrique subsaharienne : malgré ses retards, et quelques reculs localisés dus aux guerres, la situation d'ensemble enregistre d'indéniables progrès. En cinquante ans, la mortalité infantile a reculé de 170 pour mille à environ 80 pour mille. En à peine plus d'une génération, l'espérance de vie à la naissance est passée de 40 à 50 ans. Il convient de garder en mémoire ces évolutions en cours pour porter une juste appréciation du décalage de l'Afrique par rapport au reste du monde. Les retards ne doivent pas occulter la rapidité des changements.

Le sida, maladie de l'Afrique

■ ***Depuis le début des années 1980, une nouvelle calamité*** frappe l'Afrique : le sida. Bien que la maladie n'épargne aujourd'hui aucune région du monde, et que les incertitudes statistiques soient particulièrement fortes en ce domaine, il ne fait aucun doute que l'Afrique noire est la plus touchée. Selon le rapport Onusida 2013, sur 35,3 millions de personnes séropositives à la fin de l'année 2008, 25 millions vivent en Afrique, soit les deux tiers. Le taux moyen de prévalence chez les adultes de 15 à 49 ans, en baisse depuis le pic épidémique de 1995, y est estimé à 4,7 %, soit une diminution significative puisque ce taux s'élevait à 5,8 en 2001. Il présente d'importantes inégalités régionales : 2,5 % en Afrique occidentale et centrale, 5,6 % en Afrique de l'Est et 18,5 % en Afrique australe. Pour des raisons inexpliquées, cette partie de l'Afrique est la plus gravement touchée depuis la fin des années 1990 ; l'épicentre de l'épidémie a glissé de l'Afrique de l'Est vers le sud. Tous les pays d'Afrique australe sont atteints : Swaziland (26 %, record mondial), Botswana (23 %), Lesotho (23 %), Afrique du Sud (18 %). Dans ce dernier pays, 5,7 millions de personnes sont porteuses du VIH (17 % des séropositifs du monde). En 2012, l'Afrique subsaharienne déplore 1,2 millions de décès dus au sida sur un total mondial de 1,6 millions. Contrairement au mouvement général du continent, l'espérance de vie a fortement régressé en Afrique australe où elle se situe entre 40 et 50 ans selon les pays. À la différence de l'Europe ou de l'Amérique du Nord, le sida n'est pas circonscrit à des groupes à risques : homosexualité et drogue ne jouent qu'à la marge dans une épidémie touchant la population générale. La contamination hétérosexuelle prédomine, avec plus de 70 % des cas. Les études disponibles indiquent que les femmes sont davantage touchées que les hommes : le ratio serait de six femmes contaminées pour quatre hommes. Des enquêtes fines concluent même à des écarts beaucoup plus considérables parmi les jeunes sexuellement actifs : à Yaoundé, pour la classe d'âge des 15-19 ans, on compterait 6 femmes infestées pour un homme. Dans ce contexte, la transmission mère-enfant prend des proportions inquiétantes (au Swaziland, 5 % des enfants de 2 à 4 ans sont porteurs du VIH). La vulnérabilité des femmes, en partie liée à la précocité de leurs rapports sexuels, est particulièrement forte en milieu urbain. Femmes isolées, jeunes migrantes s'y trouvent souvent contraintes à une prostitution de survie. Les veuves et les divorcées payent aussi un lourd tribu à l'épidémie.

Le terrain socioculturel propice aux MST se prête à la flambée épidémique du sida. Tradition de vagabondage sexuel, importance en ville des « deuxièmes bureaux » (les maîtresses) mais plus encore des liaisons « passagères » et de la prostitution, faible utilisation des préservatifs (quand ils sont disponibles et financièrement accessibles), tout concourt à l'alimenter. De même qu'au début du siècle variole et maladie du sommeil s'étaient engouffrées sur les voies de pénétration du continent, les routes constituent les nouveaux couloirs de la mort. Dès la fin des années 1980, les villes et bourgs qui jalonnent l'axe routier Monbasa-Kampala-Rwanda connaissaient des taux de séroprévalence exceptionnellement élevés. Les conducteurs de camions ont été des agents très efficaces de la dissémination du sida. Les analyses sérologiques dans les populations à risques des grandes villes ont aussi donné des résultats alarmants : la plupart des prostituées de Nairobi ou d'Abidjan ont été reconnues séropositives. Mais si les lieux qui favorisent les rencontres sexuelles, villes et carrefours, détiennent les taux les plus élevés de séropositivité et de malades du sida, les espaces ruraux ne sont pas pour autant épargnés, la forte mobilité ville-campagne contribuant à répandre la contamination.

Propagation du VIH

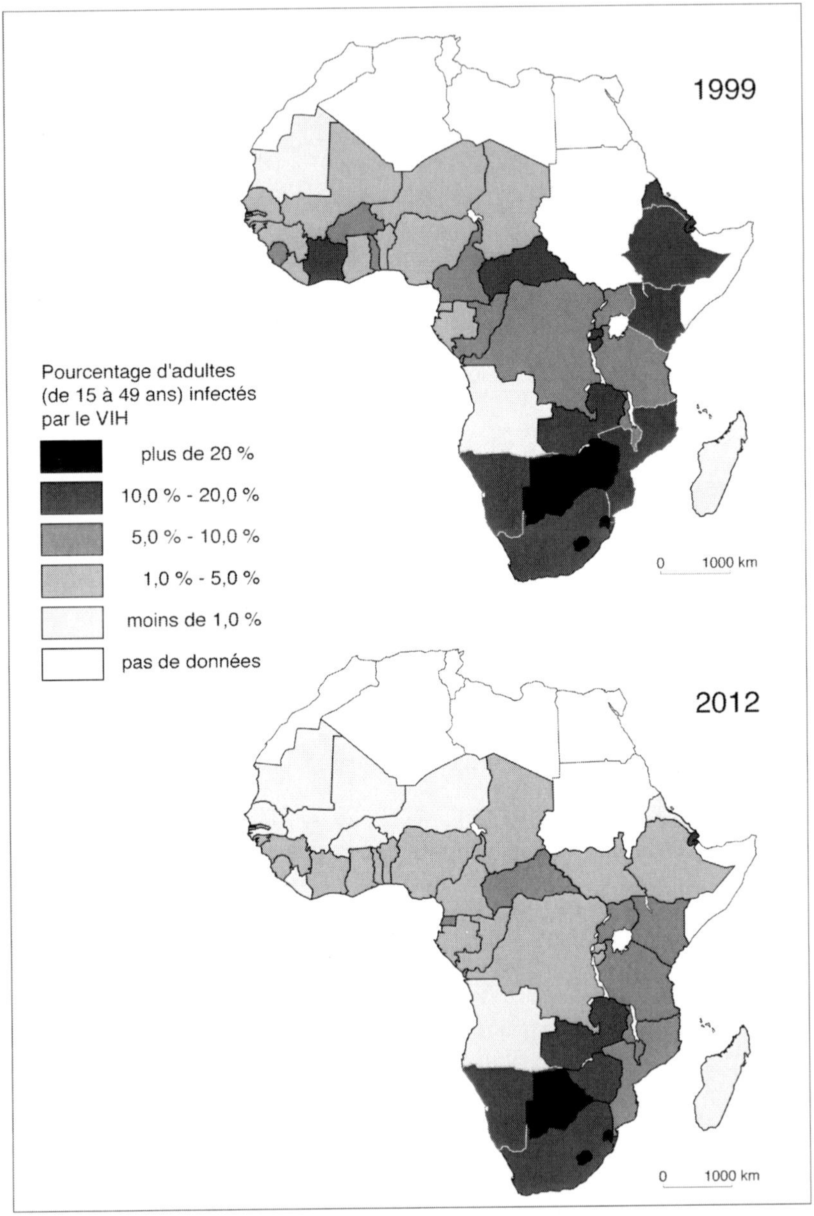

Source : Onusida, 2000 et 2013.

■ ***Des conséquences encore incertaines.*** La gravité de l'épidémie a suscité de nombreuses études, notamment sur ses incidences démographiques à terme. Certains chercheurs annoncent une véritable catastrophe dans les années à venir : selon eux, la rapide extension de l'épidémie depuis son foyer originel d'Afrique orientale pourrait remettre en cause les prévisions de croissance de la population, d'autant plus que les tranches d'âge les plus fécondes sont aussi les plus touchées et que les sidas pédiatriques prennent de l'ampleur. Les informations fournies par les services de santé des différents pays ont énormément varié ces dernières années ; pour des motifs politiques ou pour leur image de marque, certains ne les divulguaient pas. On se moqua même un temps du « Syndrome Imaginaire pour Décourager les Amoureux » avant que les ravages du sida n'autorisent plus à esquiver la réalité. L'ampleur d'une pandémie « sans frontière » qui menace toutes les catégories de population, les gens « du haut » tout autant que les gens « du bas », a fini par faire tomber les barrières du secret.

La question du sida suscite des débats extrêmement complexes. Des modèles démographiques ont montré que la mortalité qui lui est imputable n'avait, pour le moment, que des effets relativement faibles sur l'accroissement global de la population. Pour que l'épidémie annule la croissance, il faudrait que la séropositivité atteigne le taux à peine imaginable de 50 % de la population totale. Il est en tout cas véritablement improbable qu'elle ne provoque pas de profondes perturbations démographiques. Une chose est certaine, le sida et ses maladies opportunistes, en augmentant la mortalité, vont amortir les effets d'une fécondité très élevée, mais toute généralisation serait prématurée, tant sont grandes la diversité des situations observées et l'imprévisibilité de leur évolution. De toute façon les conséquences de la maladie ne sont pas seulement démographiques : elle frappe les forces vives, les classes d'âges et les catégories sociales dont dépendent les performances économiques. Il n'est pas impossible non plus qu'elle alimente des pulsions de mort parmi les jeunes hommes entraînés dans la confusion des guerres. C'est pourquoi le sida et la capacité des sociétés africaines à y faire face sont d'une importance décisive pour l'avenir du continent.

Une fécondité exceptionnellement élevée

■ ***Dernier bastion de la fécondité naturelle***, l'Afrique noire compte un nombre d'enfants par femme de 5,5 (période 2005-2010), toujours très élevé bien qu'en diminution sensible puisque l'indice synthétique de fécondité s'établissait à 6,7 dans les années 1970-1975. La plupart des sociétés africaines ont conservé des mentalités natalistes. Comme ce fut jadis le lot commun de toute l'humanité, un grand nombre de naissances compensait le grand nombre des décès. Les enfants représentent en outre une main-d'œuvre utile dans le cadre de l'économie domestique, tout autant qu'une assurance vieillesse.

Au sein de sociétés qui n'avaient pas valorisé l'accumulation de biens matériels, le prestige s'est longtemps mesuré à l'importance de la descendance, et au nombre d'épouses ; la polygamie continue à jouer un rôle de marqueur de la réussite sociale. En dépit des contraintes nouvelles nées du mode de vie citadin, le désir d'enfants demeure très fort ; ne pas en avoir est généralement vécu comme une malédiction. La famille élargie, le lignage, constituent toujours le pivot de la société. La parenté forme l'ossature de la tradition orale qui a fait des généalogies le support de l'histoire domestique. L'absence de descendance ajoute dramatiquement la mort de la mémoire à celle du corps. Le statut de mère est donc particulièrement valorisé. Dans ce contexte, les politiques de planning familial ont du mal à s'imposer, surtout quand s'y ajoute l'influence de religions réticentes à la contraception.

Le recours aux pratiques contraceptives au sud du Sahara se heurte à l'ignorance et aux contraintes économiques et financières. Les campagnes de lutte contre le sida contribuent cependant à familiariser les populations avec le préservatif. La scolarisation des filles participe aussi à l'évolution des comportements. L'urbanisation ne s'est pas accompagnée d'emblée d'une chute de la fécondité mais les villes jouent désormais leur rôle de ralentisseur démographique. L'élévation du niveau d'éducation et la pression de la crise économique militent en faveur d'une limitation des naissances. Les citadins en admettent de plus en plus la nécessité : il faut s'attendre à une baisse prochaine significative des taux de natalité dans le sillage de l'urbanisation. Une véritable culture urbaine se développe en effet, substituant ses normes et ses pratiques aux valeurs et aux usages issus du monde rural que les premières vagues de migrants avaient apportés avec elles.

■ ***Les disparités régionales*** en matière de fécondité et de contraception sont grandes. Les pays d'Afrique australe et orientale se distinguent par l'adoption plus précoce qu'ailleurs de pratiques contraceptives : celles-ci concernent plus de la moitié des femmes d'Afrique du Sud et du Zimbabwe, contre moins de 5 % en Guinée et en RDC. La contraception progresse mais dans trente pays représentant 80 % de la population africaine, elle n'est encore pratiquée que par moins de 20 % des femmes. La corrélation entre pratique contraceptive et baisse de la fécondité est partout avérée. Des pays longtemps réputés très prolifiques ont vu leur taux de fécondité diminuer de manière très sensible : au Kenya le nombre d'enfants par femme s'est abaissé de 8,1 pour la période 1970-1975 à 5 pour la période 2000-2005. Dans le même temps, au Sénégal, les chiffres sont passés de 7 à 5,2 et sont déjà inférieurs à 5 en milieu urbain. L'évolution est en revanche beaucoup moins avancée dans d'autres pays : au Niger, l'indice synthétique de fécondité ne s'est abaissé que de 8,1 à 7,5. En RDC ou en Guinée Bissau les valeurs sont restées inchangées (respectivement 7,1 et 6,7). En dépit de ces différences, le mouvement général est désormais orienté à la baisse. La crise économique elle-même n'est sans doute pas étrangère à ces changements qui constituent les prémices d'une évolution structurelle : l'Afrique est à un tournant. Les effets ne s'en feront cependant sentir que très progressivement, en raison de l'exceptionnelle jeunesse de la population.

Le continent de la jeunesse

La population africaine est la plus jeune du monde. Les moins de 15 ans la composent à près de 45 %. Cette proportion frôle les 50 % dans certains pays tels que le Niger ou l'Ouganda. Inversement, le pourcentage des plus de 65 ans se situe autour de 3 %. Par comparaison, l'Europe compte 15 % de moins de 15 ans et 16 % de plus de 65 ans.

Cette jeunesse pose au continent noir un de ses défis majeurs. Le coût de la formation – l'investissement démographique – pèse d'un poids considérable sur les économies nationales et les budgets des États tandis que les rythmes du développement ne suffisent pas à fournir un emploi à tous les jeunes. Les États sont impuissants à endiguer la marée juvénile qui les submerge.

À défaut d'insertion dans les secteurs modernes de l'économie, les jeunes deviennent des vecteurs de violence, « enfants-soldats » perdus dans les guerres civiles, au Libéria ou en Sierra Leone. À Brazzaville, derrière la logomachie qui mobilisait, comme dans un jeu de rôle à haut risque, les miliciens « ninja », « cobra » ou « zoulou », n'était-ce pas ces adolescents laissés pour compte par la crise économique qui s'inventaient un destin dans le maniement des armes ? Fraction la plus volatile de la société, la jeunesse est exposée à toutes les manipulations des aventuriers de la politique. Ne voir que cet aspect du problème de la jeunesse serait bien sûr injustement réducteur. L'enfant-soldat et le milicien ne dessinent que la face sombre du janus. L'autre s'appelle mouvement, fête, créativité. À la sélection naturelle s'ajoute une autre forme de sélection au sein de sociétés mobiles, encore largement ouvertes, où la débrouillardise, l'initiative personnelle ont leur place. Les modalités de reproduction sociale issues de la modernité sont suffisamment récentes pour que les blocages de classe laissent encore de l'espace à l'innovation et au « désordre créateur » dont la jeunesse est porteuse.

Population et ressources : le grand défi

À défaut d'une définition scientifique de l'optimum de population, la question de l'équilibre population/ressources a toujours été controversée et empreinte d'idéologie. Étant donné que l'Afrique noire fut longtemps considérée comme peu peuplée, c'est une question qu'on s'est longtemps abstenu de poser, jusqu'à la prise de conscience de l'explosion démographique et de ses conséquences sur l'avenir des 300 millions de moins de 15 ans qui ont franchi le seuil du IIIe millénaire.

Les déficits de production agricole dans les zones d'insécurité climatique tel le Sahel réactualisent périodiquement la notion de « charge démographique » (des troupeaux et des hommes). Dans le contexte technique d'exploitation du milieu, la capacité de charge est souvent dépassée, contraignant une fraction de la population à l'émigration. Le Sahel n'est bien sûr pas représentatif de l'Afrique, mais ses difficultés pourraient préfigurer celles d'autres pays qui, bien que mieux lotis par la nature, seront bientôt confrontés à une saturation des terroirs les exposant à des pénuries alimentaires. Si les situations de surpeuplement flagrant sont encore rares, certains pays se trouvent déjà pris au piège démographique : c'est le cas du Rwanda et du Burundi. La tragédie qui se déroule dans ces deux pays enclavés, tragédie dont le génocide de 1994 au Rwanda a été le point culminant de l'horreur, se comprend mal si l'on fait abstraction de la dimension démographique. La cristallisation ethnique des luttes pour le pouvoir a basculé dans une violence exacerbée car il n'y avait pas de délestage spatial possible, pas d'espace de repli, nulle part où aller. Dans les zones vides, l'étendue sert à résoudre les contradictions sociales par des stratégies de fuite. Mais où diriger ses pas lorsque la géographie de la haine se joue dans l'espace clos du voisinage ?

La situation de la crête Congo-Nil présente un caractère exceptionnel. Avant le génocide, le Rwanda était un des pays les plus prolifiques d'Afrique. Une enquête de 1983 attribuait 8,5 enfants par femme ; une décennie plus tard, l'estimation n'était plus que de 6,4 et en 2013 de 4,7, chiffre encore élevé mais qui confirme une évolution très nette à la baisse. Alors que la population rwandaise était estimée à 1 million d'habitants au début du xxe siècle, elle atteignait un peu plus de 7 millions au recensement de 1991, et les projections des Nations Unies avançaient le chiffre de 20 millions pour 2025. Les prévisions actuelles ont été revues à la baisse : 22 millions pour 2050. Le Rwanda est maintenant dans la moyenne africaine basse. Toutefois, ce n'est pas la croissance dans l'absolu qui importe, mais la capacité d'un territoire à la supporter : avec une population de 22 millions d'habitants, la densité du Rwanda serait de 850 hab/km^2. Comment ce petit pays encore essentiellement agricole pourra-t-il y faire face ? Les gains de productivité, l'urbanisation, l'émigration, autant de voies possibles. Quoi qu'il en soit, de telles perspectives de croissance rappellent avec insistance que la question démographique ne peut pas être éludée, et que dans des situations de plus en plus fréquentes, le choix se pose crûment entre le préservatif et la kalachnikov.

Document

■ La grande migration africaine

Par une répétition impressionnante de l'histoire, l'on assiste à nouveau à un vaste mouvement de montée des populations africaines noires vers le nord, à travers le Sahara, pour aller vendre leur force de travail dans les pays riches. C'est là la traduction du différentiel de niveau socio-économique entre Europe et Afrique, devenu très sensible depuis quelques décennies dans le cadre de l'ouverture par les médias. L'espace européen s'étant fermé sur l'extérieur (législation Schengen), les migrants potentiels ont dû remplacer le déplacement par avion ou en bateau par la remontée terrestre à travers le Sahara.

À la vague des réfugiés de la décennie 1970, liée à la grande sécheresse et aux conflits armés, est venue se superposer la vague des migrants de la décennie 1990, qui est une migration de travail. Son bassin de recrutement, constitué initialement des pays sahéliens, s'est progressivement élargi à un grand nombre de pays africains, même non mitoyens du Sahara.

Le Sahara redevient territoire de transit. Les médias ont popularisé ces camions qui chargent 40 à 80 personnes avec bidons et baluchons, et partent sur les pistes ou hors pistes suivant que les passagers ont des papiers en règle ou pas. Les migrants retrouvent les itinéraires d'antan. Ceux-ci variant avec le temps, car la migration est très sensible à la conjoncture internationale (besoins ou non en main-d'oeuvre, fermeture plus ou moins stricte des frontières...). Axée un temps sur les traces de l'Algérie et de la Libye, elle s'est, après la fermeture de celle-ci, reportée sur des itinéraires plus orientaux (Soudan) ou plus occidentaux (Îles Canaries).

L'objectif (mythique) est d'atteindre l'Europe. Dans cette perspective, l'existence d'enclaves de l'Europe au sein du continent africain (îles Canaries, enclaves de Ceuta et Melilla, îles de Lampédusa et Mantalleria, Malte, voire Crête), constituent autant d'avancées extrêmes de l'espace schengen, et de pôles attractifs pour les migrants. La « forteresse Europe » essayant de se fermer au maximum, tend à reporter les contrôles des flux de cette façadc nord vers le sud des pays maghrébins, et à faire assurer le rôle de gardes-frontières à ceux-ci.

Aussi la migration de transit se transforme-t-elle souvent en une migration-fixation, les migrants s'arrêtant quelques mois ou quelques années dans les « haltes » sahariennes pour y travailler, avant de continuer leur périple. Ils gonflent ainsi les villes sahariennes, y créent des activités (tailleurs, cordonniers), y constituent de véritables quartiers de non-autochtones (Tamanrasset, Adrar, Sebah...). La proportion de ceux qui franchissent la Méditerranée se révèle en définitive relativement faible.

Cette migration, avec ses variantes dans l'espace et ses évolutions dans le temps, est bien une migration de pauvres, avec son cortège d'échecs, de refoulements, de rackets, d'humiliations, voire de camions qui se perdent sur les pistes désertiques. Certains migrants ont bien explicitement le sentiment de reproduire le schéma des esclaves d'autrefois montant vers le Nord.

Il apparaît cependant que la migration des Subsahariens a contribué à « ré-ouvrir » le Sahara, à reconstituer des connections multiples à travers ce monde.

Marc Côte, *« Le Sahara. Barrière ou Pont »,* Presses Universitaires de Provence, 2014.

3

La nature : milieux et sociétés

Les relations société/environnement, population/ressources font référence aux données dites « naturelles ». Il est toujours difficile d'évaluer l'influence de la nature dans les processus qui pilotent l'activité économique et l'élaboration des systèmes sociaux. Qu'on raisonne en termes de contraintes et d'obstacles, ou qu'on en souligne les avantages (richesses du sol, du sous-sol, don du ciel, don du Nil), on ne saurait oublier que la nature est toujours interprétée, même dans les sociétés réputées primitives. La nature ne vaut que par les techniques qui en autorisent l'usage, et les représentations qui lui donnent un sens ; l'homme, de son seul regard, l'annexe à sa culture. L'idéologie coloniale, par ignorance autant que par arrogance, imposa l'image de territoires sans mémoire : la thèse de la tabula rasa fut un de ses credos. Le déni d'histoire propulsa durablement la nature sur l'avant-scène d'une Afrique dont le grand public est davantage informé des richesses de sa faune que de celles de ses sociétés.

Il suffit d'observer comment les colonies furent nommées pour être convaincu de l'importance du regard naturaliste et naturalisant des Européens. La majorité des noms d'État a en effet été extraite du registre de la nature ; les hydronymes se taillent la part du lion, du Sénégal à la Zambie en passant par le Tchad, le Nigeria, le Niger. Si les Ivoiriens ne se sont pas inquiétés d'être identifiés par des défenses d'éléphants, ni les Camerounais par les crevettes (du portugais camaroes) du fleuve Wouri, l'indépendance de la Gold Coast a troqué l'or pour la gloire médiévale du Ghana. Ce fut le premier baptême symbolique, officié par Kwame Nkrumah, une des grandes figures de l'Afrique des Indépendances ; l'abandon des défroques coloniales au profit d'un nom exhumé du passé de l'Afrique fermait une parenthèse par un geste de réhabilitation de la mémoire.

La nature se conforme à l'expérience vécue : sédentaires et nomades ne la perçoivent pas de manière identique. Le scientifique européen a ses propres paradigmes. Il construit l'espace par grandes masses, privilégiant la petite échelle, celle qui donne à voir d'un seul coup d'œil, celle qui réduit pour ordonner, comparer, classer, mais qui, *ipso facto* se révèle réductrice. Pour l'autochtone la nature est matrice, pour l'étranger régulatrice. Bien des malentendus proviennent de cette différence d'appréciation, de cette distance séparant les pratiques de la nature des représentations scientifiquement construites. Celles-ci néanmoins sont nécessaires, au moins pour montrer que la plupart des Africains vivent dans des milieux « moyens » très éloignés de la minéralité du désert, de l'enfert vert des forêts équatoriales ou des neiges du Kilimandjaro.

UN CONTINENT D'ARCHITECTURE MASSIVE

Bien que l'Afrique soit accrochée au Vieux Monde, l'Europe ne l'a « découverte » dans son intimité que bien après le Nouveau Monde. Alors que le Portugais Bartolomeu Dias avait atteint le cap de Bonne-Espérance en 1487, l'intérieur du continent noir restait encore à peu près inconnu quatre siècles plus tard. Les Européens avaient fait basculer l'histoire mondiale vers l'Amérique, occultant pour longtemps une Afrique confinée dans sa fonction de pourvoyeuse d'esclaves, et géographiquement réduite à son littoral. La massivité du continent a probablement contribué à sa longue fermeture : aucune échancrure en effet ne brise sa compacité. Les fleuves ne dessinent sur la carte que d'illusoires pénétrantes, car des rapides en obstruent les cours inférieurs, faisant obstacle à la navigation. Les chutes qui entrecoupent le Congo entre Kinshasa et le port de Matadi, dont celles d'Inga, parmi les plus puissantes du monde, ont ainsi verrouillé l'accès au centre de l'Afrique.

Afrique haute, Afrique basse

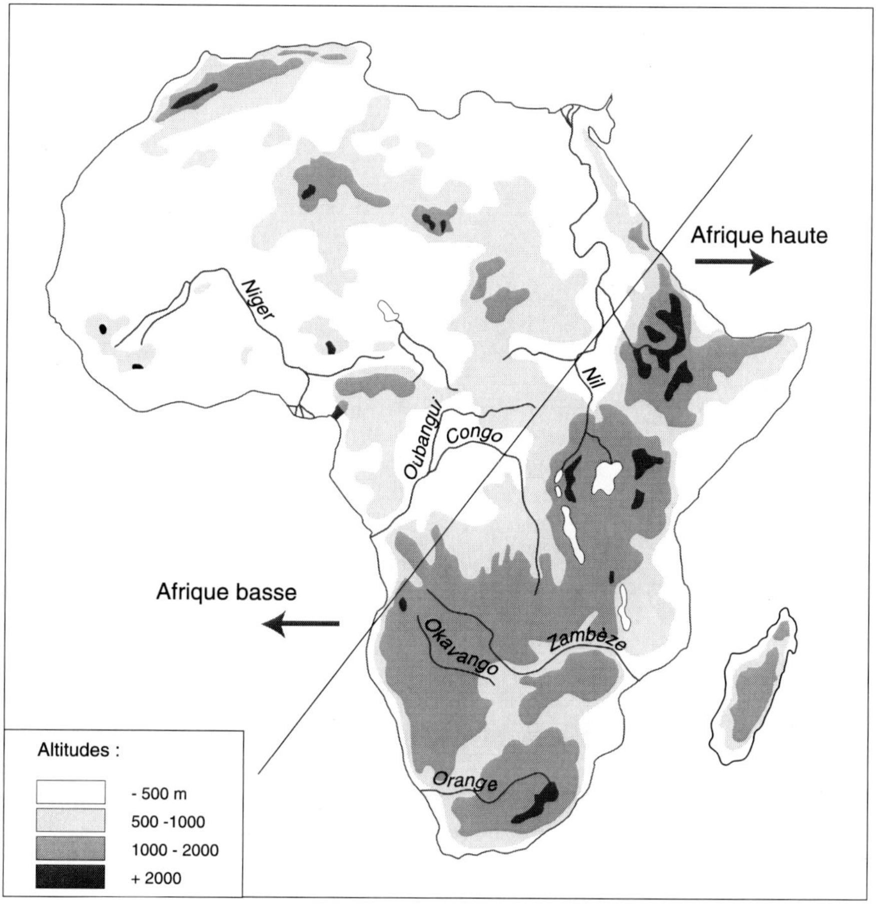

Môles et cuvettes

Issue du continent primitif du Gondwana formé voici plus de 4 milliards d'années, l'Afrique a la massivité des boucliers précambriens. La grande déchirure de la mer Rouge, provoquée par le mouvement de dérive des continents, a dissocié la plaque africaine de la péninsule arabique. Le mouvement se poursuit de nos jours, au rythme moyen de 2 cm par an entre Érythrée et Yémen. Les grands fossés d'effondrement d'Afrique orientale, les « rifts » – mot d'origine anglaise signifiant déchirure – en constituent les prolongements méridionaux. À l'est, un glissement de sens opposé a désolidarisé Madagascar de la masse africaine dont la sépare le canal de Mozambique.

L'Afrique a connu plusieurs phases de plissements très anciens, au cours du précambrien et à la fin de l'ère primaire (plissement hercynien). Depuis lors, le substrat géologique manque de plasticité et ne réagit aux forces tectoniques que par des mouvements verticaux à grand rayon de courbure, et par des cassures qu'accompagnent des montées de magma. L'érosion des reliefs montagneux a fourni d'énormes volumes de roches détritiques qui se sont accumulées sur plusieurs milliers de mètres d'épaisseur dans des bassins de subsidence. L'architecture du continent s'organise ainsi autour de môles précambriens aux surfaces d'aplanissement inégalement soulevées et déformées, et de cuvettes comblées par l'empilement de sédiments marins et continentaux. Il en résulte une prédominance de l'horizontalité dans des paysages où dominent les plaines et les plateaux. Des accidents de relief rompent sporadiquement la monotonie des horizons sans fin. Ici l'érosion a sculpté les couches sédimentaires, faisant jaillir des escarpements telle la spectaculaire « falaise » de grès de Bandiagara au Mali. Là des inselbergs profilés en pain de sucre ponctuent les pénéplaines granitiques.

■ ***Les cuvettes sédimentaires*** du Niger, du Tchad et du Soudan couvrent de grandes étendues aux confins du Sahara et du Sahel. Leur topographie déprimée a guidé les réseaux hydrographiques, non sans créer des difficultés de drainage.

Le Niger, qui prend sa source dans la dorsale guinéenne, à 250 km à vol d'oiseau de l'Atlantique, décrit une vaste courbe aux portes du désert, entre Tombouctou et Gao, avant d'atteindre le golfe de Guinée, au terme d'un parcours de 4 200 km. La faiblesse de la pente entrave son écoulement dans le « delta intérieur », entre Ségou et Tombouctou, inondé en période de crue.

La cuvette endoréique du Tchad est occupée dans sa partie méridionale par un lac peu profond dont la superficie fluctue au gré des variations climatiques : au cours du XXe siècle, elle a oscillé entre un maximum de 28 000 km^2 et un minimum de 2 000 km^2. Le lac Tchad qu'alimente le Chari grossi du Logone fonctionne comme une immense surface d'évaporation : plus de 90 % de l'eau qu'il reçoit retourne dans l'atmosphère. Le Chari et ses affluents débordent chaque année au moment de la crue, noyant de vastes plaines d'inondation. Une situation comparable prévaut au sud du Soudan dans la cuvette imparfaitement drainée par le Bahr el Ghazal, affluent du Nil : ces espaces impraticables en saison des pluies ont protégé la rébellion du Sud-Soudan des opérations militaires du pouvoir de Khartoum.

La cuvette congolaise inscrit un immense espace creux au cœur de l'Afrique. Les étendues marécageuses s'étalent largement dans sa partie la plus déprimée : la zone de confluence de l'Oubangui, de la Sangha et du Congo. Dans ces espaces amphibies, les rares implantations humaines se réfugient sur les bourrelets de berge. Les altitudes se relèvent en bordure de la cuvette, dessinant un amphithéâtre de plateaux étagés. À l'ouest, les plateaux Batéké déroulent leurs horizons herbeux sur les sables sommitaux d'une sédimentation continentale à dominante gréseuse. Au sud, les plateaux du Kwango, du Kwilu, du Kasaï s'élèvent en gradins modelés dans les sables et grés polymorphes du « continental terminal » (séries détritiques tertiaires anciennement dites du Kalahari). Situé à cheval sur l'équateur, le Congo draine vers l'Atlantique les eaux abondantes que reçoit un bassin de 3 700 000 km^2 ; c'est le deuxième fleuve au monde par son débit (40 000 m^3/seconde en moyenne à Matadi, au fond de l'estuaire). Il constitue, avec ses principaux affluents, le seul grand réseau navigable du continent : 13 000 km de voies d'eau dont une grande partie il est vrai n'est accessible qu'à de petites unités du type des baleinières.

■ ***Les reliefs de bouclier.*** Noyé sous les sédiments de couverture au Sahara, le socle affleure très largement au sud de la boucle du Niger. Il associe des plaines issues de vieilles surfaces d'aplanissement et quelques môles de moyenne altitude. Le massif du Fouta Djalon et la dorsale guinéenne, qui culmine au mont Nimba (1 752 m) à la frontière entre Guinée, Libéria et Côte d'Ivoire, constituent le grand château d'eau de l'Ouest africain : le Sénégal (sous le nom de Bafing), la Gambie et le Niger y prennent leur source. Au Nigeria central, les plateaux de Jos et de Bauchi dépassent les 1 000 m, tout comme les hautes terres du massif de l'Adamoua qui prend le Cameroun en écharpe d'est en ouest (point culminant au Tchabal Mbabo à 2 460 m). Ailleurs, des accidents de relief d'une moindre ampleur suffisent à rompre l'uniformité du paysage : massif de l'Atakora au nord du Bénin, monts du Togo.

L'Afrique orientale et australe offre un schéma fondamentalement différent, à l'exception de la grande cuvette du Kalahari qui rappelle, par ses caractères endoréiques, celle du Tchad. Né sur le plateau angolais, l'Okavango (ou Cubango) vient mourir au nord du Botswana dans les marécages d'un vaste delta intérieur. Partout ailleurs des masses compactes de socle forment le substrat de plateaux étagés entre 1 000 et 2 000 m. L'immense lac Victoria étale ses eaux à une altitude de 1 133 m, sur une superficie de 68 100 km^2 (l'équivalent du Benelux). Tantôt les roches précambriennes affleurent, tantôt elles sont recouvertes de sédiments détritiques secondaires tels que les dépôts du *karoo* en Afrique australe. Des soulèvements sur les bordures du bouclier ont donné naissance à quelques bourrelets montagneux orientant le cours des grands fleuves. Du plateau angolais (2 620 m au Morro de Môco, entre Lobito et Huambo), les eaux s'écoulent vers l'est : celles qui ne se perdent pas dans l'Okavango rejoignent l'océan Indien par le Zambèze au terme d'un parcours de 2 660 km. En Afrique du Sud au contraire, l'Orange et le Vaal prennent leur source dans le massif du Drakensberg, proche de l'océan Indien, pour se jeter dans l'Atlantique.

Les Afrikaners ont donné le nom de *veld* aux plateaux sud-africains, à ces espaces aux horizons infinis, où les vents courent sur une végétation rase, herbeuse ou steppique. L'horizontalité domine, sans être exclusive. Le Drakensberg (point culminant : 3 482 m) offre de véritables paysages montagnards. Grâce à son enneigement hivernal (juillet-août), le Lesotho est même équipé de deux stations de ski. Au Zimbabwe, le pittoresque des paysages tient à la morphologie granitique, à la fantaisie chaotique des amoncellements de blocs rocheux qui font la réputation du parc de Matobo. C'estdans ce décor grandiose que se trouve la tombe de Cecil Rhodes, fondateur de la société De Beers et de Rhodésie (actuels Zimbabwe et Zambie).

Déchirures et volcans

Le bouclier africain a réagi aux tensions tectoniques liées à la dérive des plaques continentales en se fracturant le long de deux grands axes orientés nord-est/sud-ouest. Les manifestations les plus spectaculaires d'une orogenèse associant tectonique cassante et volcanisme se situent en Afrique orientale. Les fossés d'effondrement, les rifts, se succèdent sur plusieurs milliers de kilomètres de la mer Rouge au lac Malawi (anciennement lac Nyassa). Au sud de l'Éthiopie, la grande déchirure continentale se dédouble en une branche orientale et une branche occidentale. La première, amorcée par la dépression du lac Turkana (ex-Rodolph), forme la *Rift Valley* du Kenya, axe majeur de l'organisation régionale de ce pays. La seconde présente une succession de lacs encaissés au fond des grabens : lac Albert et lac Edward (un temps appelés respectivement Mobutu Sese Seko et Amin Dada), lac Kivu situé à l'épicentre de la tragédie humaine de la région des Grands Lacs, lac Tanganyika, véritable mer intérieure étirée sur quelque 700 km, lac Malawi dont le fond plonge à 700 m sous le niveau de la mer. Tous ces lacs enchâssés dans des paysages d'une grande beauté constituent les pièces maîtresses de la structuration physique de l'Afrique de l'Est. Ils ont en outre présidé à sa configuration politique, car tous ont servi à fixer les frontières d'État.

L'Afrique des Grands Lacs est aussi celle des plus hauts sommets. À l'extrême est de la RDC, l'immense massif granitique soulevé du Ruwenzori culmine à 5 119 m au pic Margarita. Les montées de magma associées à la formation des rifts ont donné naissance à de nombreux édifices volcaniques dont le mont Kenya (5 199 m), et le mythique Kilimandjaro (5 885 m). Le tracé rectiligne de la frontière entre Kenya et Tanzanie présente un curieux décroché. Cette apparente anomalie eut pour but d'inclure le sommet de l'Afrique dans l'ex-Tanganyika allemand et de satisfaire l'empereur Guillaume II désireux de posséder ses neiges africaines, puisque la reine Victoria tout comme le roi Léopold II avaient les leurs. Ainsi allait la découpe du continent, obéissant aux fantaisies des têtes couronnées d'Europe. La « crête Congo-Nil », ligne de partage des eaux entre les bassins des deux grands fleuves africains, offre un véritable musée volcanique. La diversité écologique de la région des volcans, la richesse de la flore et de la faune, dont les fameux gorilles de montagne, sont à l'origine de la création en 1925 du premier parc naturel d'Afrique centrale, le parc Albert, aujourd'hui parc des Virunga. En Afrique méridionale, le volcanisme ajoute sa touche aux paysages montagneux du Drakensberg. Mais c'est l'Éthiopie qui constitue le plus vaste ensemble volcanique du continent. Amples cônes de lave aux caldeiras profondes où se nichent des lacs, épanchements de basaltes formant de vastes mesas d'altitude ou reliefs déchiquetés par l'érosion : toutes les formes issues des forges de Vulcain se sont donné rendez-vous dans ce bastion de hautes terres. Dominant la Corne de l'Afrique de ses puissants reliefs, l'Éthiopie, belvédère dressé aux portes de l'Asie, a construit son identité sur ce massif refuge, bravant les siècles et les assauts de l'islam.

Le deuxième axe de cassure, moins spectaculaire et plus discontinu, court du Sahara central à l'Atlantique sud. D'imposants édifices volcaniques le jalonnent : pics et laves ruiniformes du Hoggar, du Tibesti ; au Cameroun, Kapsiki, massif du Manengguba et mont Cameroun dominant de ses 4 000 m le fond du golfe de Guinée. Dans l'océan, l'alignement d'îles volcaniques conduit jusqu'à Sainte-Hélène, en passant par Bioko (ex-Fernando Poo) et Sao Tomé.

L'Afrique des volcans offre des avantages considérables à l'activité humaine. Les bienfaits de l'altitude en milieu tropical s'y combinent avec l'apport généralement enrichissant des laves : dans un continent où les sols acides l'emportent, les bases libérées par les laves basaltiques apportent un gain de fertilité appréciable. La correspondance entre montagnes volcaniques et fortes densités n'est donc pas fortuite : hautes terres de l'Ouest camerounais, crête Congo-Nil où se nichent le Burundi et le Rwanda, massif éthiopien. Ces terres tropicales rafraîchies par l'altitude et tout spécialement les « Highlands » du Kenya ont en outre exercé une véritable fascination sur les Européens ; les romans de la Danoise Karen Blixen (*La Ferme africaine*, 1937) expriment la nostalgie romantique d'un Eden africain.

Les milieux composites de l'Afrique des rifts, avec leurs facettes écologiques complémentaires, ont été propices à l'évolution de l'humanité, ainsi qu'en témoigne l'exceptionnelle richesse des sites qui s'égrènent de l'Afar à la vallée de l'Omo (Éthiopie), du lac Turkana (Kenya) aux gorges d'Olduvai (Tanzanie) et font de l'Afrique le berceau de l'humanité. Depuis la découverte en 1974 dans l'Afar de *Lucie*, datée de 3,2 millions d'années, la paléontologie ne cesse de faire reculer les origines de l'homme : *Toumaï* au Tchad, et le *Millenium ancestor* (l'ancêtre du millénaire) dont les restes ont été découverts au Kenya en 2000 pourraient remonter à 6 millions d'années…

La dominante rouge

De retour d'Afrique, le voyageur conserve des images à dominante rouge : celle des oxydes de fer que les différentes évolutions pédologiques ont concentrés dans les sols. Même sous les frondaisons vert sombre de la forêt dense, les pistes revêtues de latérite rutilent de ces reflets auxquels se mêlent ceux des oxydes d'alumine, parfois de manganèse. On ne parle plus aujourd'hui de sols « latéritiques », dont l'étymologie latine évoquait la brique, mais de sols « ferrallitiques », c'est-à-dire à forte concentration en fer et en alumine.

La pédogenèse tropicale n'est bien sûr pas uniforme puisqu'elle dépend de la roche mère et des facteurs climatiques et hydriques. Conformément aux substrats les plus répandus, ce sont les sols siliceux, de structure sablo-argileuse, qui dominent. Ces sols légers, dans l'ensemble faciles à travailler – ce qui est loin d'être négligeable dans un continent encore voué à la houe – pèchent en revanche par un excès d'acidité et une insuffisance en bases assimilables par les plantes. Cette pauvreté chimique assez générale constitue un des handicaps des agricultures africaines. Là où règne un climat équatorial, une intense altération chimique du substrat géologique se traduit par la formation d'altérites argilo-sableuses sur des épaisseurs considérables, atteignant fréquemment plusieurs dizaines de mètres. Un modelé fait d'arrondis convexes s'y développe (relief en « demi-orange »), souvent masqué par la végétation sylvestre. Dans ces milieux, l'aménagement des infrastructures de transport est très difficile, car la semelle des routes et des ballastes ferroviaires a du mal à se stabiliser sur les altérites soumises au ruissellement superficiel et aux effets de sape.

L'altération pédologique, actuelle ou paléo-climatique, est responsable de la formation, ici de concrétions ferrugineuses gravillonnaires, là d'épaisses cuirasses. Les gravillons de latérite sont utilisés pour le revêtement des pistes. Les cuirasses, quand elles affleurent, à la suite par exemple d'une érosion d'origine anthropique, interdisent toute activité agricole. Les phénomènes de cuirassement ont été initialement étudiés en Guinée ; c'est pourquoi on leur donne le nom générique, originaire du Fouta Djalon, de *bowé* (pluriel de *bowal*). Au-delà d'un certain seuil de concentration en alumine, les cuirasses, d'ennemi pour l'agriculteur, deviennent richesse minière : la Guinée est le deuxième producteur mondial de bauxite. L'absence de protection végétale accélère les processus d'érosion mécanique. Madagascar en donne des exemples nombreux et très frappants. L'altération superficielle des granites qui couvrent une part importante de l'île produit des matériaux de surface à granulométrie assez fine qui tiennent mal sur les pentes : le ruissellement provoque des glissements de terrains et la formation de cratères d'érosion qu'on appelle *lavaka*. « Bowé », « lavaka » sont devenus des termes de géographie générale.

ENTRE CANCER ET CAPRICORNE : UNE AFRIQUE TROPICALE

Mise à part la région du Cap d'affinité méditerranéenne (les frimas d'hiver et le beau vignoble de Stellenbosch avec son « coin des Français » font image), l'Afrique noire est entièrement incluse dans la zone tropicale. Entre le désert minéral aux vents secs et coupants du Sahara et la forêt lourde et moite de la cuvette congolaise, elle offre la gamme complète des milieux tropicaux.

Leur diversité et celle des aptitudes agropastorales qui en découlent dépendent avant tout des précipitations. L'Afrique noire vit au rythme des pluies. Les températures n'interviennent que comme facteur second ; elles n'exercent pas de rôle discriminant, notamment parce que le gel est inconnu hors de la haute montagne. Les paysages expriment la tyrannie, plus ou moins sévère, des précipitations. L'économie agricole lui est soumise car les correctifs que pourrait apporter l'irrigation sont peu importants. Le quotidien des hommes reste dépendant du cycle des saisons et n'est pas à l'abri des aléas pluviométriques et des sécheresses qui affectent périodiquement telle ou telle partie du continent. Leur gravité ne doit cependant pas faire perdre de vue le fait que les Africains, dans leur immense majorité, vivent sous des climats plutôt cléments et correctement arrosés.

L'Afrique de l'Ouest : un modèle climatique zonal

Précipitations

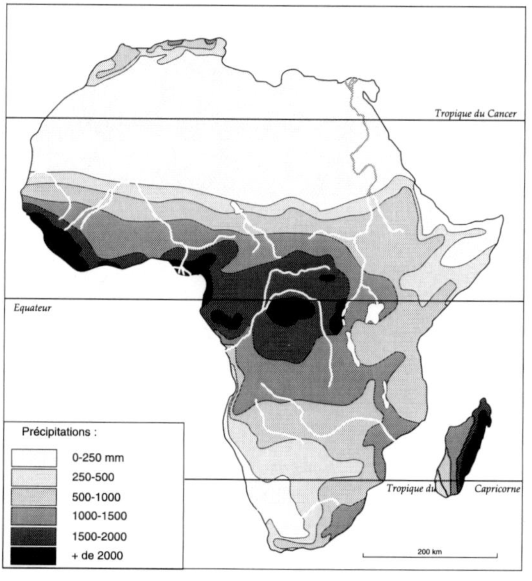

Formations végétales

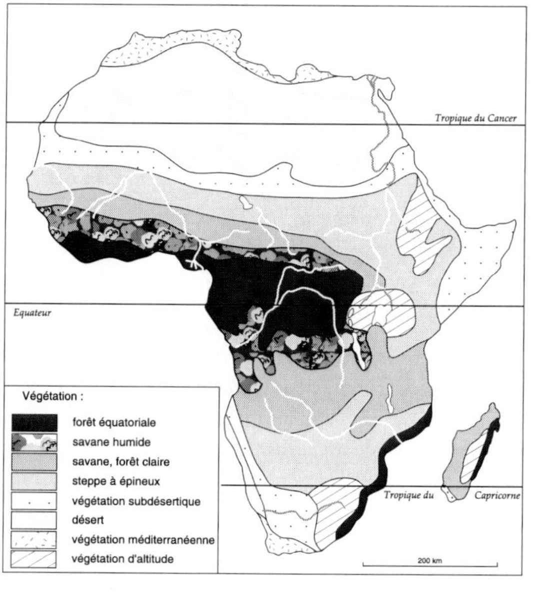

Les déplacements saisonniers des cellules anticycloniques tropicales et de la zone de convergence intertropical (ZCIT), plan de contact entre les masses d'air issues de l'hémisphère nord d'une part, de l'hémisphère sud de l'autre, conditionnent les précipitations. Les basses pressions qui règnent en général sur les régions proches de l'équateur (l'équateur climatique africain se localise à quelque 5° au nord de l'équateur astronomique) favorisent les mécanismes thermodynamiques de formation des nuages dans des masses d'air chaudes, humides et instables. Leur maximum d'instabilité correspond au passage du soleil au zénith : sous l'équateur, aux périodes équinoxiales ; sous les tropiques lors du solstice d'été. Toutes les situations intermédiaires s'échelonnent entre les deux tropiques, faisant alterner une ou deux saisons sèches avec une ou deux saisons des pluies.

Ce schéma simplifié ne vaut que dans sa généralité, du moins rend-il compte de la « zonalité » caractéristique de l'Afrique occidentale. Entre le Sahara et le golfe de Guinée, la succession de zones bioclimatiques parallèles à l'équateur se calque sur le gradient pluviométrique. Ce modèle zonal a beaucoup influencé les représentations des géographes français ou francophones dont les connaissances de l'Afrique s'enracinent à l'ouest du continent. Il offre une grille de lecture simple de réalités complexes. Une coupe nord-sud fait immanquablement passer du désert au Sahel, du Sahel à la zone soudanienne, de celle-ci enfin à la zone forestière, dite aussi guinéenne. Tout gradient soulève cependant la question du glissement du continu au discontinu : où situer la discontinuité entre les différentes « zones » ? De là découle l'inéluctable nuancier : saharo-sahélien, sahélo-soudanien, soudano-guinéen qui permet de rendre compte d'un réel fait de transitions plus que de limites franches.

Les caractéristiques des climats ouest-africains et les mécanismes qui les régissent sont bien connus. Ce qui l'est moins ce sont les causes des irrégularités inter- annuelles des précipitations. Leur volume et la durée des périodes pluvieuses dépendent de la position en latitude. Pendant l'hiver, les hautes pressions tropicales séjournent au sud du Sahara. Les vents alizés très secs qui en dérivent soufflent du nord-est vers le sud-ouest : l'*harmattan* balaye alors toute l'Afrique occidentale. Chargé de fines particules – poussières de désert – ce vent desséchant filtre la lumière du soleil et nimbe les objets d'un halo jaunâtre. Souvent violent aux latitudes sahéliennes, son action atténuée se fait sentir jusqu'aux rivages de l'Atlantique. La situation s'inverse pendant l'été. L'anticyclone saharien s'installe sur le Maghreb et la Méditerranée tandis que les centres de hautes pressions de l'hémisphère sud, notamment l'anticyclone de Sainte-Hélène, se rapprochent de l'équateur. Par un processus comparable à celui de la mousson asiatique, les vents issus de ces hautes pressions inversent leur cours en changeant d'hémisphère ; chargés d'humidité sur le golfe de Guinée, ils apportent les pluies sur toute l'Afrique de l'Ouest. Les régions littorales situées en première ligne reçoivent d'abondantes précipitations : Conakry et surtout Douala (plus de 4 m d'eau par an) comptent parmi les villes les plus arrosées du continent. L'effet de la mousson s'atténue au fur et à mesure de sa progression vers l'intérieur : les précipitations diminuent, tout comme la durée des saisons pluvieuses, qui passe de six à huit mois dans le golfe de Guinée, répartie en deux périodes séparées par une courte saison sèche, à trois mois dans le Sahel septentrional, entre juin et septembre. Quant aux isohyètes, parallèles dans leurs grandes lignes au tracé de la côte, leurs valeurs s'abaissent de plus de 2 000 mm au sud à 200 à 300 mm aux confins sahélo-sahariens, gradient responsable du dispositif zonal des milieux et des paysages.

■ ***Le Sahel*** (rivage, bordure, en arabe) est par définition un espace de transition. Il correspond à cette frange incertaine où en année moyenne les précipitations autorisent la culture sans irrigation. Sur ses marges nord, il s'agit d'une véritable « culture loterie ». En effet, plus le total moyen des précipitations est faible, plus les écarts à la moyenne sont importants. À la différence du désert franc où toute culture est exclue en dehors des oasis, les marges sahéliennes exposent à la tentation du semis. Une série de bonnes années et voici le front des cultures qui mord sur le désert. Vienne la sécheresse, la catastrophe s'abat sur le Sahel en même temps que le spectre de la désertification vient hanter les esprits. Ainsi en va-t-il chaque fois que les frontières du risque sont transgressées.

L'économie sahélienne associe le pastoralisme fondé sur l'exploitation extensive de pâturages, et la culture, principalement celle du mil : elle demande environ 400 mm de pluies bien réparties au cours de la courte saison pluvieuse. Comptent en effet non le total des précipitations annuelles, mais les « pluies utiles », c'est-à-dire celles qui correspondent à la période de croissance des plantes. Des années de pluviométrie supérieure à la moyenne ne mettent pas à l'abri d'un déficit de récolte. Les crises climatiques du Sahel présentent un caractère cyclique ; les sécheresses récurrentes des années 1970 et 1980, pour la première fois amplement mises en scène par les médias, ont frappé les imaginations. Il ne faut toutefois pas oublier qu'il s'agit de phénomènes exceptionnels et qui ne concernent que des territoires marginaux, très peu étendus à l'échelle du continent, et en aucun cas représentatifs des problèmes de l'Afrique noire.

■ ***La zone soudanienne.*** Au sud des quelques centaines de kilomètres constituant la bande sahélienne, la zone dite soudanienne offre des conditions naturelles beaucoup moins précaires. Des précipitations assez abondantes (800 à 1 200 mm) mettent en principe ces pays de savanes à l'abri de graves accidents climatiques. C'est sur les confins sahélo-soudaniens que s'épanouirent autrefois les empires ouest-africains : Ghana, Mali, Songhaï, dans la boucle du Niger ; Kanem, Bornou dans la cuvette tchadienne. Les florissantes cités Haoussa du nord du Nigeria, tout comme les royaumes Mossi de l'actuel Burkina Faso, ou ceux du Darfour (Soudan) avaient su tirer parti d'un environnement qui paraît aujourd'hui très contraignant. Ce passé de l'Afrique de l'Ouest, aujourd'hui revendiqué par les historiens africains comme un « âge d'or », prouve en tout cas qu'aucune « malédiction » naturelle ne peut être alléguée pour expliquer comme on le fit jadis l'« arriération » des Noirs. Les milieux tropicaux africains n'entravent pas par eux-mêmes le développement humain.

■ ***La zone forestière guinéenne*** fait suite à la zone soudanienne lorsque le volume et la durée des précipitations suffisent pour l'installation de la forêt, soit entre 1 200 et 1 500 mm selon les conditions hydriques et édaphiques (relatives au sol) locales. Le climat équatorial, beaucoup plus étale, aux températures plus modérées mais constantes, et à l'humidité toujours élevée, succède au climat tropical à saisons alternées et contrastées. Les précipitations orographiques s'ajoutant aux pluies zonales font de ces espaces, qui s'étendent sur quelques dizaines à quelques centaines de kilomètres en arrière des côtes du golfe de Guinée, le « château d'eau » d'Afrique occidentale. Depuis le début des années 1980, une baisse de la pluviométrie affecte la zone guinéenne pour des raisons controversées (modification générale des échanges océan/atmosphère sur le golfe de Guinée, conséquences de la déforestation). Le phénomène se traduit par une baisse sensible du débit des cours d'eau dont les répercussions en aval sur le Sénégal et le Niger pourraient remettre en cause certains aménagements. Le remplissage des grands lacs de barrage d'Akosombo (Ghana) et de Kossou (Côte d'Ivoire) reste bien en deçà des prévisions, ce qui crée des pénuries d'électricité dont Accra, Lomé ou Abidjan souffrent périodiquement. Les irrégularités inter-annuelles n'empêchent pas l'Afrique guinéenne d'être bien arrosée. L'atout de la proximité du littoral pour la commercialisation s'ajoutant aux avantages climatiques en ont fait la zone par excellence des cultures d'exportation.

■ ***Des climats chauds.*** Les températures n'interviennent que secondairement dans la différenciation des ensembles climatiques. Modérées en zone forestière où elles correspondent au type équatorial (26 à 27° de moyenne annuelle et une amplitude thermique annuelle de l'ordre de 3°), elles augmentent vers les latitudes tropicales, les écarts entre les mois chauds et frais se creusant (30° et 20° aux lisières du Sahara). Dans la moitié orientale du continent, l'altitude abaisse les températures. De l'Éthiopie à l'Afrique du Sud, l'« Afrique haute » offre des climats tropicaux tempérés. Les conditions thermiques y sont favorables autant à l'agriculture qu'à l'élevage et très attractives du simple point de vue du confort humain. Les Européens ne s'y étaient pas trompés : c'est là qu'eut lieu la seule colonisation de peuplement de toute l'Afrique tropicale, là que se sont enracinés les rêves d'une Afrique blanche.

La température ne constitue en réalité qu'un des paramètres du temps ressenti : la sensation de chaleur ou de fraîcheur est inséparable de l'hygrométrie. 25° avec une humidité relative de 99 % donne une impression de sauna beaucoup plus éprouvante que 35° secs. Les variantes tropicales et équatoriales des climats chauds introduisent des différences sensibles dans les rapports entre les hommes et leur environnement, les rythmes de vie, l'organisation des travaux et des jours, voire les comportements sociaux. Le principal clivage oppose une Afrique sèche aux saisons pluviométriques tranchées (Sahel et Soudan) à l'Afrique forestière humide.

Le dispositif écologique zonal exerce une influence sur le fonctionnement des espaces. Il favorise des échanges fondés sur les complémentarités de ressources. Inversement, il peut engendrer indirectement des tensions entre des populations qui diffèrent dans leur usage de la nature, leur organisation sociale, leur pratique religieuse. L'islam a investi l'Afrique sèche, alors que les peuples de la forêt adhèrent majoritairement aux religions animistes ou au christianisme. Il s'ensuit que les tensions nord-sud constituent une des données structurelles de la géopolitique des pays que traverse cette ligne de séparation éco-religieuse : Nigeria, Cameroun, Tchad, Soudan.

L'Afrique méridionale : entre deux océans

Le modèle zonal ne se reproduit que très imparfaitement au sud de l'équateur. Il existe bien un gradient climatique depuis les climats équatoriaux de la cuvette congolaise jusqu'aux affinités méditerranéennes du Cap : climats tropicaux à saisons alternées de type soudanien ; climats de type sahélien d'Afrique du Sud-Ouest et du Botswana. Contrairement à l'Afrique au nord de l'équateur, la partie méridionale du continent n'est pas soumise à de puissants centres d'action continentaux tels que ceux qui règnent sur le Sahara. Les anticyclones qui régissent les grands mouvements des masses d'air se situent sur les océans.

■ ***Les échanges océan/atmosphère*** sont par suite très actifs dans l'hémisphère sud, principalement sur la façade orientale du continent : cela introduit une très forte dissymétrie entre les versants atlantique et indien. Pendant l'été austral, les alizés issus des cellules de hautes pressions situées sur l'océan Indien parviennent chargés d'humidité sur la façade est du continent et des îles sur lesquelles ils déversent des trombes d'eau : la côte au vent de la Réunion reçoit jusqu'à 10 m d'eau par an. La côte est de Madagascar et celle du Mozambique connaissent un climat très humide. Le courant chaud des Aiguilles accroît chaleur et humidité sur le littoral sud-africain. En hiver, les perturbations se décalent vers le sud, aux moyennes latitudes : c'est le moment des précipitations à l'extrémité méridionale du continent, des chutes de neige sur les massifs montagneux du Lesotho. C'est aussi, au voisinage du tropique du Capricorne, une période d'intense activité sur l'océan Indien : des cyclones dévastateurs frappent très fréquemment les Mascareignes et l'est de Madagascar.

Vers l'intérieur du continent, les effets des perturbations océaniques tropicales venues de l'est s'atténuent progressivement. Les masses d'air asséchées ne provoquent que de maigres précipitations sur la moitié ouest de l'Afrique méridionale. L'environnement aride du Kalahari, du bassin endoréique de l'Okavango et de la Namibie offre un contraste saisissant avec l'exubérance de la végétation humide du littoral oriental. La République d'Afrique du Sud est partagée en deux : une partie orientale bien arrosée sur la côte et les massifs montagneux, plus modérément sur le *veld* (autour de 700 mm) ; une partie occidentale sèche recevant moins de 500 mm. L'Afrique australe dans son ensemble n'échappe pas à des sécheresses périodiques dont les conséquences dépendent largement du contexte politique : durant les années 1980-2000, le Zimbabwe a su faire face aux sécheresses avec plus d'efficacité que le Mozambique alors désorganisé par la guerre civile ; depuis, la situation s'est inversée.

■ ***Sur le versant atlantique***, le courant de Benguela accentue la dissymétrie du continent : les eaux froides d'origine antarctique, poussées vers le nord, stabilisent les masses d'air océanique, ce qui met le littoral à l'abri des précipitations. Cela explique la présence du désert côtier de Namib, particulièrement inhospitalier le long de la justement nommée « côte des squelettes ». Les précipitations occultes dues à la condensation nocturne, notamment en hiver lorsque les températures de la nuit flirtent avec le zéro, atténuent l'aridité et permettent à une flore spécialisée de vivre dans ces espaces privés de pluie. Au nord du Namib, l'influence du courant froid s'atténue. Ses effets se font sentir pendant l'hiver austral, lorsque les eaux antarctiques remontent jusqu'aux latitudes équatoriales, prolongeant la saison sèche de quelques mois de l'Angola au Gabon méridional. De juillet à septembre, le soleil filtre difficilement au travers de la vapeur d'eau en suspension, trop stable pour provoquer formations nuageuses et précipitations. En juillet le gris est souvent de mise à Kinshasa, tandis qu'un ciel bleu lumineux règne sur Lubumbashi et que de fortes pluies s'abattent sur Kisangani.

■ ***L'Afrique du Nord-Est*** est soumise à l'alternance des centres de haute pression du nord de l'océan Indien. L'ombre portée du désert arabique exerce une influence très forte sur la Corne : l'anticyclone continental bloque assez régulièrement l'entrée d'air maritime, créant les conditions de l'aridité somalienne. L'influence des masses d'air sec se fait sentir loin vers le sud. Saisissant raccourci de la pluralité des milieux naturels africains, des dromadaires conduits par des pasteurs somalis nomadisent jusque sous l'équateur, avec pour fond de tableau les sommets enneigés du mont Kenya.

Les espaces ouverts : savanes, forêts claires

La répartition des formations végétales se calque sur celle des climats. Les plantes constituent le marqueur le plus immédiatement perceptible du bilan de l'eau : entre les formations xérophytes des milieux arides à forte évapo-transpiration, et les espèces hygrophiles qui baignent dans une chaude et constante humidité, la biogéographie reflète fidèlement la pluviométrie. L'altitude n'intervient que comme facteur secondaire de répartition. Le couvert végétal présente un contraste majeur entre les formations ouvertes de steppes et de savanes, et les formations fermées de la forêt dense. L'exploitation de la nature par les sociétés africaines, tout comme les processus de socialisation qui l'accompagnent, subissent l'influence des aptitudes et des contraintes spécifiques à ces milieux contraires. Dans l'Afrique sèche, le regard embrasse de vastes étendues aux combinaisons variées d'espèces herbacées et ligneuses ; ces grands espaces propices aux courses des antilopes et des félins sont aussi une invitation au voyage. L'Afrique humide, au contraire, dissimule son intimité sous le couvert des lourdes frondaisons ; les perspectives sont raccourcies, l'horizon borné, les déplacements lointains hasardeux faute d'un repérage aisé.

■ ***Steppes et savanes.*** Une steppe plus ou moins arbustive, desséchée une bonne partie de l'année mais n'attendant que l'arrivée des pluies pour reverdir : tel est le fond de paysage du Sahel. Les franges du Sahara se signalent par les touffes épineuses de *cram cram* ; la pince à épiler fait partie du nécessaire des Touaregs : le soir, à l'étape, l'extraction des épines fichées dans les jambes et les pieds accompagne le moment de détente où coule le thé sucré. Franchis ces terrains peu hospitaliers, commence le véritable milieu sahélien : plaques discontinues de graminées, arbustes rabougris, acacias. Les variations de l'humidité des sols, auxquelles les plantes sont très sensibles quand l'eau est rare, engendrent fréquemment un paysage de « brousse tigrée » fait d'une alternance de bandes herbacées et arbustives. Vers le sud du domaine sahélien, les espèces ligneuses se diversifient. Le baobab *(Adansonia)*, qualifié d'« arbre-bouteille » parce que ses cellules ont une grande capacité de rétention d'eau lui permettant de supporter une longue saison sèche, s'installe dans les paysages ouest-africains dont il est un des éléments emblématiques. Dans l'hémisphère sud, Madagascar se distingue par une belle variété de baobabs endémiques.

Les climats à saison alternée de type soudanien constituent le domaine par excellence des savanes. Savane herbeuse, savane arbustive, savane arborée traduisent les nuances pluviométriques et édaphiques locales. Les savanes herbeuses portent de très grandes graminées (*Pennisetum, Hyparrhenia, Loudetia*). Adultes, elles sont assez hautes pour dissimuler, selon l'image courante, un homme à cheval. Les terres en jachère se couvrent quant à elles d'*imperata* (la présence d'*Imperata cylindrica* signalant en général des sols appauvris). Les formations herbacées s'accompagnent dans la plupart des cas d'une densité variable de ligneux.

■ ***Miombo et bush.*** Au sud de l'équateur, les formations végétales correspondant à la zone des savanes présentent des faciès un peu différents. Forêts claires, forêts sèches et fourrés ou *bush* y dessinent un patchwork où les euphorbes arborescentes se mêlent aux essences arborées. Les termitières géantes abondent dans les formations arbustives ou *miombo* du Katanga : la capitale de la province, Lubumbashi, est construite en briques confectionnées avec la fine argile des énormes termitières qui l'entourent. Dans les espaces à tonalité plus sèche, acacias et tamariniers réoccupent le terrain : la large ombrelle caractéristique de leur silhouette se profile immanquablement sur les cartes postales des parcs nationaux de Tanzanie ou du Kenya.

■ ***Les savanes arborées : des paysages construits.*** Milieux de peuplement ancien, les savanes ouest-africaines ont subi des transformations plus ou moins profondes. Les sociétés soudanaises ont élaboré, par sélection des arbres utiles, des « savanes parcs », traduction paysagère d'aménagements de l'espace qui ont relégué la végétation « sauvage » aux marges des terroirs cultivés. L'*acacia albida* (ou *Faidherbia albida*) est exemplaire de l'usage que les paysanneries ont pu faire d'une espèce qui pousse naturellement mais dont elles ont facilité la diffusion. Paul Pélissier, dans sa thèse magistrale sur les paysans du Sénégal, a montré tout le parti qu'en tirent les populations Serer de l'arrière-pays de Dakar. Il se différencie des autres arbres par son rythme saisonnier : il se couvre en effet de feuilles en saison sèche. Les paysans l'émondent et disposent ainsi d'un complément fourrager au moment de l'année où les herbes desséchées ne suffisent plus à nourrir les troupeaux. Appartenant à la famille des légumineuses, l'acacia fixe l'azote atmosphérique sur ses racines ; par osmose celui-ci diffuse dans le sol dont il augmente la fertilité. Arbre fourrager et fertilisant, l'*acacia albida* a joué un rôle décisif dans l'intensification des systèmes agropastoraux ouest-africains.

Le *karité* ou « arbre à beurre », ainsi nommé car la matière grasse extraite de son fruit est largement utilisée dans les préparations culinaires des pays de savane d'Afrique de l'Ouest, représente un autre de ces arbres utiles, de ces « arbres nourriciers » qui complètent les productions agricoles. Le *néré* est recherché pour ses graines utilisées dans la confection de sauces, le *tamarinier* pour ses fruits qui servent à préparer une boisson. Le palmier *rônier* (il peut constituer de véritables rôneraies comme en pays Sénoufo au nord de la Côte d'Ivoire) fournit des fruits, mais surtout son bois est très prisé pour la construction des maisons, car imputrescible et résistant aux attaques des insectes. Cette liste des arbres utiles de savane n'est évidemment pas limitative, ni celle de leurs multiples usages, alimentaires et pharmaceutiques, comme bois d'œuvre et bois de feu, ou tout bonnement pour l'ombre qu'ils dispensent. S'ils croissent à l'état naturel, ils ont été volontairement sélectionnés et prennent place dans des agro-systèmes élaborés qui témoignent des capacités paysannes à construire leur environnement. La transition des espaces « naturels », de plus en plus résiduels, vers des espaces « culturels » ne constitue pas un front continu, mais s'effectue par degrés, composant ainsi des paysages tout en nuances.

■ ***Les contacts entre forêt et savane,*** parfois francs, se présentent le plus souvent sous les traits d'une « mosaïque ». Elle résulte en grande partie des défrichements qui font progresser les espaces ouverts – clairières de culture et savanes – au détriment de la forêt. Entre forêt sempervirente et savanes s'intercalent souvent des formations semi-décidues. Des facteurs écologiques contribuent à l'inflexion du contact. En Côte d'Ivoire, ce qu'on appelle le « V » baoulé, golfe de savane pénétrant dans le massif forestier, s'explique partiellement par les conditions édaphiques. Au-delà des espaces de mosaïque que la pression foncière ne cesse d'étendre, la forêt pénètre plus ou moins profondément dans la zone des savanes le long des cours d'eau : cette forêt galerie comprend des essences ripicoles tels que les raphias, et quelques grands arbres comme les fromagers. La projection d'un milieu forestier dans la zone soudanienne n'a pas que des avantages : les mouches tsé tsé et les simulies vecteurs de l'onchocercose affectionnent ces galeries ombragées et humides.

Les milieux forestiers

■ ***L'univers de la forêt équatoriale ou tropicale humide*** tranche radicalement avec les formations de savane. Forêt dense, sempervirente, toujours verte, forêt ombrophile : elle correspond aux climats les plus humides, sans mois biologiquement sec. Dans un environnement constamment chaud et humide, la production de biomasse ne connaît pas de rémission. Des milliers d'espèces végétales dont toutes ne sont pas encore répertoriées s'y livrent une farouche concurrence pour la lumière : dans la canopée, à une cinquantaine de mètres du sol, les myriades de petites feuilles des géants de la forêt prélèvent le maximum de lumière par leurs capteurs solaires. L'assimilation chlorophyllienne bat son plein. Au-dessous, l'obscurité ralentit la croissance des plantes : sous-bois chétif, composé de rares espèces adaptées à une faible luminosité. Dans cette forêt cathédrale dont la voûte de verdure est soutenue par des fûts élancés et d'énormes troncs à contreforts, peu d'obstacles entravent la marche, si ce n'est le lacis de racines courant sur le sol, à même la mince couche d'humus. Des lianes s'appuient sur les troncs, des épiphytes se nichent au creux des branches. L'image d'une forêt impénétrable où il faut s'ouvrir un chemin à la machette ne correspond pas à la réalité ; seules ses bordures constituent un fouillis végétal inextricable car le soleil y provoque une explosion de vie.

La forêt de la zone guinéenne et celle du littoral de l'océan Indien forment des massifs boisés discontinus et en recul. La forêt du bassin congolais constitue au contraire un ensemble d'un seul tenant de 1,8 million de km^2. Elle renferme encore quelques fragments de forêt primaire – la « forêt vierge » de l'imagerie tropicale. Au nord du Congo, l'exploitation forestière pénètre, depuis le début des années 1990, dans une forêt intacte, jusqu'alors parcourue par les seules bandes pygmées, livrant à la tronçonneuse de majestueux *sapelli* (famille des acajous) centenaires. Dans toutes les forêts, primaires ou secondaires, la diversité des arbres est telle qu'il est rare de trouver plus d'un individu d'une même espèce à l'hectare : cette dispersion représente une des contraintes majeures de l'exploitation forestière qui ressemble à une « cueillette » sélective des essences commercialisables. Les peuplements homogènes constituent des exceptions – on peut citer la forêt à *Gilbertiodendron* du nord-est de la RDC. Des conditions écologiques particulières peuvent aussi limiter le nombre des espèces, comme c'est le cas dans les forêts inondées de la cuvette congolaise : arbres à échasses, pandanus dont le port rappelle celui des palétuviers, palmiers raphias sont adaptés aux sols asphyxiants.

■ *Les mangroves.* L'adaptation la plus remarquable aux conditions pédologiques extrêmes est celle des mangroves littorales. *Rhizophoras* et *avicennias* colonisent les espaces intertidaux ou remontent les cours d'eau en formations ripuaires (delta du Niger ou de l'Ogooué par exemple). La mangrove pénètre largement les « rivières du Sud », profondes rias qui se succèdent de la Casamance au Libéria. Le 10e du territoire de Guinée-Bissau disparaît sous les eaux à chaque marée haute. Les populations côtières, Diola du Sénégal ou Balante de Guinée-Bissau, ont réussi à transformer les sols salés de mangrove en rizières. Ces aménagements, bien antérieurs à la colonisation, traduisent une remarquable capacité à maîtriser un milieu ingrat.

■ *Les usages traditionnels de la forêt.* Outre qu'elle représente un espace cynégétique et de cueillette indispensable à l'équilibre alimentaire de ses habitants, la forêt entre dans des cycles de production agricole. L'agriculture itinérante sur brûlis, l'ouverture chaque année de clairières de culture par le feu, puis la reconstitution du couvert forestier au terme d'une jachère plus ou moins longue, la modifient en la « secondarisant ». La majorité des forêts denses africaines sont en réalité des forêts secondaires, à un stade plus ou moins avancé de « reprimarisation ». Dans les premières phases de reconstitution de la forêt, s'installent les espèces héliophiles pionnières, à croissance rapide et bois tendre. Les espèces à bois dur croissent plus lentement : bois rouges, bois de fer, ébène. Pour l'essarteur qui ne dispose que de la hache pour abattre les arbres, l'avantage des bois tendres est évident. Il peut l'être aussi pour le forestier : l'*okoumé,* essence de forêt secondaire, propice au déroulage, a fait la fortune du Gabon, renommé depuis un siècle pour la qualité de son contreplaqué.

Les peuples de la forêt ont une connaissance poussée des ressources qu'elle procure, alimentation, pharmacopée (y compris les poisons), matériaux de construction. Des centaines de plantes sont utilisées. Le palmier à huile (*Elaeis guineensis*) qui pousse à l'état naturel constitue la grande source de lipides des peuples de forêt. Ses palmes, soigneusement ajustées les unes aux autres, servent à la couverture des cases ; la sève fournit le « vin de palme » : il joue un rôle fondamental dans la vie sociale. Le raphia, dans sa variété *Raphia vinifera*, est aussi exploité pour la boisson. *Raphia textilis* fournissait autrefois la matière première pour la confection des pagnes. L'habileté à le tisser n'avait pas échappé aux premiers voyageurs européens au royaume de Kongo qui donnèrent aux tissus de raphia le nom de « velours du Kasaï ». Les dessins en labyrinthe des étoffes tissées par les femmes Kuba du Congo suscitent toujours l'émerveillement. À côté des multiples produits végétaux à usage local, une place à part doit être faite à la noix de kola, recherchée pour ses vertus stimulantes. C'est en effet le principal produit de cueillette de la forêt guinéenne à être commercialisé dans toute la zone soudano-sahélienne. Les routes de la kola jalonnent les plus anciens échanges commerciaux entre pays de forêt et de savane.

■ *L'exploitation forestière.* Depuis plus d'un siècle, l'okoumé du Gabon, le niangon de Côte d'Ivoire, diverses variétés d'acajou du Congo et du Cameroun prennent le chemin de l'Europe. Tributaire des transports, l'exploitation forestière est longtemps restée cantonnée dans les régions côtières. Depuis les années 1960, la route et les camions grumiers ont fait reculer le front d'exploitation vers l'intérieur des terres : les forêts du nord du Congo ne sont plus épargnées. Moins accessibles, celles de RDC représentent un potentiel considérable encore presque intact : 100 millions d'ha de forêt dense exploitable. Les bois africains ont un bel avenir devant eux, d'autant que l'expérience confirme que les craintes de son épuisement relèvent souvent davantage du fantasme que de la réalité. Le véritable problème pour l'économie forestière africaine réside dans la médiocrité de la valorisation de la production : l'exportation de produits bruts (grumes) ou n'ayant subi qu'une première transformation (produits de sciages) tronque la filière bois, privant les pays producteurs de la valeur ajoutée d'un produit final. Les projets industriels ne manquent pourtant pas. Dans les années 1970, la vogue était à la production de pâte à papier. Des plantations d'eucalyptus ont été créées à cet effet, sans qu'aucune usine ne voie cependant le jour. Au Congo, dans l'arrière-pays de Pointe-Noire, les 25 000 ha plantés livrent à l'exportation des rondins à l'état brut. La législation de plus en plus contraignante des pays producteurs commence cependant à porter ses fruits : la part des grumes dans les exportations de bois ne cesse de diminuer ; en 2009, les autorités gabonaises ont même décidé de la ramener à zéro.

Temps des plantes, temps des hommes

L'alternance de saisons pluvieuses et de saisons sèches exerce une influence déterminante sur l'organisation des rythmes agro-sociaux. Les « genres de vie », pour reprendre un concept ancien, sont en forte résonance avec le milieu de vie. Ils représentent des formes d'adaptation soit à la rareté et à la saisonnalité des ressources en eau, soit à la permanence d'une humidité souvent excessive. Les réponses apportées par les différents groupes localisés s'inscrivent dans un canevas général constitué de quelques grandes familles : pasteurs nomades auxquels la quête de l'eau et des pâturages impose une forte mobilité ; chasseurs-cueilleurs des milieux forestiers dont l'économie de cueillette induit une autre forme de mobilité ; agriculteurs sédentaires, les uns soumis à la rigoureuse rythmicité de la céréaliculture, les autres évoluant dans la temporalité élastique propre au complexe banane plantain/tubercules.

■ ***L'espace-temps mobile des sociétés nomades.*** Le nomadisme pastoral dans l'hémisphère nord se déploie entre le Sahara et ses marges sahéliennes. À chaque saison son espace. Au moment des pluies, lorsque renaissent les pâturages, hommes et troupeaux se déplacent vers le nord, sur les pourtours de l'Aïr ou vers l'Adrar ; c'est le moment de la « cure salée » où les bêtes refont leur ossature. Mais la manne du désert ne dure que quelques semaines après quoi il faut songer au repli, au fur et à mesure que les mares tarissent et que les disponibilités en pâture s'amenuisent. Les pasteurs, Maures, Touaregs, Arabes ou Somalis ont toujours eu un pied dans les zones bordières pourvoyeuses de pâturages au plus fort de la saison sèche. Les greniers des paysans sédentaires y étaient en outre exposés à leurs razzias ; les Noirs capturés devenaient les esclaves des maîtres du désert. Leurs descendants constituent l'important groupe des Touaregs noirs, anciens *iklan* (esclaves) souvent dénommés *Bella,* et celui non moins nombreux des *haratin* qui, depuis la fin de l'esclavage, travaillent dans les oasis comme salariés au service de leurs anciens maîtres. En Mauritanie, l'interdiction officielle de l'esclavage ne date que de 1980 mais la condition servile persiste *de* *facto.* Avant l'imposition de la paix coloniale, les tribus nomades exerçaient une domination politique qui leur permettait d'étendre, au besoin par la guerre, leur territoire de prélèvement. Les États modernes, sédentaires dans leur organisation et leur mode de pensée, ont tous échoué à intégrer ces hommes dont les valeurs s'ancrent dans la mobilité et les vertus combattantes. En atteste la résurgence contemporaine des conflits parmi les Touaregs, les Afars ou les Somalis. Depuis les indépendances les rébellions touarègues se sont succédées au Niger et surtout au Mali où le Mouvement national pour la libération de l'Azawad (MNLA) est un des acteurs centraux du conflit qui a embrasé l'aire d'instabilité sahélo-saharienne en 2012.

Dans l'hémisphère Sud, la question nomade ne se pose pas en termes aussi aigus. Le *kraal,* enclos pour le bétail, a joué un rôle important dans le fonctionnement des espaces pastoraux comme dans l'élaboration des représentations culturelles d'Afrique australe, mais le véritable nomadisme ne concerne que des groupes peu nombreux et faiblement structurés. Au sud du Zambèze, l'emprise spatiale des éleveurs nomades hottentots demeure très lâche. Ils ne constituent pas un facteur de tension, pas plus que les Herero et les Nama de Namibie, qui portent encore les cicatrices des massacres perpétrés par les Allemands au début du XXe siècle. Les Masaï des steppes de Tanzanie et du Kenya, décimés par la crise sanitaire de la fin du XIXe siècle, puis confinés, pour la partie kenyane, dans des réserves créées par les Britanniques, posent un problème différent : leur territoire pastoral, propice aux cultures, suscite la convoitise des agriculteurs. Situation inverse du Sahel où les pasteurs investissent de plus en plus les espaces cultivables.

■ ***Les Pygmées***, chasseurs-cueilleurs qui nomadisent dans la forêt dense humide ignorent la rigueur des ruptures temporelles des pasteurs : leurs activités se déroulent dans une temporalité fluide. Le prélèvement des ressources sur la biomasse impose néanmoins des déplacements périodiques des campements. Sans être sous le joug d'un calendrier contraignant, leur emploi du temps et de l'espace connaît des inflexions saisonnières : périodes consacrées à la récolte du miel sauvage, ou des chenilles, à la pêche ou à la chasse au filet, celle qui provoque le rassemblement festif d'un grand nombre d'hommes. En Afrique australe, les hommes du *bush,* les *Bushmen*, vivaient aussi de chasse et de cueillette, la traque de l'igname sauvage représentant une dépense importante de leur temps, mais ce genre de vie ancestral est en passe de disparaître définitivement.

■ ***Les temporalités sédentaires : Afrique des greniers, Afrique des paniers.*** La sédentarité des agriculteurs s'exprime par des pratiques spatio-temporelles très différentes : les céréaliculteurs des régions de savanes se distinguent des « planteurs » des milieux forestiers. En Afrique soudanienne, la culture des céréales (mils, sorghos et maïs) imprime son rythme à la vie paysanne : semis à l'arrivée des pluies, moisson quatre à cinq mois plus tard. Comme dans toutes les céréalicultures du monde, la moisson clôt en point d'orgue la saison agricole. La récolte est engrangée dans des greniers dont l'attroupement dans les villages d'Afrique occidentale dit l'importance de la gestion du temps : dans des milieux exposés aux aléas climatiques, où les années de vache maigre succèdent aux années de vache grasse, prévoir est une obligation.

Provision et prévision se rejoignent. C'est sur elles que se fonde le pouvoir gestionnaire des chefs de lignage, responsables de l'utilisation de la ressource alimentaire : il n'est pas impossible de voir là une des sources des systèmes d'autorité comme y invite l'anthropologie économique telle qu'elle fut illustrée par Claude Meillassoux (*Femmes, greniers et capitaux*, Maspero, 1975). La conservation des grains représente par ailleurs une invite pour le plus fort à piller les greniers ou à prélever un tribut : cette pratique a constitué un des fondements des pouvoirs monarchiques dont l'Afrique sahélo-soudanienne fut la terre d'élection.

Les temps de la forêt diffèrent profondément des temps des campagnes céréalières. En effet, la conservation des plantes qui forment le fond de l'alimentation, (banane plantain, igname, manioc) est de courte durée ; leur récolte peut s'étaler sur plusieurs mois. Les agricultures forestières ne connaissent pas l'équivalent d'une moisson concentrée sur une courte période. La racine de manioc possède, de surcroît, la capacité de s'auto-entretenir dans le sol lorsqu'elle arrive à maturité. Les femmes, auxquelles incombe l'essentiel des tâches agricoles, prélèvent donc dans leur champ-grenier selon les besoins de la famille qu'elles ont à nourrir. Cela entraîne de fréquents déplacements et fait du portage une inévitable contrainte. Dans tous les villages d'Afrique centrale forestière, le portage des paniers, légers le matin, lourds au retour des champs, rythme leur activité. Il représente l'élément peut-être le plus essentiel du système de production des vivres. Le panier, à l'instar du grenier de l'Afrique des savanes, en représente l'objet emblématique.

Pas de véritable grenier, en effet, dans les villages de la forêt. Les maigres provisions (graines de courge, arachides, au mieux quelques sacs de maïs ou de farine de manioc) sont remisées dans les cuisines. La consommation instantanée de l'« Afrique des paniers » s'oppose ainsi à la consommation différée de l'« Afrique des greniers », ce qui influence les relations globales au temps – et par voie de conséquence les systèmes socioéconomiques et probablement politiques. La grande « fluidité » du temps dans des systèmes de production sans capitalisation des récoltes ne prédispose ni à une gestion rigoureuse du futur, ni à la mise en place d'encadrements d'envergure qui supposent le prélèvement de surplus agricoles. Ce n'est sans doute pas un hasard si les peuples de la forêt n'ont connu, avant les bouleversements coloniaux, que des organisations politiques de type acéphale, alors que les États s'épanouissaient dans l'environnement des savanes. La coïncidence, partout vérifiée en Afrique noire, entre grands ensembles écologiques et types d'organisation politique, est de celles qui alimentent le débat relatif aux rapports milieu/société.

ANTHROPISATION ET RISQUES ENVIRONNEMENTAUX

En ce début de millénaire, trois grandes questions sont adressées à l'Afrique : la désertification, la déforestation, la dégradation des sols. Les résultats incertains d'une science où les doutes l'emportent encore sur les certitudes ne permettent pas toujours d'apporter des réponses vraiment satisfaisantes à des peurs irrationnelles. Aux imprécations d'un René Dumont qui ne vit partout que ruine et catastrophe future, la recherche scientifique ne peut répondre qu'avec prudence. On se contentera donc ici de quelques éléments de réflexion destinés à éclairer un débat qui est loin d'être clos, tout en dénonçant quelques *a priori* de l'« afro-pessimisme ».

Le désert progresse-t-il ?

■ ***La crainte d'une avancée irréversible du désert n'est pas nouvelle.*** Elle s'exprime à chaque cycle de sécheresse, avec d'autant plus d'impact de nos jours que les médias se nourrissent de prédictions alarmistes. Le Sahara est en première ligne. Il est vrai que le plus grand désert du monde (7,7 millions de km^2) a connu des périodes moins sèches : les scènes de chasse des peintures rupestres du Tassili (dans le Sud algérien) en témoignent. Il faut toutefois prendre le recul du temps pour apprécier cette question de la désertification. Les études sur les paléo-environnements permettent d'esquisser un scénario en quatre grandes phases sur 20000 ans :

– de 20 000 à 12 000 ans BP (*Before Present*, c'est-à-dire avant l'époque actuelle référencée à l'année 1950) : période de forte aridité, marquée par l'ensablement des fleuves et l'assèchement des lacs.

– de 12 000 à 7 500 ans BP : période humide avec un maximum d'humidité vers 9 000 ans BP. Cette phase pluviale de l'holocène correspond à l'épanouissement du néolithique saharien ; les nombreux vestiges de faune tropicale indiquent un biotope du type sahélo-soudanien actuel. Cette période s'achève par un épisode sec entre 7 500 et 6 000 ans BP.

– de 6 000 à 2 500 ans BP : période moyennement humide.

– depuis 2 500 ans BP : aridification d'ensemble.

La tendance générale sur le temps long n'exclut pas des oscillations dans une temporalité plus rapprochée. L'occurrence des sécheresses semble ainsi correspondre à des phénomènes météorologiques cycliques. Les sécheresses récentes dans le Sahel au cours des années 1970 et 1980 (1969-1973 ; 1981-1983 ; 1985) ont frappé par leur impact médiatique, mais elles n'ont pas été plus sévères que celles de la première moitié du siècle (1913 et 1940). L'étude des diaires conservés dans des monastères éthiopiens permet d'ébaucher une histoire des sécheresses depuis le XVIIe siècle : elle montre, sur le temps long, la réalité des évolutions cycliques. Cela est important pour mettre un bémol aux visions catastrophistes d'une péjoration inéluctable du climat. S'il est vrai qu'une comparaison des isohyètes en 1960 et en 1985 montre un recul vers le sud de plusieurs centaines de kilomètres, une variation de sens inverse s'est produite entre 1950 et 1965. L'année 1984 a probablement été la plus sèche du XXe siècle ; le Niger à Niamey menaçait de tarir. Pourtant, les années 1990 ont vu le retour d'un « Sahel vert ». Un Forum mondial du développement durable (FMDD) s'est tenu à N'Djaména en 2010 sur le thème de la « sauvegarde du lac Tchad » présumé en voie de disparition, alors que depuis le tournant du millénaire le retour de crues abondantes le « remplit » à nouveau : avec une surface en eau libre et marécages de plus de 14 000 km² en 2013 sa configuration est comparable à celle qui fut relevé en 1908 par la mission Tilho. Il est donc essentiel que la connaissance objective redresse les représentations irrationnelles souvent véhiculées par les médias. Depuis plus d'une décennie, une « veille climatique satellitaire » disposant d'un centre d'analyse des images à Ouagadougou permet de suivre en permanence les mouvements atmosphériques et les changements des états de surface. Ce suivi ne peut certes pas modifier le temps, mais la prévision météorologique facilite les mesures préventives.

■ ***Les discours sur l'irréversibilité de la désertification*** n'ont pas été confirmés par les observations de terrain faites sur une durée suffisamment longue. Le retour des pluies après des années de sécheresse montre la capacité de régénération de la végétation. Seules certitudes, les franges sahélo-sahariennes sont extrêmement fragiles car très sensibles aux effets de seuil, et donc exposées aux conséquences des surcharges démographiques. Pour spectaculaire que puisse être, ici ou là, la progression de dunes vives, l'ensablement résulte moins d'une tendance inéluctable à la désertification que d'une action anthropique inappropriée à la fragilité de milieux aux équilibres instables. Le véritable problème réside dans le contrôle du nombre des hommes et de leurs activités dans la perspective d'une gestion durable de l'environnement.

La déforestation et le rôle du feu

■ ***Le recul de la forêt*** est le résultat mécanique des défrichements consécutifs à la formidable poussée démographique de ces dernières décennies. Il n'y a dans ce processus rien que de très normal. L'Europe aussi, au cours de son histoire, a dévoré ses forêts : ne vante-t-on pas les grands défrichements monastiques du Moyen Âge ? Pourquoi alors ces dénonciations des essartages tropicaux qui associent pêle-mêle émissions de gaz carbonique, réchauffement de la Planète, couche d'ozone, sans parler du mythe d'une forêt réservoir d'oxygène. Des études ont montré que la disparition du couvert forestier n'avait pas d'effet sensible sur les échanges gazeux : s'il est vrai que la déforestation modifie les microclimats et expose les sols à l'érosion, elle ne semble pas modifier le bilan de l'oxygène. Elle augmente en revanche les taux de gaz carbonique. Les conséquences à terme font l'objet de controverses scientifiques : réchauffement, fusion des calottes glaciaires et élévation du niveau de la mer constituent des hypothèses tout à fait plausibles. De là à suspecter les feux de brousse de l'Afrique de menacer l'avenir des basses terres littorales de la Planète, il y a un pas qu'il serait peu sérieux de franchir : les principales émissions de gaz à effet de serre proviennent des pays industriels, pas des pays qui pratiquent le brûlis forestier.

■ ***Les feux de brousse.*** La question de la déforestation recoupe celle des feux de brousse. À chaque saison sèche, l'Afrique brûle. Les incendies volontaires ont fait l'objet d'une réprobation constante durant la période coloniale et sont considérés par les instances internationales au mieux comme un mal nécessaire, le plus souvent comme un gaspillage. Le feu fait pourtant partie des techniques agricoles et pastorales les mieux adaptées aux systèmes de production extensifs : essartage forestier, écobuage en milieu de savane, régénération des pâturages avec en prime la capture du gibier, sans oublier le déblaiement des chemins et le plaisir esthétique. Le feu économise du travail, assainit le sol et l'enrichit des cendres issues de la combustion des végétaux. Il convient donc de le considérer en fonction de la globalité des pratiques paysannes, et non pas comme une simple destruction de biomasse.

En savane, les plantes dites « pyrophiles » ont développé des mécanismes de résistance aux feux qui les parcourent régulièrement et seraient même nécessaires à leur stabilité. Les flammes qui courent dans les graminées desséchées ne font qu'effleurer les arbres qui eux-mêmes possèdent des défenses pour résister à des températures élevées mais de courte durée. La situation diffère radicalement en forêt humide : les arbres ne brûlent que s'ils ont été préalablement coupés ; plusieurs semaines de séchage sont nécessaires avant la combustion. L'incendie des espèces ligneuses modifie alors brutalement le milieu et initie un très long cycle de reconstitution de la forêt. Dans une étude parue en 1949, *Climats, forêts et désertification*, Aubréville rend les défrichements par le feu responsables de l'extension des savanes, prélude à la désertification. De nombreuses études ont montré depuis lors que la réalité était plus complexe et les situations réversibles. Le seul facteur incontestable de déforestation durable reste l'accroissement démographique, mais que celui-ci fléchisse et l'on voit les formations forestières climaciques réoccuper le terrain.

■ ***L'inégal recul des forêts.*** L'état réel du couvert forestier africain et de sa dynamique est d'ailleurs imparfaitement connu. Selon la FAO, la forêt dense humide ne couvrirait plus que 37 % de sa supposée superficie « initiale », avec un écart considérable entre les taux d'Afrique de l'Ouest et du Centre, respectivement 15 % et 56 %. Elle disparaîtrait au rythme annuel approximatif de 1 % par an, le taux de déboisement dépassant 2 % par an en Afrique occidentale, contre 0,6 % en Afrique centrale. Toutes les observations confirment ces tendances globales, ce qui n'exclut pas la vigilance vis-à-vis de certaines statistiques douteuses ou expertises hâtives. Des études récentes ont par exemple montré que la forêt centrafricaine était deux fois plus étendue que ce qu'on n'avait cessé de répéter des années durant. Un *Atlas pour la conservation des forêts tropicales d'Afrique* (éd. Jean-Pierre de Monza, 1996), réalisé sous l'égide de l'UICN (Union mondiale pour la nature), illustre la complexité de situations trop diverses pour admettre des réponses univoques.

Aucune menace sérieuse ne pèse actuellement sur les forêts d'Afrique centrale. Les savanes herbeuses qui pénètrent le massif boisé jusque sous l'équateur ne résultent pas dans leur ensemble de l'action anthropique mais sont des héritages paléo-climatiques. La végétation équatoriale recolonise avec vigueur les territoires de l'homme lorsqu'ils sont abandonnés. Dans ce face-à-face avec la nature, seul le grand nombre et un ancrage durable des lieux de vie permettent aux groupes humains de maîtriser un milieu soumis à la concurrence sans relâche des espèces.

En Afrique occidentale, la forêt se réduit comme peau de chagrin. L'époque des fronts pionniers en zone guinéenne sera bientôt révolue. La Côte d'Ivoire, en rapport avec une croissance démographique record (plus de 21 millions d'hab. en 2013 contre moins de 3 en 1950), compte parmi les pays qui ont connu le plus fort taux de déboisement du monde. La forêt a disparu au rythme annuel d'environ 300000 ha depuis les années 1950. En dehors du million d'ha de réserves classées, il ne reste pratiquement plus de forêt intacte. Le parc national de Taï (350000 ha), créé en 1972 et site du patrimoine mondial depuis 1982, est lui-même exposé à la convoitise des migrants Baoulé et Dioula en quête de terres à café : les tensions sont souvent vives sur ses périphéries. Une intense exploitation forestière conjuguée à la pression des planteurs de cacao a entraîné un des changements écologiques les plus rapides du continent.

Les milieux forestiers font l'objet d'une attention spéciale de la part d'organisations internationales. L'UICN, le PNUE (Programme des Nations unies pour l'environnement dont le siège est à Nairobi), le WWF (Fonds mondial pour la nature) ont multiplié les interventions. Un « Programme d'action forestier tropical » (PAFT) travaille à la recherche des moyens permettant de concilier conservation des forêts et développement. Le projet ECOFAC (Écologie et forêt en Afrique centrale), financé par l'Europe, a retenu sept sites d'intervention en Afrique centrale : il vise à harmoniser utilisation des ressources de la forêt et préservation. La philosophie actuelle privilégie la gestion durable des ressources plutôt qu'une illusoire conservation fondée sur un arsenal réglementaire rarement respecté. Le débat « développement/environnement » de la conférence de Rio en 1992 reste d'actualité. À cet égard, l'Afrique est devenue un véritable laboratoire où s'expérimentent toutes les formules de « développement durable ». Tandis que les réserves intégrales répondent aux préoccupations de conservation et d'étude de la biodiversité, les petits projets associant les populations locales à la gestion conservatoire du milieu se multiplient. Toutes ces opérations cependant ont un coût, et la protection de la nature est devenue l'objet de négociations aux enjeux financiers considérables : il s'agit pour les pays détenteurs de forêts d'obtenir des compensations pour leur non-exploitation, selon des mécanismes qui ont été mis au point à Kyoto en 1997 mais tardent à se mettre en place. Dans la mondialisation de la nature, l'Afrique a sa carte à jouer.

■ ***Les forêts du bassin du Congo, un enjeu mondial***. Deuxième massif forestier tropical après l'Amazonie, la forêt congolaise est particulièrement concernée par les stratégies planétaires de lutte contre les gaz à effet de serre. La conservation de la forêt permet en effet de séquestrer une très grande quantité de carbone. Le principe de la « déforestation évitée » et des « paiements pour services environnementaux » (PSE) a conduit à l'élaboration des mécanismes REDD, « Réduction des émissions liées à la déforestation et à la dégradation des forêts » dans les pays en développement. Depuis le lancement de cette initiative en 2008, les négociations internationales avancent lentement. REDD+ a pris en compte les spécificités des pays africains, mais rien ne s'est encore concrétisé et l'on s'interroge pour savoir à qui profiterait ce qui ressemble à une rente. Les enjeux sont en outre contradictoires entre préservation de la forêt et valorisation du foncier agricole. L'Afrique des forêts est confrontée à des choix cruciaux pour son avenir.

■ ***Le bois de feu.*** Le problème de la gestion de la ressource-bois ne peut être occulté car l'Afrique cuisine (et se chauffe) au bois. L'approvisionnement en bois ou en charbon de bois représente un souci quotidien pour les ménagères. La collecte du bois mort fait partie de ces tâches qui remplissent les jours des villageois, principalement femmes et enfants, voués à la « corvée de bois » comme à la « corvée d'eau ». Mais ce ramassage ne peut satisfaire les besoins croissants des agglomérations. L'explosion urbaine, responsable des auréoles de déforestation autour des villes, a provoqué le rapide développement du bûcheronnage. Le transport routier en pleine expansion ne cesse d'étendre les aires de coupe destinées à la vente. Si on considère que la cuisson des aliments nécessite un kilo de bois par personne et par jour, on voit l'importance de ce secteur économique. La substitution énergétique (gaz, électricité) ne touche qu'une étroite frange de la population citadine, tandis que le remplacement des foyers à feu libre par des fourneaux améliorés qui permettent des économies de combustible se heurte aux pesanteurs de l'habitude.

Les préoccupations concernant la fourniture de bois dans les espaces pauvres en ligneux ne datent pas d'aujourd'hui. Les administrations coloniales encouragèrent la plantation d'arbres destinés à fournir du bois de feu, conifères et surtout eucalyptus. Ce dernier s'est parfaitement adapté aux différents biotopes africains au point de devenir un des arbres les plus répandus du continent, l'essence reine des opérations de reboisement. Il est présent sur les *grassfields* des hautes terres nigéro-camerounaises comme en Afrique orientale. Il borde les routes qui sillonnent le Kivu et le Rwanda. En Éthiopie, les boisements d'eucalyptus signalent les agglomérations. Les environs d'Addis Abeba disparaissent sous leurs frondaisons ; le transport du bois mobilise une armada de femmes et d'enfants, d'ânes, de brouettes, de charrettes à bœufs, de véhicules automobiles il n'est pas rare qu'une âcre fumée bleutée flotte sur la ville, irritant la gorge. Le voisinage de l'eucalyptus et de l'acacia illustre la dynamique des paysages où la « nature » ne cesse de se transformer sous l'initiative de l'homme.

Dégradation des sols et « rendements décroissants »

L'« appauvrissement des sols » fait partie du discours ordinaire sur l'Afrique. Il convient de se départir des jugements péremptoires, sans pour autant éluder le problème : la pression démographique s'accompagne-t-elle d'une extension des aires menacées par la dégradation des terres ? Les fronts pionniers forestiers ne sont pas à l'abri des dangers d'une agriculture minière – moins cependant qu'en Amazonie où règne la tradition d'un brutal « extractivisme ». Parmi les facteurs de risque, le surpâturage est souvent mis en avant : les dégradations du couvert végétal et le piétinement des troupeaux concourent à déstructurer le sol, le préparant à la déflation éolienne et au décapage des terres de surface lors des fortes pluies. Plus insidieux, le ruissellement diffus provoque une perte des éléments nutritifs concentrés dans l'horizon humifère. C'est probablement une des plus grandes menaces pour l'agriculture : le raccourcissement des temps de jachère et les défrichements sans précautions exposent les sols à une perte de leurs qualités physico-chimiques.

Il serait néanmoins caricatural de penser que l'exploitation des sols conduit à une dégradation irréversible de leur fertilité, à leur « ruine », prélude à une généralisation des famines : il ne s'agit là que d'un volet du triptyque des malédictions promises au continent noir : **dé**sertification, **dé**forestation, **dé**gradation. La question est en réalité tout aussi controversée que les précédentes. Toutefois, on peut faire remarquer que l'annonce de la dégradation des sols et de la diminution des rendements agricoles est déjà si ancienne et régulièrement réitérée que ceux-ci devraient tendre vers zéro ! Encore une fois, quelques observations localisées, effectuées dans les espaces les plus fragiles, ont été à la base d'extrapolations non fondées. On dispose aujourd'hui, grâce aux travaux des pédologues, d'une vision plus sereine. Comparée aux autres continents, la situation de l'Afrique n'est pas trop mauvaise : elle dispose d'abondantes réserves foncières de qualité.

Au total, l'Afrique ne peut pas être considérée comme défavorisée par la nature. Les conditions physiques ne prédisposent pas spécialement à une dégradation de l'environnement. Les maux dont elle souffre proviennent d'un retard dans la mise à niveau des techniques de production que l'accroissement de population rend inéluctable, et des dysfonctionnements sociopolitiques inhérents au rythme accéléré de ses mutations. Comme partout dans le monde, la nature propose, les sociétés disposent. Mais il est vrai qu'elles ont à surmonter des contradictions de taille entre les nécessités immédiates du développement et la gestion de leur patrimoine naturel. Les États africains reconnaissent le bien-fondé des problématiques du « développement durable », d'autant que la Banque mondiale n'est pas avare pour soutenir études et actions en faveur de l'environnement. Un certain nombre d'entre eux ont récemment élaboré des PNAE (Plan national d'action pour l'environnement). Le passage de la rhétorique à la pratique laisse cependant à désirer : les priorités du quotidien dans un contexte général de pauvreté ne s'accommodent pas forcément des préoccupations que font valoir les sociétés d'opulence.

DOCUMENT

■ Hydrographie : Afrique humide, Afrique sèche

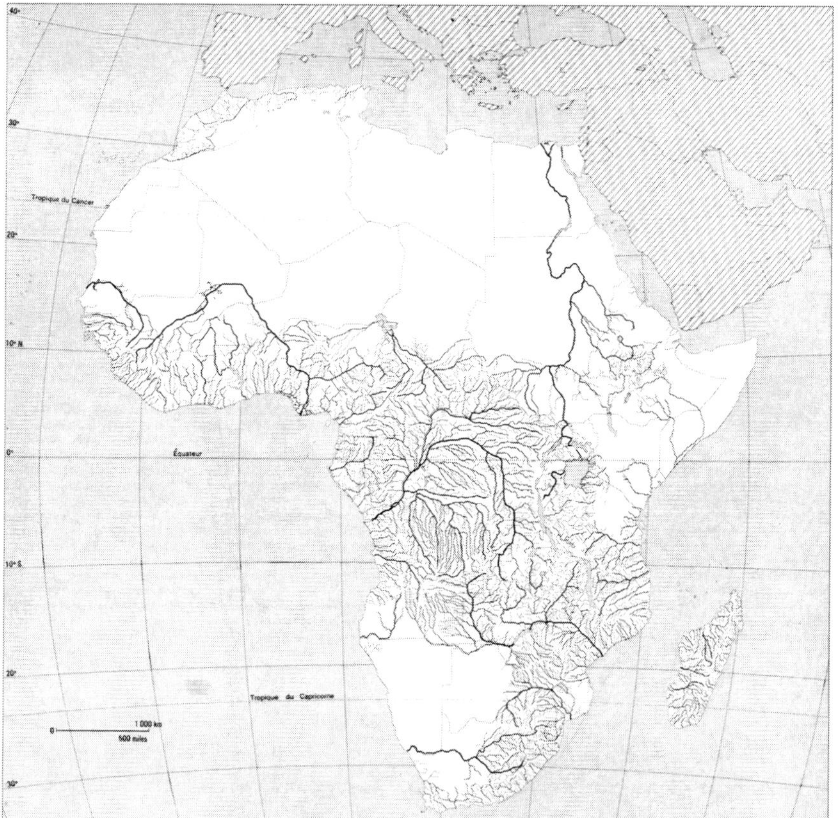

P. Gourou : *L'Afrique*, Paris, Hachette, 1970.

4

LES PAYSANNERIES FACE AU DÉVELOPPEMENT

L'Afrique noire reste majoritairement rurale. On estime qu'environ 70 % de la population active tire l'essentiel de ses revenus de l'agriculture. En dépit de déficits périodiques de production alimentaire pouvant conduire à la famine, en cas d'accidents climatiques graves ou de guerres, l'agriculture africaine a globalement réussi à répondre au défi démographique. Cette performance à mettre au crédit des paysanneries ne suffit pourtant pas à couvrir tous les besoins du continent, contraint d'importer de la nourriture. C'est dire l'importance des questions agricoles : elles sont au cœur du « développement ». Le dernier livre de Pierre Gourou, **L'Afrique tropicale, nain ou géant agricole ?** *(Flammarion, 1991) pose une question fondamentale concernant l'avenir du continent noir. Pour l'auteur, la rénovation agricole de l'Afrique pluvieuse, dont les retards et les déficits constituent un véritable « scandale géographique », « dépend avant tout de l'aménagement des techniques d'encadrement ». Et d'ajouter : « Cela seuls des Africains peuvent le faire. »*

Les questions agricoles ne peuvent être abordées qu'au pluriel : les potentialités et les contraintes varient considérablement selon les environnements écologiques et humains. Le stress hydrique, par exemple, ne concerne que les régions sèches et n'est aucunement représentatif de l'ensemble du continent. Les politiques de développement qui doivent apporter des réponses adaptées aux conditions géographiques locales sont d'une grande complexité car la production des vivres ne se réduit pas en effet à une banale rubrique de l'économie. Par le dialogue avec la nature qu'elle implique, les rapports sociaux qu'elle engendre, les systèmes de valeur contenus dans les pratiques alimentaires, les « manières de table » et la structuration du goût et du jugement entre bon et mauvais, utile et nuisible, elle est fondatrice, à titre primordial, de la culture d'un peuple.

Les évaluations chiffrées de la production alimentaire ne donnent qu'une image singulièrement appauvrie d'une réalité qui ne se laisse pas facilement cerner. Les statistiques établies par la FAO selon des grilles de calcul peu adaptées au contexte africain évacuent la diversité des situations concrètes. Il est de toute façon difficile d'évaluer la production agricole dans des économies domestiques où la consommation familiale prédomine. L'établissement, très utile au demeurant, de calendriers de travaux agricoles, n'épuise pas la réalité de l'économie quotidienne : le paysan a un usage global de l'espace, du temps et des ressources du milieu. Le retour des champs sera l'occasion d'une cueillette de plantes sauvages ou de champignons, de la levée de pièges ou de nasses, d'une collecte de bois de feu. Pour des sociétés vivant encore dans l'intimité des rythmes naturels, production et consommation ont conservé un caractère saisonnier qui fait alterner périodes d'abondance et périodes de pénurie, notamment au moment de la « soudure ». Ces rythmicités ne facilitent pas les évaluations quantitatives du disponible alimentaire. Il existe heureusement des études précises consacrées tant aux pratiques agricoles et pastorales qu'aux régimes alimentaires. Leur valeur tient à la finesse d'observations échelonnées dans la durée. Plus encore que pour l'informel urbain, l'enquête patiente et l'approche qualitative sont ici irremplaçables. L'Afrique noire, tous les chercheurs le savent, est une école de patience. La fiabilité de l'information dépend en partie de la capacité à prendre son temps, principalement dans le monde rural où des réflexes ataviques de dissimulation biaisent souvent les enquêtes. L'étranger au village n'a pas d'emblée accès au versant secret des choses : sa vision tronquée est source de distorsion d'un réel qui n'expose que sa part innocente. Lever le voile de méfiance peut prendre beaucoup de temps : on ne révèle pas spontanément les caches de nourriture, les greniers enterrés, les captures illicites de gibier.

L'Afrique prise dans son ensemble est confrontée à des déficits alimentaires dont les manifestations aiguës prennent la forme de famines. Les images qui investissent les écrans de télévision lorsque de petits enfants meurent de faim en direct, aux heures dites de *prime time* durant lesquelles les habitants d'un « Nord » rassasié prennent leur repas ne doivent cependant pas être généralisées : ces images d'appel destinées au financement de l'aide alimentaire internationale banalisent une représentation unilatérale d'un continent dont on ne donne à voir que la misère. Ne faudrait-il pas, afin de rééquilibrer cette vision désastreuse, attirer l'attention sur le fait que l'Afrique noire échappe, globalement, aux séquelles de cette « malbouffe » – selon le néologisme popularisé par les « anti-mondialisation » – dont le coût humain et financier devient de plus en plus lourd pour les sociétés riches du Nord ? Le « poulet bicyclette » comme on dit au Burkina Faso, a une autre saveur que le flasque volatile élevé en batterie ! Il est temps de cesser de penser le développement en termes de performances comptables, et l'épanouissement d'une société en nombre de calories disponibles. Les « seuils de pauvreté » comme les rations alimentaires théoriquement idéales sont l'expression d'un « septentrio-centrisme » que la pratique des pays du Sud invite à relativiser. On ne peut certes pas renvoyer dos à dos obèses et dénutris. Mourir de faim en Afrique aujourd'hui n'a pas la même signification qu'occuper des lits d'hôpitaux aux États-Unis pour excès alimentaire. La confrontation de ces situations extrêmes adresse néanmoins une question pressante à la mondialisation, celle de l'accès aux vivres notamment dans ses dimensions éthique et politique.

LA PRODUCTION DES VIVRES : LIEUX ET SOCIÉTÉS

Techniques de production, espaces alimentaires

S'il est vrai que la répartition des grandes aires agricoles et pastorales se calque sur les écosystèmes, l'Afrique rurale n'obéit cependant pas passivement aux données des milieux naturels. Les Africains ont montré au cours des derniers siècles leurs capacités d'adaptation en adoptant des plantes étrangères dont la plupart, originaires d'Amérique tropicale, ont été introduites par les Européens à partir du XVIe siècle. Ce « complexe américain » a considérablement modifié les pratiques culturales et alimentaires d'une bonne partie du continent : manioc, maïs, arachide comptent aujourd'hui parmi les plantes phares d'une Afrique qui est tout sauf immobile.

Principales cultures vivrières

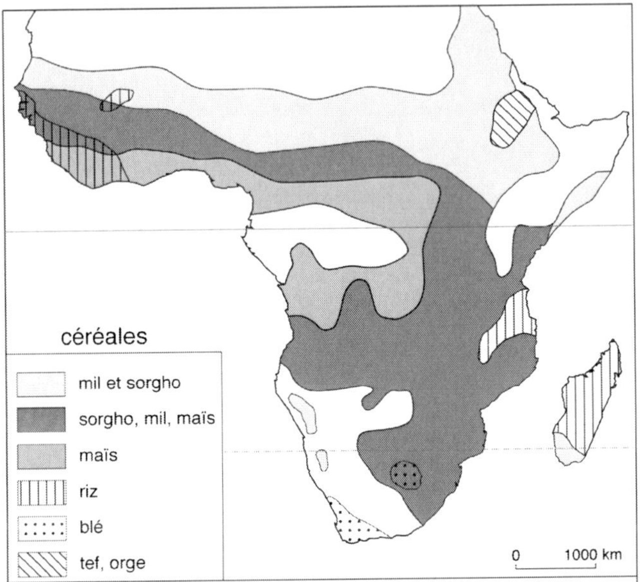

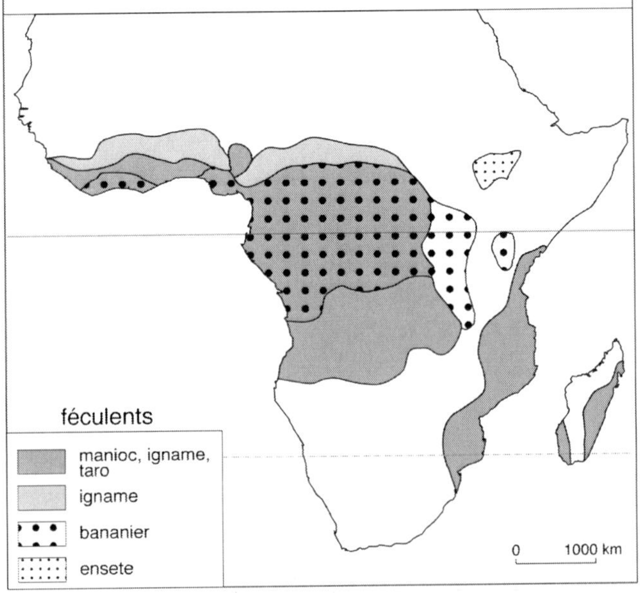

Source : *Les Afriques au sud du Sahara*, Belin-Reclus, 1994.

■ ***L'« Afrique des greniers » : mils et maïs.*** Les pays de savanes constituent le domaine par excellence de la culture des céréales, culture sèche, rythmée par l'alternance des saisons pluviométriques. Aux espaces sahélo-soudaniens correspond le domaine des mils ou millets. Les principales variétés de cette céréale emblématique de l'agriculture africaine (l'Inde étant l'autre grand lieu de production) comprennent les petits mils et les gros mils ou sorgho. Parmi les premiers, les plus répandus sont le « mil chandelle » ainsi appelé à cause de la forme de ses épis, le fonio d'Afrique occidentale et l'éleusine d'Afrique orientale. Les sorghos, blancs ou rouges, demandent des sols plus profonds et plus humides que les petits mils, rustiques et moins gourmands en eau. Lorsque les grains mûrissent, des myriades d'oiseaux envahissent les champs. Les enfants sont mis à contribution pour les chasser à la fronde ou en agitant, à l'aide d'une corde, chiffons et boîtes de conserve au sud du lac Tchad, en complément de la culture de saison des pluies, les sorghos de décrue, appelés *berbéré* par les Arabes et *muskwari* par les Peuls, sont cultivés en début de saison sèche dans les bas-fonds humides. Ces cultures de « contre-saison » ne cessent de s'étendre en réponse à l'augmentation des besoins d'une population en forte croissance.

Après la récolte, les épis sont mis à sécher au soleil, avant d'être stockés dans des greniers, le plus souvent construits en argile et coiffés d'un cône de paille, parfois montés sur pilotis pour les protéger des rongeurs. Le quotidien des mangeurs de mil s'organise autour des greniers de femmes, tandis que les greniers d'hommes ont mission de conserver les semences et les réserves de sécurité destinées à faire face à des besoins imprévus, à des fêtes collectives, et à combler les manques en années déficitaires. Le mil n'a pas perdu son âme même si les rites religieux associés à la récolte ou à la transformation en bière du sorgho rouge sont de moins en moins respectés. Les rituels profanes qui lui sont associés continuent à scander la vie des villageoises. Avec le lever du jour, la maisonnée s'ébroue au rythme sourd et régulier des pilons frappant les mortiers de bois. Piler est toujours une tâche féminine. Il s'agit, avec le portage sur la tête, d'un de ces gestes primordiaux qui disent, dans leur simplicité, la mission nourricière que la tradition ancestrale assigne aux femmes d'Afrique tropicale.

Les graines doivent être finement broyées en vue de la préparation de la boule de mil, base d'une alimentation soudanienne monotone. Manger, c'est « manger la boule ». Elle est de tous les repas. On mange assis sur une natte ; chaque convive se sert avec les doigts en trempant la pâte dans une des « sauces » dont la composition fait toute la distinction entre repas des riches et repas des pauvres. Sauce verte au gombo, sauce rouge à la tomate, enrichie de viande ou de poisson, plus ou moins rehaussée de piment… Tous les pays du mil se conforment au même schéma. La boule n'est d'ailleurs pas l'apanage du mil : elle peut être de riz ou de maïs. En Afrique de l'Est, l'*ugali*, sorte de polenta, est l'équivalent à base de maïs de la boule de mil. La fourchette, la table et les chaises ne sont d'usage courant qu'en ville : concessions à une modernité urbaine que ne partagent cependant pas tous les citadins. En Afrique de l'Ouest, nombre d'entre eux restent attachés à un cérémonial où se lit l'influence de la gestuelle arabo-musulmane.

Concurrent des mils, le maïs connaît une expansion extraordinaire. Grâce à ses capacités d'adaptation à un large spectre climatique, il est cultivé aussi bien en milieu forestier qu'en pays de savanes. Depuis que les Portugais l'ont introduit sur les côtes, il a conquis la plupart des pays. Il constitue la base de l'alimentation dans toute l'Afrique de l'Est. Que la Tanzanie enregistre une baisse de sa production et la disette s'installe dans les campagnes ; que les prix du maïs augmentent en Zambie et les émeutes éclatent à Lusaka. La céréale américaine, aujourd'hui totalement africanisée, ne cesse de progresser au détriment de l'éleusine et du fonio. Le mil ne conserve ses positions qu'au Sahel car il supporte mieux la faiblesse des précipitations (350 à 400 mm bien répartis lui suffisent).

Les régions les plus éloignées des climats équatoriaux chauds et humides – pays de montagne et cône sud du continent – acceptent le blé : Afrique du Sud, Zimbabwe. En Éthiopie, les basses pentes portent mils et maïs tandis que le blé et l'orge poussent sur les hauteurs, de même que le *tef*, céréale aux grains minuscules à laquelle les Éthiopiens restent très attachés. Ici la boule cède la place à la crêpe, l'*enjära*, avec laquelle on saisit les mets (légumes, lentilles, viande, fromage, etc.).

■ ***Les riziculture*s.** Contrairement à une image aussi répandue qu'inexacte, l'Asie n'est pas le seul continent du riz. Il existe en effet une riziculture authentiquement africaine fondée sur la domestication très ancienne d'*Oryza glaberrima*, distinct des riz asiatiques, *Oriza sativa*. Les deux foyers principaux se situent d'une part à l'extrême Ouest du continent, entre Sénégal et Côte d'Ivoire – le Bandama marquant la limite de son extension vers l'est – et d'autre part à Madagascar. La riziculture d'Afrique occidentale se partage entre deux types. Dans l'intérieur des terres, le riz est cultivé selon les méthodes communes de défriche-brûlis, sans aucun aménagement particulier du terroir.

Les populations riveraines des « rivières du Sud », ces rias qui échancrent la côte entre la Casamance et la Sierra Leone, se distinguent au contraire par une riziculture savante fondée sur la maîtrise technique d'un milieu *a priori* plutôt répulsif, celui des mangroves littorales. Les Diola de Casamance, les Balante de Guinée-Bissau, les Soussou de Guinée font preuve d'un remarquable savoir-faire dans l'aménagement des casiers rizicoles. Défricher l'écheveau des palétuviers, creuser des canaux de drainage pour dessaler les terres, construire un réseau de digues de protection et de diguettes destinées à retenir l'eau douce, dresser des billons, toutes ces tâches exigent une somme de travail considérable, surtout quand l'outillage se réduit à la hache, à la houe et au *kayendo,* sorte de pelle à long manche utilisée pour retourner la terre. Les paysages de rizière inondée des rivières du Sud comptent parmi les plus élaborés d'Afrique. Ces aménagements n'ont été possibles qu'au prix d'une forte mobilisation du travail des hommes et des femmes, aujourd'hui remise en question à cause de sa pénibilité. Les jeunes ont tendance à se détourner de la rizière, d'autant que la péjoration climatique des dernières décennies a réduit les apports d'eau douce, entraînant une salinisation des terres néfaste à la riziculture.

Madagascar représente un cas tout différent. La riziculture a été introduite par les migrants originaires de l'archipel indonésien qui forment, avec les Noirs venus du continent, le fond de la population malgache. Les Merina et les Betsileo ont transposé les techniques indonésiennes d'aménagements rizicoles sur les hautes terres : irrigation par gravité, construction de terrasses étagées. La pratique de la pépinière et du repiquage, le piétinement de la rizière par les zébus pour malaxer la terre au moment de sa mise en eau, autant de savoir-faire du Sud-Est asiatique projetés jusqu'aux avant-postes de l'Afrique. La diffusion n'est pas allée plus loin : les peuples du continent, quand ils pratiquent la riziculture, comme c'est le cas en Tanzanie, n'ont pas adopté les modèles rizicoles malgaches et se contentent de formules techniques plus extensives mais moins exigeantes en travail.

Les Africains sont de plus en plus nombreux à consommer une céréale dont l'urbanisation favorise l'usage. Il est probable qu'à terme l'Afrique noire sera vouée au riz et au maïs. La facilité de conditionnement, la bonne conservation et la rapidité de cuisson sont autant d'avantages. Au Sénégal, le « riz-poisson » (*ti bou dien*) fait figure de plat national, mais la demande en riz dépasse de beaucoup la production locale, malgré les ambitieux projets rizicoles de la vallée du fleuve Sénégal. Devant un engouement pour le riz qui croît au rythme de l'urbanisation, un grand nombre d'États africains encouragent sa culture. La coopération chinoise – celle de Chine continentale, ou celle en voie de disparition de Taiwan, – est très présente dans ce secteur. Cependant, les projets pilotés par Pékin ou par Taipei font figure d'enclaves : la distance culturelle considérable que renforce l'obstacle de la langue annihile l'effet de démonstration. L'indigénisation de la riziculture irriguée est malgré tout possible à condition qu'elle s'adapte aux contextes sociologiques locaux.

■ ***L'Afrique des paniers.*** La forêt est un domaine de « planteurs », plus que de « paysans ». La terre, parce qu'abondante, y est un capital moins précieux que le travail. Le déroulement du temps ne connaît pas la férule des alternances saisonnières, une grande fluidité règne dans les pratiques spatio-temporelles des peuples forestiers. Les greniers s'effacent des paysages villageois, au profit des cuisines et des paniers.

Le panier, instrument de portage des femmes, est le compagnon quotidien de tous leurs déplacements, de leurs va-et-vient entre le champ et le village, le village et la rivière. Les hommes ne portent jamais le panier des femmes : ils ont leur propre équipement de portage à dos, mais, hormis le transport du gibier, ils ne l'utilisent qu'en d'assez rares occasions. Les femmes confectionnent elles-mêmes les paniers, tressant lianes et rotins selon des modèles immuables qui sont autant de signatures ethniques. La permanence de l'objet, son inaltérable fidélité au style, à la matière, à l'usage dit assez sa valeur technique, sociale, culturelle. Le panier cylindrique comme la hotte cônique s'arriment sur le dos, à l'aide de bretelles ; un bandeau frontal soulage la pression sur les reins, ce qui n'empêche pas la charge – 40 à 50 kg – d'accentuer la cambrure des porteuses. La pénibilité du portage, les déformations corporelles qu'il occasionne comptent parmi les principaux facteurs de l'exode rural féminin. Les jeunes filles scolarisées répugnent à porter, à continuer à être les « bêtes de somme » de l'Afrique équatoriale, comme l'écrivait l'explorateur Paul Du Chaillu dans les années 1860. Des mesures anthropométriques ont montré une atténuation de la cambrure chez les lycéennes épargnées par le port du panier. Le portage à dos, clé de voûte d'un système de production qui repose sur le travail des femmes, les marque dans leur chair. En cela il diffère notablement du port sur la tête, caractéristique des pays de savane, qui redresse la silhouette.

La quotidienneté du portage n'a d'équivalent que celle du pilage dans l'Afrique céréalière. Le matin, les femmes quittent le village, panier sur le dos, pour se rendre au champ, ou, comme on dit en Afrique centrale francophone, à la « plantation » – qu'il ne faut pas confondre avec l'exploitation agro-industrielle désignée par le même mot. Après quelques heures de travail, elles regagnent le village, courbées sous la charge de leur hotte remplie de nourriture, de bois de feu, parfois lestée d'un bébé pour faire bon poids. Le cycle nourricier ne s'arrête pas là : la préparation du repas pour la famille demande encore quelques heures. Le conditionnement des aliments de base est en effet très long. Le manioc, symbole de l'agriculture forestière, illustre à lui seul l'enchaînement des actes que la femme doit accomplir.

■ ***Le complexe manioc-banane.*** Originaire d'Amazonie brésilienne, le manioc a été introduit sur les côtes africaines par les Portugais avant de diffuser vers l'intérieur. Complètement acclimaté et intégré aux pratiques des agriculteurs qui le considèrent comme « indigène », il est devenu un des aliments de base de l'Afrique forestière. Grâce à sa plasticité, sa rusticité et ses rendements élevés, sa culture gagne les pays de savane où il remplit maintenant une fonction de plante de soudure. C'est grâce au manioc, dont le rôle est comparable à celui de la pomme de terre dans l'Europe du XIXe siècle, que l'Afrique, à l'exception des crises extrêmes, parvient à surmonter ses difficultés alimentaires. Ses variétés dites « amères » sont toxiques : les racines doivent subir un rouissage de quelques jours grâce auquel l'acide cyanhydrique qu'elles contiennent se dissout dans l'eau. Elles sont ensuite défibrées, triturées à la main pour former une pâte qui, roulée dans des feuilles, est cuite au bain-marie. Cette pâte, appelée *chicouangue* dans les régions du bassin du Congo de langue lingala, se présente sous la forme de boules ou de « bâtons ». Sa durée de conservation est assez courte, ce qui la prive de la souplesse d'utilisation des céréales. Son apport nutritif est complété par la consommation des feuilles, riches en protéines et nutriments divers. En Afrique de l'Ouest, le manioc est préparé à la manière brésilienne, c'est-à-dire en farine (le *gari*), ou en une sorte de couscous devenu très populaire en Côte d'Ivoire (l'*attiéké*).

L'autre aliment de base des régions forestières, la banane plantain, ou banane légume, est consommée cuite, souvent réduite en pâte (*le foufou* de banane). Elle se conserve encore moins longtemps que le manioc. Les productrices ont répondu à cette caractéristique en jouant sur les différentes variétés de bananiers et en échelonnant la mise en terre des plants afin d'étaler la récolte sur plusieurs mois. Il n'existe naturellement pas plus de grenier à banane que de grenier à manioc : en saison de production le panier des femmes croule sous les lourds régimes qu'il faut acheminer du champ au village ou en bord de route pour la collecte.

■ ***Les pays de l'ensete.*** Sur les hautes terres d'Éthiopie méridionale, l'ensete (*Ensete ventricosum*), ce « faux bananier » qui ressemble au vrai mais ne donne pas de banane, pousse en peuplements serrés autour des maisons. Son pseudo-tronc, une fois broyé, est transformé en une pâte (*qocho*) qui, emballée dans des feuilles, est enterrée : la récolte de l'année est ainsi conservée, des mois durant, sans perdre ses qualités, et sans qu'il soit besoin de greniers, un mode de conservation ingénieux en termes de sécurité. La production à l'hectare est élevée, ce qui permet aux régions d'ensete de porter des densités comptant parmi les plus élevées d'Afrique.

■ ***Des appoints alimentaires variés.*** Les ignames, indigènes, les patates douces originaires d'Amérique, et les taros venus d'Asie-Pacifique, se rencontrent dans la plupart des régions d'Afrique tropicale. En Afrique australe, les Bushmen du Kalahari traquent les ignames sauvages enfouies dans la terre. Ailleurs les ignames sont cultivées, généralement sur des buttes aménagées pour offrir une meilleure fertilité à une plante assez exigeante. À la différence du manioc, d'introduction récente, l'ancestrale igname est partout vénérée. À Atakpamé, petite ville du Togo méridional, l'arrivée de l'igname s'accompagne de grandes fêtes mêlant à l'unisson rites sacrés, réjouissances profanes et mercantilisme. Les haricots constituent un apport appréciable en protéines et éléments minéraux. Ils jouent un rôle essentiel dans la diète des populations de la crête Congo-Nil. Le haricot *niébé* des régions soudaniennes connaît une extension remarquable : au Niger, où il s'est partiellement substitué à l'arachide, il anime des flux réguliers d'exportation vers les centres urbains du Nigeria. L'apport en lipides provient, selon les régions, de l'arachide, du karité ou du palmier à huile, sans compter les matières grasses animales chez les éleveurs.

Un nombre considérable de plantes alimentaires, de cueillette ou de culture, entrent dans les préparations culinaires : à Madagascar, les brèdes constituent le complément indispensable d'une alimentation à base de riz. Certaines plantes sont destinées à la boisson : l'« oseille de Guinée » (de la famille des hibiscus) est répandue dans toute la zone soudanienne ; la boisson de couleur rouge obtenue par infusion des fleurs est très prisée, notamment par les musulmans, depuis le Soudan (*karkadé*) jusqu'au Sénégal (*bissap*).

S'il existe quelques monographies permettant de mesurer l'importance des aliments d'appoint, on manque de visions d'ensemble concernant des apports souvent indispensables aux équilibres alimentaires mais difficiles à quantifier. La part de la consommation hors repas demande des enquêtes très attentives, surtout auprès de populations qui se déplacent beaucoup, comme les Peuls : les trajets en brousse sont l'occasion de grappiller tout ce qui est comestible, les gousses de néré par exemple. Les fruits et les feuilles fournissent des vitamines et des oligo-éléments : les feuilles de baobab sont riches en calcium et phosphore. En milieu forestier, les populations disposent d'une palette très variée d'arbres et plantes utiles. S'y ajoute la consommation d'insectes, fourmis ou termites très abondants en certaines saisons, ou encore celle des chenilles ou des vers nourris de la sève des palmiers qui constituent un apport non négligeable en protéines.

L'introduction de nouvelles espèces cultivées a permis d'enrichir les régimes alimentaires. Dans de nombreuses régions, les administrateurs coloniaux avaient contraint les villageois à planter des manguiers (originaires d'Asie du Sud-Est). Aujourd'hui, au Katanga comme en pays Sara (sud du Tchad), en Zambie comme au Mali, la saison des mangues est celle d'une orgie de fruits. Elle aide à surmonter la « soudure », mais comment l'intégrer dans une analyse nutritionniste ? L'arbre à pain, venu des îles du Pacifique, n'a pas connu un tel succès ; il participe cependant, au côté d'autres arbres d'introduction récente, comme les avocatiers, à la diversification de l'alimentation.

Des troupeaux et des hommes

On a souvent écrit qu'en Afrique l'élevage et l'agriculture étaient dissociés, les sociétés pastorales et les sociétés paysannes entretenant des relations parfois de complémentarité, souvent de méfiance, et dans les cas extrêmes d'hostilité. Ce n'est que partiellement exact. S'il existe des ethnies qui se vouent exclusivement au pastoralisme, et des paysans sédentaires qui ignorent tout de l'élevage, les systèmes agropastoraux sont nombreux et gagnent du terrain.

■ ***Le pastoralisme : crise écologique, crise sociale.*** Le nomadisme pastoral représente une des formes les plus accomplies d'adaptation à un milieu extrême, le milieu désertique. Les grands nomades sahariens se déplacent du nord au sud, selon les saisons, la saison sèche les poussant en direction du Sahel à la recherche d'eau (celle des fleuves Sénégal et Niger quand les mares sont asséchées) et de pâturages. Les Maures, les Touaregs, les Toubous, les Arabes, autant de populations nomades vivant aux marges septentrionales de l'Afrique subsaharienne. La tente symbolise un genre de vie fondé sur la mobilité ; le troupeau constitue le capital familial. C'est un troupeau composite où domine le petit bétail, ovins et caprins, animaux rustiques par excellence ; viennent ensuite les bovins et, pour les longs déplacements, les camelins ; quelques ânes, utilisés comme animaux de bât pour la corvée d'eau et le déménagement des campements complètent le tableau. Les familles les plus riches possèdent des chevaux, tels les *bagzan*, bêtes de prestige des Touaregs, jadis auxiliaires des guerres entre tribus et des razzias lancées contre les sédentaires pour s'emparer des réserves de leurs greniers et capturer des esclaves.

Car, jusqu'à la paix coloniale, les tribus nomades ont vécu du triptyque élevage-commerce-guerre. Le troupeau fournit le lait, base de l'alimentation quotidienne, et la viande pour les grandes occasions, une monnaie d'échange pour se procurer du mil auprès des paysans du Sahel. Les dattes et quelques produits des jardins d'oasis complètent les ressources alimentaires. Reste à acheter le thé, boisson de tous les jours et de tous les rituels. Les chameaux – il s'agit du dromadaire, chameau à une bosse – sont utilisés pour le lait des femelles et les déplacements à longue distance. Les caravanes font partie de l'imagerie du nomadisme saharien. Cette imagerie est devenue largement obsolète car aussi bien le nomadisme que les sociétés nomades traversent une crise profonde. Les sécheresses des années 1970 ont décimé les troupeaux, mais surtout elles ont poussé des dizaines de milliers de nomades en difficulté vers les lieux de distribution de l'aide internationale, c'est-à-dire les villes. Beaucoup y sont restés.

Les Maures sont venus gonfler la population de Nouakchott. De nombreux Touaregs ont afflué vers Agadez et les mines d'uranium d'Arlit, d'autres ont trouvé refuge dans des camps en Algérie et en Libye. Les crises climatiques ont accéléré une évolution en profondeur amorcée dès les années 1920 et qui a peu à peu déstructuré les sociétés nomades.

■ ***Les Touaregs*** illustrent parfaitement cette évolution. Leur société, très hiérarchisée, distinguait les nobles et les hommes libres de souche berbère d'une part, des esclaves noirs, ou *iklan*, d'autre part, sans compter les tribus religieuses dites « maraboutiques ». Les *iklan*, qui constituent le groupe des Touaregs noirs, étaient autrefois affectés aux tâches domestiques et aux soins du troupeau. S'ils ont conservé la langue et certaines coutumes de leurs anciens maîtres, ils ne subissent plus leur domination depuis que l'autorité coloniale les a émancipés. Avec la fin des guerres et l'abolition de l'esclavage, un des piliers de la société touarègue s'est effondré. Le commerce caravanier a lui-même beaucoup décliné avec l'apparition des véhicules tout-terrain. Les Touaregs abandonnent le chameau pour la Toyota. Les territoires nomades, enfin, ont été bouleversés par le tracé de frontières qui ont fait éclater les parcours du pastoralisme. Comme partout dans le monde, l'établissement d'États modernes privilégiant la sédentarité a marginalisé les nomades. Au-delà du cas spécifique des Touaregs, la question reste entière de l'avenir des peuples nomades, menacés dans leur identité par une modernité dans laquelle leurs valeurs ancestrales ont du mal à se retrouver. Toutes ces raisons cumulées sont à l'origine de mouvements de rébellion affectant en particulier le nord du Niger et du Mali. Elles y ont créé un terrain propice à l'implantation de réseaux terroristes attribués à la mouvance d'Al-Qaida au Maghreb islamique. Au cours des années 2000, l'insécurité des espaces saharo-sahéliens est peu à peu devenue un facteur d'instabilité géopolitique régionale. De même, dans la Corne de l'Afrique, les Somali vivent une période très agitée depuis que l'État s'est effacé devant les clans : les rivalités entre factions entretiennent l'insécurité et la guerre.

■ ***L'archipel peul.*** Parmi les peuples pasteurs, les Peuls occupent une place à part. Ils se répartissent dans tout le domaine sahélo-soudanien depuis le Sénégal jusqu'au Tchad. Cette diaspora est le fruit d'une longue histoire qui s'est accompagnée de multiples métissages et d'une diversification des activités économiques et des formes d'organisation sociale. Les diverses branches de la famille peule (Halpularen du Sénégal, Foulani du Nigeria, Foulbé du Cameroun) se rattachent à un lointain fond culturel et linguistique commun. La plupart demeurent très attachées au pastoralisme. Parmi eux, les Bororo vouent un véritable culte à leurs zébus. La beauté des bêtes qu'on pare à l'occasion des grandes fêtes, la forme et la dimension des cornes comptent plus que le poids en viande : le troupeau ne se réduit pas à sa valeur marchande mais participe d'un système de valeur global associant hommes et bêtes. Intercesseur entre nature et culture, il constitue une pièce essentielle des processus de socialisation y compris dans leur expression éthique et esthétique.

Les pratiques sociales et culturelles associées au bétail peuvent être observées dans toute l'Afrique, par exemple chez les Masaï de Tanzanie et du Kenya, renommés pour la richesse de leurs parures. À Madagascar, le vol rituel de bétail (détourné aujourd'hui en banditisme économique) consacrait l'accomplissement de la virilité. Le sacrifice massif de zébus lors du décès d'un éleveur témoignait de sa richesse : la coutume tend à se perdre devant les contraintes économiques actuelles, mais les grands tombeaux du Sud-Ouest malgache hérissés de cornes et de totems commémoratifs (les *aloalo*) en témoignent encore.

■ ***Les systèmes agropastoraux.*** Entre les zones trop sèches pour l'agriculture et les zones humides infestées de mouches tsé-tsé, les pays de savane à climat soudanien conviennent parfaitement à l'agropastoralisme. On se réfère souvent aux Serer de l'arrière-pays de Dakar pour illustrer l'association agriculture/élevage favorisée par la diffusion de l'*acacia albida*. Les bovins apportent la fumure organique sur les parcelles où ils sont parqués. Des haies fixes ou mobiles destinées à éviter leur divagation dessinent une ébauche de bocage. Ces terroirs serer supportent d'assez bonnes densités eu égard aux conditions écologiques locales : jusqu'à une centaine d'habitants au km². Le système, cependant, est aujourd'hui grippé. La réduction des jachères pâturées conduit à dissocier, au moins partiellement, culture et élevage : les troupeaux transhument, généralement sous la conduite de bergers peuls, vers les pâturages des régions orientales moins densément peuplées.

Élevage et trypanosomiase

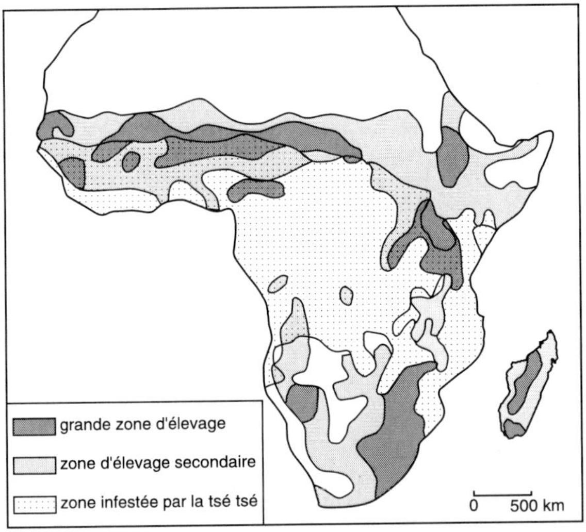

Source : *Atlas historique de l'Afrique*, Éditions du Jaguar.

Sur les hautes terres, favorables au bétail car la fraîcheur élimine la mouche tsé-tsé, les associations culture/élevage sont fréquentes. Dans l'Ouest camerounais, les terroirs associent aires de cultures sur les versants (les bas-fonds humides étant le domaine des raphias) et pâturages d'altitude (*grass fields*). Les Bamiléké y ont élaboré un remarquable paysage bocager, né de la nécessité de protéger les champs de la divagation des animaux : les déplacements des bovins et surtout des chèvres sont canalisés par un dense réseau de haies. Ce bocage tend néanmoins à se dégrader par suite de l'évolution des systèmes de production et de la diminution des pâturages : la réduction du troupeau caprin rend moins nécessaire l'entretien des haies.

Les systèmes agropastoraux cumulent plusieurs avantages. Outre le complément alimentaire que procure le gros bétail (lait et viande), celui-ci représente le principal apport en engrais. Comme chez les pasteurs purs, le troupeau constitue une forme de capitalisation ; il est un élément indispensable à la constitution de la dot, et une épargne permettant de faire face à un besoin imprévu. Depuis les années 1950, enfin, le développement de la culture attelée donne un surcroît d'intérêt à la possession d'animaux de trait.

■ ***Pasteurs et paysans : complémentarités et tensions.*** La présence sur un même terroir de pasteurs et d'agriculteurs soulève le problème de l'utilisation partagée de l'espace. Toutes sortes de contrats existent entre paysans et éleveurs. Le pâturage sur jachère, la vaine pâture après récolte sont généralement concédés aux éleveurs en échange de quelques redevances en nature, ou simplement de la fumure des champs. Il n'est pas rare que des villageois confient leurs bêtes à un berger qui en échange du gardiennage dispose du lait et d'une partie du croît du troupeau. Dans les franges sahéliennes, la saison sèche voit l'afflux des troupeaux vers les espaces encore humides des grandes vallées. Les verts pâturages du *borgou* dans le delta intérieur du Niger se peuplent alors d'un grand nombre d'animaux : avec la croissance démographique et l'extension des terres cultivées, les situations conflictuelles se multiplient.

Depuis quelques décennies, on observe en Afrique occidentale un glissement de l'élevage vers le sud, jusqu'aux lisières de la forêt. Le front méridional des éleveurs peuls a ainsi progressé de plusieurs centaines de kilomètres dans les savanes humides. L'endémicité de la trypanosomiase en zone forestière n'exclut d'ailleurs pas totalement l'élevage, comme en témoigne l'extension, de la Guinée au Nigeria, de races dites « trypanotolérantes », principalement la *ndama*. La crise climatique des années 1970-1980 au Sahel a accéléré le mouvement. Dans le même temps, les défrichements faisaient reculer les galeries forestières et les gîtes à glossines. Enfin, la diffusion de la culture attelée favorise la constitution de troupeaux paysans. C'est ainsi qu'au Tchad la classique opposition structurelle entre un « Nord » pastoral et un « Sud » paysan s'estompe avec l'expansion de l'élevage bovin en zone soudanienne. Cette dernière hébergerait aujourd'hui le quart du troupeau tchadien en saison des pluies, peut-être la moitié en saison sèche. Les Arabes du Batha et du Salamat poussent jusqu'aux abords de Sahr, ce qui n'est pas sans créer de vives tensions, d'autant que certaines tribus comme celle des Missirié, toujours armés d'arcs et de flèches, n'ont pas abandonné leurs traditions belliqueuses. Partout en Afrique, la divagation des troupeaux constitue la principale source de violences entre cultivateurs et éleveurs. La pression démographique et le glissement de l'élevage vers les espaces autrefois réservés à l'agriculture créent des situations potentiellement conflictuelles, surtout lorsque la sécheresse raréfie les ressources en eau et en herbe.

Terre, terroir, territoire

■ ***Le statut de la terre.*** Les conflits fonciers et les réformes agraires ont longtemps épargné l'Afrique subsaharienne, très différente en cela de l'Amérique et de l'Asie tropicales. À l'exception notable de l'Afrique australe, les violences liées à la terre sont restées très localisées. Cependant, sous l'effet de l'accroissement des densités et de la modernisation de l'agriculture, les questions foncières prennent un tour nouveau. Les droits hérités de la colonisation, en se superposant aux anciens statuts de la terre, ont créé des situations de plus en plus complexes, localement génératrices de conflits autrefois inconnus.

L'appropriation individuelle du sol, au sens du droit romain, n'avait pas cours en Afrique subsaharienne avant l'arrivée des Européens. Ce qui ne veut pas dire qu'il n'existait pas de droits fonciers comme l'ont prétendu un peu hâtivement les colonisateurs en inventant la notion de « biens vacants et sans maître » pour donner un statut juridique aux terres non effectivement occupées ou cultivées, et légitimer leur affectation au domaine de l'État. Traditionnellement, la propriété de la terre relève davantage du religieux que de la sphère économico-juridique. La terre ne peut appartenir qu'à des forces supérieures, les hommes en sont les simples dépositaires et certains d'entre eux – rois, chefs de terre, chefs de lignage – les gestionnaires. La propriété s'applique non pas à un individu mais à un groupe uni au sol par un pacte à caractère sacré. Elle est par suite inaliénable. Des chefs de terre jouent un rôle d'intercesseur avec les forces de l'au-delà dont dépend la fertilité du sol. Ils sont les garants de la pérennité du bien foncier dont l'origine renvoie au premier défricheur.

Chez les Serer du Sénégal, la distinction existe encore entre le « maître du feu » de la lignée des premiers défricheurs, et le « maître de la hache » auquel a été cédé un droit de culture ; une redevance symbolique perpétue cette différence de statut. Mais plus que la propriété, ce qui compte ce sont les droits d'usage, fondés et garantis par la mise en valeur. Chaque homme adulte chef de famille a normalement accès à la terre. En milieu forestier, le défrichement confère un droit exclusif et transmissible non seulement pendant le bref cycle de culture mais pendant toute la période de reconstitution de la jachère forestière. Seule l'extinction d'une lignée ou la disparition de traces visibles de mise en valeur rendent la terre à l'indifférenciation foncière initiale. La précision foncière va de pair avec les densités. Lorsqu'elles sont faibles, les limites des territoires villageois se perdent dans des *no man's land* séparant les groupes résidentiels. L'usage ininterrompu de la terre conduit au contraire à une appropriation de fait, comme le montre l'arboriculture : les planteurs de café ou de cacao se considèrent comme des propriétaires à part entière, le cadastrage des plantations marquant l'aboutissement de ce processus.

■ ***Éthiopie et Tanzanie : deux réformes foncières.*** L'Éthiopie est le seul pays à avoir engagé une réforme agraire radicale après la chute de l'ancien régime impérial incarné par le dernier des négus (rois), Haïlé Sélassié. Au nom de l'idéologie universelle des réformes agraires (« la terre à celui qui la travaille ») et des principes marxistes, la révolution éthiopienne de 1974 a affranchi les paysanneries du Sud d'un statut de servage hérité de la conquête amhara du XIXe siècle, et partagé les terres que l'aristocratie militaire avait alors accaparées.

La réforme agro-foncière tanzanienne s'est déroulée dans un tout autre contexte. Conduite sous l'égide de l'*ujamaa* (mouvement communautariste considéré comme un « socialisme à l'africaine »), elle est née de l'initiative de Julius Nyerere, premier président de Tanzanie. Celui-ci en a exposé les principes de base dans le manifeste d'Arusha : l'idéologie de l'*ujamaa* (de l'arabe *djamaa* qui évoque communauté et solidarité) privilégie les valeurs communautaires, le travail en commun. Elle rejette les dérives de l'individualisme suspecté de conduire à la formation d'une classe de paysans riches, variante africaine des *koulaks*, qui menacerait l'harmonie sociale. Son application a entravé l'évolution vers une agriculture capitaliste productiviste, déjà bien engagée dans les régions favorisées du Kilimandjaro. Elle s'est surtout accompagnée d'un bouleversement de l'habitat avec le mouvement de « villagisation », regroupement forcé de populations autrefois dispersées, censé favoriser le développement économique et la justice sociale. L'expérience, qui ne voulait pas être un décalque du socialisme soviétique, fut pour cela observée avec sympathie par les puissances occidentales. Mais, à l'instar de toutes les autres utopies expérimentées dans le monde, l'*ujamaa* s'est soldé par un échec. Le grand déménagement du territoire qu'il a provoqué n'a pas apporté de réponse satisfaisante à la question du développement rural.

■ ***La question foncière, enjeu politique.*** En Afrique australe et orientale, la colonisation européenne de peuplement a fait de la question foncière le pivot des rapports entre Blancs et Noirs. Au Kenya, l'administration britannique, par sa politique des *locations*, réserva les meilleures terres du Rift et de ses bordures montagneuses aux Blancs. La spoliation foncière fut une des causes de la révolte des Mau Mau d'où sortit le nationalisme kenyan, incarné par les Kikuyu et leur leader Jomo Kenyatta (premier président du Kenya). Depuis l'indépendance, la plus grande partie des terres blanches, les *white highlands*, a été récupérée par l'État : les dirigeants politiques ont ainsi disposé d'un capital foncier qu'ils ont distribué en se créant une clientèle fidèle. Les violences politico-ethniques de 2008 s'ancrent dans ce réseau conflictogène de l'accès à la terre. Plus encore qu'au Kenya, la question foncière joue un rôle politique majeur au Zimbabwe : le président Mugabe utilise l'héritage colonial à des fins électoralistes : une série de mesures de plus en plus radicales, appuyées par la violence, ont conduit à évincer progressivement les fermiers blancs. Il est vrai que les Blancs de l'ancienne Rhodésie du Sud s'étaient réservé les meilleures terres en reléguant les Noirs dans des réserves. Le *Land Tenure Act* de 1969 stipulait même que les terres attribuées aux Noirs ne pouvaient excéder celles des Européens. Au moment de l'indépendance, en 1980, quelque 5 000 fermiers blancs détenaient près de 40 % des terres cultivables. Elles étaient consacrées aux cultures d'exportation (*commercial farms*) tandis que la plupart des Noirs se trouvaient relégués sur les terres communales (*communal lands*), souvent médiocres et vouées à une agriculture de survie. L'abrogation des lois foncières coloniales et une politique, dans un premier temps, de rachat de terres blanches, ensuite d'occupation pure et simple, a essentiellement profité à la bourgeoisie africaine qui s'est substituée aux fermiers européens, sans en avoir malheureusement le savoir-faire. Les violences politiques, entretenues par le président Mugabe, et les occupations de fermes ont laminé ce qui restait de la minorité blanche. Surtout, elles ont sapé les bases de la prospérité économique du Zimbabwe.

L'Afrique du Sud est quant à elle confrontée à l'immense défi de la réorganisation foncière et territoriale post-apartheid. L'abolition des lois sur la terre a ouvert la porte à de multiples revendications foncières dont la recevabilité a été précisée par le *Restitution of Land Act* de 1994. La juxtaposition des grands domaines des fermiers blancs (1 300 ha en moyenne), et du microfundium caractéristique des anciens bantoustans (taille moyenne des exploitations de 2 ha) est un héritage d'année en année davantage explosif. La réforme foncière et la redistribution de terres constituent un des chantiers les plus complexes de la nouvelle Afrique du Sud. C'est une entreprise de longue haleine à laquelle on devrait mesurer la capacité du nouveau pouvoir à repenser les rapports de l'homme à la terre, et plus encore les rapports des communautés entre elles. Vingt ans après la fin de l'apartheid, les réformes tardent à se mettre en place tandis qu'un climat de violence (plus de mille cinq cents fermiers blancs ont été assassinés) fait peser de lourdes menaces sur l'avenir de la nation arc-en-ciel qui a tout à redouter de la propagation du syndrome zimbabwéen.

■ ***Des terres convoitées par des acteurs extérieurs à l'Afrique.*** Depuis quelques années l'Afrique subsaharienne est exposée à de nouvelles convoitises qui ne sont pas sans rappeler la période coloniale : l'objet en est l'acquisition de terres. Les pays producteurs de pétrole du Moyen-Orient (Arabie saoudite, Qatar, etc.) et la Libye, désireux de diversifier leur économie et d'assurer leur sécurité alimentaire, sont en première ligne. Des acquisitions souvent discrètes de terres ont eu lieu, notamment au Kenya, en Éthiopie, au Mali. À Madagascar, l'annonce en 2008 de la concession pour 99 ans de 1,3 millions d'ha au groupe coréen Daewoo (1 million d'ha pour la culture du maïs et 300 000 ha pour la canne à sucre) a soulevé une vive émotion nationale et des réactions qui ne sont pas étrangères aux émeutes populaires ayant entraîné la chute du Président Ravalomanana. Ce projet démesuré, ressenti comme une agression par une population viscéralement attachée à sa terre, a été abandonné, mais les acquisitions de terre se poursuivent partout en Afrique, y compris à Madagascar. L'ampleur du phénomène est difficile à mesurer, d'autant qu'il y a loin entre les déclarations d'intention et les acquisitions réelles, le plus souvent sous la forme de baux emphytéotiques.

On dispose depuis 2012 d'informations précieuses grâce à Land Matrix, groupement de cinq organisations internationales dont le Cirad : en 2013, parmi les dix premiers pays affectés par les achats de terre, sept se situent en Afrique subsaharienne (Soudan du Sud, RDC, Mozambique, Soudan, Liberia, Sierra Leone, Madagascar). Ils totalisent 14,5 millions d'hectares, ce qui représente environ le tiers du total mondial estimé par la Banque mondiale. C'est dire à quel point, en quelques années, surtout après les émeutes de la faim de 2008, l'Afrique noire est devenue un enjeu agro-foncier international. Les pays manquant de terre comme la Corée, ou d'eau comme l'Arabie, le Qatar, la Libye comptent parmi les grands acquéreurs, loin cependant derrière les États-Unis dont les fonds de pension investissent de plus en plus la terre. Ces accaparements, ou *land grabbing*, destinés à des cultures d'exportation dont le palmier à huile et le jatropha (biocarburant) menacent d'éviction des paysans dont les usages coutumiers de la terre ne sont pas garantis par un titre foncier : la fiction coloniale des « biens vacants » refait surface au prétexte de la productivité d'une agriculture industrielle insérée dans le marché mondial. L'arrivée massive de groupes agroindustriels américains, européens, indiens, chinois, mais aussi sud-africains est critiquée par certaines ONG qui y voient une forme de colonialisme aux acteurs mondialisés. L'insertion de l'Afrique dans la mondialisation pose ainsi en termes nouveaux la question de ses capacités à contrôler son capital foncier.

Acquisition de terres en Afrique Subsaharienne

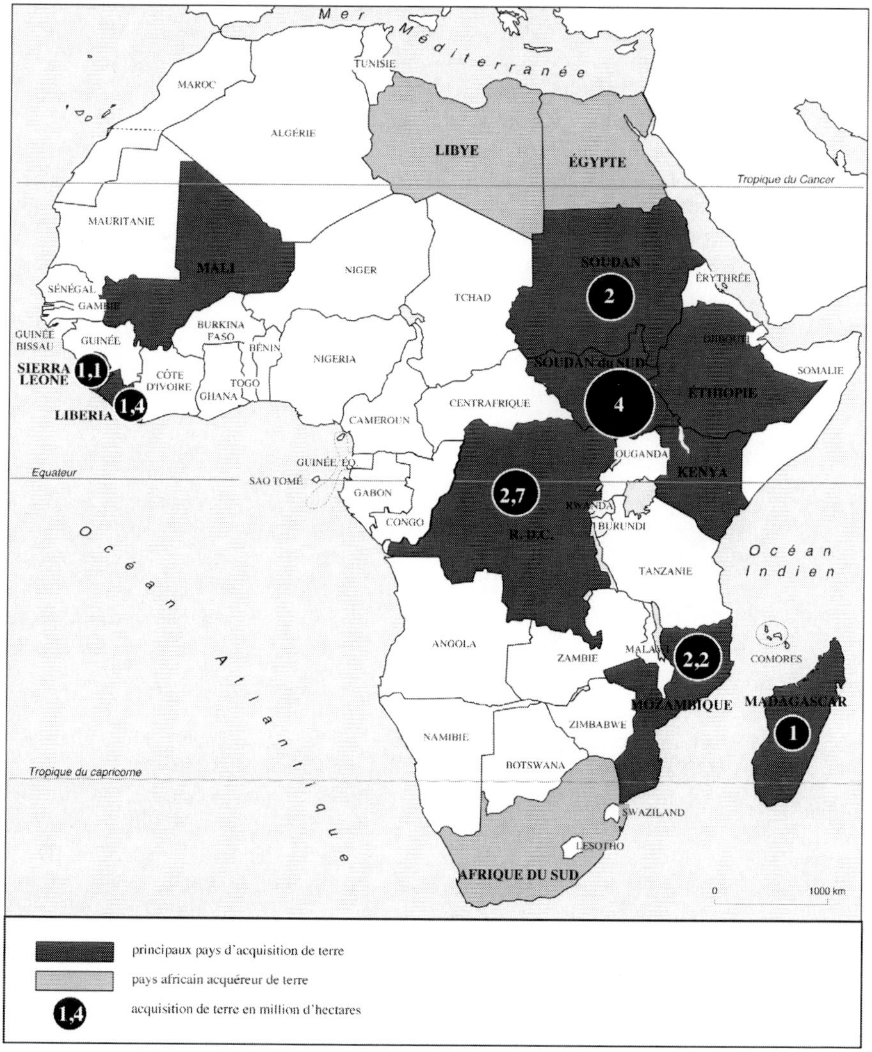

Source : Land Matrix 2013.

■ ***L'organisation des terroirs.*** Malgré leur grande diversité, les terroirs africains répondent à quelques grands principes d'organisation. Le plus général correspond à un modèle centre-périphérie. Le centre est constitué par l'unité résidentielle : villages, comme c'est toujours le cas en forêt, ou formes variées d'habitat dispersé dominant dans les pays de savane. L'espace cultivé se dispose grossièrement en auréoles autour de ce centre. La première, immédiatement attenante aux maisons, se compose des jardins de case. Bénéficiant de la fumure domestique, elle porte des cultures continues, légumes, condiments, tabac, arbres fruitiers, etc. Au Rwanda et au Burundi, les bananiers occupent le centre de la concession ou *rugo* ; ils sont principalement destinés à la production de bière de banane. Au-delà de la première couronne, le terroir se partage entre champs cultivés et jachères.

En milieu forestier, règne de l'agriculture itinérante sur brûlis, les clairières de culture sont exploitées pendant un ou deux ans, rarement davantage. Après la récolte, les champs, aux sols appauvris, lessivés et durcis, promptement envahis par les adventices, sont abandonnés. La rotation des espaces défrichés chaque année s'effectue dans un rayon de quelques kilomètres autour des villages. Ces derniers, eux aussi, se déplacent fréquemment. Leur durée de vie avoisine une dizaine d'années : les matériaux de construction des maisons (argile, bois, lianes, palmes, herbes) résistent mal au temps, aux intempéries, aux termites, rongeurs et autres nuisibles. La forêt est ainsi le lieu par excellence des terroirs mobiles, une mobilité qu'autorisent les très faibles densités humaines.

Les terroirs des milieux de savane se caractérisent par une relative fixité des champs et par des jachères de courte durée. Les formes les plus extensives correspondent à une simple alternance céréale/jachère. Avec l'introduction des cultures de rente, l'assolement triennal s'est généralisé : arachide-mil-jachère ou coton-mil-jachère. À la périphérie des espaces régulièrement cultivés, des champs de brousse ouverts par le feu (*lougan* en Afrique occidentale) constituent les avancées pionnières de l'exploitation agricole. Dans les régions de forte densité, les champs épisodiquement cultivés finissent par disparaître, signe qu'il n'existe plus de réserves foncières disponibles en périphérie des finages.

Un autre modèle fréquent d'organisation des terroirs joue sur les complémentarités écologiques. C'est le cas des régions de contact forêt-savane. Les Baoulé de Côte d'Ivoire ont établi les plantations de cacaoyer (plante d'ombrage) en forêt, et produisent l'igname, base de leur alimentation, en savane. « La forêt rapporte, la savane nourrit », selon une formule ramassée résumant leur système de production. Dans les grandes vallées (Sénégal, Niger, Zambèze), l'utilisation du sol se calque sur les nuances de la topographie et les variations hydrologiques. Les cultures de décrue autorisent un étalement dans le temps de la saison agricole. Le lit majeur de la moyenne vallée du Sénégal imbrique bourrelets alluviaux (*dieri*) et dépressions humides (*walo*) en une complexe marqueterie de terroirs aux usages changeant au rythme des crues et des étiages. À Madagascar, les finages composites des hautes terres associent rizières irriguées de fonds de vallons et cultures sèches des *tanety* (collines) où le maïs et le manioc cèdent la place en altitude à la pomme de terre, et à toute la gamme des légumes de pays tempérés.

■ ***Saturation des terroirs, affirmation des territoires.*** Pendant longtemps, la question de la terre ne s'est pas posée en Afrique subsaharienne parce que les réserves foncières semblaient inépuisables. Mais, au cours des dernières décennies du XXe siècle, la saturation d'un nombre croissant de terroirs est devenue réalité. La notion même de « terroir saturé » est naturellement discutable : les fortes densités rurales enregistrées ici ou là semblent bien faibles en comparaison du delta du Fleuve Rouge au Vietnam ou de l'île de Java. Les systèmes de culture africains sont en effet loin d'atteindre les niveaux d'intensification asiatiques. Mais c'est en tenant compte de l'environnement technique et social réel, à un moment donné, qu'il convient de raisonner. De ce point de vue, l'expression utilisée au Burkina Faso vaut pour des régions de plus en plus nombreuses du continent : « La terre est finie. »

Les sociétés paysannes africaines ont répondu à l'accroissement du nombre par l'extension des surfaces cultivées, chaque fois que c'était possible. Lorsque les réserves foncières de proximité étaient épuisées, la migration permettait de répondre à la faim de terre. Aujourd'hui, les grands fronts pionniers sont en voie d'épuisement et la présence d'étrangers, autrefois bien accueillis, devient source de conflits : la Côte d'Ivoire, terre d'accueil s'il en fut, a absorbé en un siècle plusieurs millions de migrants, majoritairement originaires de l'actuel Burkina Faso. Aujourd'hui, la terre s'efface devant le territoire et ses dynamiques identitaires. Or si la terre assimilait, le territoire exclut. Les pogroms ne sont pas loin lorsque la capacité d'assimilation est mise en question, lorsqu'un trop-plein d'hommes conduit à désigner l'étranger comme bouc émissaire avant de le rejeter. De la Casamance à l'Afrique des Grands Lacs, de la Côte d'Ivoire à l'Afrique du Sud, l'accès à la terre est désormais inséparable des dynamiques de construction des territoires.

Le travail de la terre

■ ***Le muscle et la houe.*** L'agriculture africaine demeure dépendante de l'énergie humaine. Le paysan (ou la paysanne) travaille le plus souvent à la main : la houe demeure l'outil représentatif des campagnes africaines. Elle permet d'effectuer un labour superficiel en grattant le sol, de construire buttes et billons, de sarcler, de déterrer racines et tubercules. En forêt, la hache est indispensable pour ouvrir une clairière de culture : il faut en effet abattre les arbres avant de les brûler, deux ou trois mois plus tard, lorsqu'ils sont suffisamment secs. Le brûlis forestier économise le labour : on plante directement sur les cendres. La machette, plus encore que la houe, y est d'un usage universel pour creuser, déterrer, couper : il y a toujours quelque chose à trancher, tiges, branchages, lianes, serpents à l'occasion.

La houe convient aux sols légers, sableux (les plus répandus sur le continent), plus faciles à cultiver que les lourds sols argileux. La houe à manche court, la *daba*, très répandue en Afrique de l'Ouest, contraint à travailler courbé. D'autres types de houes autorisent la station debout. Dans le bassin de l'arachide, les paysans du Sénégal grattent la terre à l'aide de l'*iler*, outil à long manche muni d'un fer en forme de croissant qui est poussé au lieu d'être ramené vers soi comme la houe. À Madagascar, l'*angady*, muni d'une lame oblongue, est projeté dans le sol puis basculé à la force des bras pour retourner les mottes de terres. Le travail manuel limite l'extension des terres cultivées : en pays de savanes, l'exploitation familiale type travaillée à la houe ne couvre qu'un ou deux hectares.

Le temps imparti à la production des vivres destinés à la consommation familiale n'est pas considérable. En forêt, l'abattage des arbres mobilise les hommes environ un mois dans l'année, le double là ou celle-ci comprend deux saisons sèches. Quant aux femmes, elles consacrent une moyenne d'à peu près quatre heures par jour aux travaux des champs. La couverture des besoins alimentaires est loin d'épuiser le potentiel de travail, ce qui a facilité l'introduction des cultures de rente dans les systèmes de production.

■ ***La culture attelée.*** Le passage à une agriculture plus productive impose l'utilisation de l'énergie animale ou la motorisation. La culture attelée représente depuis quelques décennies un des axes principaux du développement des agricultures africaines. Elle se satisfait d'outils simples que les forgerons de village peuvent fabriquer et réparer eux-mêmes. Charrues, semoirs, sarcleuses ont ainsi fait leur apparition chez les agro-éleveurs des régions de savane. La traction animale permet en outre les déplacements en charrette : le continent de la marche à pied devient peu à peu celui du charroi à bœufs. La domestication de l'énergie animale représente un progrès considérable : grâce à l'utilisation d'outils tractés, un exploitant peut augmenter les superficies cultivées tout en réduisant les besoins en main-d'œuvre au moment des gros travaux. Elle soulage par ailleurs les paysans de la pénibilité du transport des récoltes.

La culture attelée n'est cependant possible que là où des densités pas trop élevées autorisent la présence de pâturages. Le « cercle vertueux » de la révolution agricole, caractérisé par l'introduction dans les assolements de légumineuses fourragères (par exemple le *stylosanthès* ou luzerne tropicale) est à peine amorcé, de sorte que la nourriture du bétail vient en concurrence de celle des hommes lorsque la terre se fait rare. Comme tout progrès technique, l'adoption de la traction animale crée ou renforce les inégalités entre agriculteurs. Les plus favorisés parce qu'ils possèdent davantage de terres et de têtes de bétail, et les plus dynamiques, sont les principaux acteurs et bénéficiaires du changement. La « communauté » s'effrite face à une différenciation socioéconomique irréversible, inhérente au développement.

■ ***La motorisation*** représente un degré supplémentaire de mutation de l'agriculture, mais l'Afrique des tracteurs se limite encore aux plantations agro-industrielles, et aux fermes blanches d'Afrique australe. L'agriculture motorisée a fait l'objet d'un réel engouement aux lendemains de la Seconde Guerre mondiale, la foi dans le tracteur n'a pourtant pas produit de miracle au sud du Sahara. De grands projets de culture motorisée (tel le projet arachide en Tanzanie) se sont soldés par des échecs. Leurs initiateurs avaient sous-estimé la fragilité des sols tropicaux destructurés par la brutalité du travail mécanique. La motorisation nécessite par ailleurs un environnement technologique, une capacité de maintenance encore embryonnaires dans la plupart des pays africains. Combien de machines de l'« aide », combien de tracteurs de l'ex-URSS, combien de motoculteurs chinois n'ont-ils pas rouillé dans les champs des projets de développement faute de services après-vente et de pièces détachées !

Certes, les progrès de l'agronomie tropicale sont aujourd'hui en mesure d'éviter la plupart des erreurs techniques. La généralisation du transport automobile a par ailleurs familiarisé les Africains avec la mécanique et multiplié les ateliers de réparation. Les transformations de l'environnement global, technologique, économique et culturel des sociétés africaines créent des conditions désormais favorables à l'appropriation de la motorisation agricole. Les grandes exploitations d'Afrique australe la maîtrisent d'ailleurs parfaitement. La question est de savoir si elles peuvent constituer des pôles de diffusion ou si elles resteront des enclaves de modernité – quand leur survie n'est pas hypothéquée par des enjeux politiques.

■ ***De l'extensif à l'intensif.*** Dans un contexte de pression démographique croissante, le nouveau défi des agricultures africaines réside dans le passage de l'extensif à l'intensif. La raréfaction des terres cultivables, la disparition prochaine des fronts pionniers et la forte pression foncière en périphérie urbaine y poussent. Les systèmes de production consommateurs d'espace et économes en travail sont condamnés à plus ou moins long terme. L'intensification se manifeste par la réduction, voire la disparition, des jachères. L'opinion largement répandue que cette diminution du « temps de repos » de la terre entraîne une baisse de fertilité ne semble pas vérifiée, sauf dans les cas de sols particulièrement fragiles. Mais le maintien d'un niveau satisfaisant de fertilité nécessite des façons culturales plus complexes, des assolements faisant place à des légumineuses pour la restitution de l'azote, et des apports d'engrais. Les engrais chimiques sont encore peu utilisés dans l'agriculture africaine, à l'exception des fermes modernes d'Afrique australe. Ils ont d'abord été employés pour les cultures commerciales, en particulier le coton. L'effet de démonstration a ensuite joué lorsque les paysans purent constater une augmentation des rendements du mil semé derrière le coton. Le coût des engrais en limite cependant l'usage aux exploitations les mieux intégrées à l'économie de marché.

En zone forestière, des formules intéressantes ont été expérimentées, notamment par l'Institut international d'agronomie tropicale (IITA) d'Ibadan, en vue de maintenir la fertilité dans une agriculture fixe rompant radicalement avec les pratiques d'itinérance. Les champs sont divisés en bandes séparées par des haies de légumineuses, par exemple des flamboyants, régulièrement émondées : les branchages étalés sur le sol constituent un paillage de protection contre le ruissellement et le lessivage, le protègent de l'invasion des adventices, avant que leur décomposition l'enrichisse en azote. Toutes les recherches en agro-foresterie visent un même objectif : le passage à l'agriculture fixe. Celle-ci offre en effet deux avantages considérables. La réduction des brûlis et donc de la consommation peu productive de biomasse d'une part. La diminution des distances entre les champs et les infrastructures de transport, d'autre part, ce qui réduit la pénibilité du portage et améliore les conditions de la commercialisation. Ce modèle technique n'a cependant guère dépassé le stade expérimental. Le massif forestier congolais reste fidèle à l'agriculture itinérante sur brûlis, mais les rapports entre l'homme et la nature de même que les conditions techniques et sociales de la production sont appelés à changer sous l'effet de la charge démographique et d'une urbanisation qui participe activement aux mutations de ses périphéries agricoles.

LES CULTURES DE RENTE

La transformation des agricultures africaines doit beaucoup aux cultures dites de « rente ». Nées de l'impulsion coloniale, elles ont ouvert le continent au marché mondial. Les cultures d'exportation ont été l'objet de controverses, parce qu'elles furent initialement associées à la contrainte coloniale et sont restées structurellement dépendantes des marchés consommateurs du Nord. On leur a reproché de rapporter davantage au commerce, à l'agrobusiness et à l'État qu'à la paysannerie, et de concurrencer les cultures vivrières. Dans ce débat, les anathèmes idéologiques ont souvent primé sur l'analyse scientifique. Quoi qu'il en soit, les productions destinées à l'exportation, pourvoyeuses de devises, constituent un des fondements essentiels des dynamiques agricoles d'un grand nombre d'États africains.

Produits tropicaux et économie exportatrice

■ ***L'héritage de la « mise en valeur » coloniale.*** L'agriculture d'exportation est née sous l'impulsion de la demande des Européens en « produits tropicaux ». La première mondialisation devait éclipser l'Afrique au profit de l'Amérique tropicale. Sao Tomé avait pourtant rempli un rôle pionnier en inaugurant, dès le XVIe siècle, la plantation esclavagiste de canne à sucre, un modèle que les Portugais développèrent bientôt au Brésil, oubliant ces premiers pas africains. L'Afrique tropicale n'entra dans le commerce international qu'au cours du XIXe siècle, en même temps que la traite des esclaves déclinait. Sao Tomé, longtemps assoupi sous ses lourdes frondaisons équatoriales, se transforma en île à cacao, comme plus tard, avec la colonisation espagnole, Fernando Poo (actuel Bioko, Guinée équatoriale). Originaire d'Amérique centrale, le cacaoyer trouva dans les milieux humides de l'Afrique forestière d'excellentes conditions écologiques. Britanniques et Français en firent un des piliers de la mise en valeur du Ghana et de la Côte d'Ivoire. Le café, dont le berceau se situe dans les montagnes d'Éthiopie, revint en Afrique après un long détour par l'Amérique. Avec la démocratisation de la consommation de café et de cacao en Europe, l'Afrique tropicale rejoignit le groupe des pays producteurs.

La demande européenne en oléagineux enregistra elle aussi une forte croissance. L'arachide, venue d'Amérique, connut une rapide expansion, dès le milieu du XIXe siècle, notamment au Sénégal sous l'impulsion de Faidherbe. Le palmier à huile fut initialement l'objet d'une simple collecte des noix de palme et des palmistes (amandes riches en huile) dans les peuplements naturels. L'exploitation des *« oil rivers »* du golfe du Biafra fit la fortune de la Royal Niger Cie, une des sociétés d'où est issue la multinationale anglo-hollandaise Unilever. Par la suite, de grandes plantations industrielles, comme celles que les Allemands installèrent sur les pentes du mont

Cameroun au début du XXe siècle, se substituèrent à la cueillette. L'huile de palme destinée à l'industrie des corps gras (« savon de Marseille », produits de beauté, etc.) et l'huile d'arachide comptent toujours parmi les principaux produits africains d'exportation.

Les plantes textiles ont connu des fortunes diverses. Pendant la colonisation, le coton incarna en Afrique soudanienne la « culture du commandant », culture forcée qui perturba les paysanneries, avant qu'elles l'intègrent dans leurs systèmes de production. Elle est demeurée longtemps très encadrée, principalement dans les pays francophones où des sociétés d'État ont durablement perpétué l'action de la CFDT (Compagnie française pour le développement des textiles). Cette dernière, créée en 1949 pour assurer l'approvisionnement en coton de l'industrie textile française, est devenue en 2000 Dagris (Développement des agro-industries du Sud) ; son capital était détenu pour près des deux tiers par l'État français jusqu'à sa privatisation au profit de Géocoton Holding en 2008. Tandis que le coton entre dans les systèmes de production des exploitations familiales, le sisal a été cultivé dans de grandes plantations industrielles localisées à l'est du continent (Tanzanie, Madagascar) mais qui périclitent aujourd'hui par suite de la contraction des débouchés. L'hévéaculture se développa d'abord au Cameroun allemand, puis au Libéria où la compagnie Firestone a créé la plus vaste plantation du monde. Au sein des empires coloniaux britanniques et français, la culture de l'arbre à caoutchouc avait été dévolue à l'Asie du Sud-Est ; la perte des colonies françaises d'Indochine devait conduire à un redéploiement vers l'Afrique des sociétés implantées au Vietnam, notamment en Côte d'Ivoire, plus tardivement au Gabon.

Les cultures d'exportation ont constitué le pilier des politiques de « mise en valeur », ancêtres du « développement ». Elles ont joué un rôle moteur dans les transformations des agricultures et des sociétés africaines, et dans la création des réseaux de transports modernes, pièce essentielle de l'organisation de l'espace. Les modèles élaborés au cours de la période coloniale ont indéniablement rempli une fonction pédagogique. Après les indépendances, plusieurs États ont délibérément fondé leur développement sur l'économie agro-exportatrice : la Côte d'Ivoire en est la plus parfaite illustration.

■ ***Cultures paysannes et plantations agro-industrielles.*** L'arachide et le coton en zone de savane, le café et le cacao en zone forestière sont cultivés, pour l'essentiel, dans le cadre des exploitations paysannes. La canne à sucre, le palmier à huile, l'hévéa, le sisal, le thé, mais aussi la banane douce et l'ananas proviennent au contraire principalement de complexes agro-industriels intégrés. Cette différence s'explique par des contraintes situées en aval de la récolte. Certains produits nécessitent en effet un conditionnement rapide avant l'exportation (banane, ananas frais). D'autres doivent subir une transformation immédiate, comme la canne à sucre, sous peine d'une perte de teneur en sucre et d'une fermentation non contrôlée. Les délais ne sont pas toujours aussi contraignants, mais la proximité entre plantation et usine reste nécessaire par exemple pour le thé dont les feuilles doivent être traitées au fur et à mesure de la récolte. Arachide, coton, café, cacao offrent au contraire beaucoup plus de souplesse : entre la récolte et l'exportation ou l'usinage, plusieurs mois peuvent se dérouler sans dommage pour la qualité du produit.

Les cultures destinées à l'exportation ont bénéficié d'une recherche précoce. Dès les débuts de la colonisation, administrateurs et missionnaires introduisirent des espèces végétales venues de toutes les parties du monde tropical dans des jardins d'essai qui ont joué un rôle très efficace bien qu'empirique pour leur acclimatation. Par la suite, des stations expérimentales scientifiques ont mené des recherches pour l'amélioration des espèces et des façons culturales. Le coton « Allen » à fibre longue a considérablement amélioré la filière cotonnière. La mise au point de variétés de palmiers à huile à croissance lente (palmiers dits « nains ») évite le « grimpage » pour lequel il est de plus en plus difficile de trouver une main-d'œuvre acceptant cette tâche dangereuse. Les plantations ont introduit la géométrie dans les paysages africains : les blocs de culture parfaitement dessinés, quadrillés pour la circulation des engins motorisés ou moulés sur les courbes de niveau couvrent des dizaines, des centaines, voire plusieurs milliers d'hectares. L'homogénéité de forme et de couleur de la monoculture industrielle contraste avec le chatoyant fouillis de cultures paysannes associées à la végétation naturelle. Partout règne un ordre sans fantaisie, une rationalité spatiale garante de productivité : mariage de la science et du capitalisme. Mais ces enclaves de modernité technologique, étroitement liées aux multinationales de l'agroalimentaire et employant une main-d'œuvre salariée, demeurent étrangères au tissu paysan local.

Les exploitations paysannes restent très en deçà de l'idéal agronomique, car elles répondent à d'autres logiques. À l'exception de quelques grands planteurs, la plupart des producteurs de café et de cacao associent les cultures de rente, celles qui rapportent l'argent, aux cultures vivrières destinées à la consommation familiale. Les deux types de culture peuvent se partager le même champ : durant les premières années de culture, les paysans cultivent en intercalaire bananiers, maïs ou manioc. Le temps consacré à l'arboriculture proprement dite ne suffit pas pour un entretien soigné, avec pour conséquence la médiocrité des rendements à l'hectare (500 kg/ha de cacao en Côte d'Ivoire). Ces piètres performances du point de vue de l'agronome ne témoignent pas de l'incapacité ou de la négligence des planteurs, mais correspondent à une logique globale de l'exploitation qui fait de la sécurité alimentaire une préoccupation prioritaire. Cette option – ou cette sagesse paysanne – a permis aux planteurs de cacao d'amortir la chute des cours dans les années 1980, limitant ainsi les dégâts sociaux qu'elle aurait pu provoquer.

■ ***La commercialisation : de la traite au marché mondial.*** L'exportation des produits tropicaux fut un des piliers de l'économie coloniale. La « traite » de l'arachide en a été l'expression la plus accomplie. Au sommet de la pyramide siègent les sociétés d'import-export. À l'échelle régionale, des centres de collecte stockent la production ; des agents de commerce sillonnent les campagnes pour organiser les livraisons des producteurs villageois. L'administration fixe les dates des marchés en concertation avec les négociants. C'est le point fort de la traite ; les transporteurs sont sur la brèche ; les contrôles de qualité et de régularité des pesées animent les opérations de vente ; l'argent change de mains, mais il faut déjà rembourser les avances, et, pour les agriculteurs, le solde fond très vite dans les boutiques.

Certaines populations autochtones à tradition commerçante participèrent précocement à la commercialisation des produits agricoles : les Yoruba du Sud-Ouest nigérian se distinguèrent par leur aptitude à organiser la filière du cacao dans les années 1940. Mais l'encadrement colonial de la commercialisation est resté la règle jusqu'aux indépendances. C'est pourquoi la dénonciation des abus du système de traite a été un leitmotiv de la critique du colonialisme : les producteurs ne touchaient en effet que la portion congrue de la vente des récoltes, laquelle profitait surtout aux commerçants européens et libano-syriens. Cela explique pourquoi la plupart des États devenus indépendants ont créé des organismes publics pour contrôler et réguler le commerce des produits agricoles. Ils se sont dotés d'offices nationaux de commercialisation. Ceux-ci, pourtant, ont rarement répondu aux attentes des producteurs : ils ont surtout contribué à l'accumulation de capital au profit des citadins qui en contrôlaient les rouages. À partir des années 1980-1990, les programmes d'ajustement structurel et les pressions de la Banque mondiale ont conduit à une privatisation progressive de la filière commerciale. Au Sénégal, la SONACOS (Société nationale de commercialisation des oléagineux du Sénégal) héritière de Lesieur Afrique, a été privatisée en 2005, sous le nom de SUNEOR, au profit du groupe Advens du franco-sénégalais d'origine libanaise Abbas Jaber. C'est la même société qui s'est associée au sein de Géocoton Holding à la Compagnie Générale Maritime (CMA-CGM), premier groupe français de transport maritime en conteneur, pour le rachat de Dagris. La réussite d'Advens, « *success story* » souvent citée en exemple, illustre cette nouvelle économie de l'Afrique, allégée des héritages postcoloniaux et désormais pleinement entrée dans la mondialisation.

Le libéralisme s'est partout imposé après quelques décennies d'économie encadrée. Dans les pays francophones, les caisses de stabilisation des produits agricoles, comme la fameuse « Caistab » de Côte d'Ivoire, incarnèrent le contrôle étatique de la commercialisation. Jusqu'à sa liquidation en 1999, la « Caisse de stabilisation et de soutien des prix des productions agricoles » a été une des pierres angulaires de ce qu'on a appelé le « miracle ivoirien ». Elle fixait chaque année les prix de campagne, de façon à garantir un prix minimum aux producteurs, et délivrait les licences d'exportation. Elle écrêtait donc les variations des cours mondiaux, et fut, durant les années de bonne conjoncture, l'instrument de l'accumulation du capital au profit de l'État et de ses principaux dirigeants. Sous la longue présidence (1960-1993) de Félix Houphouët-Boigny, lui-même ancien planteur et président du syndicat des planteurs, la Caisse a symbolisé le modèle ivoirien de développement. Mais, après une période de cours soutenus jusqu'en 1978, les prix se sont effondrés : en 1989, ceux du cacao représentaient à peine 25 % de leur valeur de 1978. La crise a finalement eu raison d'un système qui allait à contre-courant de l'évolution libérale de l'économie mondiale.

■ ***L'Afrique et le commerce des « produits tropicaux ».*** Le devenir des cultures d'exportation est naturellement tributaire de la mondialisation. Les protections tarifaires dont bénéficiaient les colonies sont progressivement tombées après les indépendances. Les accords commerciaux ont été renégociés dans le cadre de l'Europe (accords de Lomé, relayés par les accords de Cotonou), avant que l'Organisation mondiale du commerce (OMC) n'ouvre grandes les vannes du libéralisme. En l'absence d'une régulation efficace des marchés, les producteurs africains restent très vulnérables dans un contexte de concurrence internationale sans merci. L'Afrique n'occupe toujours qu'une place relativement modeste à l'échelle mondiale dans l'exportation des produits agricoles tropicaux. Elle ne vient au premier rang que pour le cacao : plus de la moitié de la production mondiale.

Les huiles et oléagineux (arachide, huile de palme) doivent faire face à une concurrence accrue des pays tropicaux et tempérés. La vanille (Madagascar, La Réunion), le clou de girofle (Zanzibar), la noix de cajou (Guinée Bissau) et quelques autres spécialités régionales s'ajoutent à la gamme des produits exportés de longue date. La baisse des coûts du fret aérien donne une nouvelle carte à l'Afrique en permettant l'expédition de produits frais, fruits et légumes, expédiés en « contre-saison » sur les marchés européens : haricots verts du Kenya ou du Burkina, raisins d'Afrique du Sud arrivent en hiver sur les rayons des supermarchés d'Europe. Ils y rejoignent les ananas et les mangues de Côte d'Ivoire, les lychees de Madagascar et maintenant les fleurs coupées du Kenya et d'Éthiopie. Bien que ses potentialités soient encore insuffisamment valorisées, il ne fait pas de doute que l'Afrique subsaharienne a vocation à devenir le grand verger tropical de l'Europe.

Production de cacao et de café (en milliers de tonnes)

		1990	2012		1990	2012
Cacao	Côte d'Ivoire	807	1 486	Indonésie	142	440
	Ghana	293	970	Brésil	256	220
	Nigeria	244	450	Équateur	96	198
	Cameroun	115	200			
Café	Éthiopie	204	288	Brésil	1464	3 400
	Ouganda	129	138	Vietnam	92	1 560
	Côte d'Ivoire	286	102	Colombie	845	510

Source : *Organisation internationale du cacao (ICCO), du café (TCO), 2012.*

Un facteur de changement controversé

Les cultures d'exportation, prolongement du système colonial, ont subi à ce titre une réprobation dont on trouve encore fréquemment l'expression dans la littérature. Elle se fonde sur un raisonnement simple : les cultures de rente concurrencent les productions vivrières au détriment de l'autosuffisance alimentaire des pays exportateurs. Ceux-ci se trouvent ainsi doublement dépendants des pays du Nord, qui contrôlent le marché des céréales et fixent les prix des produits tropicaux dans les bourses de Londres, New York ou Paris. Il s'agit là d'un vieux débat souvent biaisé par l'idéologie. L'image caricaturale du Sénégal contraint d'importer des volumes croissants de riz pour compenser un déficit en mil dont serait responsable la politique arachidière gauchit une réalité beaucoup plus complexe que ce cliché réducteur. Il existe assurément un problème de régulation du marché des produits tropicaux. Des cours erratiques déstabilisent les pays producteurs, surtout lorsque l'exportation de produits agricoles constitue leur principale, sinon unique source de devises. Malgré ces aléas, la rente agricole a contribué pour une part considérable au financement des infrastructures territoriales, de l'urbanisation, des investissements sociaux sur lesquels se construit le développement. En ouvrant les campagnes au commerce, les cultures d'exportation ont été un des plus puissants facteurs de mutation des sociétés rurales.

Les politiques agricoles se mesurent aujourd'hui à l'aune de la mondialisation. Tirer parti des avantages comparatifs compte plus que rechercher à tout prix une autosuffisance alimentaire qui relève de l'illusion autarcique. Dans un contexte de concurrence internationale généralisée, toutes les productions, qu'elles soient destinées au marché intérieur ou à l'exportation, subissent la loi du marché. Les paysanneries africaines ne sont pas les victimes passives de ses fluctuations : leurs réactions aux crises témoignent de capacités d'adaptation à la variabilité de l'offre et de la demande. Mais, contrairement aux puissants lobbies des organisations professionnelles agricoles américaines et européennes, elles sont incapables de peser sur les politiques nationales. De même, les capacités de négociation des États dans les forums internationaux restent encore faibles : l'Afrique compte peu dans la fixation des prix des produits agricoles. Toutefois, des changements sont perceptibles. Les producteurs ouest-africains de coton, sous la conduite du burkinabé François Traoré, font entendre leur voix ; lors de la réunion de l'OMC à Cancún en 2003, ils ont dénoncé les subventions que les États-Unis versent à leurs producteurs, faussant la concurrence. Leur combat commence à porter ses fruits.

■ ***Modernité, argent et individualisme agraire.*** Les cultures d'exportation ont servi de vecteur à la modernité en faisant éclater les cadres de l'autosubsistance. Elles ont emprunté les voies de la contrainte coloniale avant de rencontrer l'adhésion des populations lorsque celles-ci passèrent du statut de sujet à celui d'acteur. La culture du coton a longtemps eu mauvaise presse, parce qu'elle exigeait beaucoup de travail pour un gain de misère une fois défalqué le paiement de l'impôt. La culture obligatoire d'une « corde » de coton (parcelle de 70 mètres au carré) symbolisait la rigueur de l'encadrement colonial. Elle suscita des formes de résistance passive plus que l'enthousiasme des paysanneries qui n'adhérèrent à la culture de « l'or blanc » que bien après les indépendances. En revanche, les cultures arbustives de café ou de cacao, moins exigeantes en travail et d'un meilleur rapport, furent précocement adoptées par les populations forestières du golfe de Guinée, Ashanti de Gold Coast (Ghana), Agni et Baoulé de Côte d'Ivoire, Yoruba du Nigeria.

La grande nouveauté apportée par les cultures commerciales a été la diffusion de l'argent dans les campagnes. Elle s'est faite de proche en proche, du littoral vers les espaces enclavés de l'intérieur, le long des voies de communication et à partir des pôles urbains. Dans les années 1950, la fièvre du cacao (« l'or brun ») s'était emparée des zones forestières d'Afrique de l'Ouest, construisant la figure du « planteur » entré de plain-pied dans l'agriculture commerciale. Tous les observateurs contemporains ont noté les effets d'un enrichissement, relatif certes, mais révélateur des changements en cours : amélioration de l'habitat, accès à des biens manufacturés (bicyclette, plus tard poste à transistor), scolarisation, etc. S'il est vrai que la rente cacao a constitué le support de l'urbanisation et de l'enrichissement des hommes au pouvoir, il est tout aussi vrai qu'elle a contribué aux transformations des campagnes et des sociétés rurales. Le développement de l'individualisme agraire et de l'appropriation individuelle du sol, en rupture avec les anciennes codifications sociales, en est une des conséquences principales.

■ ***L'essor du « vivrier marchand ».*** Les transformations des campagnes subissent l'influence croissante de l'urbanisation, l'intensité des relations ville-campagne constituant un des meilleurs baromètres du développement. Si les cultures d'exportation ont permis l'apprentissage de l'agriculture commerciale, celle-ci s'est aujourd'hui élargie aux produits vivriers destinés aux marchés urbains. Jean-Louis Chaléard a montré toute l'importance de ce « vivrier marchand » dans les transformations de l'économie ivoirienne (*Temps des villes, temps des vivres*, Karthala, 1996). Son essor est dû à l'augmentation de la demande des populations citadines, mais aussi à la qualité du réseau routier que l'État a pu financer grâce aux recettes issues des exportations agricoles, selon une séquence illustrant la spirale montante du développement. La commercialisation des produits vivriers anime un secteur économique en pleine expansion dans lequel les femmes sont de plus en plus impliquées. Des commerçantes d'Abidjan n'hésitent pas à acheter la récolte de manioc sur pied tant est grande la demande citadine en *attiéké.* Alors que tous les organismes étatiques de commercialisation des produits vivriers ont échoué, l'entreprise privée prospère dans le commerce et le transport destinés à l'approvisionnement de marchés urbains en expansion.

QUESTIONS DE DÉVELOPPEMENT

Bien qu'elle emploie deux actifs sur trois, l'agriculture africaine peine à satisfaire les besoins d'une population dont les effectifs doublent en une génération. Les crises alimentaires qui frappent périodiquement un continent où la faim reste un problème récurrent ont conduit l'aide internationale à s'installer durablement dans de nombreux pays. Au-delà de l'urgence qu'appellent les famines, un grand nombre d'ONG sont aujourd'hui actives dans le « développement rural ». Entre opérations de développement et *charity business,* coopération décentralisée et appui aux petits projets, actions sectorielles et développement intégré, les formes d'action foisonnent dans ce secteur d'activité multiforme où interviennent de nombreux acteurs exogènes. À l'articulation des dynamiques du dedans (celles des paysanneries indigènes) et des dynamiques du dehors (celles des développeurs) le développement – agricole, rural ou global – constitue un des moteurs essentiels des mutations du continent.

La « modernisation » de l'agriculture

La modernisation des agricultures africaines ne progresse qu'à pas lents. Les agriculteurs se sont longtemps satisfaits de l'extension des superficies cultivées, sans se soucier de modifier leurs méthodes de culture. L'intensification est désormais nécessaire pour faire face à la pression démographique sur les terres et préserver des espaces naturels. Beaucoup de réflexions et d'expérimentations sont conduites en ce sens. L'agronome Michel Griffon, par exemple, préconise une révolution « doublement verte » (*Nourrir la planète. Pour une révolution doublement verte*, Éd. Odile Jacob, 2006) intégrant l'écologie au progrès technique dans la perspective d'un développement durable socialement acceptable. Ces approches rompent avec le passé. Les développeurs ont en effet longtemps cru qu'il suffisait d'appliquer des modèles agronomiques éprouvés dans les pays avancés pour augmenter d'un seul coup la production agricole : l'expérience a montré que ces modèles ne s'exportaient pas tels quels. L'écologie ne s'y prête pas, et moins encore l'environnement humain. On ne bouleverse pas par décret les rapports séculaires entre les paysans et la terre, il n'est pas de baguette magique qui fasse soudainement passer de l'autosubsistance à l'économie de marché. Beaucoup de projets ont échoué pour avoir oublié que l'acteur du développement ne se réduit pas à un banal « facteur » de production. Il n'est pas un clone d'*homo economicus* occidental mais un homme ou une femme dans un contexte spécifique de savoirs, de valeurs, d'*habitus*. Faute d'avoir tenu compte de la culture des peuples, de leurs rapports au temps et à l'espace, de la structuration de leur société, les innombrables « projets » directement ou indirectement venus du Nord ont souvent manqué leur objectif.

Le développement rural a été un des maîtres mots de l'Afrique indépendante, mais le discours a souvent masqué un simple gonflement des bureaucraties urbaines. René Dumont avait justement fustigé cette dérive dans *L'Afrique noire est mal partie*, les agronomes en col blanc, la captation par une pléthore de fonctionnaires des fonds publics et des aides de toutes sortes en principe destinées à la paysannerie. Cinquante ans après, les choses ont-elles fondamentalement changé ? Il est très difficile de dresser un bilan d'ensemble tant les situations varient selon les lieux, mais, globalement, l'inventaire des « opérations de développement » est peu flatteur quand on le compare aux ambitions affichées.

■ ***Le développement par le haut et par le bas.*** Comme partout dans les pays du Sud, les scénarios du développement, exogènes dans leur conception et leurs méthodes d'exécution, se répètent à l'identique. Les rapports de « factibilité » et de « faisabilité » – pactole des bureaux d'études – préludent à la négociation de financements auprès des bailleurs multilatéraux (Banque mondiale, Union européenne) ou des dispensateurs nationaux d'aide publique au développement (APD). Une fois le financement acquis, la mise en place d'un projet s'effectue avec l'appui technique d'équipes du Nord, selon diverses formules de partenariat. Tous les projets sont conçus pour une durée limitée au cours de laquelle les actions de formation sont censées déboucher sur un transfert de compétences, les nationaux prenant, le moment venu, la relève des encadreurs. Or, dans la plupart des cas, cette relève s'effectue mal, alors même que les compétences techniques sont acquises : mauvaise gestion, malversations des responsables ou contestation de leur autorité, il n'en faut pas plus pour condamner un projet au moment où, par ailleurs, la diminution des apports financiers extérieurs le rend précaire. Les institutions pourvoyeuses d'aide, les professionnels du développement ont leur part de responsabilité dans le fiasco d'opérations inadaptées aux environnements locaux. Les calculs de rentabilité financière apparaissent avec le recul comme un voile de fumée car ils évacuent les coûts sociologiques et politiques. Les projets servent en définitive à distribuer des salaires généreux aux « développeurs » et à enrichir quelques responsables locaux, plus qu'à promouvoir un progrès durable.

Bien des projets, quand on fait abstraction de l'habillage des mots (de la « participation paysanne » à la « gestion durable ») reposent encore sur une conception implicite de la passivité de la paysannerie africaine, justifiant la nécessité de l'encadrement. Ce n'est pas forcément ce qu'attendent des agriculteurs davantage sensibilisés par le niveau des prix que par les « paquets technologiques » qu'on voudrait leur imposer. Logique paysanne contre logique des développeurs : sujet de débats inépuisables dans le monde du développement. La critique des actions venues « d'en haut » n'autorise cependant pas à conclure à l'inutilité des projets. Même l'échec a valeur pédagogique : il n'est pas rare que des paysans récupèrent l'initiative sur les décombres de projets initialement perçus comme une « affaire de Blancs ».

Les dérives des projets, le détournement de leur finalité première trahissent des formes inattendues de réappropriation paysanne. Gilles Sautter évoquait à ce propos « l'aménageur aménagé » : dans le face-à-face entre dirigisme opérationnel et stratégie paysanne, c'est souvent celle-ci qui finit par l'emporter. À réduire les hommes à des « facteurs de production » au même titre que le capital, on oublie qu'ils sont d'abord des acteurs de leur propre destin. C'est à ce titre qu'ils réinterprètent les modèles importés, en fonction de ce qui leur semble en adéquation avec leurs pratiques sociales. C'est pourquoi les ONG de développement privilégient maintenant les dynamiques « du bas » afin de rendre culturellement accessibles et socialement acceptables des changements qui ne se cantonnent pas dans la seule sphère technique. Les églises mènent en parallèle action missionnaire et appui au développement dans un même souci d'« inculturation » de la foi et du progrès. Au Tchad, les actions menées par le BELACD (Bureau d'études et de liaison des actions caritatives et de développement) illustrent cette orientation.

■ ***Des projets sectoriels au développement rural intégré.*** Parmi les projets, les uns privilégient les filières de production, les autres le développement rural intégré. La première option a longtemps eu la faveur des agronomes et des économistes du développement. La filière cacao, la filière arachide, la filière coton bénéficièrent ainsi de toutes les faveurs : expérimentation dans des stations agronomiques, organisation des marchés et du crédit, soutien d'organismes de recherche tels que l'Institut de recherche du café et du cacao (IRCC), l'Institut de recherche du coton et des textiles (IRCT), ou l'Institut de recherche des huiles et oléagineux (IRHO), regroupés aujourd'hui au sein du CIRAD (Centre de coopération internationale en recherche agronomique pour le développement). L'amélioration des espèces et des méthodes culturales, la mise au point d'outils adaptés au contexte économique africain ont fait la renommée de quelques stations agronomiques. Certaines ont acquis une notoriété internationale : *International Institute of Tropical Agriculture* (IITA) à Ibadan, *International Livestock Research Institute* (ILRI) à Nairobi et Addis Abeba.

La plupart des développeurs ne pensent plus aujourd'hui qu'en termes de développement rural intégré. Ce dernier associe les activités paysannes proprement dites aux besoins de la vie quotidienne (services commerciaux, scolaires, sanitaires). Cette approche globale guide l'action des organismes publics des territoires francophones : ONDR (office national de développement rural), PDRI (programme de développement rural intégré), etc. Depuis la conférence de Rio en 1992, le volet environnemental s'ajoute aux programmes d'action, publics ou privés. Le « développement durable » (*sustainability*), constituant le nouveau credo du développement, est devenu le sésame indispensable pour accéder aux financements internationaux.

■ ***Le développement durable.*** Le projet CAMPFIRE (*Communal Area Management Programme for Indigenous Resources*) au Zimbabwe, mis en place en 1990, illustre cette démarche. Toute la panoplie des concepts permettant d'accoler le label « environnemental » aux projets de développement figure en bonne place dans l'énoncé des objectifs : gestion durable, biodiversité, participation paysanne. L'espace à gérer – la vallée du Zambèze en amont du lac de retenue de Kariba – était resté pratiquement inhabité parce qu'infesté par la mouche tsé-tsé. Depuis qu'un programme de lutte contre la trypanosomiase a été conduit avec succès, la vallée attire des paysans en quête de terre. Or ces espaces forestiers réputés « vierges » avaient suscité la convoitise de deux puissants lobbies, celui des écologistes « conservationnistes », celui des organisateurs de safaris. Le développement « durable » du projet résulte d'un arbitrage entre les appétits de défrichement de la paysannerie, en quête de nouvelles terres, pour la culture du coton notamment, et les exigences des scientifiques et des chasseurs. Campfire constitue un modèle de référence par la gestion multi-acteurs d'un espace porteur de visées contradictoires. Qu'il soit durable ou pas, le développement est toujours un acte politique.

■ ***La participation paysanne.*** Axelle Kabou, sociologue camerounaise, a posé une question aussi fondamentale qu'embarrassante : *Et si l'Afrique refusait le développement ?* (L'Harmattan, 1991). Bien que les problèmes du monde rural ne soient pas au centre de sa réflexion, l'interrogation « interpelle ». Il est en effet difficile de se préoccuper du devenir des campagnes africaines en esquivant la question de la finalité d'un développement toujours étroitement associé à l'expertise du Nord.

Les approches purement techniques ayant montré les limites des modèles importés, elles s'effacent au bénéfice de nouvelles conceptions. Les ONG occupent les espaces laissés vacants par le désengagement des États et font de la participation paysanne leur cheval de bataille. Il en résulte un changement de perspective qui fait de l'homme non plus un moyen mais une fin, et un changement d'échelle avec la multiplication de « petits projets » plus proches des paysanneries, plus aptes à mobiliser les énergies créatrices locales. La recherche de « modèles africains de développement » mettant les valeurs sociales et culturelles de la tradition (entraide, solidarités de classes d'âge) au service d'un développement autocentré a donné lieu à quelques expériences originales. En Tanzanie, l'idéologie de l'*ujamaa* est allée de pair avec le concept de *self reliance,* incitation à remplacer la dépendance par l'autonomie en valorisant les pratiques de coopération. Au Burkina Faso, l'animation rurale du mouvement *naam* intervient dans divers secteurs : lutte contre l'érosion, reboisement, forage de puits, banque de céréales ou soins de santé primaires.

Quelques États ont tenté de récupérer à leur profit les manifestations d'entraide populaire. Le Kenya a fait du *harambee* une forme de contribution bénévole à des travaux d'intérêt commun, au nom de la solidarité nationale. Le Zaïre de Mobutu fit de même avec le *salongo,* vite confondu avec un travail obligatoire au service des chefs politiques. La mobilisation des énergies paysannes pour des travaux d'intérêt collectif bénéficie parfois du soutien de grandes organisations internationales. En Éthiopie, après la famine de 1984, un vaste programme de conservation des sols (aménagement de banquettes anti-érosives et reboisement dans la région du Tigré) a été indirectement financé par le Programme alimentaire mondial dans le cadre des projets dits *food-for-work* (travail contre nourriture).

On pourrait s'attendre à ce que la modernisation de l'entraide prenne la forme de coopératives. Elles sont pourtant encore peu répandues, bien qu'elles fassent partie de l'arsenal du développement. L'analphabétisme de la majorité des paysans entrave le mouvement coopératif, par ailleurs souvent perçu comme une émanation « du haut » : ses structures formelles – président, secrétaire, trésorier – figent les rôles, ce qui n'encourage pas la mobilisation des dynamiques « du bas ». Toutefois, depuis la vague de démocratisation des années 1990, on assiste à une prolifération d'associations à vocation économique, sociale, ou culturelle. Le terrain de la coopération à l'échelle locale est en pleine ébullition, expression d'un besoin d'autant plus fortement ressenti que l'illusion d'un État-providence s'est évanouie.

Les femmes participent activement à l'animation rurale. Elles sont d'ailleurs considérées par les développeurs comme plus réceptives que les hommes – sans doute parce que le changement ne menace pas leur statut et qu'il ouvre la voie à une amélioration de leur condition. Qu'il s'agisse de travaux agricoles, d'éducation, de santé, d'économie domestique, les femmes africaines remplissent une fonction irremplaçable dans le développement. L'école et la ville, lieux d'émergence de nouveaux comportements et de revendications féministes, contribuent pour leur part à diffuser dans les campagnes les ferments du changement économique et social.

Perspectives de l'irrigation

■ ***Les aménagements fluviaux.*** L'irrigation est très peu présente en Afrique subsaharienne. Elle demeure étrangère aux pratiques d'une très grande majorité de la paysannerie. Avec la colonisation, des projets d'utilisation des fleuves, inspirés par l'Égypte, rivalisèrent d'audace prométhéenne : les travaux hydrauliques allaient transformer les vallées du Sahel en autant de Nils. Ces schémas de mise en valeur ont connu des succès inégaux. L'irrigation de la Gezireh, au sud de Khartoum (Soudan), entreprise dès 1926 avec la construction du barrage de Sennar sur le Nil Bleu, a gagné un million d'hectares à la culture dans les plaines d'interfluve entre Nil Blanc et Nil Bleu. De grandes parcelles géométriques portent des cultures vivrières, de la canne à sucre, du coton. Au Mali, l'aménagement du delta intérieur du Niger sous l'égide de l'Office du Niger qui en assure la gestion depuis sa création en 1932 n'a pas connu un succès comparable. La complexité du milieu physique et les réticences des populations ont réduit les ambitions initiales. Mais les grands projets refont surface : en 2008, la Libye a signé un bail de cinquante ans portant sur 100 000 hectares destinés en priorité à la culture du riz.

Le fleuve Sénégal détient un record par le nombre d'études consacrées depuis plusieurs décennies à l'aménagement de sa vallée. L'Organisation pour la mise en valeur du fleuve Sénégal (OMVS) regroupe trois États, Mali, Sénégal, Mauritanie. Le projet associe irrigation, production d'électricité et navigation. Deux barrages en constituent les pièces maîtresses. Celui de Diama, proche de l'embouchure, bloque la remontée des eaux salées ; celui de Manantali (Mali) est destiné à réguler le débit du fleuve. Ces barrages n'ont cessé d'alimenter la controverse : la logique technocratique ne fait pas bon ménage avec les pratiques des riverains. L'irrigation remet en cause les droits fonciers fondés sur l'usage d'un milieu aux configurations changeantes selon les saisons, engendrant des tensions sociales. Les modifications de l'environnement privent les populations de ressources annexes, pêche et cueillette, qui étaient associées aux cultures de décrue. Les relations de complémentarité entre agriculteurs et éleveurs se transforment en rapports de rivalité pour l'usage de la terre et de l'eau, exacerbés par la position frontalière de la vallée.

Partout les grands travaux hydrauliques créent des changements aux conséquences humaines profondes, qu'il s'agisse du barrage de Kaindji sur le Niger (nord-ouest du Nigeria) dont la vaste retenue d'eau entre dans un programme d'irrigation, ou du barrage d'Akosombo au Ghana. La construction envisagée par les autorités de Windhoek (Namibie) d'un barrage sur le Cunene (fleuve frontalier séparant la Namibie de l'Angola) porterait un coup fatal aux Himba, peuple pasteur vivant au nord de la Namibie. Au Sud-Soudan, le canal de Jonglei (360 km) coupant la boucle du Nil au nord de Juba représente un enjeu géopolitique de taille : la création de vastes périmètres irrigués attirerait des gens du Nord, et remettrait en cause le contrôle des populations autochtones, notamment les Dinka, sur leur territoire. Le creusement du canal n'a pas été étranger à la longue rébellion sudiste contre le pouvoir de Khartoum qui n'a pris fin qu'avec les accords de paix de 2005, prélude à l'indépendance acquise en 2011.

■ ***Périmètres irrigués et petits projets.*** Les périmètres irrigués par dérivation gravitaire à partir des cours d'eau ou des lacs représentent des aménagements de moindre ampleur. Ils eurent la faveur de l'agriculture coloniale à Madagascar : riz, canne à sucre. Après une période de déclin consécutive aux nationalisations de la fin des années 1970, des actions de réhabilitation ont été entreprises, avec le soutien financier et technique de la France et de l'Allemagne, tant sur les hautes terres (région du lac Alaotra), que sur le littoral (région de Majunga, de Tamatave), mais la confusion politique qui règne depuis la fin des années 2000 en compromet l'avenir. L'irrigation peut aussi procéder par pompage dans la nappe phréatique : au Tchad, la SONASUT (Société nationale sucrière du Tchad) implantée près de Sahr arrose ses champs de canne par pivot et rampes d'arrosage. Quant à l'Afrique du Sud, elle offre toute la gamme des techniques modernes de culture irriguée, mais elle doit faire face à l'insuffisance des ressources en eau, même avec les apports provenant du Lesotho. C'est pourquoi des projets de dérivation des eaux du bassin du Congo ont été envisagés, bien que cela paraisse chimérique dans le contexte africain actuel.

Parallèlement aux réalisations exigeant des investissements publics ou privés considérables, les « petits projets » proposent des formules accessibles aux populations africaines. Ils bénéficient souvent du soutien d'ONG issues de mouvements associatifs du Nord et d'organismes nés de la coopération décentralisée. Permettant une véritable appropriation par les utilisateurs, ils contribuent sans doute davantage au progrès que les grands projets, qui fonctionnent sur un mode industriel avec une main-d'œuvre salariée, car le développement a besoin de responsables plus que d'exécutants. Les initiatives locales se multiplient : forage de puits, petits barrages collinaires, par exemple au Burkina-Faso, utilisation de motopompes. Plus modestement encore, le maraîchage qui se développe beaucoup à la périphérie des villes ne demande qu'un point d'eau et un arrosoir. C'est ainsi qu'avance l'Afrique, à petits pas et sans bruit. Le développement résulte de la somme des actions accomplies par les bataillons d'acteurs anonymes, plus sûrement que sous l'effet de grandes opérations pilotées de l'extérieur.

Transport et développement rural

L'organisation de l'espace remplit une fonction déterminante en matière de développement de l'agriculture. L'accessibilité au marché représente une condition non pas suffisante mais nécessaire pour toute augmentation de la production au-delà des besoins de l'autoconsommation. La croissance urbaine est ainsi le principal moteur des transformations de l'agriculture, dès lors que les relations entre ville et campagne s'appuient sur des infrastructures de transport et de commercialisation efficaces. Les campagnes disposent souvent d'un potentiel de production sous-exploité par défaut d'ouverture sur le marché : produire des surplus n'a en effet de sens pour les agriculteurs ou les éleveurs que s'ils ont la certitude de pouvoir les écouler. Un exemple pris dans l'Ituri (est du Haut Congo) en fournit une illustration. Le projet était destiné à approvisionner les grandes agglomérations, dont Kinshasa, en viande fraîche. Démarré en 1978, il bénéficia d'importants financements (Banque mondiale, France, Canada, Allemagne) et de l'encadrement technique de nombreux expatriés. Au bout d'une dizaine d'années, l'amélioration du troupeau était remarquable, son croît atteignait 50 %, un abattoir performant avait été construit. Et pourtant le projet s'est soldé par un échec car la logistique de transport n'a pas suivi : routes trop mauvaises pour un transport en camion frigorifique ; infrastructure aéroportuaire déficiente n'autorisant pas la liaison en avion cargo avec Kinshasa. Les décombres des projets forment un terreau favorable aux violences : la guerre en Ituri en 2003 ne se réduit pas à un conflit entre Hema et Lendu.

L'aménagement de l'espace apparaît donc comme une des clés du développement. La route appelle le commerce, stimule le transport et la production de surplus. Il n'est que de voir l'animation des gares routières, l'activité déployée par les collecteurs de produits alimentaires le long des grands axes routiers, le surcroît de vitalité des marchés villageois lorsque le goudron arrive pour comprendre que le développement passe par la route. Quand la qualité du transport le permet, les circuits commerciaux ne se cantonnent pas aux marchés nationaux. Le Niger expédie de grandes quantités de *niébé* au Nigeria ; les oignons de Bandiagara (Mali) arrivent sur les marchés d'Abidjan ; les taros du pays Ibo (Nigeria) et les tomates du pays Bamiléké (Cameroun) atteignent Libreville. Dans un autre registre, le commerce du *kat,* drogue douce mâchée comme une « salade », fait l'objet d'expéditions aériennes quotidiennes d'Harar (Éthiopie) vers Djibouti. L'image d'un continent aux économies confinées n'est plus de mise. L'urbanisation, créatrice de demande alimentaire, et les infrastructures de transport, de plus en plus en mesure de la satisfaire, jouent ainsi un rôle décisif et complémentaire dans les processus de développement.

Documents

■ Pression foncière au Burkina Faso

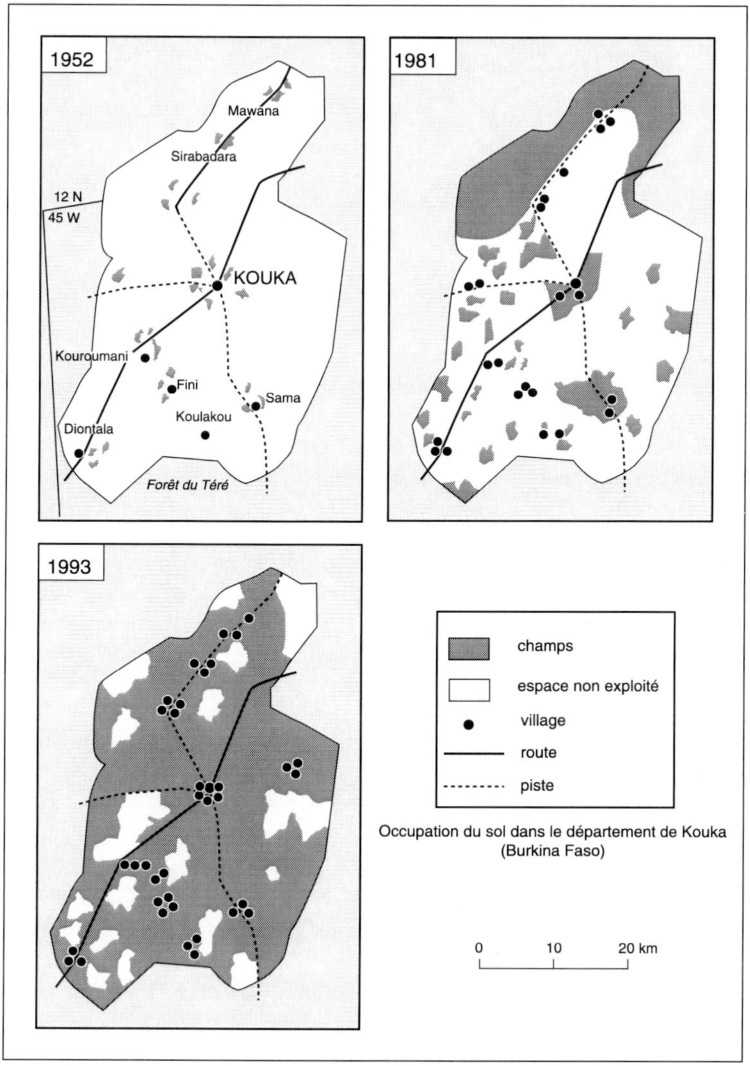

Occupation du sol dans le département de Kouka (Burkina Faso)

Source : L. Paré et B. Tallet, « D'un espace ouvert à un espace fermé », *Espace, populations, sociétés*, 1999-1.

■ Logique paysanne, logique des « développeurs »

La logique de l'agriculture moderne et celle des agricultures africaines ou malgaches, ayant évolué *in situ*, diffèrent d'abord par leur finalité. D'un côté, l'objectif premier est de produire, acquérir, accumuler, consommer et au besoin dilapider le maximum de biens. De l'autre côté, la logique des systèmes de production vise avant tout, au-delà de la simple survie des personnes, un objectif de reproduction et d'expansion sociales. Cette logique se manifeste à tous les niveaux, depuis le simple groupe familial jusqu'à la société globale, en passant par les entités intermédiaires que sont, entre autres, les lignages et, dans certains cas, les villages.

Elle n'est en rien incompatible avec le progrès agricole, ni la compétition pour l'argent et les biens. Il existe dans l'Afrique tropicale un certain nombre de sociétés assez anciennement et fortement engagées dans une économie monétarisée pour que l'argent ou ses substituts soient devenus le régulateur des rapports sociaux. Tel est le cas des Adioukrou et des Baoulé de Côte d'Ivoire ou encore, au Nigeria oriental, des anciens « Oil River States ». Chez les Baoulé, les unités sociales de base, les « aoulo », entretiennent et accroissent le « trésor » confié à leur doyen, et dont l'or en poudre a longtemps constitué l'élément essentiel. Les anciens poids baoulé de laiton, si recherchés sur le marché des œuvres d'art, témoignent de l'importance sociale de la « richesse » [...].

Nulle part cependant, les richesses à acquérir ne se sont imposées comme un but en soi. Elles n'ont ou n'avaient d'intérêt que comme point de départ ou de passage obligé vers un rassemblement social. Le riche était l'homme capable de fonder un lignage ou de le maintenir en cohésion, d'agglomérer un vaste « aoulo », d'équiper et d'armer de guerriers la pirogue géante d'une « canoe-house ». L'affirmation d'un prestige ou d'un pouvoir dans sa dimension personnelle supposait, elle, une permanente redistribution des biens acquis, ou leur annihilation périodique au cours de cérémonies ostentatoires. Si certaines pratiques sont tombées en désuétude, il n'est pas sûr que les significations profondes aient tellement changé. Dans les contextes économiques les plus modernes, telle la Côte d'Ivoire forestière d'aujourd'hui, les hommes d'affaires ou les hauts fonctionnaires qui se créent des plantations en milieu rural le font moins pour s'enrichir que pour constituer une clientèle villageoise, sur le modèle des « rassembleurs » d'autrefois ; et pour conforter en retour – car le rural et l'urbain communiquent – leur position en ville [...].

Est-il psychologiquement, socialement possible aux aménageurs, qui reproduisent avec constance le même modèle de transformation agricole depuis bientôt trente ans, de le remettre en cause dans ses fondements mêmes ? Tout se tient, et leur logique est si profondément insérée dans un système d'organisation du pouvoir et de l'économie par le haut, et notamment la volonté ou l'illusion d'une planification des ressources agricoles, qu'on peut douter de les voir y arriver. Il est tellement plus commode de s'en prendre aux ruraux. Les jugements sommaires de jadis n'ont disparu, avec la colonisation, que pour diffuser insidieusement dans les sphères supérieures de la société étatique et urbaine. Aux retards, aux échecs, aux dérives que subissent les actions programmées, les explications sont régulièrement données dans des termes impliquant, de la part du vis-à-vis, incompréhension, inertie, traditionalisme routinier, résistance à l'innovation, opposition gratuite, comportements irrationnels. Pourtant il est clair que, derrière ce verbalisme, le retrait, la passivité, l'illogisme apparent, voire l'hostilité des « aménagés » renvoient à des déterminations complexes, et souvent raisonnées. La prudence, le « wait and see » y ont leur part, et parfois aussi une appréciation plus saine que celle des auteurs de projets à l'égard des possibilités du milieu écologique. Mais, surtout, les sociétés rurales excellent à découvrir ou deviner, dans ce qui leur est proposé, les menaces latentes contre leur propre cohésion.

Symétriquement, il est permis de se demander si la rationalité technique et financière des aménageurs ne masque pas elle-même une certaine forme d'irrationalité. Car, après tout, derrière les parcellaires au cordeau tracés dans les périmètres aménagés, quelle est la part des habitudes mentales, la référence inconsciente aux schémas produits sur d'autres continents par une autre histoire ? Reproduire d'insuccès en insuccès, et de pays en pays, les mêmes organisations du travail et de l'espace, est-ce faire œuvre réfléchie, ou s'abandonner à une certaine forme d'automatisme intellectuel ? Affecter de croire en la réussite d'une opération visiblement en difficulté, et réussir à s'en persuader, pour laisser plus tard un silence épais planer sur les raisons d'un abandon devenu inévitable, que penser de ce comportement presque habituel ? Prudence conventionnelle, pour rester dans la norme sociale (les solidarités de la société des décideurs), ou exercice de pensée magique ? Quant aux critiques si souvent faites aux dépenses « inutiles » ou « ostentatoires » des partenaires paysans – dépenses d'argent mais aussi de temps –, venant d'acteurs marqués par une économie qui les pousse eux-mêmes à une consommation effrénée, ne se retournent-elles pas contre leurs auteurs ?

Source : Gilles Sautter, « "Dirigisme opérationnel" et stratégie paysanne, ou l'aménageur aménagé », in *L'Espace géographique*, 1978.

5

Le territoire : espace et nation

La question du territoire est primordiale pour la compréhension des problèmes de l'Afrique actuelle. Le découpage en États a donné ses grandes orientations à l'organisation de l'espace et une dimension géopolitique à son substrat ethnique. Les configurations territoriales héritées forment le socle sur lequel l'histoire construit des entités nationales. Dans cette dynamique qui ne va pas sans heurts ni déchirements, la chaîne des causalités apparaît inversée par rapport à ce que fut la formation des États-nations en Europe : en Afrique subsaharienne, la frontière précède l'État, qui lui-même précède la nation.

Ce déphasage confère à l'espace, au territoire d'État, un rôle essentiel dans l'émergence en cours des entités et des identités nationales. En d'autres termes, le contenant a été défini antérieurement au contenu, et indifféremment, ou presque, à celui-ci. Si les frontières africaines font problème, c'est moins par ce qu'elles séparent que par ce qu'elles regroupent. C'est en tout cas dans les mailles, petites ou grandes, ramassées ou distendues, de ce grand filet jeté par l'Europe, que se construisent les États modernes. Le découpage de l'Afrique, résultat de dynamiques exogènes, représente l'épisode le plus important de son histoire récente. Contrairement à certains courants de pensée qui voudraient ne voir dans la colonisation qu'une « parenthèse », celle-ci a bel et bien constitué une bifurcation décisive et irrévocable. Quoi qu'on pense de l'exportation en Afrique du modèle européen de l'État, celui-ci est devenu la référence générale, même si la greffe a parfois du mal à prendre. Un courant critique vis-à-vis de l'État africain met en exergue ses dysfonctionnements, la prédation d'élites « kleptocrates », ou la « criminalisation du pouvoir ». Sans pour autant ignorer ces critiques, il est possible d'aborder la question de l'État sous un angle différent et complémentaire : celui de son territoire. Car l'État, c'est d'abord un espace délimité par des frontières.

FRONTIÈRES ET ÉTATS

La frontière, fondatrice de territoires d'État, constitue un des héritages majeurs de la colonisation. Dans une thèse de droit consacrée à « *La frontière* », datant de 1928 mais qui fait toujours référence, P. Geouffre de la Pradelle faisait remarquer : « Alors que le territoire métropolitain trouve, dans sa formation politico-juridique, son point d'aboutissement à la frontière, le territoire colonial y prend son point de départ. » La carte politique de l'Afrique, aussi critiquable qu'en puisse apparaître le dessin, contribue en effet à façonner son destin. La frontière, ligne abstraite et concrète à la fois, a modifié les comportements des hommes, leur rapport à l'espace. L'Organisation de l'unité africaine (OUA), en adoptant en 1963 le principe de l'intangibilité des frontières héritées de la colonisation, entendait prévenir le continent de la conflagration à laquelle conduirait inévitablement une remise en cause générale de leur tracé.

L'invention des frontières africaines

■ ***Le passage à la ligne.*** Les royaumes et empires de l'Afrique ancienne n'étaient pas bornés par des frontières linéaires. Des espaces-tampons, zones de faible peuplement, formaient autant de « marches de sécurité » sur leurs confins. Les territoires d'État s'achevaient dans le flou de lointains ectoplasmiques qu'il est très difficile de cartographier. Seul leur noyau avait la précision du trait.

Le trait, l'Europe l'avait mis au point au cours de son histoire, depuis le *limes* de l'Empire romain. C'est avec cette géographie mentale privilégiant la frontière linéaire qu'elle investit l'Afrique au XIXe siècle, lorsqu'à une présence littorale discrète et discontinue – celle qui avait régi le contact euro-africain depuis la fin du XVe siècle – se substitua l'appropriation territoriale. La compétition entre les puissances impliquées dans le partage du continent s'est traduite par une intense production de frontières, entre la conférence de Berlin (1885) et la Première Guerre mondiale. Dans son ouvrage *Fronts et frontières* (Fayard, 1988), Michel Foucher estime leur longueur, pour l'ensemble du continent, à un peu plus de 80 000 km. Cette production frontalière exogène fut extrêmement rapide, ce qui est d'autant plus remarquable qu'au milieu des années 1880 les connaissances géographiques étaient encore embryonnaires. Les lignes frontières ont été dessinées sur des ébauches de cartes souvent très approximatives, parfois imaginaires ou volontairement truquées. Dans ce jeu de cartes, ce jeu de go des chancelleries européennes, la frontière a d'abord été un coup de crayon : la main du cartographe, prolongeant ou précédant le marchandage des politiques, tirait des traits sur le papier sans que le terrain ait été préalablement reconnu dans le détail. On se contenta souvent de lignes droites, calées sur des coordonnées géographiques ou tirées au cordeau entre deux repères facilement identifiables (confluence, relief remarquable).

Des géographes, des diplomates, des militaires, des explorateurs se retrouvèrent autour des tables de négociation où se jouait l'avenir du dernier des continents à être soumis à la loi universelle de l'enfermement linéaire. Comme les prétentions territoriales dépendaient très largement de la connaissance des structures élémentaires de l'espace, la géographie devint rapidement un auxiliaire indispensable des ambitions coloniales. Dans la course pour le partage de l'Afrique, la publicité des lieux valait droit de préemption. La période d'exploration et d'appropriation du continent noir représenta l'âge d'or des Sociétés de géographie. Il n'est d'ailleurs pas anodin que ce soit la réunion d'une « conférence de géographie » tenue à Bruxelles en 1876 qui ait enclenché le processus devant aboutir à la création des États du bassin du Congo. L'Afrique convoitée par les impérialismes européens fut alors la terre d'élection d'une géopolitique active. Celle-ci connut ses moments de forte tension, notamment lorsque le rêve français d'un axe Congo-Nil vint se briser en 1898 à Fachoda sur l'axe du Cap au Caire, considéré par les Britanniques comme la pièce maîtresse de leur empire africain.

À la différence de la « conquête de l'Ouest » aux États-Unis, qui rythma le recul de la *frontier* jusqu'à sa résorption, le découpage précipité de l'Afrique ne laissa aucun champ pour une frontière-zone ; la frontière-ligne (*boundary*) s'imposa d'emblée. Le partage imposait des délimitations précises pour éviter les contestations futures. On dit communément la frontière « artificielle » et « arbitraire », sans se rendre compte que c'est là une tautologie car ces attributs sont inclus dans sa définition même. Ne serait-elle pas plutôt rassurante dans la mesure où la ligne, dans sa rigoureuse clarté, évacue le doute spatial ? Elle introduit, dans un même mouvement, ordre graphique et discontinuités territoriales. Elle confère un statut de droit à l'espace en le circonscrivant, en distinguant le dedans et le dehors. La sensibilité chatouilleuse des États vis-à-vis de leurs frontières démontre en tout cas que ce concept de la ligne a été fortement intériorisé par les Africains, pourtant absents au moment du choix de leur tracé.

■ ***Les types de frontière.*** Dessinées sur des cartes, les frontières n'ont pas toujours été reportées sur le terrain : environ 40 % d'entre elles seulement sont démarquées. Cela n'a guère d'importance lorsque la frontière tranche des espaces vides, encore qu'il s'agisse d'une notion très relative et que les hommes politiques soient assez inventifs pour faire pousser des pommes de discorde dans le désert. En revanche, toute incertitude quant au tracé dans les espaces pleins est potentiellement source de conflit. Du point de vue de la précision des tracés, deux grandes familles se distinguent en fonction de leur genèse : frontières extra-impériales d'une part, intra-impériales de l'autre.

Les frontières extra-impériales résultent de traités internationaux signés entre puissances européennes. Des commissions mixtes de délimitation en ont en général précisé avec soin les tracés. Les autres correspondent aux délimitations internes des territoires qui constituaient le bloc colonial français d'une part (Algérie, AOF, AEF), les possessions britanniques d'Afrique orientale et australe d'autre part. Elles ont acquis le statut de frontière avec les indépendances, mais leur définition n'avait préalablement fait l'objet d'aucune convention internationale. Les imprécisions, voire les contradictions dans les textes définissant leurs tracés ont préparé le terrain à des contentieux entre États. C'est ainsi que des divergences d'interprétation entre le Mali et le Burkina Faso ont failli dégénérer en conflit armé dans la zone frontalière de l'Agacher, pour quelque 4 000 km^2 de maigres pâturages suspectés renfermer des ressources minérales ; après une brève « guerre de Six Jours » à la Noël 1985, les deux pays ont finalement accepté l'arrêt d'arbitrage rendu par la Cour internationale de La Haye. Bien d'autres exemples révèlent le caractère approximatif d'arrêtés de délimitation publiés au *Journal officiel* de l'AOF et de l'AEF, en un temps où les administrateurs se souciaient peu d'arpenter les périphéries incertaines de leurs circonscriptions pour fignoler les coutures de l'empire.

Les frontières intra-impériales n'ont toutefois pas le monopole de la contestation. En 1994, un conflit a surgi entre Nigeria et Cameroun dans la presqu'île de Bakassi, au fond du golfe de Guinée : des militaires nigérians ont pénétré dans un territoire que le Cameroun considère comme sien, bien qu'il soit majoritairement habité par des pêcheurs nigérians. La complexité hydrographique de l'espace deltaïque du Rio del Rey ne facilite pas la détermination de la position exacte de la frontière. Mais le contentieux territorial n'a pris corps que parce que la zone litigieuse est présumée riche en hydrocarbures. La Cour de La Haye a tranché en faveur du Cameroun. Le

Nigeria, tout en se pliant officiellement à cette décision, renâcle à l'appliquer sur le terrain qui reste par la suite une zone de tensions.

■ ***Les tracés : nature et histoire.*** Les missions de délimitation furent en général l'occasion d'aménager les tracés abstraits dessinés, dans la quiétude des officines ministérielles, en fonction des particularités concrètes des espaces concernés. On s'efforça dans la mesure du possible de les caler sur des éléments naturels qui en facilitaient le repérage, principalement les cours d'eau, ou les lignes de partage des eaux. L'hydrographie tenait une place de choix dans les représentations territoriales des Européens, pour lesquels la frontière gagnait en légitimité d'être « naturelle ». C'est dans cet esprit qu'une mission franco-allemande ajusta en 1908 la frontière entre le Cameroun et le Gabon sur deux cours d'eau dont le tracé s'approchait de la ligne séparative théorique. Si la nature a souvent servi de guide au tracé initial des frontières ou à leur modulation ultérieure, les configurations humaines (historiques, sociologiques, économiques) ont parfois été prises en considération. La délimitation sinueuse entre Niger et Nigeria, bien qu'elle ait divisé l'entité Haoussa, témoigne de ce souci qu'eurent ici les puissances coloniales d'adapter la ligne de démarcation au contexte sociopolitique local des chefferies. Sur un autre front, Britanniques et Français se sont aussi concertés pour aménager une partie de la frontière entre Soudan et Tchad en tenant compte des héritages territoriaux du Darfour et du Ouaddaï.

Eu égard à la rapidité du découpage territorial, les frontières africaines ne sont pas aussi calamiteuses qu'on le proclame parfois. Certaines peuvent sembler bizarres, comme le fameux « doigt de Caprivi », au nord-est de la Namibie : ce corridor répondait au souhait des Allemands de faire communiquer le Sud-Ouest africain avec le Zambèze. Autre exemple pittoresque consécutif, lui, à des erreurs de repérage cartographique : la délimitation entre l'extrémité orientale du Katanga (RDC) et la Zambie se prolonge, au sud du lac Bangweolo, par une ligne séparant la Zambie... de la Zambie. À l'échelle du continent, ces ratés restent cependant peu nombreux. Les Européens en revanche négligèrent de définir les frontières maritimes : on ne se souciait pas encore à cette époque des richesses océaniques. L'importance du plateau continental, de ses ressources halieutiques et pétrolières, a aujourd'hui changé la donne et provoqué quelques tensions (Gabon/Guinée équatoriale ; Sénégal/Guinée-Bissau par exemple). Mais, devant le vide juridique laissé par la colonisation, la plupart des contentieux ont été portés devant la Cour internationale de justice de La Haye et se sont conclus par des accords.

Une autre remise en cause du découpage colonial a été la revendication par la Libye de la « bande d'Aozou » (100 000 km^2 situés à la frontière nord du Tchad). Le colonel Kadhafi arguait d'un accord passé en 1935 entre Laval et Mussolini cédant ce territoire à l'Italie. Mais le traité n'ayant pas été ratifié par les chambres n'avait pas de valeur en droit international. Après l'échec de ses tentatives de conquête militaire, la Libye a fini par s'en remettre à l'arbitrage de la Cour de justice de La Haye qui a confirmé en 1994 l'appartenance de la bande d'Aozou au Tchad. Les recours devant cette instance internationale confortent le credo de l'intangibilité des frontières énoncé par l'OUA.

Le partage de l'Afrique

Jusqu'au milieu du XIXe siècle, la présence européenne se cantonna à quelques escales maritimes. Les unes, impliquées dans le trafic triangulaire, jalonnaient les routes du Nouveau Monde : îlot de Gorée face à Dakar, fort de Ouidah sur la côte de l'actuel Bénin, Luanda (Angola). Les autres, la route des Indes : Le Cap fut fondé en 1652 par Jan Van Riebeck pour le compte de la Compagnie hollandaise des Indes orientales. C'est pour s'assurer le contrôle de cette route océanique que les Britanniques s'emparèrent du Cap en 1795, et évincèrent les Français de l'île de France, qui devint Maurice. Seules comptaient alors les voies maritimes.

■ ***La colonisation blanche en Afrique australe.*** L'arrivée de colons anglophones provoqua de vives tensions avec les *Boers* (paysans), descendants de la colonie hollandaise qu'étaient venus grossir quelques centaines de huguenots chassés de France par la révocation de l'édit de Nantes, inaugurant une rivalité qui se fait encore sentir aujourd'hui. Les Boers, fondus dans l'ensemble des Afrikaners dont la langue, l'afrikaans, dérive du néerlandais, furent les initiateurs de l'apartheid ; ils constituent un bastion de conservatisme. Les anglophones, moins attachés aux racines terriennes, se retrouvent plutôt dans les valeurs de la bourgeoisie urbaine davantage ouverte au libéralisme.

En 1835, quelques milliers de Boers partis de la région du Cap commencèrent à migrer vers le nord-est : le « grand *Trek* » (« migration » en afrikaans), moment fort de l'épopée des Afrikaners, marqua le début de l'emprise territoriale blanche en Afrique australe. Cette colonisation qui devait se heurter dans sa progression aux groupes bantous, eux-mêmes en cours de migration, était soutenue par la foi d'une société calviniste qui se proclamait peuple élu de Dieu, croyait en sa mission et au bon droit de son expansion territoriale. Elle n'est pas sans rappeler les conditions initiales du peuplement de l'Ouest américain. Comme dans le Far West, l'aventure de ces hommes et de ces femmes attachés à la terre fut contrariée par la soudaine ruée vers le diamant et l'or et la naissance de villes-champignons… dont la bible n'avait pas prévu le mode d'emploi. Sur le gisement de diamants de Kimberley, découvert en 1867, naquit une ville qui, cinq ans plus tard, comptait 50 000 habitants. La découverte fortuite de l'or du Witwatersrand (« la crête des eaux claires ») en 1886 devait avoir des conséquences encore plus extraordinaires : Johannesburg, créé au centre d'un gisement long de 80 km – le plus important du monde – dépassait 200 000 habitants à la fin du XIXe siècle. Les intérêts miniers de l'impérialisme britannique étaient incompatibles avec le mode de vie et les aspirations des *trekboers* (« paysans-nomades »). Le conflit culmina dans la guerre des Boers (1899-1902), guerre très dure au cours de laquelle les Britanniques, qui durent engager 450 000 hommes pour venir à bout de la résistance des Afrikaners, inventèrent aussi bien la formule des camps de concentration que le scoutisme avec Baden-Powell. Les deux anciennes républiques boers, État libre d'Orange et Transvaal intégrèrent l'Union sud-africaine, fondée en 1910 : les Afrikaners, vaincus par les armes quelques années plus tôt, y récupérèrent le pouvoir politique par la voie électorale.

Les violences entre Européens qui accompagnèrent l'émergence de l'Afrique du Sud ne doivent pas occulter celles qui s'exercèrent à l'encontre des Noirs, militairement défaits au fur et à mesure de la progression des Boers depuis Le Cap vers les territoires du Nord-Est, avant d'être relégués dans une citoyenneté de seconde zone avec la mise en place de l'apartheid à partir de 1913. Il ne faut pas non plus perdre de vue les effets de polarisation : l'Afrique du Sud servit de laboratoire et de tremplin pour la colonisation de toute l'Afrique australe, notamment celle de l'actuel Zimbabwe que Londres avait concédé à la British Southern Africa Company, compagnie à charte présidée par Cecil Rhodes. Côté âmes, Livingstone avait déjà poussé son exploration missionnaire, entre 1841 et 1873, bien au nord du Cap, jusqu'aux contrées du Zambèze et du Tanganyika. Les événements qui se déroulèrent en Afrique australe au cours du XIXe siècle ne furent pas sans influer sur l'ensemble du mouvement colonial. Les aventuriers de la colonisation, explorateurs, missionnaires, militaires, affairistes, pouvaient y puiser sinon un modèle, du moins une inspiration. On l'oublie trop dans l'historiographie coloniale française : déformation d'une vision réfractée par la bosse de l'Afrique occidentale, qui tend à minimiser le sud du continent, bien que là se situe le lieu initial d'une modernité issue de la colonisation, et aujourd'hui le principal pôle de développement au sud du Sahara.

■ ***De nouvelles raisons de coloniser.*** Le cas de l'Afrique du Sud mis à part, les Européens ne furent pas pressés de pénétrer au-delà de leurs établissements côtiers. C'est seulement après 1870 que l'Afrique tout entière se trouva précipitée dans l'aventure coloniale. On sait combien, pour les Français, la défaite de 1871 a compté : la conquête coloniale venait à point nommé pour redorer le blason de l'armée. Dans les années 1880, l'Allemagne bismarckienne se découvrit une passion tardive mais forte pour la colonisation. Partout, l'action missionnaire fut un précieux auxiliaire de la colonisation. Mais ni la curiosité scientifique, ni le prosélytisme, ni la quête d'une gloire militaire ne suffisent à expliquer l'ardeur avec laquelle l'Europe se partagea l'Afrique. L'impérialisme mêlait indistinctement intérêts économiques et mission civilisatrice. La doctrine en a été brillamment exposée par Paul Leroy-Beaulieu dans son ouvrage *De la colonisation chez les peuples modernes*, paru en 1874 : les puissances coloniales avaient une obligation de « développement » pour utiliser un concept qui n'était alors pas en usage. L'optimisme européen, porté par la foi dans la science et l'industrie, alimentait la naïve conviction qu'il n'y avait pas d'autre civilisation que celle de l'Occident. Un siècle plus tard, on peut encore être sceptique face à certaines prétentions du « Nord » à imposer des recettes uniques de croissance économique, sans se soucier des cultures locales.

■ ***La conférence de Berlin.*** La chiquenaude qui mit en branle la course à l'Afrique vint de l'ambition de Léopold II à se tailler un empire africain : c'est en effet l'affaire du Congo qui précipita le mouvement. La réunion de la conférence de géographie de Bruxelles avait débouché sur la création de l'Association internationale africaine (AIA), aux buts scientifiques et humanitaires déclarés. Elle fut en fait, à travers la dérive de ses comités nationaux, l'instrument de politiques coloniales rivales. La France profita des explorations de Savorgnan de Brazza pour étendre sa possession du Gabon jusqu'au fleuve Congo. Quant au roi des Belges, la conférence de Berlin lui fournit l'occasion de faire reconnaître l'existence d'un « État indépendant du Congo », dont il fut le chef à titre personnel avant que cet État ne devînt colonie du Congo belge lors de sa dévolution à la Belgique en 1908.

On dit souvent que l'Afrique noire a été « partagée » lors de cette fameuse conférence de Berlin (novembre 1884-février 1885) réunie par Bismarck. C'est un raccourci trop rapide : la seule décision à caractère territorial a concerné la création du Congo (EIC). Il est vrai toutefois qu'en fixant les règles permettant aux puissances européennes de s'attribuer des territoires sans créer de conflit entre elles, la Conférence allait accélérer la « course au clocher ». Quinze ans après Berlin, il n'y avait plus de territoire à prendre. La Conférence édicta un code de bonne conduite, *gentleman agreement* élaboré entre Européens, sans qu'aucun Africain y participât. L'Afrique, à ce moment-là, fut totalement dépossédée de son destin. En ce sens, Berlin marque une césure et rompt radicalement avec les pratiques antérieures qui avaient toujours vu les cessions de territoires résulter de traités avec des chefs africains – aussi fallacieux et trompeurs pussent-ils avoir été. Jamais la thèse de la *tabula rasa* n'aura été aussi parfaitement appliquée. Les territoires appropriés étaient considérés, en termes juridiques, comme *terra nullius*. C'est pourquoi la conférence de Berlin a valeur de symbole, certains intellectuels africains allant aujourd'hui jusqu'à réclamer un « Berlin II » pour remettre à plat des arrangements qui ne firent l'objet d'aucune négociation avec les acteurs directement concernés qui, de partenaires, étaient devenus sujets.

Le découpage : hasards et logiques

Si l'on peut parler d'arbitraire du découpage, c'est seulement au sens où les seuls Européens en décidèrent, car il ne fut pas dénué de quelques principes. Plusieurs logiques ont en effet présidé au partage de l'Afrique noire – par voie de conséquence à la naissance des États contemporains, l'Éthiopie exceptée.

■ ***Des comptoirs aux arrière-pays.*** La première logique fut celle de la pénétration dans l'arrière-pays à partir des implantations côtières initiales. La présence alternée de plusieurs nations européennes sur les côtes du golfe de Guinée donna lieu à un morcellement maximum : du Sénégal au Gabon, on ne compte pas moins de quinze États dont de véritables « États-tranches » comme le Bénin et le Togo. D'anciennes colonies françaises, anglaises, portugaises, allemandes et espagnoles s'y imbriquent, sans compter le Libéria, né en 1821 du retour en terre africaine d'esclaves noirs des États-Unis sous l'égide de l'*American Colonization Society*. Derniers venus dans la compétition coloniale, les Allemands s'étaient glissés dans les rares interstices encore disponibles : le Togo ne put faire mieux qu'insérer un couloir entre la Gold Coast britannique et le Dahomey français. Au Cameroun, les traités fondateurs (1884) signés avec les populations Douala ouvrirent la voie à un territoire qui parvint à pénétrer en coin jusqu'au lac Tchad, entre le Nigeria et la future Afrique équatoriale française.

Afrique politique à la veille des indépendances

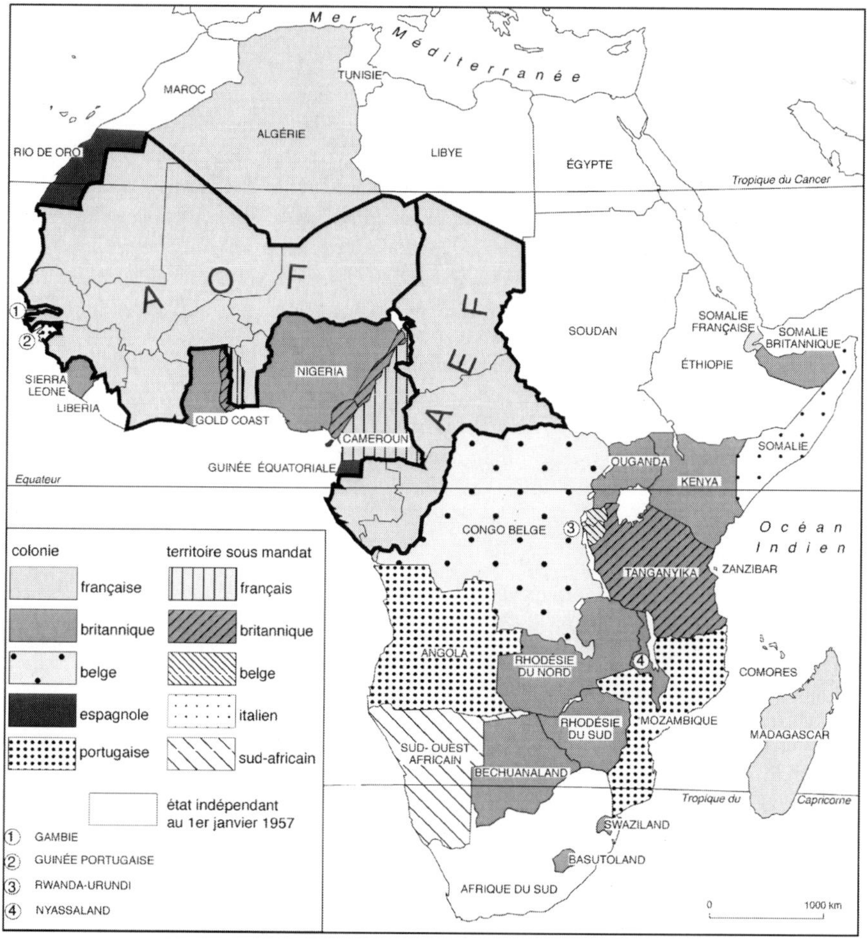

À l'est du continent, le découpage se fit par plus grandes masses que dans l'Afrique guinéenne. Les côtes, longtemps contrôlées par les Arabes, y furent moins disputées par les Européens. Les Portugais, après avoir dû abandonner Mombasa, s'étaient depuis longtemps repliés sur le Mozambique. Anglais et Allemands furent les seuls à porter un véritable intérêt à ces contrées dans la deuxième moitié du XIXe siècle. Leur objectif visait surtout le contrôle des royaumes interlacustres proches des sources du Nil. Partis de Dar es-Salaam, les Allemands occupèrent le Tanganyika (actuelle Tanzanie) avant d'imposer leur loi au Rwanda-Burundi. De même le Kenya servit de tremplin aux Britanniques pour la colonisation du Buganda (actuel Ouganda).

■ ***L'hydrographisme.*** C'est à propos du Congo que la question du découpage territorial fut, pour la première fois, posée de la façon la plus nette : en 1885 en effet, aucun espace africain n'était encore clos. À Berlin, les négociateurs s'interrogèrent explicitement sur les contours à donner au futur « État indépendant du Congo ». Les débats présentent un intérêt considérable, non seulement parce qu'ils montrent comment une certaine rationalité présida au partage de l'espace, mais aussi parce que les problèmes contemporains de l'Afrique centrale s'enracinent dans les choix qui furent faits en ce temps-là – par des hommes dont la plupart, faut-il le souligner, n'avaient jamais mis les pieds en Afrique. Le territoire du Congo fut défini en référence au « bassin hydrographique » de son fleuve éponyme. La logique naturaliste y trouvait son compte. Les signataires de l'acte final de Berlin pouvaient se féliciter, sur les fonts baptismaux du Congo, d'avoir obéi à la raison naturelle.

Les vieilles pratiques de négociation n'avaient pas pour autant disparu par la magie d'une hydrographie incantatoire : les puissances européennes s'étaient réservé la possibilité de faire prévaloir des droits territoriaux antérieurement acquis, l'harmonieuse unité physique du bassin du Congo dût-elle en souffrir. C'était le cas de la France, déjà installée sur la rive droite du fleuve, et du Portugal qui fit reconnaître ses droits sur le cours supérieur d'affluents de rive gauche (Kwango, Kwilu, Kasaï), au nom de l'ancienneté de sa présence dans l'actuel Angola. Dans la pratique, le modèle hydrographique subit donc quelques entorses, bien que dans ses grandes lignes fondatrices le Congo fut – et demeure – un « État hydrographique ».

■ ***Une carte politique remarquablement stable.*** La dernière grande expédition de conquête coloniale eut le Tchad pour objectif : la bataille de Kousséri en 1900, au cours de laquelle l'ultime chef de guerre africain, Rabah, rejoignit dans la mort, le commandant Lamy, vint clore deux brèves décennies au terme desquelles les grandes lignes du découpage de l'Afrique étaient tracées. Il n'y aura par la suite que des réaménagements mineurs. Le plus important remaniement du puzzle territorial, conséquence des rivalités franco-allemandes, ne fut que temporaire. Le règlement de la crise provoquée par le « coup d'Agadir » en 1911, s'il laissait le champ libre à la France au Maroc, avait en contrepartie rogné sur ses possessions d'AEF, amputées de 275 000 km^2 au profit du « Neu Kamerun ». Mais on revint bientôt au *statu quo ante,* la Première Guerre mondiale ayant privé l'Allemagne de toutes ses colonies. Dotées du statut de mandat de la Société des Nations, celles-ci furent réparties entre l'Angleterre, la France, la Belgique et l'Afrique du Sud. Cette redistribution des cartes modifia peu les tracés, si ce n'est au Togo et au Cameroun, dont les territoires furent partagés entre les mandats de la France et de l'Angleterre. À la suite d'un référendum en 1956, le Togo britannique intégra le Ghana. En 1961, les populations du Cameroun britannique consultées à leur tour, optèrent, les unes pour le rattachement au Nigeria, les autres, pour l'intégration dans une République fédérale du Cameroun. En 1972, la République unie du Cameroun se substitua à la République fédérale, sans que cela fasse disparaître pour autant le particularisme des provinces occidentales anglophones, aujourd'hui fer de lance de l'opposition au pouvoir de Yaoundé.

Les territoires des fédérations d'Afrique occidentale française (AOF) et d'Afrique équatoriale française (AEF), organisées respectivement en 1902 et 1910, subirent quant à eux d'assez nombreuses modifications, au fil des réformes administratives. Cas extrême, la Haute-Volta (Burkina Faso) fut démantelée en 1932 au bénéfice du Soudan français (Mali) et surtout de la Côte d'Ivoire : sous l'appellation de « Haute-Côte », elle servit de réservoir de main-d'œuvre pour les plantations ivoiriennes. Elle retrouva son autonomie et ses frontières en 1947. En AEF, la région du Haut-Ogooué fut rattachée au Congo en 1925, pour les besoins du chantier ferroviaire « Congo-Océan » (Brazzaville – Pointe-Noire), mais elle réintégra le Gabon en 1947.

■ ***Frontière et géopolitique.*** La frontière unit autant qu'elle sépare. C'est le paradoxe de la ligne la plus politique de l'ordre spatial. Expression graphique de l'État moderne, la frontière a créé des discontinuités génératrices de dynamiques locales. Les différences de potentiel démographique, économique, monétaire, de part et d'autre de la frontière, animent des courants d'échange auxquels s'ajoutent les déplacements de personnes pour des raisons politiques. La critique adressée au découpage de l'Afrique oublie généralement que les frontières créent aussi des espaces de liberté en ménageant des possibilités de fuite. Les violences politiques, l'oppression de régimes totalitaires ont provoqué une succession d'exodes de populations. On estime que sous le règne de Sékou Touré (président de Guinée de 1958 à 1984) près de 2 millions de Guinéens ont fui la dictature : une partie d'entre eux se sont fixés en Côte d'Ivoire, à proximité de la frontière, les autres sont à l'origine d'une diaspora répartie dans toute l'Afrique de l'Ouest. Plus importante encore en proportion fut la saignée provoquée par le régime sanguinaire de Macias Nguema, président de la Guinée équatoriale depuis l'indépendance en 1968, jusqu'à son exécution en 1979. Entre le quart et le tiers des Équato-guinéens trouvèrent refuge dans les deux pays frontaliers, Cameroun et Gabon. La frontière a joué aussi un rôle actif dans la crise des Grands Lacs : la « révolution sociale » rwandaise de 1959 qui porta les Hutus au pouvoir avait provoqué la fuite d'un grand nombre de Tutsis, dont la plupart s'installèrent en Ouganda. Ces premiers réfugiés (historiquement) d'Afrique noire sont restés plus de trente ans en territoire étranger, avant que l'armée du FPR (Front patriotique rwandais) franchisse à nouveau la frontière pour reconquérir le pouvoir par les armes en 1994.

■ ***Vers la fin du dogme de l'intangibilité des frontières ?*** Suite à l'accord signé en 2005 entre le pouvoir de Khartoum et la rébellion du SPLA (*Sudan People's Liberation Army*), un referendum s'est massivement prononcé en 2011 en faveur de l'indépendance du Soudan du Sud. L'Union Africaine a donné son aval à cet accord historique qui a mis fin à un des plus longs conflits africains. Mais la partition du Soudan inquiète plus d'un chef d'État. Cette remise en cause du gel des frontières décidé en 1963, risque d'ouvrir la boîte de Pandore. Le président tchadien, Idriss Deby Itno, inquiet d'un possible effet domino, s'est rapproché de Khartoum. L'indépendance du Soudan du Sud en entérinant la séparation entre le nord musulman et le sud chrétien pourrait encourager des mouvements séparatistes dans d'autres pays. Au demeurant, la création de nouvel État n'a pas mis un terme aux tensions entre les Dinka et les minorités qui ont pris la tournure d'une guerre civile en 2013. Quoi qu'il en soit, cette première entorse au dogme de l'intangibilité des frontières constitue un événement d'une portée considérable pour l'avenir du continent et de sa géographie politique.

Les espaces transfrontaliers

L'Afrique des indépendances a hérité des logiques séparantes de la colonisation. La priorité donnée à la construction nationale par de jeunes États les a confortées. Toutefois, il existe une autre logique, issue non plus du « haut », mais du « bas », une logique qui n'est plus d'étendue mais de réseaux. Elle induit des pratiques inédites de la frontière. Celle-ci devient attractive, et sa linéarité s'estompe devant l'émergence de nouveaux confins.

De nombreux acteurs tirent en effet parti de la différence de potentiel des espaces frontaliers, surtout là où une forte discontinuité monétaire stimule le commerce. La meilleure illustration est celle des périphéries du Nigeria : le différentiel entre le naira, monnaie non convertible, et le franc CFA, favorise les échanges « informels » échappant au contrôle officiel des changes et de la douane. Les populations des « périphéries nationales », selon l'expression de John Igue, ont su mettre à profit cette importante ressource frontalière. Des marchés, des agglomérations jumelles ponctuent les espaces frontaliers du Nigeria. Les services de l'État, douane, police des frontières, gendarmerie, ne sont pas les derniers à profiter de cette rente frontalière. L'économie du Bénin, « État-entrepôt », en dépend largement (John Igué et Bio Soule, *L'État entrepôt au Bénin*, Karthala, 1992). Quant à la Gambie, étroite bande de terre qui s'insinue au cœur du Sénégal, elle représente l'archétype d'un « État-contrebandier » vivant de ses frontières et de leur transgression « clandestine » !

Le dynamisme des espaces transfrontaliers témoigne de la capacité d'adaptation des populations au modèle de découpage linéaire. Ils fonctionnent sur la base de réseaux marchands, eux-mêmes articulés sur des parentés ethniques. Ainsi en est-il des réseaux haoussa du Niger et du Nigeria, aux lointaines ramifications. Des espaces réticulaires, à géométrie variable, se superposent aux territoires précisément circonscrits des États. Des marges d'incertitude, de clandestinité plus ou moins affichée, se développent sur les périphéries, avec d'autant plus de force que l'État central est affaibli, ou indirectement complice lorsque les élites politiques sont associées aux acteurs qui exploitent la rente frontalière. Toutes sortes de trafics illicites peuvent se glisser dans des réseaux d'échange transnationaux éprouvés parfois de très longue date. Certains espaces frontaliers ont ainsi fait leur entrée dans la géographie trouble de la mondialisation des échanges criminels.

L'HÉRITAGE DES SYSTÈMES SOCIOPOLITIQUES

On distingue habituellement dans l'étude des systèmes politiques africains traditionnels deux grandes familles : d'une part les sociétés à État, d'autre part les sociétés sans État dites « acéphales », ou selon un qualificatif aujourd'hui abandonné, « anarchiques ». Des sociétés à chefferie prennent place entre ces deux extrêmes. Toutes les nuances existent entre les États fortement structurés et des sociétés lignagères aux pouvoirs atomisés à l'extrême. Aujourd'hui, la totalité du continent est formellement organisée en États. Mais la distance est souvent grande entre les principes théoriques de gestion sociale et les pratiques concrètes de populations dont certaines échappent *de facto* aux encadrements étatiques. Les résurgences du passé infléchissent l'application des principes qui instituent l'État moderne, greffé sur des substrats très différenciés dont des éléments émergent comme par capillarité.

Mémoires d'État

■ ***Les empires ouest-africains.*** La géographie politique de l'Afrique précoloniale dessine des contrastes frappants. Si on met à part l'Éthiopie dont l'historicité évolue depuis 2000 ans dans un cadre spécifique ouvert sur le Nil et la mer Rouge, c'est l'Afrique sahélo-soudanienne qui représente le socle le plus ancien des États négro-africains. Empires et royaumes s'y sont succédé au cours des siècles, autour de centres de gravité mobiles. L'archéologie contemporaine dégage des vestiges de villes noyées sous les sables de Mauritanie ou du Mali, mais ce sont les écrits des chroniqueurs et géographes arabes du Moyen Âge qui apportent la moisson d'informations la plus riche. *Le Livre des routes et des royaumes* d'Al-Bakri paru en 1068 décrit le Ghana à son apogée. La splendeur du Mali au XIVe siècle devait inspirer les grands chroniqueurs originaires du Maghreb que furent Ibn Kaldoun et Ibn Battouta. Bien d'autres savants et voyageurs arabes, moins célèbres, ont laissé de précieuses chroniques qui font revivre l'âge d'or de ce Soudan où se sont succédé royaumes et empires. Au XVIe siècle, c'est le Songhaï qui domina les régions de la boucle du Niger, avant d'être défait par l'invasion marocaine en 1591. Plus à l'est, la cuvette du Tchad était partagée entre Bornou et Kanem ; au-delà, Ouaddaï et Darfour prenaient le relais. Le vide laissé par l'effacement des grands empires soudaniens fut comblé par la formation d'autres entités territoriales : royaumes de Ségou et de Kaarta au Mali, royaumes Mossi au Burkina Faso. Les organisations à caractère étatique ne restèrent pas circonscrites aux espaces soudano-sahéliens balayés par les grands mouvements séculaires de l'histoire. Elles avaient commencé à prendre pied plus au sud, au moment où l'irruption des Européens sur le littoral interféra avec leur propre trajectoire. L'empire de Kong associa un temps le sud du Mali au nord de la Côte d'Ivoire avant de disparaître. Dans l'actuel Ghana, les Ashanti constituèrent autour de Kumasi un solide royaume fondé sur les ressources en or de la « Gold Coast » et la capture d'esclaves. Le royaume d'Abomey, même s'il n'eut pas autant de prestige, fonctionna sur des principes comparables et un puissant appareil militaire.

Cette histoire met en évidence certaines constances dont la présence ininterrompue de formations politiques tantôt très étendues, tantôt fractionnées sur la plus grande partie de l'Afrique occidentale. L'ampleur des fluctuations territoriales d'États protéiformes est tout aussi remarquable. Privée de monuments et d'écriture, leur histoire n'est accessible que par des textes étrangers et une tradition orale perpétuée par les griots. Or, le passé construit sur la seule mémoire finit par rejoindre le mythe. D'une certaine façon, il a manqué aux empires ouest-africains la preuve par la pierre. Quel saisissant contraste avec l'Égypte !

L'incertaine inscription spatiale des formations étatiques anciennes contribue probablement à expliquer la paradoxale aisance avec laquelle les peuples africains ont adopté les cadres territoriaux créés par la colonisation. Le gel de la carte politique résulte moins d'une passive obéissance à l'injonction d'intangibilité des frontières que d'une certaine indifférence aux configurations physiques des États. La mémoire collective des anciens royaumes et la matérialité de leurs territoires se situent sur des registres distincts ; elles n'ont pas engendré de contradictions insurmontables. Certains ensembles ethno-démographiques politiquement organisés ont pu remplir une fonction de « pôles d'État » comme l'a montré Jean Gallais : les anciens royaumes mossi constituent l'ossature du Burkina Faso contemporain. Mais aucun État moderne d'Afrique de l'Ouest ne se confond pleinement avec le territoire des entités politiques d'autrefois.

■ ***Les États et l'islam.*** Quelques formations politico-territoriales ont été profondément marquées par l'islam. Le royaume théocratique des Peuls du Fouta Djalon (Guinée) puisa dans le Coran ses principes d'encadrement de la société. Dans la boucle du Niger, le Macina constitua une étape importante dans l'expansion de l'islam peul. En 1803, Ousman dan Fodio lançait le djihad (« combat dans le chemin d'Allah » ou guerre sainte) qui aboutit à l'établissement du califat de Sokoto englobant la plus grande partie du pays haoussa (nord du Nigeria). Un de ses lieutenants, Adamaoua, poursuivit la conquête jusqu'au Cameroun où son nom est resté pour désigner la grande dorsale montagneuse. Les derniers empires ouest-africains qui devaient sombrer sous les coups de la conquête militaire coloniale puisaient leur inspiration dans les principes du djihad, qu'il s'agisse de l'empire toucouleur d'El-Hadj Omar ou, plus tard, de celui de Samory, les deux plus célèbres résistants à la pénétration française au Soudan. Après la mort de Rabah en 1900, la chute du califat de Sokoto en 1903 devant l'avancée des troupes britanniques de Lugard clôt la conquête de l'Afrique de l'Ouest, et avec elle une longue et riche période d'histoire que la domination coloniale n'a évidemment pas effacée des mémoires.

■ ***Les « royaumes des savanes ».*** Aux espaces ouverts des savanes ouest-africaines, répondent, symétriquement, les espaces de forêts claires et de savanes qui s'étendent au sud et à l'est du massif forestier congolais. C'est dans ces milieux que s'épanouirent les « royaumes des savanes » étudiés par l'historien Jan Vansina (*Kingdoms of the Savanna*, University of Wisconsin, 1966). Ils couvraient le sud du Congo et le nord de l'Angola. Le royaume de Kongo fut, depuis sa découverte par le navigateur portugais Diego Cao en 1482, une des grandes références africaines de l'Europe. Dès 1491, les missionnaires y avaient entrepris la première évangélisation de l'Afrique noire : baptême du roi, édification d'églises dans la capitale, Mbanza Kongo, qui prit alors le nom de San Salvador, consécration à Rome du premier évêque noir. San Salvador du Kongo, aujourd'hui modeste bourgade du nord de l'Angola, n'a pas connu le destin de San Salvador de Bahia : le resserrement des liens entre l'Europe et les Tropiques américains délia ceux qu'elle avait commencé à tresser avec l'Afrique.

Au centre du continent, les espaces compris entre le royaume de Kongo et les Grands Lacs virent l'épanouissement, aux XVIe et XVIIe siècles, de l'empire des Luba. Leur identité culturelle ne s'est cependant pas inscrite dans une territorialité forte et stable. Exposés aux assauts réitérés des organisations guerrières esclavagistes,

Tshokwé au sud-ouest, Lunda au sud, empire de Msiri à l'est, ils cherchèrent leur salut dans la migration, appliquant des stratégies de fuite rendues possibles par l'inachèvement des territoires.

Dans le contexte des mobilités anciennes, les centres du pouvoir n'ont pas cristallisé dans des places fixes. La mémoire collective aidée par les objets symboliques qui la tiennent en éveil – sièges, sceptres, masques, statuaire, tablettes à mémoire tels les « lukasa » des Luba – supplée aux carences des marques territoriales : la royauté se perpétue dans les sites impalpables de l'esprit. La nature même de royautés « sacrées » comme celles des Kuba du Kasaï n'avait rien de commun avec les organisations bureaucratiques sur lesquelles se sont construits les États modernes de l'Europe. À défaut d'ancrage durable dans la matière des lieux, les entités politiques ont perdu brutalement leurs marques avec la colonisation. Il ne reste rien des « capitales » des royaumes Zandé ou Mangbetu (nord-est de la RDC) décrites avec enthousiasme par les premiers voyageurs européens.

■ ***Le Zimbabwe : un géosymbole.*** En Afrique australe un certain mystère entoure le royaume du Monomotapa qu'évoqua La Fontaine dans ce vers sibyllin : « Deux vrais amis vivaient au Monomotapa »... Mwene Mutapa était le nom donné au roi d'un royaume Shona (la population la plus nombreuse de l'actuel Zimbabwe avec près de 80 %). Le titre de gloire des Shona est d'avoir édifié *Great Zimbabwe*, aujourd'hui le site archéologique le plus important de toute l'Afrique au sud du Sahara. Il se compose notamment d'une acropole et de la célèbre grande enceinte d'une centaine de mètres de diamètre. Les constructions en pierres taillées dans le granite, habilement appareillées, ont été datées des XIIIe et XIVe siècles. Le site témoigne de l'existence ancienne de structures politiques d'envergure qui devaient s'étendre sur une partie de l'Afrique australe. Son déclin – la ville était presque déserte à l'arrivée des Portugais au XVIIe siècle – reste l'objet de supputations ; il pourrait s'expliquer par l'épuisement des ressources pastorales, aggravé par des querelles politiques intestines.

La question des origines de ces constructions, uniques au sud du Sahara, a provoqué un débat idéologique. Les nationalistes blancs de Rhodésie du Sud, avant que celle-ci n'accède à l'indépendance sous le nom, précisément, de Zimbabwe, ne pouvaient admettre que les bâtisseurs aient pu être des Africains : ils imaginèrent toutes les hypothèses possibles pour attribuer les constructions à des populations originaires du bassin méditerranéen ou du Moyen-Orient (de même que la perfection de la statuaire du Bénin suscita des recherches sur une influence gréco-latine supposée). Quant au nationalisme africain, celui des Shona bien sûr, mais plus largement de l'ensemble des Noirs d'Afrique australe, il se nourrit de références à Great Zimbabwe. Fait rarissime sinon unique en Afrique subsaharienne, le site archéologique énonce, dans l'ajustement parfait de ses pierres qui défient le temps, l'évidence d'une authentique et forte historicité.

Il existe ainsi à travers le continent un certain nombre de repères conférant aux États modernes une profondeur historique qui leur donne sens et légitimité. Le territoire prend racine dans la résurrection ou l'invention du passé. Il y épouse sa mémoire sans laquelle il demeurerait un cadre spatial stérile. Ici des ruines – rarement –, là des traditions orales fusionnant avec le mythe ou réinterprétées à la lumière d'événements attestés viennent en renfort d'une histoire textuelle qui ne fut longtemps que l'expression de regards extérieurs, arabes ou européens. L'historiographie joue un rôle décisif, au côté des représentations territoriales, dans l'émergence des consciences identitaires. Les intellectuels africains s'y emploient. Peu nombreux avant les indépendances, ils sont aujourd'hui légion. Nombre d'entre eux ont entrepris d'africaniser l'histoire du continent, en plaçant l'Afrique non plus à la périphérie, mais au centre. Toutefois, les concepts d'État ou de nation véhiculés par une modernité importée sont rarement remis en question, si ce n'est dans une rhétorique convenue. Sauf quelques cas particuliers d'exhumation du passé dédiée au soutien de causes séparatistes, ce travail de mémoire vient plutôt consolider les cadres spatiaux existants. La colonisation a créé, qu'on le veuille ou non, des solidarités qui, avec le recul, prennent valeur de communauté de destin. Le territoire, enrichi de ses mémoires reconstituées, sert ainsi de support à l'émergence de la nation.

Les encadrements au quotidien

Un grand nombre de sociétés africaines fonctionnaient sans encadrement étatique. Les systèmes de pouvoir ne dépassaient pas en général le cadre de la parenté, l'autorité reposant sur l'aînesse. L'étendue des pouvoirs patriarcaux – ceux des chefs de famille ou de lignage – était donc étroitement circonscrite, chaque groupe familial reproduisant un modèle équivalent. Les unités résidentielles, hameaux ou villages, représentaient souvent l'entité la plus large où s'exerçât l'autorité d'un « chef ». Encore celle-ci était-elle restreinte car des décisions importantes ne pouvaient être prises que par un conseil des anciens réunissant les différents chefs de famille. Sur cette structure de base pouvaient se greffer d'autres niveaux d'autorité ou de respectabilité. Les prérogatives de ceux qu'on appelle aujourd'hui les « chefs coutumiers » s'exercent dans des domaines variés qui vont des régulations foncières aux manifestations religieuses. Tantôt les États négocient avec eux, tantôt ils les ignorent. Dans la mesure où la sous-administration demeure une caractéristique générale du continent africain, l'exercice coutumier de l'autorité reste un élément fondamental de l'encadrement quotidien « par le bas » des sociétés.

■ ***L'individu et le « groupe ».*** Une des grandes questions récurrentes posées à l'Afrique concerne la relation entre l'individu et le groupe. Bien que l'anthropologie contemporaine porte un regard nouveau sur les sociétés en valorisant davantage l'« individu », la plupart des études abordant ce sujet ont jusqu'à présent mis en exergue la primauté du groupe sur la personne, notamment à l'intérieur de systèmes de parenté censés caractériser les sociétés pré-capitalistes. Mais une première difficulté surgit dès qu'il s'agit de définir le « groupe », et plus encore lorsqu'il s'agit d'apprécier les réalités vécues par rapport aux structures élémentaires théoriques de la parenté. Lignages et clans, paternels et maternels, situent l'individu dans un faisceau d'interrelations. Le lignage, constitué des ascendants et des collatéraux vivants, correspond à une parenté concrète, plus facile à identifier et à délimiter que le clan. Ce dernier, symbolisé par une figure totémique (un animal le plus souvent), se présente comme une extension du lignage vers l'amont du temps : au-delà des quelques générations précédant les vivants, ses repères se dissolvent dans de mythiques origines. La connaissance généalogique est essentielle au fonctionnement et à la pérennité du groupe, car le principe d'exogamie, lignagère ou clanique, préside aux alliances matrimoniales.

Dans les sociétés lignagères, l'élaboration de l'espace social dépend très étroitement de la filiation et des alliances, celles-ci élargissant l'horizon du groupe local. Avant que l'État moderne impose ses instruments de socialisation et de contrôle spatial, ce sont ces réseaux construits sur l'échange, et en tout premier lieu sur l'échange des femmes, qui fondaient l'essentiel de l'espace vécu. Les chefs se reconnaissaient à leur capacité à étendre au loin les chemins de l'alliance, une des fonctions de la polygamie étant d'élargir les territoires de sécurité. Lorsque l'Afrique s'ouvrit au commerce extérieur, réseaux d'alliance et réseaux commerciaux fusionnèrent sans difficulté, les uns confortant les autres. Ils restent aujourd'hui très vivants : la pensée lignagère et les stratégies d'alliance imprègnent les comportements, qu'il s'agisse de faire vivre les solidarités familiales, d'arranger les mariages qui sont encore assez rarement une affaire privée, de dynamiser des réseaux commerciaux, ou de favoriser un parent. Ces dernières pratiques ouvrent la voie au népotisme politique jusque dans les plus hautes sphères du pouvoir, comme au Togo, au Gabon ou au Sénégal.

■ ***Le groupe et le genre.*** L'adhésion à tel ou tel groupe, par naissance ou par choix, porte le sceau du sexe ou, comme on dit aujourd'hui à la suite des auteurs anglo-saxons, du « genre », pour marquer la distinction entre biologique et sociologique. Les différenciations sexuelles concernant les activités, les comportements, les rôles, les statuts, demeurent fondamentales dans les sociétés africaines. Des associations professionnelles ou culturelles les confortent ; les dynamiques de changement ne cessent d'en modifier les manifestations. Le statut des femmes africaines offre une étonnante diversité, entre une liberté qui n'a rien à envier aux démocraties occidentales, et une soumission rappelant l'Orient arabo-musulman. Comme au Maghreb, les femmes sont les premières victimes de la progression récente de l'islamisme : l'instauration de la charia dans les États du Nord du Nigeria marque un recul des droits des femmes. Mais dans d'autres lieux, l'urbanisation fait craquer bien des situations acquises, remettant en cause les systèmes d'autorité hérités du monde rural et ouvre de nouveaux espaces de respiration à l'initiative sociale. La représentation d'une Afrique archaïque où la moitié masculine de la société dominerait la moitié féminine ne reflète nullement la situation générale, même s'il est vrai par exemple – mais ce n'est pas une spécificité africaine – que le champ politique reste massivement investi par les hommes.

■ ***Les structures de la parenté.*** Au sein d'espaces réticulaires, les alliances forment autant de relais qui élargissent de proche en proche l'aire des lieux familiers. Mais l'extension de ces territoires appropriés ou sécurisés ne couvre qu'une superficie restreinte. Seules les organisations étatiques rendirent possible un changement significatif d'échelle : leurs techniques d'encadrement sont sans commune mesure avec celles qui transitent par la parenté.

Les principes de filiation, d'attribution du nom, d'héritage étayent la classique distinction entre sociétés patrilinéaires, matrilinéaires, ou bilinéaires. Si l'application de ces principes généraux donne lieu à des pratiques fort diversifiées, la tendance actuelle va dans le sens d'un renforcement de la patrilinéarité, plus simple à gérer que des systèmes matrilinéaires privilégiant les relations avunculaires (relations entre oncle et neveu). L'autorité, en tout état de cause, reste toujours du côté des hommes, qu'elle soit celle de l'oncle maternel ou celle du père. Cette dernière tend à s'imposer parce qu'elle est davantage en conformité avec les principes du droit moderne (c'est-à-dire de source européenne). La transmission des patrimoines – question à laquelle l'urbanisation confère une importance cruciale – s'effectue plus aisément dans les systèmes de filiation paternelle. En réalité, les Africains vivent des situations de chevauchement de statuts et de droits suffisamment embrouillées pour laisser une marge de négociation appréciable à des acteurs qui savent jouer de leur double allégeance à la tradition et à la modernité.

■ ***À propos de solidarité.*** On insiste souvent sur la solidarité qui caractériserait les rapports entre Africains. Cette incontestable vertu ne peut cependant pas être considérée comme un caractère inhérent à l'africanité. Il s'agit plutôt à l'origine d'une réponse des populations rurales à l'incertitude et aux risques auxquels elles sont exposées : une forme de sécurité sociale, à l'échelle d'un groupe de parenté ou de voisinage. Les dynamiques de changement, la compétition économique individuelle, les nouvelles contraintes liées à l'urbanisation bousculent cette solidarité souvent jugée pesante par les jeunes générations qui la perçoivent par son revers, le « parasitisme » urbain. Elle demeure comme un idéal tout en composant avec la ruse appliquée à l'esquiver. La solidarité s'interprète également en termes d'investissement politique : la redistribution de biens à des proches ou à des clients constitue en effet une manifestation de pouvoir. L'homme riche (indépendamment du devoir de charité prôné en particulier par les musulmans) est constamment sollicité, ce qui n'est pas sans conséquences économiques. Entre revendications de solidarité et accumulation de capital, il y a souvent contradiction. Un moyen d'y échapper consiste à geler ses biens dans l'immobilier, à les dissimuler à l'étranger ou à investir dans des lieux éloignés des sollicitations de l'entourage quotidien. C'est une des raisons pour lesquelles le commerce et l'artisanat sont très souvent tenus par des « étrangers », généralement célibataires, vivant loin de l'environnement familial afin de réaliser l'accumulation primitive nécessaire pour « gagner la dot » requise par le mariage, construire maison ou boutique. Pour beaucoup d'observateurs, Africains ou non, la contrainte exercée par le groupe (devoir de solidarité, respect de la coutume) constitue une entrave, de moins en moins supportée, à l'épanouissement individuel. Si les élites sont tentées par la migration vers l'Europe ou l'Amérique du Nord, ce n'est pas seulement pour des questions économiques mais pour échapper à un environnement jugé étouffant.

■ ***Encadrements et réseaux sociaux.*** Aux encadrements de type vertical par lesquels s'exerce la prééminence d'une génération sur la suivante s'ajoutent, dans de nombreuses sociétés, des solidarités et des connivences entre classes d'âge. Ces structures horizontales s'expriment par exemple à l'occasion de travaux agricoles effectués en commun. L'appartenance à un collectif d'hommes et de femmes unis par une mémoire partagée dans des lieux communs donne un tour festif à des travaux pénibles. En ville, certains lieux comme les universités remplissent une fonction similaire d'élaboration de réseaux transversaux à la parenté. Le vif succès des loges maçonniques répond à un même besoin.

Parmi les instruments destinés à faciliter l'intégration des individus à un groupe social, l'initiation joue toujours un rôle important. Les épreuves donnant accès à telles ou telles sociétés, plus ou moins secrètes car le mystère contribue à les valider, présentent souvent des degrés destinés à fidéliser leurs membres. Il n'est pas rare que des marques corporelles authentifient l'appartenance à un groupe : tatouages et scarifications remplissent une fonction de signature, d'identification. Plus discrets qu'autrefois, ils résistent cependant à une mondialisation qui dévalorise les distinctions corporelles et culturelles bien que la jeunesse occidentale se soit récemment découvert un véritable engouement pour les tatouages. Parmi les pratiques les plus répandues, la circoncision est certainement la plus populaire, mais l'intervention en milieu hospitalier tend à se substituer aux grandes fêtes d'autrefois. D'autres types de marquages corporels telles les déformations labiales tendent à disparaître. Certaines mutilations persistent en revanche, en particulier l'excision. Bien qu'elle soit condamnée par les démocraties modernes, la clitoridectomie est encore couramment pratiquée dans les régions sahélo-soudaniennes, du Mali à la Somalie, par des populations qui continuent à y voir, à l'instar de la circoncision, un procédé de socialisation validé par leur culture.

La manière dont les relations interpersonnelles sont gérées à l'intérieur d'un groupe varie énormément, qu'il s'agisse de l'autorité des uns, de l'allégeance des autres ou de la conscience plus ou moins aiguë des devoirs de solidarité. Elle contribue à expliquer les différences d'attitude collective, sinon d'aptitude, notamment dans le domaine de l'économie. On vante par exemple le « dynamisme » des Bamiléké : cette population des hautes terres de l'Ouest camerounais se révèle en effet particulièrement entreprenante, aussi bien dans les campagnes qu'à Douala où elle a acquis des positions dominantes dans le commerce et la finance. On explique aussi la réussite des trajectoires migratoires des Mossi, au Burkina Faso et en Côte d'Ivoire, par la solidité des réseaux familiaux. Dans un tout autre domaine, les « commerçants au long cours » doivent leur efficacité à la forte cohésion entre leurs membres, Soninké, Dioula ou Haoussa en Afrique de l'Ouest, marchands swahili en Afrique orientale. Bien d'autres populations pourraient être prises en exemple : chaque cas montrerait que l'efficacité de leurs techniques de production est en partie redevable, pour reprendre le schéma général d'explication de Pierre Gourou, à leurs techniques d'encadrement.

■ ***Des communautés non africaines*** venues dans le sillage de la colonisation fonctionnent sur des principes similaires. Les Libano-Syriens en Afrique occidentale et centrale ont vu leurs fonctions d'intermédiation se renforcer au cours des dernières décennies, en rapport avec l'abandon de certains créneaux d'activité par les Européens. Les Indo-Pakistanais occupent des positions commerciales importantes en Afrique orientale et australe et à Madagascar, où on les désigne du nom de *karane*. Leurs réseaux progressent en Afrique centrale : l'écrivain d'origine indienne Naipaul a mis en scène ces familles parvenues jusqu'à Kisangani, à « *La courbe du fleuve* », selon le titre d'un de ses romans (Albin Michel, 1982). Ils jouent un rôle assez comparable à celui des Libano-Syriens par leur positionnement à l'articulation entre les secteurs formels et informels, y compris dans les fonctions inavouées de corruption des élites : en période de trouble, ils constituent une cible privilégiée de la vindicte populaire.

■ ***Les mouvements associatifs urbains.*** En ville, l'effacement des encadrements traditionnels fragilise l'individu et le pousse vers des mouvements associatifs dont le nombre et l'étonnante diversité correspondent à un besoin très fort de sociabilité. Les associations d'« originaires » accompagnent depuis longtemps l'urbanisation et facilitent l'intégration des migrants. Les associations à finalité professionnelle, culturelle, sportive, religieuse, caritative ont trouvé dans les villes d'Afrique un terrain extrêmement fécond. En Afrique du Sud, les *civics* ont joué un rôle déterminant pour l'encadrement des habitants des *townships*, oubliés par l'administration. Menacés par l'anomie qui gagne du terrain dans les grandes agglomérations, nombreux sont les citadins qui cherchent une planche de salut dans des associations, fussent-elles éphémères, car elles répondent à un besoin profond d'être ensemble pour faire face à des situations individuellement insoutenables. En réaction à la démoralisation politique dans les pays en crise, les groupes de prière se multiplient, mobilisant la ferveur populaire dans un contexte de prolifération des sectes.

LA CONSTRUCTION DU TERRITOIRE : LES VOIES DE L'ÉTAT

Tout autant qu'une mémoire qui se projette dans l'avenir, une nation, c'est un territoire qui se construit. Les infrastructures ne déterminent évidemment pas les superstructures, mais aucun État ne pouvant exister sans communication, l'éventualité de la formation d'États-nations dépend en premier lieu des moyens de circulation. L'aménagement du territoire, acte de souveraineté s'il en est, produit de la nation. L'organisation des espaces africains, entre les villes qui en forment les nœuds et les voies de transport qui en canalisent les flux, a été guidée par le tracé des frontières. La mise en place des réseaux de communication, avec leur double mission de contrôle territorial et de drainage vers les ports des produits à exporter, s'est faite en stricte référence au cadre spatial de chaque colonie ou groupe de colonies. Il en est résulté, à l'échelle du continent, une grande fragmentation des infrastructures de transport. Cela est particulièrement flagrant dans le secteur ferroviaire : le tronçon y tient lieu de réseau.

Afin de remédier à cet éclatement préjudiciable à l'ouverture économique, les grandes organisations régionales (CEDEAO, CEMAC, EAC, etc.) ont élaboré des schémas d'intégration des transports, avec l'appui notamment de la Banque mondiale. Depuis sa création en 2001, le NEPAD (Nouveau partenariat pour le développement de l'Afrique) développe une vision continentale des transports, tant ferroviaires que routiers, dans la conviction que l'avenir de l'Afrique appelle une intégration territoriale supranationale

Les voies ferrées : une illustration de la fragmentation

On a dit de la nation française que son achèvement au XIXe siècle résultait de l'action complémentaire des chemins de fer et des instituteurs. Qu'en est-il de l'Afrique ? Pour les administrations coloniales, l'ouverture des territoires par les voies ferrées était porteuse de progrès économique, de civilisation, en même temps qu'elle constituait un outil de contrôle des populations. De grands projets, tels qu'un « transsaharien » entre l'Afrique du Nord et l'AOF ou une liaison ferroviaire du Cap au Caire stimulèrent l'imagination des ingénieurs. Les réalisations ne furent toutefois pas à la hauteur des ambitions étant donné la parcimonie des investissements accordés aux colonies. En outre, chaque puissance coloniale exporta ses propres standards, sans souci d'harmonisation dans l'écartement des voies, avec pour résultat une impossible interconnexion des réseaux ferroviaires africains. La plupart des chemins de fer sont à voie « métrique », avec cependant deux variantes. Le mètre français, qui se voulait universel, fut retenu par les Allemands mais pas par les Britanniques qui adoptèrent un écartement de 1,067 m. Des voies d'intérêt local se contentèrent des 60 cm caractéristiques des matériels « decauville » utilisés en Europe dans les carrières. Les voies minéralières récentes destinées à supporter des convois lourds ont au contraire été construites à l'écartement dit « normal » (1,435 m), comme en Mauritanie, au Libéria ou au Gabon.

■ ***Tronçons et réseaux.*** L'Afrique de l'Ouest illustre la fragmentation des infrastructures ferroviaires, décalque de celle des territoires : ainsi en est-il du Togo et du Bénin dont les pénétrantes ferroviaires parallèles furent tracées par les Allemands au départ de Lomé, et par les Français à partir de Cotonou. Deux grandes voies fédérales atténuèrent cet éclatement : construites dans le cadre de l'AOF, elles relient Bamako à Dakar et Ouagadougou à Abidjan ; une troisième, Cotonou-Niamey, n'a pas dépassé le stade du projet. De même, en Afrique centrale, une liaison programmée en 1913 entre Libreville et Ouesso (Congo) et un chemin de fer Bangui-Tchad, étudié après 1945, n'ont jamais vu le jour. Seule l'Afrique du Sud dispose d'un réseau digne de ce nom. Il dépasse en kilométrage celui du reste de l'Afrique subsaharienne et son maillage s'étend au Zimbabwe et à la Zambie. Géré avec efficacité par la société nationale *Spoornet*, il remplit sa double mission de transport de pondéreux et de transport interurbain de voyageurs.

Le transport ferroviaire a perdu beaucoup de son importance avec le développement de la route. Il est presque partout confronté à de grandes difficultés financières. À Madagascar, la ligne Tananarive-Tamatave cherche repreneur. Dans la Corne de l'Afrique, le chemin de fer Djibouti-Addis Abeba est à la recherche d'un second souffle. Bien que l'indépendance de l'Érythrée, en privant l'Éthiopie d'une ouverture sur la mer Rouge, renforce son importance stratégique, sa relance se fait toujours attendre. Le réseau nigérian, le plus étendu après celui d'Afrique du Sud, est partiellement à l'abandon, au moins pour le transport de voyageurs. Le Transcamerounais, prolongé en 1973 de Yaoundé à Ngaoudéré, est un des rares à remplir sa fonction de desserte de l'hinterland. Les chemins de fer minéraliers tirent mieux leur épingle du jeu : il s'agit dans la plupart des cas de simples prolongements de la mine et non d'axes structurants : en Mauritanie, entre les mines de fer de Zouerate et le port artificiel de Nouadhibou, circule le train le plus long du monde, avec des convois de plus de 2 km auxquels on accroche maintenant un wagon touristique. En Afrique du Sud, la *coal line*, inaugurée en 1976, transporte chaque année cinquante à soixante millions de tonnes de charbon extrait des mines du Mpumalanga vers le port spécialisé de Richards'Bay. La plus récente des réalisations,

Voies ferrées : des réseaux fragmentés

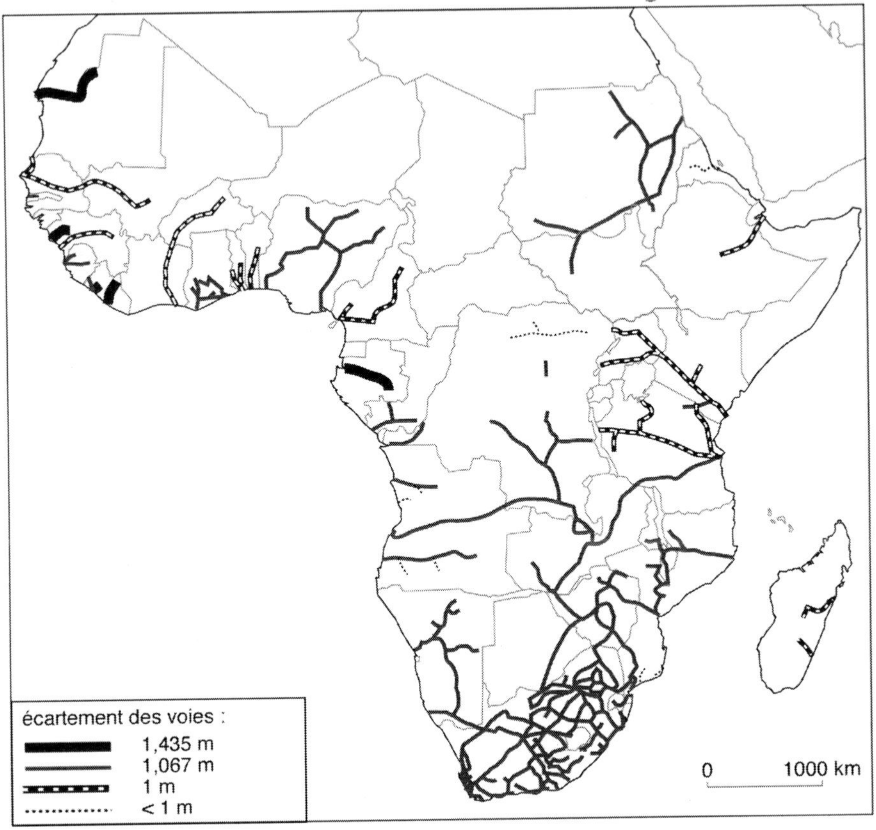

le chemin de fer « Transgabonais », relie depuis 1987 Owendo, le port de Libreville, à Franceville. Il sert à l'exportation du bois et surtout du manganèse de Moanda qui pendant trente ans (1962-1991) a transité par le Congo et le port de Pointe-Noire. Il remplit aussi une fonction politique : sa construction a été saluée par des discours aux accents mystiques le présentant comme le « ciment de l'unité nationale ».

■ ***La « voie nationale » congolaise.*** « Sans chemin de fer le Congo ne vaut pas un penny », avait dit Stanley. Coupée de l'Atlantique par les rapides qui barrent le cours inférieur du fleuve, la cuvette congolaise n'a été désenclavée qu'avec la construction du chemin de fer Matadi-Kinshasa, inauguré en 1898. Par la suite, d'autres tronçons ferroviaires ont été construits : la complémentarité eau/rail a constitué l'ossature du système de transport congolais, le schéma de base de l'édification du territoire national. Très tôt s'était posé le problème de l'acheminement des minerais du Katanga. L'exploitation démarra en 1910 après le raccordement ferroviaire au réseau d'Afrique australe qui fit de Port Elisabeth et d'East London les ports d'exportation du cuivre katangais. Par la suite, des connexions furent établies avec les réseaux angolais, mozambicains. Mais c'est la « voie nationale » destinée à réduire la dépendance vis-à-vis de l'Afrique du Sud qui a été le grand projet de l'administration belge : chemin de fer de Lubumbashi à Ilebo sur le Kasaï (affluent du Congo), transport par barges d'Ilebo à Kinshasa, chemin de fer de Kinshasa à Matadi. Cette « voie nationale » se donnait pour objectif de faire transiter les minerais de Lubumbashi à Anvers en « territoire belge ». Le concept de « voie nationale » a été repris à son compte par le Congo indépendant, dans un autre contexte politique, mais toujours avec cette conviction que les infrastructures contribuent à l'édification de l'unité nationale. Le système de transport congolais n'a pas résisté au délitement de l'État et des offices publics qui l'ont en charge, ONATRA (Office national de transport) et SNCC (Société nationale des chemins de fer du Congo). Les troubles des années 1990 et la guerre civile ont achevé de le paralyser, en attendant la relance de l'exploitation minière, tributaire de la réhabilitation des infrastructures de transport.

Le protocole signé entre la Chine et la RDC en 2007 (6 milliards de dollars d'investissements dans les infrastructures de transport en échange de permis miniers) envisage, entre autres, de parachever la voie nationale en construisant le chaînon manquant Ilebo-Kinshasa. Ce n'est certainement pas une solution rationnelle d'un point de vue économique : la voie angolaise (chemin de fer de Benguela, récemment réhabilité, et port de Lobito) est la moins onéreuse pour l'exportation des minerais du Katanga. Mais il est vrai que le territoire ne se résume pas à sa dimension comptable.

La route et le territoire

L'Afrique d'avant les Blancs vivait au rythme du marcheur, de la pirogue et du dromadaire. Chemins et cours d'eau faisaient les réseaux, nouant, de lieu en lieu, les fils de l'alliance entre les hommes et leur milieu, entre les hommes eux-mêmes. Aujourd'hui c'est aux routes qu'est dévolue la mise en réseau des territoires. Rassembleuses d'espace, elles jouent un rôle éminent dans la construction nationale. Les temps héroïques de la « Croisière noire » sont bien loin, même si les déplacements réservent encore leur lot d'imprévu. Les véhicules tout-terrain eux-mêmes ont parfois du mal à circuler sur des pistes défoncées. La comparaison de cartes routières échelonnées dans le temps montre cependant, d'éloquente façon, la densification des réseaux et l'amélioration des infrastructures. Comme pour les réseaux ferroviaires, l'Afrique du Sud se détache par la qualité d'un réseau routier qui totalise 40 % du kilométrage d'Afrique subsaharienne, donnée révélatrice de son niveau de développement. Tandis que les routes principales établissent des interconnexions entre les villes, leurs ramifications irriguent le tissu rural. Le passage de la liaison axiale au réseau ramifié est le signe d'une articulation accomplie entre villes et campagnes, d'une intégration territoriale qui solidarise les différentes composantes du territoire national.

■ ***Réseaux et intégration régionale.*** Les réseaux routiers, parce qu'ils ont d'abord été un outil du contrôle territorial de l'État, rayonnent à partir des capitales. Aujourd'hui, les politiques d'intégration dite « régionale », c'est-à-dire regroupant un certain nombre d'États voisins, mettent l'accent sur les liaisons inter-États. En Afrique de l'Ouest, il est désormais possible de circuler sans quitter le goudron du Nigeria jusqu'en Côte d'Ivoire. Parmi les projets du NEPAD figure une liaison autoroutière Nouakchott-Lagos. Dans le sens nord-sud, plusieurs axes routiers relient les capitales de l'intérieur (Bamako, Ouagadougou, Niamey) aux ports atlantiques ; la crise politique ivoirienne a réorienté le transit international en faveur du Ghana, du Togo et du Bénin. Au-delà de sa fonction intégratrice aux échelles nationale et régionale, la route est devenue indispensable à l'ouverture des pays enclavés sur la mondialisation. Elle soumet la voie ferrée à une rude concurrence : l'achèvement du bitumage de l'axe routier Dakar-Bamako devrait confiner l'activité ferroviaire au transport des pondéreux. L'Afrique centrale affiche un retard considérable dans les processus d'intégration physique. Les faibles densités ont toujours été une entrave aux actions d'aménagement. Dans le cadre de l'AEF, le fleuve Congo et son affluent l'Oubangui constituaient, de Brazzaville à Bangui, l'épine dorsale d'une voie transéquatoriale que le chemin de fer « Congo-Océan » (Brazzaville/Pointe-Noire) compléta en 1934 en la prolongeant jusqu'à l'Atlantique. Mais la voie fluviale aujourd'hui périclite ; l'ATC (Agence transcongolaise de communication) a peu à peu sombré, comme l'ONATRA, son homologue de la rive gauche du Congo. C'est la route qui capte désormais l'essentiel des trafics extérieurs des pays enclavés, Tchad et Centrafrique, au bénéfice du port de Douala. Les actuels plans de transports régionaux privilégient tous la route ; ils font du Cameroun une plaque tournante des relations à la charnière entre Afrique centrale et occidentale.

■ ***Désagrégation des réseaux, déconstruction de l'État.*** La cuvette congolaise tend à devenir un trou noir des communications. La dégradation des infrastructures de transport n'est pas imputable à la seule guerre civile. Elle avait commencé sous le règne de Mobutu. Les 80 000 km de voies carrossables léguées par le Congo belge ne dessinent plus qu'un maillage théorique et trompeur. En 1990, le Zaïre ne comptait que 2 400 km de routes asphaltées (1 km de route pour 1000 km^2) : la faillite de l'État avait progressivement conduit à une « archipellisation » du territoire renforçant les tendances centrifuges des espaces périphériques. Au Katanga, la route des mines (Kolwezi-Lubumbashi), débouche sur la Zambie. À l'est, la route des Lacs raccorde les régions de forte densité du Kivu aux réseaux routiers du Rwanda, du Burundi et de l'Ouganda. Il n'existe en revanche aucune liaison routière interrégionale, et la traversée du territoire congolais demeure le grand obstacle au projet de route « transafricaine » Mombasa-Lagos. Le retour à l'unité nationale après la guerre civile théoriquement achevée en 2002 ne pourra se réaliser concrètement qu'avec la reconstruction des infrastructures de l'État.

La voix de l'État

Les réseaux immatériels jouent un rôle sans cesse croissant dans l'élaboration des identités nationales. Les influx nationalisants transitent autant par les voix éthérées de l'État que par ses voies terrestres. Même s'ils sont très éloignés des « autoroutes de l'information », les pays africains possèdent leurs chaînes de radio et de télévision, dans la plupart des cas étroitement contrôlées par les pouvoirs politiques. Depuis les indépendances, les médias exercent une influence déterminante pour tout ce qui touche aux identités et aux représentations collectives. Ils contribuent puissamment à leur émergence, leur renforcement, et parfois à leur mortelle exaspération, comme dans le cas des « médias du génocide » au Rwanda. Le transistor en brousse, la télévision en ville diffusent des messages destinés à nourrir les consciences nationales. Les médias d'État perdent cependant leur position de monopole : les satellites véhiculent d'autres voix que captent les antennes paraboliques. La mondialisation de l'information touche une fraction de plus en plus nombreuse de la population, ce qui n'empêche pas les Africains d'être à l'écoute de la voix de l'État, une voix exaltant la nation, ne serait-ce que par la diffusion quotidienne des hymnes nationaux et de slogans qui en vantent l'unité et la grandeur.

ÉTAT, ETHNIE : CARREFOURS DE L'IDENTITÉ

L'ordre spatial

Les dynamiques engendrées par le découpage colonial ont plaqué sur l'Afrique subsaharienne un nouvel ordre spatial. La grille formée de 49 entités très hétérogènes associe des États aux vastes dimensions (9 États dépassent le millions de km^2, dont la RDC, 2,3, et le Soudan 1,9) et des micro États insulaires (960 km^2 pour Sao Tomé et Principe). Aussi divers soient-ils, ces États présentent une caractéristique commune et fondamentale : leur origine exogène.

La question de l'État contemporain en Afrique, de ses rapports avec le passé, tant précolonial que colonial, et de son articulation avec d'autres modalités d'encadrement, notamment ethnique, a donné lieu à une abondante littérature. Nés de modèles importés et imposés, avant d'être revendiqués et appropriés, les États se caractérisent par un fort degré de mimétisme institutionnel. Les indépendances n'ont pas provoqué de ruptures radicales ; la classe politique émergente, formée à l'école des anciennes métropoles, s'est glissée dans le moule hérité. La plupart des administrations fonctionnent encore sur des textes datant de la période coloniale. Les constitutions, y compris celles qui ont vu le jour depuis 1990 sous l'effet de la vague de « démocratisation », ont été élaborées en référence à des modèles familiers, souvent en étroite concertation avec des constitutionnalistes de l'ancienne puissance tutélaire. Le mimétisme formel, observable jusque dans le choix des symboles de l'État, l'iconographie, l'hymne national, l'étiquette du pouvoir, recouvre cependant des pratiques enracinées dans un soubassement culturel plus ou moins explicité mais suffisamment vivace pour les démarquer de la matrice dont elles ne sont pas la simple reproduction. La tradition joue sa partition derrière la glace sans tain de l'État. Jean-François Bayart utilise l'image du rhizome pour caractériser ces États qui, sous leur façade lisse, plongent leurs racines dans le terreau grumeleux et vivant des sociétés. La conclusion de sa magistrale étude sur *L'État en Afrique* (Fayard, 1989) rappelle qu'il repose sur un processus de réappropriation des institutions d'origine coloniale et qu'il ne peut plus être tenu pour une simple structure exogène. La question est de savoir comment s'effectue la greffe d'un « *État importé* » (Bertrand Badié, Fayard, 1992).

Infrastructures routières : un espace en construction

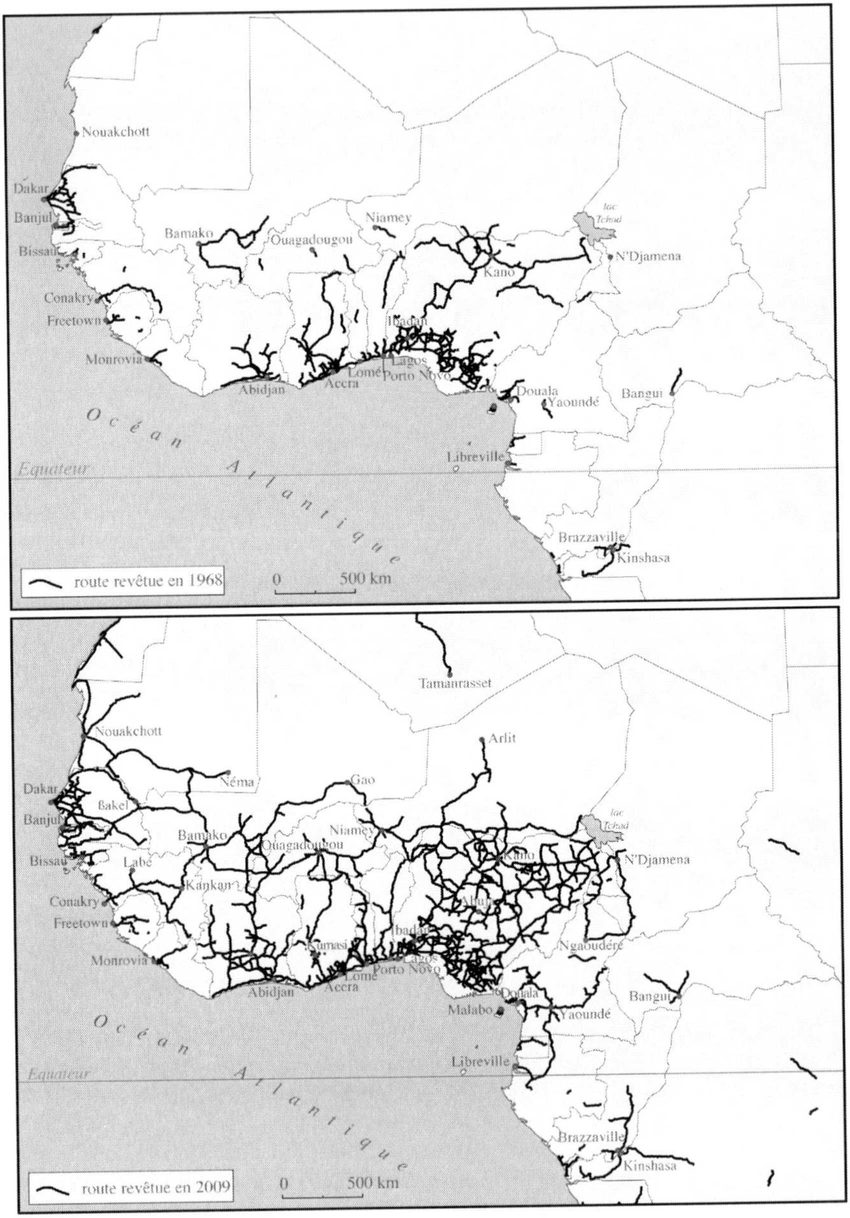

Source : carte Michelin (édition 1970 et 2009).

Le débat fait surgir les images contrastées d'une réalité Janus : opposition entre le « jour » – costume-cravate, table de conférence, imparfait du subjonctif – et la « nuit » – boubou chamarré, musique et danse, palabres sans fin à la lueur du brasier ou des lampes à pétrole. On doit à Georges Balandier, depuis la parution en 1957 d'*Afrique ambiguë*, des réflexions nourries sur l'ambiguïté qui colle à l'Afrique comme la peau à la chair. Ambiguïté fascinante parce qu'elle récuse les modes d'emploi réducteurs, et les prêt-à-penser univoques.

Dans le verger composite d'une Afrique plurielle, la greffe de l'État a inégalement réussi : les différents terroirs ne s'y prêtaient pas de manière uniforme. La diversité des situations politiques contemporaines tient probablement davantage aux spécificités endogènes qu'aux différences provenant des modèles importés. On oppose souvent, de façon schématique, modèles français et britannique. Le premier, réputé non sans raison centralisateur et jacobin, marqué par la figure de la république « une et indivisible », se distinguerait du second, davantage porté vers des solutions empiriques, plus attentif aux particularismes qu'à une universalité abstraite. Dans un cas l'administration directe s'imposerait, dans l'autre l'*indirect rule*, mis en pratique par Lord Lugard au Nigeria. La distinction ne fut pourtant pas aussi nette. Le pouvoir colonial, quel que fût son modèle de référence, sut s'adapter aux circonstances et aux particularités de terrain. La forte structuration politique des Foulani et des Haoussa du Nigeria septentrional prédisposait au gouvernement indirect. À l'inverse, la Grande-Bretagne appliqua des formules d'administration directe en pays Ibo, au sud-est du Nigeria, car elle ne put y trouver de chefferie constituée sur laquelle fonder les relais de pouvoir. La France, elle aussi, modula ses pratiques d'administration en s'appuyant sur des relais locaux lorsqu'ils existaient et acceptaient de collaborer : ce fut souvent le cas dans les régions d'islam où des structures politico-religieuses encadraient les populations, par exemple au Nord-Cameroun. En revanche, celles du Sud-Cameroun, relevant d'un système d'organisation politique « acéphale », furent soumises au contrôle direct de l'administration coloniale.

Même si les cultures administratives héritées diffèrent, les systèmes de contrôle des espaces et des hommes présentent de fortes parentés : tous se rapportent au modèle de l'État territorial. Ils reposent sur la circonscription de l'espace – selon une démarche analogue à la mise en frontière – et sur un pyramidage administratif à deux ou trois échelons fondant les hiérarchies spatiales. La subdivision des circonscriptions, en rapprochant la figure abstraite de l'État des territoires du quotidien, n'a cessé de resserrer la maille, résorbant les espaces fluides et les marges floues. Mais si les systèmes de contrôle territorial fondés sur le cantonnement des hommes sont semblables dans leur principe fondateur, leur application varie selon les contextes politiques locaux, et le poids inégal de la variable ethnique.

Au nom de l'ethnie

L'ethnie se situe à l'articulation entre l'État, défini par son territoire et sa prétention à en gérer la totalité, et les groupes locaux à l'horizon limité par l'extension des liens de parenté et des lieux familiers. À la différence des États, les ethnies correspondent rarement à des espaces précisément délimités, ce qui en rend la cartographie très délicate. Interpénétrations, chevauchements, gradients brouillent la perception des territoires ethniques, dont beaucoup, au demeurant, transgressent les frontières d'État. Les discordances spatiales entre ethnies et États posent la question de la pertinence du modèle de l'État-nation impliquant une concordance forte entre le territoire et l'identité nationale.

Les incertitudes relatives au statut épistémologique de l'ethnie et l'usage galvaudé qui en a été fait ont provoqué au cours des années 1980 une réaction dans les milieux français de l'africanisme. Des anthropologues et des historiens ont entrepris de « déconstruire » le concept pour souligner en particulier l'inconsistance des conceptions ontologiques de l'ethnie (Amselle et Mbokolo, 1985). Ces analyses critiques ont sans doute conduit à minimiser le rôle des ethnies dans les conflits contemporains. Le retour en force des phénomènes identitaires impose en tout cas une mise en perspective d'un concept à la riche polysémie et qui ne se réduit pas à quelques stéréotypes. S'il existe un accord général pour reconnaître dans la langue et la culture les éléments constitutifs d'une identité ethnique, il est souvent difficile d'appliquer les critères de discrimination entre deux parlers comme entre deux modes d'expression culturelle. L'ethnologue, parce qu'il ne peut échapper à la tentation d'ériger en objet unique le groupe qu'il étudie, a tendance à en accuser les traits spécifiques. Un excès de raffinement dans l'étude des particularités conduit à une segmentation sans fin ; à l'inverse, une trop grande économie d'enquête peut conclure à des regroupements artificiels. Toute la difficulté consiste à repérer les discontinuités actives sur le terrain mouvant des identités. Tâche complexe car celles-ci changent avec le temps. L'ethnie en effet ne relève pas d'une quelconque ontologie : l'ethnogenèse est permanente.

■ ***Le mot et la chose.*** La question ethnique constitue un passage obligé de toute étude de l'Afrique. L'ethnographie coloniale classait les populations en races, peuples ou tribus. Pour les Européens d'alors, la race désignait tout bonnement ce qu'on appelle aujourd'hui le groupe ethnique. La littérature coloniale regorge de considérations ethnographiques et de jugements de valeur concernant ces « races » que les administrateurs avaient sous leur juridiction, et dont les missionnaires apprenaient la langue pour traduire l'évangile et le mettre ainsi à leur portée. Cela n'impliquait pas forcément l'adhésion à une idéologie raciale, bien que les préoccupations pratiques d'administration, de contrôle, d'évangélisation aient prêté à une hiérarchisation des « races ». L'horreur de la politique raciste appliquée par l'Allemagne nazie allait jeter l'opprobre sur toute étude de la société en termes de race. Ce mot, en effet, a pratiquement disparu de la littérature sauf pour désigner les grandes subdivisions de l'espèce humaine.

Autre mot dont l'emploi est sujet à caution : celui de tribu, dévalué par le contenu péjoratif du « tribalisme ». Nombreuses sont les analyses des dysfonctionnements politiques de l'Afrique qui en rejettent la responsabilité sur l'état « tribal » du continent : celui-ci serait incapable d'accéder à la citoyenneté et à la démocratie parce qu'empêtré dans le « tribalisme ». Cet usage dépréciatif reste dans la droite ligne du regard dominateur des grandes puissances, le tribalisme représentant un résidu de l'état « primitif » attribué aux sociétés africaines avant la colonisation. Mais la réprobation du tribalisme en tant que pratique archaïque ne disqualifie pas pour autant le concept proprement dit de tribu. Pour les Anglo-Saxons, *tribe* s'applique aux sociétés lignagères, pour les distinguer de celles qui vivent dans des collectivités de type étatique. Les auteurs français parleront aujourd'hui plutôt de groupe, ou de minorité ethnique, mais le mot *tribu* a longtemps été d'usage courant et il l'est resté parmi les Africains francophones pour désigner l'ethnie. L'analyse des sociétés nomades quant à elle se réfère toujours aux tribus. Ces sociétés segmentaires s'organisent sur la base des unités socio-spatiales élémentaires, les tentes ; l'extension des liens de parenté définit des tribus qui elles-mêmes se rassemblent à un échelon supérieur dans des fédérations et des confédérations dont la totalité dessine les contours du groupe ethnique. Les Touaregs, par exemple, sont organisés sur ce schéma qu'on retrouve sous des formes plus ou moins altérées chez tous les peuples pasteurs.

■ ***Regard colonial et inventaire ethnique.*** En rejetant les sociétés africaines du côté de la nature, la colonisation avait amorcé une illusoire entreprise de naturalisation de la culture, en oubliant que les ethnies sont des acteurs de l'histoire. C'est pourtant sous son dominium que le paysage ethnique a le plus profondément changé : la colonisation elle-même fut une grande faiseuse d'ethnies, d'abord parce qu'elle fut, à bien des égards, une entreprise de classement. Les Européens développèrent en Afrique la manie classificatoire héritée des sciences naturelles. La prise de possession de territoires inconnus s'accompagna d'inventaires et d'étiquetages. Une démarche identique rapproche, de ce point de vue, hydrographe et ethnographe. De même que la reconnaissance et la cartographie des cours d'eau servirent de canevas à la définition physique des territoires, de même l'enquête ethnographique eut pour finalité première le repérage de leur contenu humain. La production simultanée d'hydronymes et d'ethnonymes jalonne ce parcours de l'appropriation. Certes, il était moins aléatoire de relever le tracé d'une rivière que de définir des entités humaines aux contours incertains et mobiles ! Les documents d'archive montrent combien les premières nomenclatures ont été fluctuantes. Mais, progressivement, les incertitudes se sont résorbées. Dénominations et délimitations ont tranché dans ce qui n'était souvent que continuum. Aux premières cartes faites de points et de lignes se sont ajoutées les surfaces, signe d'un approfondissement dans la maîtrise cognitive de l'espace habité.

De l'inventaire à l'invention, il n'y a qu'un pas. L'administrateur désireux de connaître la composition humaine du ressort sur lequel s'exerçait son autorité procéda comme l'entomologiste en épinglant des noms sur une carte vierge. En présence de sociétés « acéphales », c'est-à-dire sans chefs, la recherche d'interlocuteurs destinés à être les relais du pouvoir colonial s'appuya sur l'identification, souvent aléatoire et arbitraire, de groupes ethniques. Au cours de ce travail d'inventaire, des « ethnies » ont disparu du vocabulaire, d'autres ont été forgées de toutes pièces : ainsi apparut l'ethnonyme *Bété* créé pour désigner différents groupes de populations de l'Ouest ivoirien qui n'avaient de commun que la contiguïté de leurs territoires lignagers. À l'inverse, on ne parle plus des *Fiottes* mais des *Vili* pour désigner les populations de la région littorale comprise entre Mayumba et Pointe-Noire. En Éthiopie, les *Galla* des textes anciens se sont effacés devant les *Oromo.* Certaines appellations mal contrôlées recouvrent des nébuleuses aux contours élastiques. La dénomination générique *Kroumen*, dont l'origine se rattache au groupe *Krou*, finit par désigner indifféremment les originaires du golfe de Guinée recrutés comme marins. Bien des mots ont connu, jusque récemment, des glissements sémantiques significatifs de l'insertion de l'ethnie dans l'histoire. Parmi les inventions marquantes, celle de l'ethnonyme *Mongo,* appliqué à la multitude de petits groupes ethniques de la cuvette congolaise, est tout à fait représentative de la démarche classificatoire. Les recherches ethnographiques et linguistiques d'un administrateur et de missionnaires belges ont fait surgir de l'anonymat un ensemble ethnique fédérant les populations dispersées dans la forêt. Le centre de recherche Aequatoria, situé à proximité de Mbandaka, capitale régionale de la province congolaise de l'Équateur, a joué un rôle décisif dans l'émergence de cette entité : les Mongos se revendiquent aujourd'hui comme tels.

Les significations ethnonymiques dépendent du locuteur. Le nom que les membres d'un groupe se donnent peut différer de ceux que les étrangers leur appliquent. *Touareg* est l'appellation arabe de populations qui se disent *Kel Tamacheq* (du pays de langue tamacheq). Inversement, un même mot peut recouvrir des sens différents. C'est ainsi que la définition des *Bambara* (eux-mêmes se reconnaissant plutôt comme *Bamana*), le groupe le plus nombreux au Mali, a donné lieu à des acceptions multiples. La situation, à l'intérieur, sur les marges ou à l'extérieur du groupe modifie la représentation ; la distance compte beaucoup dans la capacité de distinction des différences : l'éloignement regroupe, la proximité sépare. En Afrique centrale, l'habitude s'est prise d'appeler *Haoussa* les commerçants musulmans ouest-africains quand bien même la majorité d'entre eux se compose de Malinké originaires du Mali. En Afrique occidentale, *Dioula* s'applique davantage à la fonction commerçante qu'à une appartenance ethnique clairement définie. En Côte d'Ivoire, le mot a fini par désigner indistinctement les nordistes musulmans.

■ ***Babel africain.*** Parmi les critères de distinction ethnique, la langue occupe une place éminente. À la suite des travaux des missionnaires qui furent généralement les premiers à étudier les langues africaines dans un but d'évangélisation, ceux des linguistes sont venus compléter un tableau d'une grande complexité puisqu'on dénombre plusieurs milliers de parlers différents. Certains ne sont que des variantes d'une même langue, mais même si on ne considère que des groupes d'intercompréhension, le panorama reste celui d'un extraordinaire patchwork.

Les grandes familles linguistiques n'aident guère à la compréhension du fait ethnique car elles sont bien trop englobantes : la notion d'une ethnie bantoue, par exemple, est dénuée de sens, même si certains traits communs ont pu justifier la création à Libreville d'un Centre international des civilisations bantoues (CICIBA). Quelque 450 langues répertoriées, un nombre plus important encore de groupes ethniques composent cet ensemble bantou divers à souhait. D'autre part, des populations parlant la même langue ne forment pas *ipso facto* un ensemble uni : au Rwanda et au Burundi, le partage d'une même langue n'a pas empêché la formation des entités distinctes hutues et tutsies entre lesquelles l'histoire contemporaine a dressé un mur de haine. Le rapport entre langue et ethnie est donc complexe, la

Quelques référents identitaires

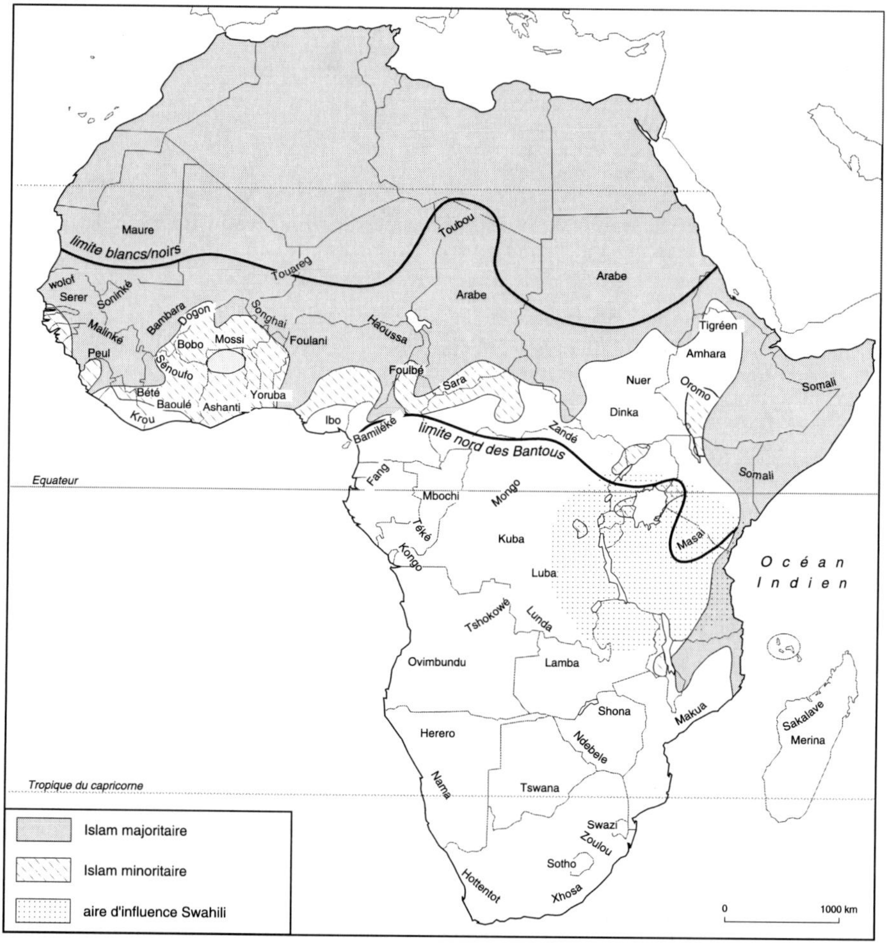

plupart des Africains étant d'ailleurs plurilingues. Certaines langues ont acquis le statut de langue véhiculaire, sans compter les langues officielles européennes. Toute l'Afrique orientale dans une acception large incluant l'est de la RDC parle swahili, langue officielle en Tanzanie et au Kenya. Les échanges sur le fleuve Congo sont à l'origine de la formation d'une *lingua franca,* le lingala, parlé bien au-delà de ses deux rives dans les deux Congos. En définitive, les pratiques linguistiques ne donnent pas mécaniquement accès aux classifications ethniques, encore moins à leurs réalités. La perception multicentrée d'un groupe ethnolinguistique admet bien des anamorphoses.

■ ***Dis-moi ce que tu fais, je te dirai qui tu es :*** l'entrée par l'activité constitue un autre critère de différenciation. Les spécialisations professionnelles ne suffisent pas pour autant à définir une ethnie : des groupes héréditairement attachés à certains métiers, tels les forgerons ou les tanneurs, peuvent au mieux être catalogués parmi les castes. Étudiant les populations qui cohabitent dans le delta intérieur du Niger, Jean Gallais a montré tout le parti qu'on pouvait tirer de la distinction entre cultivateurs, pêcheurs, éleveurs, commerçants. Les migrations internationales tendent à créer des corrélations entre ethnie et métier : les Popos, pêcheurs originaires de la côte entre Ghana et Bénin, deviennent un groupe ethnique sous le regard des Congolais. Les commerçants étrangers sont eux aussi les acteurs, souvent involontaires, d'une « ethnicisation » qui se retourne régulièrement contre eux dans les périodes de crise propices à la désignation de boucs émissaires. On voit bien dans tous ces processus, en paraphrasant Jean-Paul Sartre traitant de la question juive, que « l'ethnie c'est les autres », tout le problème consistant, bien sûr, à définir les éléments fondateurs de l'altérité.

■ ***De la démarche classificatoire au classement hiérarchique.*** Le classement des ethnies par les puissances coloniales a fréquemment débouché sur leur hiérarchisation selon des critères de valeur initialement liés à leur aptitude à collaborer. Les peuples côtiers eurent en général la faveur des administrations : ce n'était que la conséquence de l'ancienneté du contact, et donc d'une connaissance mutuelle entre Blancs et Noirs dont ne bénéficiaient pas les peuples de l'intérieur. Ce schéma côte/intérieur a joué un rôle important dans la hiérarchisation des ethnies, selon une grille allant du « civilisé » au « sauvage ». La vie politique en porte encore les traces, mais l'histoire a, dans bien des cas, inversé la hiérarchie. Partout le regard colonial construisit des typologies, érigea des « vocations » qui donnèrent une image figée d'une réalité ethnique pourtant changeante. Des considérations purement esthétiques ont participé à la construction de ces représentations : la « noblesse » du pasteur, le culte de la beauté chez les Peuls, la finesse et l'élégance naturelle attribuées aux Tutsis, furent mis en exergue, faisant ressortir par contraste une lourde rusticité paysanne.

Ces images de l'autre ne sont pas anodines : elles ont orienté des actions politiques dont une des conséquences, et non des moindres, fut de les conforter. Les débuts de la scolarisation ont privilégié certains groupes, contribuant ainsi à accuser les différences. L'exemple du Rwanda est sans doute le plus frappant : l'action des autorités civiles et religieuses sous le mandat de la Belgique a renforcé la « vocation » de la minorité tutsie comme groupe dominant. Écoles publiques et séminaires leur étaient pratiquement réservés, tandis que la majorité hutue se voyait reléguée aux fonctions productives subalternes. Les sources des dynamiques génocidaires contemporaines ne se trouvent-elles pas dans cette différenciation systématique accomplie par le système colonial ?

Toute l'Afrique a connu des politiques discriminantes. Elles se traduisirent par l'émergence des « évolués », produits de l'école des Blancs, majoritairement issus des groupes les plus proches des lieux du pouvoir colonial. C'est au contraire parmi les populations éloignées des capitales que celui-ci recrutait les militaires et autres auxiliaires des forces de l'ordre. Il en a résulté une géographie ethno-régionale contrastée, certains groupes se distinguant par le nombre de leurs évolués, notamment les « écrivains » (agents de l'administration), tandis que d'autres, moins favorisés, devaient se contenter d'une carrière d'homme de troupe. Lors des indépendances, les premiers accédèrent tout naturellement au pouvoir, mais dans bien des cas ils en furent chassés par les seconds : c'est le schéma du Togo, du Bénin ou des deux Congo. Au Togo, le général Eyadema, au pouvoir pendant près de quatre décennies (1967-2005) s'est appuyé sur les Kabyé, ethnie nordiste pauvre qui trouva accès à la modernité en passant par le chemin des casernes. C'est un itinéraire semblable qu'empruntèrent les Mbochi du Congo septentrional pour porter au pouvoir leurs chefs militaires, dont l'actuel président Sassou Nguesso. La colonisation n'a évidemment pas inventé le fait ethnique, mais sa démarche classificatoire et ses représentations hiérarchiques ont conduit à rigidifier des situations jadis fluides. Aussi paradoxal que cela puisse paraître, elle a peut-être autant contribué à créer des ethnies que des États.

Ethnogenèse et modernité

On oppose souvent ethnie et État. Dans cette représentation, les pratiques et les valeurs attachées à celle-là caractériseraient un « tribalisme » primitif incompatible avec la modernité incarnée par celui-ci. Il s'agit là d'une vision tout à fait erronée, car les processus de formation historique des identités ethniques non seulement ne sont pas en contradiction avec ceux qui donnèrent naissance aux États, mais dans bien des cas ils les ont accompagnés. Les rapports complexes ethnie/État doivent être pensés sur le mode de l'articulation et de l'emboîtement, non sur celui de l'opposition.

Le classement des ethnies, et à l'intérieur de celles-ci de sous-ensembles définis sur des critères de distinction et d'homogénéité relative, est allé de pair avec la création des encadrements administratifs. Le bouclage territorial en circonscriptions, puis à l'intérieur de celles-ci en subdivisions, a conduit le pouvoir politique à rechercher des relais dans un système réel ou supposé de chefferie. Les textes officiels de l'époque coloniale révèlent un souci, dicté par des préoccupations d'efficacité, d'adapter les ressorts de l'administration territoriale aux configurations humaines, quitte à inventer, pour la bonne cause, des entités ethniques. C'est ainsi que l'« ethnie » Bété a émergé dans l'Ouest ivoirien d'une nébuleuse de groupes lignagers regroupés par l'administration pour des raisons de commodité. Quelques décennies plus tard, les Bété se revendiquent comme tels et puisent dans leur identité nouvelle (longtemps confortée par une opposition structurelle au pouvoir central dominé par les Baoulé) un argumentaire légitimant leur positionnement politique. La victoire aux élections présidentielles de 2000 de Laurent Gbagbo a donné un nouveau lustre à cette entité née de la modernité de l'État mais son éviction du pouvoir en 2011 rebat les cartes. L'exemple des Bété n'est pas isolé. Rien n'a autant contribué à conforter les identités ethniques que la mise en place des systèmes modernes de gestion sociale : filières et réseaux lignagers ou claniques ont pénétré l'administration jusqu'à la subvertir en profondeur.

■ ***Les fondements ethniques de l'État : la territorialisation.*** Des populations mobiles dans des territoires fluides : telle était la situation qui prévalait dans la majeure partie de l'Afrique noire avant l'intervention des Européens dans l'intérieur du continent. Les territoires étaient partout en recomposition permanente, sous l'effet notamment des perturbations que la traite des esclaves provoqua jusqu'à la fin du XIXe siècle. Les maigres densités de peuplement favorisaient la mobilité multiforme de populations aux ancrages spatiaux ténus. Une des conséquences de la colonisation fut de geler pour un temps les flux migratoires. L'objectif de tout administrateur était en effet d'assigner à chacun sa place. Le contrôle de l'État sur l'individu s'exerçant par l'encadrement territorial, tous les moyens pouvant contribuer à la territorialisation ont été mis en œuvre. Quels qu'aient été les référents idéologiques, il est frappant de constater que les pratiques de contrôle territorial reposèrent partout sur des principes très voisins. Partout l'identification glissa de la parenté à la localité. Le lieu prit le pas sur le statut, la géographie sur la généalogie.

La question de l'identité, et – ce qui la rend primordiale – des droits qui lui sont attachés, ne s'est longtemps posée qu'en termes de filiation. Elle continue bien sûr à se décliner sur le mode de la parenté. L'autre, répondant à la question « qui es-tu ? », nomme ses parents, son groupe, son clan : son ascendance le place dans la constellation des alliances possibles – ou dans celle de l'adversité. Mais la question implique aussi, et de plus en plus, le registre du lieu : « d'où es-tu ? ». Elle bascule du sang à la terre. Le grand débat « droit du sang, droit du sol », que l'Europe rouvre périodiquement, accompagne l'histoire récente de l'Afrique. La territorialisation se superposant à la généalogie, l'identité des individus s'enracine dans une double appartenance au groupe ethnique et à l'État.

Les administrations coloniales ont consacré beaucoup d'énergie à la définition des circonscriptions hiérarchisées qui forment la grille physique du contrôle spatial. Les indépendances n'en ont pas remis en cause le principe. Non seulement les États ont conservé la plupart des découpages, de même que les nomenclatures, mais ils se sont de surcroît livrés dans la plupart des cas à une intense « production de territoire » par un resserrement de la maille. Ainsi, depuis l'indépendance, la Côte d'Ivoire a vu le nombre de ses départements passer de 4 à 50, celui de ses sous-préfectures de 100 à 187. Au Niger, une loi de 2002 a réformé l'administration territoriale en renforçant les échelons locaux : les 131 cantons ont été remplacés par 213 communes rurales et 52 communes urbaines. Toutes ces réformes visent à rapprocher l'administration des citoyens et à favoriser la démocratie locale.

■ ***Nommer l'espace.*** Le renforcement de l'encadrement territorial s'est accompagné d'une entreprise de dénomination des circonscriptions dont la finalité apparaît clairement : il s'agit d'éliminer du vocabulaire toute référence ethnique, comme si la république « une et indivisible » ne voulait connaître que des citoyens interchangeables dans un espace homogène. Le Gabon est à cet égard exemplaire. La première réforme territoriale de la république, en 1959, concerna la réorganisation des cantons : elle supprima tous les ethnonymes au profit de noms puisés dans le registre de la nature. Depuis lors la politique de « naturalisation » formelle a éradiqué toute trace de particularisme ethnique de la nomenclature administrative : provinces et départements portent des noms de cours d'eau. Ce traitement appliqué à l'espace de l'État est loin d'être insignifiant. En France, l'assemblée constituante s'était de même interrogée en 1790 sur la manière dont il convenait de nommer les départements en cours de création. Dans la plupart des cas, les dénominations données par les États africains à l'occasion de modifications ou de créations d'entités territoriales répondent à la même logique qui privilégie la nature. Le choix des noms donnés par le Nigeria aux états qu'il crée périodiquement (la réforme de 1991 porta leur nombre à 30) le confirme. La récente réforme administrative de la République sud-africaine ne déroge pas à ce principe : sur les neuf provinces qu'elle compte désormais, cinq sont dénommées par des points cardinaux tandis que la région de Johannesburg a été baptisée Gauteng (« lieu de l'or »), le nom de la province de Mpumalanga signifiant quant à lui « le pays où le soleil se lève ».

L'observation attentive des découpages territoriaux montre qu'ils se font néanmoins au plus près des réalités ethniques et qu'ils résultent généralement de marchandages entre groupes en compétition. La reconnaissance d'une entité territoriale, à toutes les échelles, conforte ou crée de nouvelles légitimités de pouvoirs, et ouvre des perspectives d'accès à la rente publique. Au travers des infrastructures territoriales, les États renforcent leur contrôle tout en s'assurant l'appui des notables intéressés par l'allocation de ressources. Ces notables remplissent une fonction essentielle de relais entre l'État et les groupes locaux. Ils agissent tantôt comme porte-parole de ces derniers, tantôt comme représentants du pouvoir, revêtant alternativement le costume de l'ethnie et les insignes de l'État.

Le discours sur l'ethnie est toujours ambigu. Les pratiques unanimement condamnées du « tribalisme » dévaluent, en principe, la référence à l'ethnie. Mais la société étant constituée d'individus qui tous s'identifient à une – ou plusieurs – ethnie(s), doit-on pour autant dévaluer la société ? La proposition tourne à l'absurde. On n'échappe à l'aporie à laquelle conduit inévitablement l'opposition définie comme structurelle entre ethnie et État qu'en les saisissant au contraire dans leur complémentarité créatrice. Territorialité et ethnicité participent l'une et l'autre de la modernité : la réalisation concrète d'un État fondé sur les principes de la territorialisation a eu pour conséquence de surligner les contours ethniques tout autant que les contours étatiques et de faire émerger différents niveaux de conscience identitaire.

■ ***Cartographie et identité.*** La cartographie n'a pas été étrangère à ce passage des espaces fluides d'antan au cantonnement dans des territoires circonscrits. Le découpage administratif de l'espace procède en effet du travail préalable du cartographe : n'est-ce pas la « mise en carte » des populations qui a permis le fonctionnement de l'État moderne ? L'identification des individus, leur « état civil », renvoie aux lieux. Les archives coloniales montrent que les administrateurs ont souvent attaché le plus grand soin à l'élaboration de ces outils de connaissance indispensables à l'action politique que sont la carte, la localisation des populations et leur caractérisation. Tantôt les groupes étaient aisément identifiables, ce qui permettait la définition de circonscriptions homogènes. Tantôt ils ne l'étaient pas, du fait de chevauchements, d'imbrications, ou d'atomisation extrême : dans ce cas, la circonscription pouvait être le point de départ des processus d'ethnogenèse précédemment évoqués.

■ *Territorialisation et apartheid.* La séparation entre « terres blanches » et « réserves indigènes » a été au centre des politiques de territorialisation dans toute l'Afrique méridionale. La tentative conduite par l'Afrique du Sud de transformer les réserves en « bantoustans » n'est que l'expression hyperbolique de cette entreprise dominée par la logique de séparation raciale impulsée par la minorité blanche. En 1913, le *Native Land Act* avait délimité les *native reserves*. Celles-ci, d'une superficie initiale de 8 millions d'hectares, furent portées à 15 millions d'hectares en 1936. Le pouvoir blanc finit par répartir les Bantous entre neuf groupes linguistiques, attribuant à chacun des territoires propres. L'obligation de résider dans un territoire correspondant à son groupe entraîna le déplacement de millions de personnes vers ces « bantoustans » auxquels le *Bantu Self-government Act* de 1959 devait donner une certaine autonomie administrative. En 1972, quatre des dix bantoustans, encore appelés *homelands*, furent déclarés indépendants (Transkei, Bophuthatswana, Venda et Ciskei). Les deux États enclavés du Lesotho et du Swaziland, produit de l'histoire emmêlée des guerres zouloues et des rivalités anglo-boer, ont sans doute servi de modèle aux bantoustans. Le morcellement des territoires noirs en multiples fragments noyés dans les terres blanches visait à en affaiblir l'expression politique. Ces pseudo-États n'obtinrent cependant aucune reconnaissance internationale et ne purent retarder longtemps la fin du pouvoir blanc. L'adhésion massive des Noirs à l'*African National Congress* (ANC) de Nelson Mandela et à sa vision nationale unitaire a balayé l'apartheid et les bantoustans : ils furent rayés de la carte en 1994 avec le nouveau découpage de l'Afrique du Sud en neuf provinces.

Les problèmes ne sont pas résolus pour autant, car au-delà du découpage politico-administratif du territoire national, c'est la question foncière qui se pose désormais. Elle se révèle d'une extrême complexité du fait d'une juxtaposition de statuts : grands domaines fonciers juridiquement bien définis des terres blanches, terres collectives des ex-bantoustans dont les chefs coutumiers revendiquent la gestion, terres domaniales, occupations privatives *de facto*. La déstructuration des relations entre les hommes et leur territoire (déplacements forcés, éclatements résidentiels des familles) a été tellement profonde au cours des dernières décennies qu'il est très difficile d'imaginer le futur. L'Afrique du Sud n'est pas prête de sortir d'un imbroglio où le foncier interfère avec les recompositions identitaires et les tentations d'ethniciser les rivalités politiques. Dans les dernières années du régime d'apartheid, la question zouloue et les ambitions politiques du chef Buthelezi à la tête de l'*Inkhata Freedom Party*, rival de l'ANC, ont montré combien la dimension ethnique était présente dans le champ politique et se greffait sur les questions de contrôle de la terre. L'élection à la présidence de la République du Zoulou Jacob Zuma en 2009 après les années de prééminence des Xhosa pourrait accélérer les réformes foncières. Les Khoisan, strate de peuplement la plus ancienne mais longtemps considérée comme marginale, commencent eux aussi à évoquer leurs droits ancestraux sur la terre.

■ *Territoire et ethnicité : l'exemple du Kenya.* L'Afrique du Sud représente un cas extrême, mais il existe d'autres exemples de traitement territorial fondé sur les principes d'exclusion et l'instrumentalisation de la cartographie. Au Kenya, la production de cartes a accompagné les politiques territoriales, en amont et en aval de la reconnaissance d'identités ethniques. Le principe d'un « zoning » généralisé, concernant la gestion d'espaces naturels et la définition de territoires ethniques, a été mis en application dans les années 1930. La création de réserves et de parcs a soustrait de vastes étendues aux usages anciens, notamment aux usages pastoraux des Masaï. Les « *White Highlands* » furent soigneusement démarquées des réserves africaines. L'administration détermina les territoires indigènes en fonction de sa capacité à identifier les différentes communautés. Avec son obsession de séparer, elle déstabilisa les anciennes relations que les populations entretenaient entre elles et avec des espaces de vie complémentaires, affaiblissant un tissu de relations fondées sur la négociation et l'échange. Au cloisonnement administratif se sont en outre ajoutés les effets d'une privatisation foncière fondée sur la même logique d'exclusion.

L'homogénéité ethnique se manifeste à l'échelle des subdivisions des provinces kenyanes : *district* et *location*. La définition de ces entités s'est appuyée sur une cartographie à l'élaboration de laquelle les chefs locaux ont activement collaboré, prouvant qu'ils avaient une conscience nette des enjeux territoriaux et fonciers des découpages spatiaux. L'histoire récente du Kenya souligne à quel point la question des territoires et des pouvoirs ethniques a pénétré l'État. Les années de présidence du « père de l'indépendance », Jomo Kenyatta, virent, sous couvert d'un décloisonnement administratif, l'extension du domaine foncier du groupe politiquement dominant, celui des Kikuyu, qui accapara une part importante des anciennes terres blanches. L'arrivée au pouvoir de Daniel Arap Moi, président de 1978 à 2002, a modifié les rapports de force en faveur du groupe des Kalenjin dont il est originaire. Ces derniers ont alors revendiqué la plus grande partie de la Rift Valley, arguant de droits fonciers dont ils auraient été dépossédés par la colonisation. L'histoire est sollicitée pour légitimer des revendications territoriales réaffirmées à l'occasion des débats sur un régionalisme qui se confond avec des représentations ethniques de l'organisation socio-spatiale. L'entité kalenjin, constituée d'un groupement de plusieurs ethnies, est pourtant récente : le mot lui-même n'apparaît que dans les années 1940 pour désigner des communautés de la région du Rift dont les langues sont apparentées (groupe nandi). Le mot se généralise pendant la rébellion « Mau Mau » qui embrasa le pays kikuyu : les loyalistes kalenjin, profitant alors du soutien de l'État colonial, fondèrent leur identité dans l'expression de revendications territoriales.

Au cours des années 1990, les violences ethniques, réactivées à chaque période électorale, ont opposé les Kalenjin et leurs alliés Masaï aux Kikuyu accusés d'avoir spolié leurs terres. Il ne s'agit en aucune façon d'une résurgence de conflits « tribaux » anciens, mais de la conséquence d'une territorialisation constitutive d'une modernité qui, en privilégiant le rapport au sol, engendre les catégories antagoniques d'autochtone et d'allochtone autour desquelles se nouent rivalités économiques et tensions politiques locales. En 2002, c'est à nouveau un Kikuyu, Mwai Kibaki qui accéda à la présidence. Sa réélection fin 2007 dans des conditions douteuses fut violemment contestée par les partisans de l'opposant Raila Odinga, d'ethnie Luo. Il s'ensuivit des affrontements violents dans la région de Kisumu entre Kikuyu et Luo : ils se soldèrent par un millier de morts et trois cent mille déplacés, portant gravement atteinte à l'image du Kenya. Comme sous Arap Moi, mais à un degré de violence encore jamais atteint dans un pays longtemps considéré comme un modèle, la compétition politique a dégénéré en cristallisant les antagonismes autour d'entités à la double composante ethnique et territoriale. Cet exemple kenyan confirme que le rapport à l'espace tient une place centrale dans les processus identitaires : le questionnement sur l'ethnie appelle un détour par le territoire et l'État.

■ ***Espace-miroir, mémoire du territoire.*** Le sentiment d'appartenance à une collectivité s'élargit, selon un système d'emboîtement, depuis la cellule familiale jusqu'au large monde, le niveau de l'État représentant un des paliers essentiels de ces identités gigognes. Or, dès qu'elle dépasse le seuil de la proximité familiale et du groupe d'inter-connaissance, l'identité ne peut se construire qu'en référence à l'étendue et à la durée qui la rendent possible parce qu'elles en fixent les bornes.

L'aménagement du territoire a une fonction nationalisante. La nation prend corps sur les routes qui solidarisent les lieux et nouent les mailles d'un espace réticulaire par où transite l'influx unifiant de l'État. Mais le territoire ne serait rien sans les représentations que le pouvoir en donne. Depuis les indépendances, l'image joue un rôle éminent dans les processus d'adhésion à l'idée de nation. La preuve de l'existence du territoire national n'est-ce pas son image, miroir de sa totalité insaisissable ? Image colorée aux contours cernés de néant des cahiers d'écolier. Image reproduite à l'infini sur les supports les plus divers, tee-shirts, télévision. Image gravée dans la pierre comme à Madagascar où l'île elle-même est érigée en monument, sa géographie sublimée remplissant la fonction du monument aux morts des villes françaises. La géographie, comme au temps de Jules Ferry, dit la patrie. Aujourd'hui les médias amplifient le message : radios et télévisions africaines jouent un rôle irremplaçable dans l'émergence ou la consolidation de l'idée de nation. Autre lieu d'expression d'un sentiment collectif puissant, le stade exalte les performances nationales. Les matchs de football prennent une dimension politique en nourrissant des pulsions nationalistes ; lors de la Coupe africaine des Nations (CAN), tout un peuple communie avec son équipe. Le drame vécu par le Togo au cours de l'édition 2010 de la CAN lorsque son équipe a été victime d'une action terroriste menée par le FLEC (Front de Libération du Cabinda) en témoigne. La coupe du monde en Afrique du Sud a fait de l'été 2010 un moment exceptionnel, pour le pays organisateur qui en attend un nouveau souffle national, et pour l'ensemble de l'Afrique, fière d'héberger pour la première fois cet événement de portée mondiale.

Par l'alchimie de la représentation, le territoire devient mémoire. Les espaces découpés il y a à peine plus d'un siècle ont engendré, en devenant le support d'une histoire commune, de véritables identités nationales transcendant les distinctions ethniques. Ce mouvement général, toutefois, se trouve contrarié par des forces, génératrices de la grande instabilité de l'Afrique contemporaine : luttes pour le pouvoir, rivalités religieuses, replis identitaires.

Guerres et insécurité

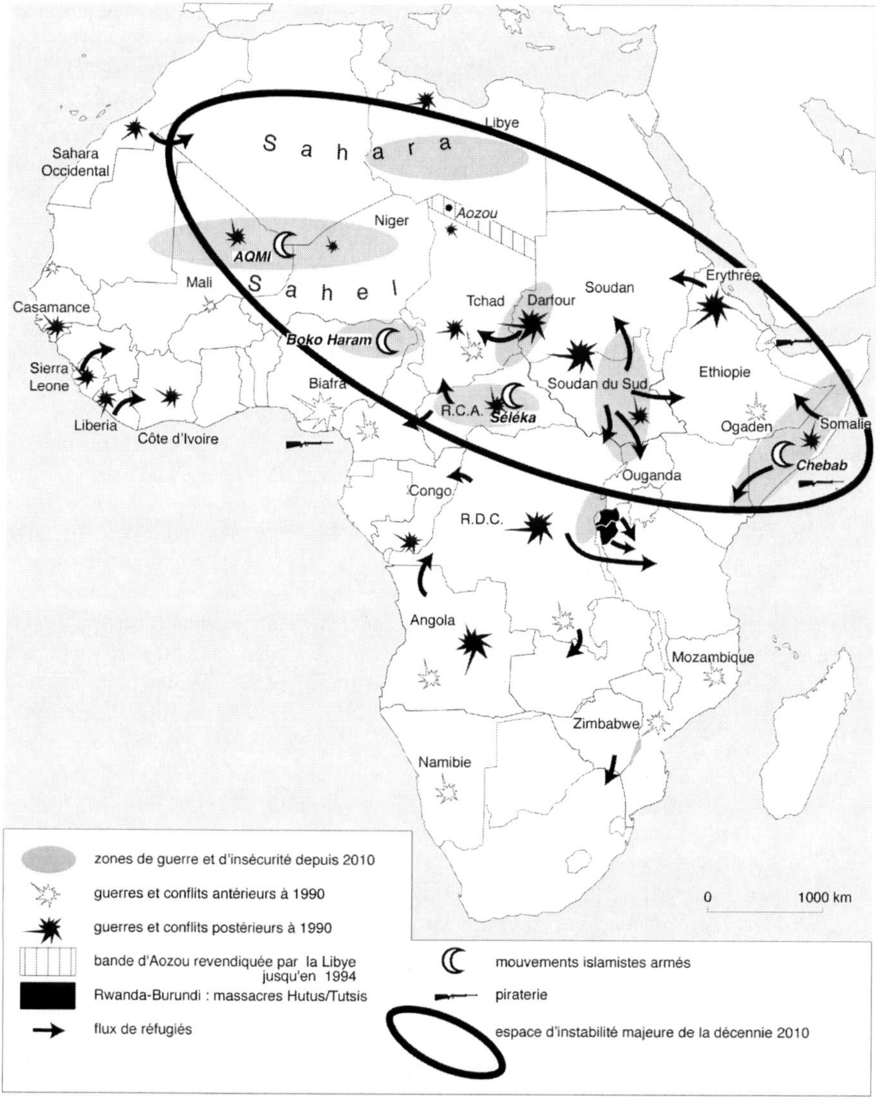

Tensions et conflits

Depuis la fin de la brève *pax colonica*, l'Afrique noire n'a pas connu une seule période de paix générale. Ce n'est pas sa configuration territoriale qui se trouve remise en question, mais le fonctionnement d'États en voie de construction, entraînés dans des changements trop rapides pour qu'ils s'effectuent sans heurts. Leurs tensions internes ont en outre été attisées par les convoitises rivales des anciennes puissances coloniales, des États-Unis et de l'URSS. L'Afrique fut un terrain d'affrontement indirect entre l'Est et l'Ouest, un débouché pour des armements promis au rebut mais suffisants pour entretenir des conflits dits de « basse intensité » mais qui ont fait des millions de victimes.

■ ***Un demi-siècle de conflits.*** Quelques jours après la proclamation de son indépendance, le 30 juin 1960, l'ex-Congo belge sombre dans le chaos : la sécession du Katanga, les mercenaires, l'intervention des casques bleus de l'ONU, esquissent la première image négative d'un continent dont les nostalgiques de la colonisation annoncent alors le retour à la sauvagerie. De 1967 à 1970, la guerre du Biafra déchire le Nigeria sur fond de rivalités internationales pour le contrôle du pactole pétrolier. Des souffrances de ses populations civiles naquit « Médecins sans frontières ». Aux guerres d'indépendance dans les colonies portugaises succèdent après 1975 les guerres civiles au Mozambique et en Angola, ce dernier pays n'ayant retrouvé le chemin de la paix qu'en 2002 avec la mort de Jonas Savimbi, chef de l'Unita, principal mouvement opposé au pouvoir de Luanda. Le Tchad traverse un quart de siècle de tourmentes à partir de la fin des années 1960 avant une période d'accalmie un temps rompue par de nouvelles rébellions (2005-2008). La Namibie accède à l'indépendance en 1990 après de longues années de conflit armé. Des guerres à répétition secouent la Corne de l'Afrique : l'Érythrée recouvre son indépendance en 1993 – mais à nouveau les combats l'opposant à l'Éthiopie font rage de 1998 à 2000. La question de la Somalie – triste théâtre de l'impuissance onusienne et des mascarades médiatiques – reste en suspens. Au Soudan, si le conflit du Soudan du Sud a pris fin en 2005, celui du Darfour a pris le relais. Et que dire de l'instabilité dans la région des Grands lacs, des massacres récurrents au Burundi et au Rwanda jusqu'au génocide de 1994, et de la première « guerre continentale » africaine dont les séquelles sont encore perceptibles dans l'Est de la RDC ?

Bref, où que le regard se pose apparaissent les images de violence, et si ce n'est la guerre, ce sont les coups d'État militaires, la violation des droits de l'homme qui rappellent que l'Afrique traverse une période d'intenses turbulences. Par-delà la diversité de situations, les explications renvoient généralement, en dernière instance, au *deus ex machina* commode du « tribalisme » érigé en responsable de l'instabilité du continent. La réalité ne se réduit pourtant pas à une explication monolithique, même s'il est vrai que la dernière décennie du XXe siècle a remis la dimension ethnique au cœur de l'histoire. Non seulement en Afrique, mais partout dans le monde. Il n'y a plus, de ce point de vue, de spécificité africaine, si ce n'est dans la persistance du vocabulaire, car le « tribalisme » ne jouit pas du statut valorisant du « droit des peuples à disposer d'eux-mêmes ». Si on recherche une spécificité, elle va à l'encontre de la vulgate contemporaine : la stabilité de la carte politique de l'Afrique contraste en effet avec les bouleversements territoriaux qui ont remodelé l'Europe centrale, orientale et les

Balkans au cours des années 1990, et amputé l'Ukraine de la Crimée en 2014. L'instabilité chronique du continent noir s'est jouée, jusqu'à maintenant, et pour l'essentiel, dans le cadre stable des frontières héritées de la colonisation.

Les vieilles formules autochtones de gestion sociale craquent de partout devant la mondialisation des techniques étatiques de contrôle des hommes et de leur espace. S'il est vrai que dans les territoires en proie à l'insécurité, de nouvelles *terrae incognitae,* au sens que leur donne Jean-Christophe Ruffin dans *L'Empire et les nouveaux barbares* (J.-C. Lattès, 1991), échappent au regard de l'État, *Big Brother* n'est malgré tout jamais très loin. En vérité, les dynamiques de l'Afrique contemporaine associent des pratiques et des valeurs propres aux cultures locales, à des savoirs et des désirs venus d'ailleurs. Les difficultés d'articulation sont à la mesure de la béance entre deux univers dont la rencontre ne date que d'un siècle, parfois un peu plus, parfois moins. Des États jeunes pour une population jeune, en rupture de brousse, avide de nouveautés mais disposant rarement des moyens de satisfaire ses aspirations, telle est la toile de fond structurelle des événements qui agitent l'Afrique.

■ ***Les guerres civiles.*** Depuis un demi-siècle, la guerre rôde d'un bout à l'autre de l'Afrique noire. Si les guerres d'indépendance ont épargné les empires britannique et français dont l'« émancipation » a été négociée, les années de combat dans les colonies portugaises ont laissé au contraire de profondes cicatrices. Mais quelle que soit sa trajectoire, aucun État n'est à l'abri de guerres civiles. Celles-ci, depuis la fin des luttes anti-coloniales, n'ont plus pour but principal que la prise du pouvoir et le contrôle des ressources auxquelles il donne accès : l'idéologie ne masque plus la réalité triviale des conflits. Les identités ethniques sont instrumentalisées par les chefs de guerre qui jouent sur les ressorts de la peur et de la haine à défaut d'autre légitimité. Au Libéria, la guerre s'est ancrée dans les ressentiments des « autochtones » envers les « Afro-Américains », descendants des fondateurs de la république, qui monopolisèrent le pouvoir jusqu'à l'assassinat du président Tolbert en 1980. Les camps rivaux se sont cristallisés autour de factions fondées sur des ambitions personnelles et des intérêts économiques, autant que sur des appartenances ethniques. En Sierra Leone, les chefs du RUF (Front révolutionnaire uni) n'eurent de cesse, en multipliant les atrocités, d'enfermer les populations dans un système d'adhésion sans échappatoire à l'une ou l'autre des parties en conflit. Dans les deux cas, des enfants-soldats ont été massivement embrigadés, ajoutant à l'horreur d'une violence déréglée dont l'écrivain Amadou Kourouma a décrit l'absurdité dans *Allah n'est pas obligé* (Le Seuil, 2000).

Le vent de liberté qui, avec la chute du communisme, a soufflé sur l'Afrique, ébranlé les dictatures et encouragé les aspirations démocratiques, a par ailleurs réveillé des tensions latentes que les chefs politiques n'ont pas eu de mal à exploiter dans un contexte de crise économique et de désarroi de la jeunesse urbaine. Les pogromes dont furent victimes les Kasaïens du Katanga en 1993-1994 comme toutes les guerres en cours soulignent la facilité avec laquelle les rivalités de pouvoirs exploitent les failles interethniques. Les dernières décennies ont montré que les arbitrages électoraux sur le modèle des démocraties occidentales font difficilement bon ménage avec l'exercice patrimonial du pouvoir. Il a été plus facile de créer des territoires d'État que les conditions d'une démocratie politique.

La cristallisation ethnique des violences collectives ne fait que traduire la fragilité des structures étatiques dans un contexte de pauvreté. Générées par l'âpreté d'une concurrence prédatrice, les guerres civiles sont avant tout le fruit du sous-développement dans des États fragiles.

■ ***Les interventions extérieures.*** Pendant la guerre froide, les États-Unis et l'URSS se sont affrontés, en Afrique comme ailleurs, par puissances régionales interposées. L'intervention cubaine en Angola aux côtés du pouvoir « marxiste » de Luanda, et l'aide américaine à l'Unita de Jonas Savimbi en constituèrent le point culminant. Même si le Nord, depuis que la normalisation des rapports Est-Ouest a entraîné une dévaluation géopolitique de l'Afrique subsaharienne, a pris ses distances vis-à-vis des conflits africains, il continue à être leur pourvoyeur d'armements. L'affaire des ventes d'armes à l'Angola (Angolagate) avec ses dessous politico-mercantiles rappelle que les conflits « périphériques » enrichissent les industriels du « centre » et le monde interlope des experts en trafics d'influence. Le pétrole du golfe de Guinée vient naturellement au premier rang des fauteurs de guerre. L'or noir fut un des principaux paramètres du conflit biafrais. Les redevances pétrolières, officielles ou occultes, ont financé le conflit angolais comme la brève guerre du Congo-Brazzaville en 1997. La complicité des multinationales du Nord et des acteurs politiques locaux dans un écheveau de relations individualisées, de diplomatie occulte et de réseaux mafieux n'a cessé de brouiller la visibilité des « Affaires africaines » sur lesquelles pèse ce *noir silence* dénoncé par François-Xavier Verschave (édition des Arènes, 2000). Le pétrole n'est pas seul en cause : le diamant a permis à l'Unita de s'approvisionner en armements, de même qu'il fut le principal support financier du conflit en Sierra Leone. Le pillage des ressources du Congo (RDC) a financé l'économie de guerre de tous les belligérants du conflit qui a embrasé les Grands Lacs et la cuvette congolaise de 1996 à 2002, qu'il s'agisse de l'Ouganda, du Rwanda ou du Zimbabwe et de l'Angola au côté de Kinshasa.

Les guerres sont sans cesse plus « africanisées ». La génération des mercenaires aventuriers qui, tel Bob Denard, s'illustrèrent au Congo, a cédé la place à de « nouveaux mercenaires », les uns plus professionnels, comme les employés de l'entreprise sud-africaine Executiv Outcomes chargés notamment de sécuriser l'exploitation de diamant en Sierra Leone. Les autres purs produits de la guerre comme les rescapés hutus des Forces armées rwandaises ayant réussi à échapper à la destruction des camps de réfugiés du Kivu en 1996 et qu'on a retrouvé mercenaires dans les combats de Brazzaville au côté de Sassou Nguesso, ou les soldats perdus du Libéria intervenant dans le conflit ivoirien. Chaque nouveau conflit vient gonfler le nombre de ces soldats déracinés prêts à vendre leur force de combat au premier patron venu. Comme dans l'Europe de la guerre de Trente Ans, la guerre engendre la guerre.

■ ***Du repli identitaire au fédéralisme.*** Rien n'est plus lourd de dangers, actuellement, que la tentation du repli identitaire au nom de l'autochtonie. Elle est à l'origine des massacres interethniques récurrents au Kivu. La Côte d'Ivoire, en mettant en exergue une « ivoirité » contraire aux pratiques de plusieurs décennies d'assimilation, s'est engagée dans une voie dangereuse. Dix ans de crise politico-militaire (2002-2011) ont donné un coup d'arrêt à sa croissance. Si le Sénégal a su jouer l'alternance démocratique, il n'a pas résolu le problème de la Casamance et des revendications des Diola que leur attachement au terroir pousse vers des mouvements indépendantistes. Une des voies possibles pour mettre un terme à ces violences pourrait résider dans la solution fédérale. Un processus de « scissiparité territoriale » a ainsi permis au Nigeria de désamorcer des tensions internes par une reconnaissance des notabilités régionales. Depuis l'éviction de Mengistu, l'Éthiopie a été réorganisée en république fédérale, chacune des nouvelles régions étant dotée d'importantes prérogatives, notamment dans le domaine très sensible des langues. La résolution durable du conflit de la RDC passe probablement par une réorganisation sur une base fédérale déjà préconisée par la Conférence nationale en 1990, du moins par une large autonomie de gestion des entités régionales. La constitution de 2006 a pris cette nécessité en compte en définissant les conditions d'une décentralisation qui ressemble à un fédéralisme qui ne dit pas son nom. Partout les politiques de décentralisation peuvent être l'occasion de désamorcer des tensions régionales avant que celles-ci ne basculent dans les travers de l'ethnorégionalisme.

■ ***Islam et christianisme.*** La rencontre de l'islam et du christianisme prend tout le continent en écharpe. L'islam a pénétré le Sahel sur les traces des caravanes venues du Maghreb, et dans le sillage des conquêtes militaires des royaumes marocains. À l'est, la diffusion s'est faite à partir de la mer Rouge et des comptoirs arabes des côtes de l'océan Indien. L'islam est longtemps resté confiné aux villes. Les campagnes, pôles de résistance de l'animisme, ne lui furent acquises que sous l'effet du prosélytisme des réseaux marchands, de l'expansionnisme arabe ou peul, ou pour marquer leur distance vis-à-vis de la colonisation européenne. Aujourd'hui, l'islam est totalement intégré aux pratiques quotidiennes des populations sahélo-soudaniennes. Les rituels valorisant l'eau, si précieuse dans les régions sèches, font désormais partie de la gestuelle africaine, au même titre que le sacrifice du mouton ou que le port d'attributs vestimentaires qui signent l'adhésion à l'islam. L'Afrique noire musulmane est celle du boubou des hommes ; la tenue féminine n'est généralement pas soumise à de strictes obligations, sauf dans le nord-est du continent, de la Somalie au Soudan, où règne un islam rigoriste. Toutefois, depuis quelques années, l'islamisme progresse : le port du voile, jadis inconnu en Afrique de l'Ouest, n'est plus exceptionnel.

L'Afrique islamisée correspond aux zones sèches de l'hémisphère nord. Là se trouvent les principaux pays qui ont adhéré à l'Organisation de la conférence islamique (OIC). Créée en 1971, celle-ci encourage le mouvement séculaire d'islamisation de l'Afrique noire. Mais l'islam a peu mordu sur les milieux forestiers, d'autant que ceux-ci subissent l'influence du christianisme depuis le début de la colonisation. Le front de l'islam progresse en direction du sud, non par suite d'un mouvement concerté, mais par petites touches liées à l'expansion des réseaux marchands. Les montagnes ont fréquemment servi de refuge à des populations attachées à leur religion animiste, par exemple aux *kirdi* du Nord-Cameroun. Par l'ancienneté du christianisme, l'Éthiopie représente un cas unique : son Église, fortement enracinée dans la montagne, a résisté victorieusement aux assauts d'un islam précocement maître des basses terres. La relation tendue entre bastion central chrétien et périphéries islamisées domine depuis plus de mille ans son histoire et ses représentations géopolitiques.

L'islam noir est un islam de confréries aux colorations multiples et dans l'ensemble plutôt tolérant, bien que les situations diffèrent sensiblement selon les pays. Les quelques petites communautés wahhabites financées par l'Arabie font exception par un rigorisme qui va à l'encontre des traditions soufistes. À la diversité d'expression de l'islam répond celle des Églises d'obédience chrétienne et des sectes les plus diverses qui n'ont cessé de se multiplier en proportion de la crise sociale et morale des populations. Le recours au religieux, s'il soulage des blessures de la vie, peut aussi engendrer des replis communautaires, attiser des oppositions régionalistes. Pendant la crise ivoirienne, les chefs politiques du Sud se présentaient en défenseurs des populations chrétiennes contre les « nordistes » assimilés à des « musulmans » quand bien même la majorité des musulmans ivoiriens résident dans les villes du sud. Au Tchad, les tensions nord-sud – à tout le moins les représentations qu'elles véhiculent – ont une dimension religieuse forte : sudistes animistes et chrétiens, contre musulmans du Nord. Mais c'est au Soudan que le conflit entre un Nord islamisé et un Sud christianisé a longtemps pris les formes les plus exacerbées, les sudistes ayant refusé la loi islamique que le régime de Khartoum prétendait leur imposer.

■ ***L'islamisme : une menace de déstabilisation***. Depuis les attentats du 11 septembre 2001, on assiste à une mondialisation des mouvements extrémistes islamistes se réclamant d'Al-Qaida. L'Afrique n'y échappe pas. AQMI, Al-Qaida au Maghreb islamique, organisation armée issue d'Algérie (Groupe salafiste pour la prédication et le combat, GSPC) s'est implantée au milieu de la décennie 2000-2010 dans les espaces saharo-sahéliens du Mali, du Niger et de Mauritanie, prônant le jihad. Le massif de l'Adrar a constitué un de ses principaux bastions armés. Activement impliqué dans le trafic de drogue transsaharien ce qui lui permet d'accéder au marché de l'armement, AQMI a complété son équipement militaire en accaparant une partie des stocks d'armes provenant des arsenaux de Kadhafi. Allié aux mouvements indépendantistes des Touaregs, AQMI s'empare en 2012 du nord du Mali jusqu'à Tombouctou et Gao, et y impose la charia. La crainte d'une avancée jusqu'à Bamako décide la France à intervenir militairement (opération Serval) avec le feu vert de l'ONU. Les forces islamistes, affaiblies et désorganisées, n'ont pas perdu pour autant toute capacité de nuisance. Le Sahel est devenu une zone majeure d'insécurité d'où essaiment des groupes terroristes.

Au nord du Nigeria où les affrontements sanglants entre musulmans et chrétiens sont endémiques, la secte islamique *Boko Haram*, revendiquant un rejet de l'école de type occidental, se distingue par sa brutalité. Implantée dans l'État de Bornou, dans et autour de sa capitale Maiduguri, elle fait régner une insécurité qui tend à déborder sur les pays voisins, Niger, Tchad et surtout nord du Cameroun. L'enlèvement de quelque 200 lycéennes en avril 2014 a suscité une vive émotion dans le monde, exprimée par ces mots *Bring Back Our Girls*. L'évolution de la situation de l'Afrique où un front opposant islam et christianisme tend à se généraliser et à se durcir, renforce le crédit de la thèse du « choc des civilisations ». En Somalie, les jeunes combattants *Chebab* ont pour ennemis Occidentaux et Israéliens. Leurs attentats meurtriers étendent l'insécurité au Kenya, portant atteinte au tourisme.

La rébellion en RCA de la *Séléka* en 2012 a, elle-aussi, une forte composante musulmane. Même si le conflit est fondamentalement lié à une crise d'un Etat fragile incapable de contrôler son territoire, il a rapidement dérivé en guerre civile opposant les musulmans et les chrétiens, ces derniers ayant créé une milice d'auto-défense, les *Anti-balaka.* L'intervention française (opération Sangaris), dans l'attente de l'envoie de casques bleus, ne semble pas en mesure de pacifier un pays totalement désorganisé où la peur et la haine se cristallise autour des identités religieuses.

■ ***Noirs et Blancs.*** La rencontre entre Noirs et Blancs s'effectue aux deux extrémités de l'Afrique subsaharienne. Au nord, des relations millénaires ont engendré toutes sortes de métissages entre les grandes familles blanches (Maures, Touaregs, Arabes) et les Noirs. Les tribus nomades sahariennes ont longtemps exercé leur domination sur les paysanneries des régions sahéliennes et soudaniennes. La colonisation a modifié la nature de conflits mêlant inextricablement l'appartenance ethnique, la confession religieuse ou les conflits d'intérêt entre pasteurs et cultivateurs, l'appartenance à des groupes blancs ou noirs surdéterminant l'ensemble de ces facteurs. En Mauritanie, l'opposition entre les Maures et les Négro-Africains est autant affaire de statut social que de couleur de peau. Les deux tiers de la population sont réputés maures, mais cette proportion inclut les Haratines, descendants d'esclaves noirs qui vivent au service des Beydanes, Maures blancs pour la plupart. Depuis la création de la Mauritanie, les Négro-Africains (Toucouleur, appelés aujourd'hui Halpuren, et Sarakolé de la vallée du Sénégal) subissent la domination des Maures. Un mouvement d'opposition, les Forces de libération des Africains de Mauritanie (FLAM) créé en 1983, milite pour une revalorisation de la place des Noirs dans la société.

La situation est différente en Afrique australe : les métissages entre Blancs et Noirs y sont exceptionnels (les « métis » d'Afrique du Sud sont pour la plupart issus d'unions entre Blancs et Khoisan). La « nation arc-en-ciel » demeure une société multiraciale, Blancs et Noirs campant sur leurs territoires sans se mélanger. Le pourcentage de population blanche ne cesse de diminuer : il n'est plus que de 10 % environ pour 80 % de Noirs. Cette disproportion ne peut que s'accentuer, car la croissance démographique des premiers n'est que de 0,8 % par an, contre 2,5 % pour les seconds. La gestion des rapports futurs des Blancs avec une majorité de plus en plus nombreuse de Noirs constitue la grande inconnue de l'Afrique du Sud de demain.

Document

■ La guerre et les enfants soldats

Quand on dit qu'il y a guerre tribale dans un pays, ça signifie que des bandits de grand chemin se sont partagé le pays. Ils se sont partagé la richesse ; ils se sont partagé le territoire ; ils se sont partagé les hommes. Ils se sont partagé tout et tout et le monde entier les laisse faire. Tout le monde les laisse tuer librement les innocents, les enfants et les femmes. Et ce n'est pas tout ! Le plus marrant, chacun défend avec l'énergie du désespoir son gain et, en même temps, chacun veut agrandir son domaine (l'énergie du désespoir signifie d'après Larousse la force physique, la vitalité).

Il y avait au Liberia quatre bandits de grand chemin : Doe, Taylor, Johnson, El Hadji Koroma, et d'autres fretins de petits bandits. Les fretins bandits cherchaient à devenir grands. Et ça s'était partagé tout. C'est pourquoi on dit qu'il y avait guerre tribale au Liberia. Et c'est là où j'allais. Et c'est là où vivait ma tante. Walahé (au nom d'Allah) ! c'est vrai.

Dans toutes les guerres tribales et au Libéria, les enfants-soldats, les small-soldiers ou children-soldiers ne sont pas payés. Ils tuent les habitants et emportent tout ce qui est bon à prendre. Dans toutes les guerres tribales et au Libéria, les soldats ne sont pas payés. Ils massacrent les habitants et gardent ce qui est bon à garder. Les soldats-enfants et les soldats, pour se nourrir et satisfaire leurs besoins naturels, vendent au prix cadeau tout ce qu'ils ont pris et ont gardé.

C'est pourquoi on trouve tout à des prix cadeaux au Liberia. De l'or au prix cadeau, du diamant au prix cadeau, des télévisions au prix cadeau, des 4 x 4, cadeau, des pistolets et des kalachnikov ou kalach, cadeau, tout et tout au prix cadeau.

Et quand tout est au prix cadeau dans un pays les commerçants affluent vers ce pays (affluer, c'est arriver en grand nombre, dans mon Larousse). Les commerçants et les commerçantes qui veulent vite s'enrichir vont tous au Liberia pour acheter ou échanger. Ils vont avec des poignées de riz, un petit morceau de savon, une bouteille de pétrole, quelques billets de dollars ou de francs CFA. Ce sont des choses qui font cruellement défaut là-bas. Ils achètent ou échangent contre des marchandises au prix cadeau, ça vient les vendre ici en Guinée et en Côte d'Ivoire à des prix forts. C'est ça qu'on appelle faire de gros bénéfices. [...]

Nous avons vu apparaître un enfant-soldat. Un small-soldier, c'était pas plus haut que le stick d'un officier. Un enfant-soldat en tenue de parachutiste beaucoup trop grande. C'était une fille. ça sortait d'un pas hésitant (c'est comme ça on dit quand le pas est peureux, mal assuré). Et puis ça a regardé le travail accompli par la mitraille, examiné comme si un mec pouvait se relever alors que tout le monde était mort et même le sang était fatigué de couler. Il s'est arrêté et puis ça a sifflé et resifflé fort. Et de partout ont débouché des enfants-soldats, tous habillés pareil que le premier, tous faisant le faro avec le kalach.

Ça nous a encerclés d'abord et puis ça a crié : « Descendez des cars les mains en l'air », et nous avons commencé à descendre les mains en l'air. Les enfants-soldats étaient en colère, rouges de colère. (On doit pas dire pour des nègres rouge de colère. Les nègres ne deviennent jamais rouges : ils se renfrognent.) Donc les small-soldiers s'étaient renfrognés ; ils pleuraient de rage. Ils pleuraient leur camarade qui était mort.

Source : *Allah n'est pas obligé*, Ahmadou Kourouma, Le Seuil, 2000.

■ Conseils aux voyageurs

L'insécurité en Afrique de l'Ouest selon le Ministère des Affaires Étrangères (12-12-2013)

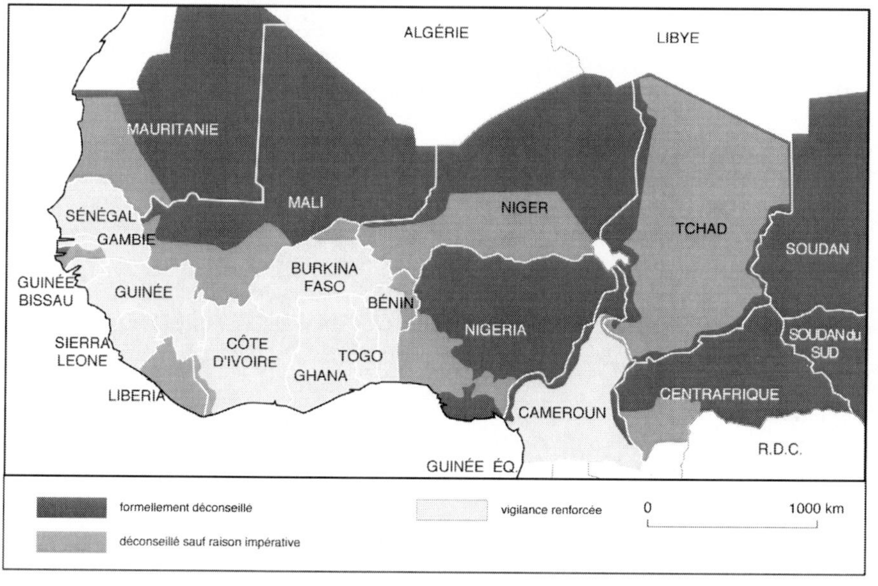

6

La révolution urbaine

Si l'explosion démographique constitue un des facteurs fondamentaux des dynamiques contemporaines de l'Afrique noire, il est un domaine où les mutations sont encore plus extraordinaires : celui de l'urbanisation. Longtemps considérée comme essentiellement rurale, et longtemps étudiée comme telle, l'Afrique s'urbanise sur un tempo exceptionnellement rapide. À aucun moment dans l'histoire de l'humanité des taux de croissance aussi élevés n'ont été observés à l'échelle d'un continent et sur une aussi longue durée. Les bouleversements économiques, sociaux, culturels et politiques engendrés par cette croissance sont si profonds qu'on peut sans hésiter parler de révolution urbaine.

Naturellement cette révolution, trop rapide, trop brutale, inquiète. Lagos, plus vaste agglomération d'Afrique noire avec quelque 10 à 12 millions d'habitants (9 millions lors du recensement de 2006), ou Kinshasa, vibrant écho de l'histoire chaotique du Congo, font peur par leur gigantisme. Tout comme Johannesburg et ses townships frappés du sceau de la violence. Les grandes villes en général sont perçues comme des espaces ingérables et dangereux, criminogènes, reléguant des masses d'exclus vers d'impénétrables bidonvilles. Certaines sont devenues en outre le théâtre d'affrontements violents, voire de véritables guerres civiles, entre factions politiques, comme ce fut le cas de Mogadiscio, Freetown, Brazzaville…

Grandies trop vite, et souvent déconnectées de l'économie réelle, les villes d'Afrique sont confrontées à d'incommensurables problèmes d'aménagement de l'espace, d'équipement, d'emploi. Plus que des « pôles de croissance », au sens donné à ce concept par l'économiste François Perroux, elles sont des pôles de consommation, mais l'offre parvient difficilement à satisfaire la demande. Ce serait toutefois une vision fausse et très réductrice que de voir ce seul versant d'une réalité urbaine ancrée par ailleurs dans une pâte humaine riche de vitalité et de capacités inventives. Après quelques décennies d'une croissance suffocante, les villes semblent éprouver le besoin de souffler. Cette pause peut être mise à profit pour dresser le bilan d'une urbanisation dont la déferlante a bouleversé de fond en comble les sociétés africaines.

DE LA CROISSANCE À LA CRISE DE CROISSANCE

Depuis le milieu du XXe siècle, l'Afrique noire défie tous les records en matière de croissance urbaine : entre 1950 et 2000, dans le même temps que sa population triplait, celle des villes était multipliée par neuf. Pour la seule Afrique francophone, entre les indépendances de 1960 et 2010, le nombre de citadins a été multiplié par 11.

Plus du tiers de la population de l'Afrique subsaharienne vit désormais en ville. C'est à la fois peu et beaucoup. Peu si l'on compare avec les pays industrialisés dont les taux d'urbanisation dépassent en général les 80 %. Beaucoup si l'on considère que dans les années 1940 10 % seulement des Africains étaient citadins ; plus encore quand on sait qu'une grande partie du continent ignorait la ville avant l'entrée en scène des Européens. Selon les données de la Banque mondiale, le taux moyen de croissance de l'urbanisation en Afrique subsaharienne s'est établi à 5 % par an sur la période 1980-1995. Ce taux n'a pas d'équivalent à l'échelle des continents. En 1950, l'Afrique noire ne comptait aucune ville millionnaire : on en dénombrait 25 en 2000 et, selon les projections des démographes, ce chiffre pourrait se situer autour de la soixantaine en 2020. Les clichés rassurants d'une Afrique immobile et rurale qui avaient cours il n'y a pas si longtemps ont été balayés par les images perpétuellement changeantes d'une planète urbaine aux étonnantes métamorphoses.

	Population totale (estimations en 2013, en millions)	**Population urbaine**	**Taux d'urbanisation**
Afrique	1 100	440	40
Afrique Subsaharienne	925	342	37
Afrique du Nord	175	98	56

Source : Nations Unies

L'urbanisation de l'Afrique est d'autant plus spectaculaire que son déclenchement a été tardif : tout se passe comme si le continent noir avait entrepris de combler son retard historique à compter des années 1940, véritable début de l'explosion urbaine. Certaines villes ont connu des périodes de croissance supérieure à 10 % par an : Abidjan ou Léopoldville-Kinshasa dans les années 1950-1960. Ces chiffres donnent la mesure de la révolution, au sens fort du terme, vécue par l'Afrique contemporaine. Quelques décennies auront parfois suffi pour transformer un village en agglomération millionnaire. C'est dire si le facteur temps joue un rôle essentiel dans cette urbanisation échevelée : tout est allé très vite, aussi bien la production des espaces urbains que les mutations sociales inhérentes à ce bouleversement géographique majeur.

Une urbanisation tardive mais accélérée

■ ***L'incertitude statistique.*** La rapidité du changement et le sous-équipement des services statistiques ne permettent pas de mesurer avec certitude l'actualité de l'urbanisation. Des recensements périodiques mais irréguliers et décalés d'un pays à l'autre balisent les courbes de croissance urbaine, mais l'exploitation et l'interprétation des chiffres sont souvent en retard de plusieurs années sur les évolutions réelles. Les inflexions en cours, les modifications de tendance sont ainsi difficiles à repérer, plus encore à quantifier. Indépendamment de cet effet de retard, les données statistiques elles-mêmes sont souvent sujettes à caution, pour des raisons soit techniques, soit politiques. Ce flou statistique ne remet cependant pas en cause les tendances fondamentales.

Une urbanisation accélérée

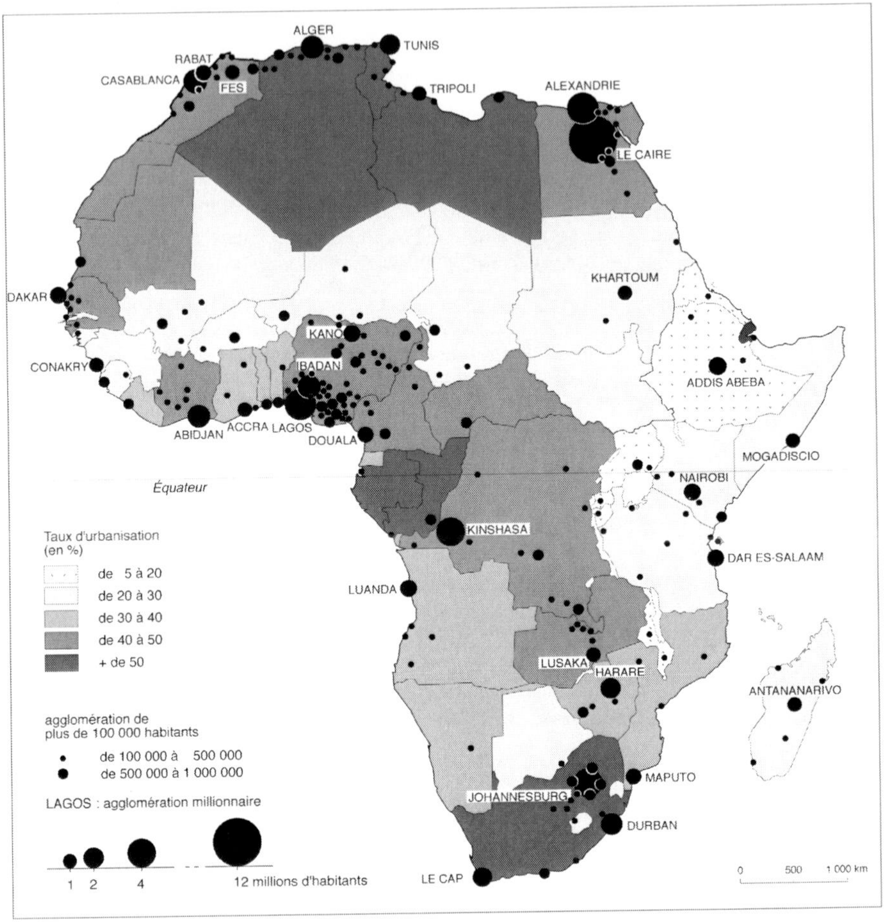

Les définitions de la population urbaine manquent d'homogénéité d'un pays à l'autre, ce qui ne facilite pas les comparaisons. Elles se fondent généralement sur des seuils démographiques, mais ceux-ci varient considérablement, de 2 000 habitants agglomérés en Angola, à 5 000 au Ghana ou en Zambie, et jusqu'à 10 000 au Sénégal. Assez souvent les définitions combinent plusieurs critères, quantitatifs et qualitatifs, par exemple la structure de la population active comme dans l'ex-Zaïre. Les fonctions administratives sont parfois privilégiées : au Togo, on considère comme urbaine toute localité ayant le statut de commune. Au Gabon, ce sont les chefs-lieux de département, quelle que soit leur population : ainsi quelques « préfectures » de moins de 500 habitants sont-elles comptabilisées dans le « milieu urbain ». Cette définition fonctionnelle n'est d'ailleurs pas sans pertinence, car ces centres administratifs, aussi petits et aussi mal dégagés de la gangue rurale soient-ils, tirent leur raison d'être de l'encadrement étatique du territoire et constituent par suite le premier degré sur l'échelle des ruptures urbaines.

■ ***L'attraction urbaine.*** Les villes exercent aujourd'hui une véritable fascination sur les populations africaines. Ce ne fut pas toujours le cas. En dehors des régions de vieille tradition urbaine, en effet, les villes furent initialement perçues comme un corps étranger : dans un premier temps, les sociétés locales gardèrent leurs distances face à une création des Blancs. Sans doute pressentaient-elles confusément qu'elles allaient se briser dans les lieux de l'encadrement colonial. C'est pourquoi la croissance des villes fut lente en ses débuts, avant que « boys », agents de la force publique, scolarisés issus des missions chrétiennes, « écrivains » employés dans les administrations et autres aventuriers de l'expérience citadine ne désenchantent le milieu urbain. La ville a forgé les citadins qui se sont ensuite emparés d'elle. Mais plusieurs générations sont nécessaires pour créer une authentique urbanité. Les espaces sahélo-soudaniens avaient pris précocement leurs marques à l'école de l'islam. La totalité de l'Afrique noire a désormais les siennes.

Dans un article consacré aux « Villes congolaises », publié en 1948 dans la *Revue de géographie humaine et d'ethnologie*, Jean Dresch observe que « La ville, création de Blancs, se peuple de Noirs ». Et il ajoute : « Combien sont ces derniers ? L'administration ne le sait jamais au juste : 50 000 à Brazzaville, plus de 115 000 à Léopoldville ». Par comparaison, la population blanche de la capitale de l'AEF ne s'élevait alors qu'à 2 250 habitants. Jean Dresch fut le témoin des changements qui, au lendemain de la Seconde Guerre mondiale, allaient faire basculer l'Afrique noire, de manière décisive, dans une modernité dont la ville était devenue le lieu non seulement symbolique, mais obligé. Un puissant désir de ville s'empara, pour ne plus la quitter, d'une jeunesse en rupture de brousse, avide de se réaliser en se frottant au monde des Blancs, en attendant de s'approprier son héritage.

L'exode rural fut ainsi le puissant moteur d'une accélération de la croissance des villes très sensible dans les années 1940. Le pouvoir colonial tenta parfois de l'endiguer : il ne put qu'en retarder le flot. Au Congo belge, dès 1960, les vannes étaient grandes ouvertes et Léopoldville allait être submergé par Kinshasa, passant de 400 000 habitants à plus d'un million dix ans plus tard. L'Afrique du Sud, quant à elle, avait entrepris de canaliser les flux migratoires par l'apartheid urbain plutôt que de tenter de les ralentir. Ce cas mis à part, les restrictions administratives volèrent partout en éclat avec les indépendances. L'impétuosité des courants migratoires ne se comprend que par la puissance attractive des villes.

■ ***L'exode rural***, en effet, n'est pas, dans sa généralité, un exode de la misère, une fuite des sans-terre cherchant en ville la voie de la survie. Le schéma d'une paysannerie misérable chassée vers les bidonvilles, s'il vaut en Amérique tropicale, ne s'applique guère à l'Afrique noire. Les structures foncières y ont rarement poussé à l'éviction des plus pauvres. Même dans les régions de forte densité, les villes n'ont pas rempli mécaniquement un rôle d'exutoire du trop-plein démographique : le Burundi et le Rwanda se distinguent au contraire par les taux d'urbanisation les plus faibles du continent. La pression foncière devient toutefois facteur de départ lorsque la croissance démographique rompt les équilibres population/ressources. Au Sénégal, les Serer ont été longtemps en mesure de capitaliser sur place leur croît démographique. Mais, depuis les années 1980, la saturation des terroirs compromet la reproduction du système : ils ont dû se résoudre à prendre le chemin de Dakar.

Les départs forcés résultent souvent de facteurs conjoncturels. Ainsi les sécheresses du Sahel ont-elles poussé des cohortes de ruraux vers les villes, lieux de distribution de l'aide internationale. Un grand nombre de pasteurs touaregs aux troupeaux décimés sont venus s'agglomérer en périphérie des villes du Mali ou du Niger où ils vivent dans des conditions précaires. À Nouakchott, cas extrême, les sécheresses récurrentes à partir de 1968 ont accéléré une urbanisation qui a toujours pris de vitesse les prévisions : la capitale mauritanienne, planifiée pour accueillir 8 000 personnes en 1970, en comptait déjà près de 40 000 à cette date. La sécheresse de 1973 a porté sa population à environ 100 000. En 2010, Nouakchott approche du million d'habitants.

Les exodes sous contrainte sont souvent la conséquence des guerres. Chassées par les combats, les pillages des greniers, les destructions des récoltes, les populations civiles se réfugient en ville où elles croient, souvent à tort, trouver la sécurité et les vivres : Freetown en a fourni une dramatique illustration pendant la guerre civile sierra léonaise. Les conflits dans lesquels l'Éthiopie s'est trouvée impliquée à plusieurs reprises ont eux aussi provoqué leur lot de migrations forcées, responsables de l'extension des bidonvilles d'Addis Abeba. Les guerres et les famines mises à part, l'afflux de ruraux vers les villes répond à des motivations plus volontaires que contraintes, même si facteurs répulsifs et attractifs sont souvent difficiles à démêler et à hiérarchiser.

■ ***Argent et urbanisation.*** Les facteurs économiques jouent un rôle souvent déterminant dans l'attraction urbaine. Au cœur du désir : l'argent. La monétarisation des économies africaines présente de fortes disparités spatiales, l'autoconsommation et les pratiques de troc étant encore largement répandues en milieu rural. La diffusion de l'argent à partir des villes s'est faite au rythme de l'extension de l'économie de marché. Aujourd'hui encore les ondes de la monétarisation n'arrivent que très atténuées au fin fond de la brousse. Au village, l'argent et les opportunités d'en gagner sont rares, sauf là où une agriculture commerciale s'est développée. Mais même dans ce contexte, l'argent du village pèse peu en comparaison de celui de la ville, le seul susceptible d'ouvrir les portes de la fortune – ou de l'infortune car le tri est sévère entre les candidats à la réussite urbaine.

La migration se nourrit de représentations, et celles de la ville sont toujours associées à cette possibilité de « gagner l'argent », donc d'accéder aux marchandises dont regorgent les commerces, d'entrer dans la société de consommation. Ce modèle exerce une puissance d'attraction insoupçonnée sur les jeunes villageois, et crée une rupture radicale avec les systèmes de valeurs et les *habitus* ancestraux. La richesse ne résidait pas autrefois dans l'accumulation des biens, mais dans celle des prestiges, fondés tant sur les savoirs et la force que sur une descendance nombreuse. Mais les marchandises européennes ont depuis longtemps fasciné ; elles ont été jadis un des moteurs de la traite. Georges Balandier a montré dans *Sociologie actuelle de l'Afrique noire* (PUF, 1995) comment le désir de se procurer ces biens a pesé sur la migration des Fang. La ville d'aujourd'hui exerce un attrait de même nature, en proposant une gamme d'objets infiniment plus variés. Villa, voiture et vidéo, les trois « V » au travers desquels la ville se récite et se met en images, nourrissent de puissants désirs d'appropriation. Au village, les petits garçons jouent avec des camions miniature qu'ils confectionnent eux-mêmes avec les moyens du bord ; ils jouent avec une envie qu'ils chercheront plus tard à assouvir dans leur quête de la ville, là où roulent les véritables voitures.

Car le monde rural répond mal ou pas du tout aux attentes des jeunes, filles et garçons aujourd'hui confondus, qui forment le gros des migrants. Au village on est « privé » et on « souffre », selon des expressions du parler franco-africain. Ce sont moins les écarts de revenus mesurés en termes quantitatifs qui importent que les différentiels de qualité de vie. L'isolement, l'absence ou la médiocrité des services sociaux dans les secteurs scolaires ou sanitaires, le manque de desserte commerciale créent un environnement de plus en plus répulsif, sans perspective de promotion. Quand ils sont scolarisés, les jeunes ruraux découvrent dans leurs manuels un monde qui n'a rien de commun avec celui dans lequel ils vivent. Les villages africains, dans leur immense majorité, ne disposent pas de l'électricité ; les enfants rêvent de lumière ; dans leur nuit noire ils voient passer au-dessus de leur tête les satellites qui véhiculent au loin les images de la télévision.

L'exode rural engendre souvent bien des désillusions, mais qualifier de « mirage » urbain le manque apparent de rationalité de la part de migrants qui échouent dans leur projet de réalisation citadin est réducteur. Le fossé est si profond entre la ville, qui concentre tous les attributs de la modernité, et un milieu rural renvoyant l'image d'un passé révolu que le risque migratoire vaut d'être couru. En termes de comparaison avantage/inconvénient, la ville, nonobstant les difficultés de la vie quotidienne, les ratés de l'activité économique, ou les déboires de l'insertion sociale, représente un mieux, du moins dans la plupart des situations.

■ ***Ville et rupture.*** Ce mieux s'appelle modernité, pour reprendre un concept ancien mais qu'aucun autre mot n'a relayé et qui reste opératoire. Contrairement aux sociétés industrielles où les différences dans les standards de vie entre rural et urbain tendent à s'effacer, le fossé reste énorme entre villes et villages africains. Même si elles ne sont pas figées dans l'immobilisme de la tradition, les sociétés rurales demeurent le lieu de conservation des valeurs et des pratiques du passé. Les systèmes d'autorité, fondés généralement sur la prééminence de l'aînesse, sont de moins en moins bien acceptés par les jeunes : le départ pour la ville peut être un moyen de s'y soustraire. Mais si le déracinement est toujours une forme de rupture, les motivations sont rarement univoques. Le saut dans l'urbain est souvent encouragé par les familles qui misent sur la réussite d'un garçon en investissant pour cela dans des études nécessitant un séjour en ville. Le président congolais Sassou Nguesso raconte dans *Le Manguier, le Fleuve et la Souris*, paru à la veille de la guerre de l'été 1997, son itinéraire d'enfance, le départ, nostalgique et jubilatoire du village vers l'école et l'horizon plus lointain de Brazzaville : itinéraire partagé par tant d'autres, fait de déchirement et d'espoir immense. Depuis plusieurs décennies, le destin individuel passe par la ville. La *Longue Marche de la modernité africaine* (Jean Copans, Karthala, 1990) ne peut éviter le détour urbain.

Les modalités de l'exode rural varient beaucoup selon les lieux et les ethnies. Au Cameroun, le système d'héritage des Bamiléké privilégiant les aînés pousse les cadets à tenter leur chance en ville. Le « dynamisme bamiléké », souvent cité en exemple, présente désormais une forte composante urbaine, ce dont témoigne Douala, la capitale économique du Cameroun. Ailleurs, l'attrait de la ville se double du désir d'échapper à l'autorité des anciens, voire à la peur qu'inspirent les pouvoirs réels ou supposés des vieux, détenteurs de secrets, de pouvoirs magiques sinon maléfiques, maîtres dans l'art du fétichisme et de l'utilisation des poisons. Dans ce cas, la ville est perçue comme un havre de sécurité.

L'exode rural se déroule en deux phases, chronologiquement décalées selon les pays, mais respectant les mêmes séquences. La première est caractérisée par une migration essentiellement masculine. Les études urbaines pionnières des années 1950 soulignent l'important déséquilibre entre les sexes. Pour diverses raisons liées tant aux politiques coloniales qu'au contrôle que les sociétés africaines dans leur ensemble exerçaient sur les femmes, les villes accueillaient surtout des hommes, salariés des industries ou de l'administration, domestiques au service des Blancs. Les camps de travailleurs des *townships* sud-africains ne représentent qu'un cas particulier d'une situation générale qui a prévalu partout jusqu'aux indépendances. Depuis lors, le rééquilibrage des sexes s'est réalisé, les femmes n'étant plus les dernières à revendiquer le droit à la ville. Au village, leur statut souvent moins enviable encore que celui des cadets les maintient sous l'autorité des hommes. Le désir de ville se confond avec les aspirations à la libération – au risque de ne pouvoir échapper à une prostitution de survie. La migration n'est plus, en tout cas, une affaire avant tout masculine.

■ ***Scolarisation et urbanisation.*** L'école a été au cours des dernières décennies un des vecteurs les plus efficaces de l'urbanisation, quel que soit le niveau considéré de la hiérarchie urbaine. L'enseignement primaire constitue la première invite à rompre avec le milieu rural, d'autant qu'il est généralement dispensé dans la langue officielle de l'État (c'est-à-dire le plus souvent celle de l'ancienne puissance coloniale). Cette langue constitue le sésame qui a longtemps permis d'entrer dans la fonction publique, incarnation par excellence de la modernité. L'enseignement dans les langues dites « nationales » représente une émancipation par rapport à l'héritage colonial, sans changer fondamentalement la fonction de l'école, lieu de désapprentissage des savoirs ancestraux, lieu initial d'apprentissage de la nation. Le choix de la langue d'enseignement n'est de toute façon pas simple et comporte des risques de repliement lorsque les langues nationales sont privilégiées, ce qui peut même aller à l'encontre des impératifs du développement. C'est ainsi que la malgachisation de l'enseignement secondaire sous le régime socialiste a sacrifié une génération d'élèves – les élites politiques et économiques avaient pris soin d'envoyer leurs enfants dans des établissements d'enseignement français ou anglais, sachant bien que le capital linguistique constitue un des fondements de la reproduction sociale.

Dans les régions d'islamisation ancienne, l'école des Blancs n'a pas joué un rôle aussi fondamental : la tradition des écoles coraniques s'est maintenue, souvent en réaction contre la colonisation et les valeurs qu'elle véhiculait. Mais il s'agit d'un enseignement plutôt conservateur qui prépare mal à l'insertion dans un monde de technologies et d'ouverture. Il n'a pas exercé d'effets de rupture comparables à ceux des écoles, chrétiennes ou publiques, qui furent les grands vecteurs de diffusion des savoirs et des représentations issus de la civilisation occidentale.

Après l'école primaire, le parcours scolaire se poursuit en ville, la distribution des collèges et lycées reflétant, à quelques exceptions près, la hiérarchie urbaine. Un grand nombre de jeunes citadins « fréquentent », bien au-delà de 16 ans, voire de vingt ans et plus, les accommodements avec les dates de naissance n'étant pas difficiles. Collèges et lycées ont donné leur configuration aux petites villes qui ont l'enseignement comme activité principale. Ces « villes scolaires » vivent au rythme des élèves. Les grandes vacances les plongent dans une profonde léthargie ; la rentrée les réveille. Tel est Gagnoa en Côte d'Ivoire ou, à un niveau universitaire, Dschang dans l'Ouest camerounais, qui comptait 12 000 étudiants en 2000 pour une population d'environ 50 000 habitants. Le parcours scolaire a longtemps jalonné les chemins de la migration : après l'établissement secondaire de la petite ville, l'étape suivante conduisait vers la grande ville, le plus souvent la capitale. Car la petite ville, si elle offre une formation, propose de trop rares emplois, et bien peu de possibilités d'accéder, ne serait-ce qu'en se glissant dans les interstices des réseaux sociaux, aux circuits de redistribution de la rente étatique.

Les pays qui présentent les taux de population urbaine les plus élevés d'Afrique sont aussi les plus scolarisés : le Gabon et le Congo ont un taux de scolarisation théorique de 100 % dans le primaire. Cette corrélation étaye l'hypothèse d'un lien organique entre scolarisation, migration et urbanisation. Elle ne peut pourtant être érigée en loi générale : au Rwanda et au Burundi, où l'enseignement secondaire est dispensé pour une large part par les missions chrétiennes rurales, le collège n'a pas eu d'effet urbanisant. D'une manière générale cependant, la liaison reste forte entre l'école et la ville, tout comme elle l'est entre la ville et l'État. L'originalité de l'Afrique ne réside pas dans la présence de ces structures universellement répandues. Elle tient à la brutalité des évolutions : c'est cela qui autorise à parler de rupture.

■ ***L'inégale urbanisation.*** Bien que l'Afrique noire dans sa totalité soit entraînée dans le mouvement impétueux de l'urbanisation, les taux de population urbaine enregistrent de très fortes disparités entre les deux extrêmes que sont le Gabon (75 % au recensement de 2003) et le Burundi (11 % en 2011). Les données par pays et par grands ensembles régionaux varient sensiblement selon les sources, y compris au sein même des Nations Unies entre le Population Reference Bureau et le World Urbanisation Prospects d'où sont extraits les chiffres suivants :

Pourcentages de population urbaine 1950-2010 (chiffres arrondis)

	1950	**1960**	**2000**	**2010**
Afrique subsaharienne	11	15	34	37
Afrique occidentale	10	14	41	45
Afrique centrale	14	18	36	43
Afrique orientale	5	7	25	24
Afrique australe	38	42	50	58

Source : Nations unies, *World Urbanisation Prospects*, New York, 2010.

On remarque que la croissance urbaine a été d'autant plus forte au cours du demi-siècle écoulé que le taux d'urbanisation était faible en 1950 : celui-ci a été multiplié par 5 en Afrique orientale, par 4 en Afrique occidentale, par 3 en Afrique centrale. Par contre, il a plus modérément augmenté en Afrique australe car l'urbanisation, étroitement liée dans cette partie de l'Afrique à l'industrialisation, a été relativement précoce. La tendance conduit donc vers une homogénéisation progressive : le rapport entre les taux de l'Afrique orientale et de l'Afrique australe, qui était de un à sept en 1950, n'est plus que de un à deux et demi.

On pourrait penser que les inégalités dans l'urbanisation, le retard de certains pays par rapport à d'autres correspondent à des inégalités de développement. Les choses ne sont pourtant pas aussi simples ; la corrélation entre niveau de développement (difficile à définir, on le sait) et taux d'urbanisation ne vaut que très globalement. Les records déjà mentionnés du Gabon et du Congo caractérisent une situation d'« émirat pétrolier » : comme au Moyen-Orient ou en Libye, la faiblesse du peuplement a amplifié les effets urbanisants de la rente pétrolière. Celle-ci n'a pas eu de conséquence comparable au Nigeria : l'effet-pétrole a été amorti par la masse de la population, de sorte que le taux d'urbanisation du pays le plus peuplé d'Afrique n'est que de 50 %.

■ ***Maritimité et enclavement.*** La situation par rapport au littoral rend compte, partiellement, de l'inégale urbanisation, les États à façade maritime ayant été plus précocement ouverts à l'économie de marché que les États enclavés. En Afrique occidentale, les taux des pays côtiers sont compris entre 30 et 50 %, alors que pour les pays de l'intérieur ils se situent entre 15 et 30 %. Les différences vont toutefois en s'atténuant : la croissance est actuellement plus forte au Burkina Faso, au Mali ou au Niger qu'au Ghana ou en Côte d'Ivoire. L'avantage de la maritimité demeure néanmoins ; en atteste le nombre élevé de grandes villes en position littorale. La majorité des agglomérations millionnaires d'Afrique subsaharienne sont des ports maritimes, dispositif conforme à une urbanisation historiquement liée à l'ouverture de l'Afrique sur les échanges mondiaux.

En Afrique de l'Ouest, la diffusion du semis urbain s'est propagée depuis la côte. L'*Étude des perspectives à long terme en Afrique de l'Ouest* réalisée sous l'égide de l'OCDE-Club du Sahel a mis en évidence les dynamiques d'urbanisation, notamment la corrélation entre diffusion du semis urbain et expansion de l'économie d'échange. Selon cette étude, le nombre des villes de plus de 100 000 habitants serait passé de 17 à 90 entre 1960 et 1990, et devrait s'élever à 300 en 2010, les plus grosses agglomérations étant toujours en position littorale.

■ ***Densité et urbanisation.*** Les pays enclavés d'Afrique de l'Est se distinguent par les taux d'urbanisation les plus bas du continent : Éthiopie, Ouganda, Rwanda et Burundi, Malawi. Plusieurs facteurs se conjuguent pour expliquer ce retard. L'enclavement, ici renforcé par l'importance des reliefs montagneux, a sans doute joué. Les économies agricoles manquent d'ouverture sur l'extérieur. L'absence de ressources minières n'a pas favorisé une urbanisation du type de celle de l'Afrique australe. Mais à ces différents facteurs s'en ajoute probablement un autre : ces pays de hautes terres comptent parmi les plus densément peuplés du continent. La corrélation entre forte densité et faible taux d'urbanisation pourrait ne pas être fortuite. En effet, la proximité inhérente à un tissu humain à maille fine dilue les fonctions de relation habituellement concentrées dans les villes. Or, l'accumulation urbaine contemporaine répond à des sollicitations sociales, culturelles, politiques, au moins autant qu'économiques : les villes produisent de la société plus encore que des valeurs marchandes. Dans les espaces vides tels ceux de la grande forêt congolaise, la modernité a pris la voie de la concentration urbaine, car seule la ville offre la masse démographique critique permettant l'exercice d'une vie de relation multiforme.

Dans les espaces pleins, au contraire, la proximité permet de satisfaire une part notable des besoins socioculturels, évitant ainsi la nécessité de fortes polarisations. Au Rwanda et au Burundi, la topologie a influencé l'organisation de l'espace. La localisation des missions chrétiennes s'est conformée à l'architecture des « mille collines » : le séminaire, le centre de formation professionnelle, l'hôpital, ancrés dans un environnement rural, n'ont pas provoqué de prolifération urbaine. Les missions, les carrefours avec leurs « cabarets » où l'on vend la bière de banane forment l'armature d'un réseau suffisamment serré pour répondre aux besoins fondamentaux de l'échange social et culturel, rendant ainsi la ville moins désirable.

L'insertion urbaine

Migration, exode rural, conditions d'insertion des migrants : autant de facettes de la dynamique urbaine. Frappés par la puissance du phénomène, des chercheurs de toutes disciplines, mais aussi des écrivains et des cinéastes (on pense notamment à *Moi un noir* de Jean Rouch) ont observé et analysé ces flux d'hommes et de femmes venus grossir les villes. Une littérature volumineuse leur est consacrée ; elle fournit une information très riche sur un des aspects fondamentaux des mutations africaines.

■ ***Filières migratoires.*** Le migrant type est jeune. Jusque dans les années 1960, la surmasculinité était de mise, mais le déséquilibre des sexes n'a cessé depuis de s'atténuer avec la constitution des familles et une participation croissante des jeunes filles à la migration. La ville favorisant la mobilité sexuelle, l'instabilité des couples et le divorce, de nombreux chefs de ménage sont désormais des femmes. Le départ vers la ville ne présente plus le caractère aventureux qu'il eut dans les débuts. L'existence de réseaux facilite l'insertion : le migrant sait trouver en ville une structure d'accueil auprès de membres de la famille ou d'originaires qui ne peuvent se dérober au devoir de solidarité. Celle-ci a naturellement ses limites : les protestations récurrentes contre le « parasitisme » alimentent la complainte des citadins envers des « parents » dont la charge devient insupportable en période de difficultés financières. Il n'empêche qu'elle contribue pour beaucoup à l'entretien des filières migratoires et à la consolidation des liens sociaux. La migration scolaire s'insère dans ces réseaux. Un parent, ou une simple connaissance, héberge le collégien en échange d'une pension modique, de quelques services ou de l'envoi périodique de nourriture par la famille restée au village, à moins que celle-ci, en échange, ne prenne à sa charge des enfants en bas âge de ménages citadins. Une parenté élargie entretient des relations suivies entre ville et village.

■ ***Réseaux sociaux et intégration urbaine.*** Les réseaux jouent un rôle d'autant plus indispensable que la ville est grande ; l'individu isolé ne peut survivre. Au-delà de la famille dont le rayon d'action est limité, de multiples associations à finalité culturelle, professionnelle ou religieuse ont fleuri à la faveur de l'urbanisation. Dès l'époque coloniale, des amicales qui furent souvent les ancêtres des partis politiques se sont constituées, généralement sur des bases ethno-régionales. La multitude de mouvements associatifs, plus ou moins informels, canalise les flux migratoires et facilite l'initiation à la ville, par des voies licites ou parfois illicites. L'insertion urbaine, œuvre de longue haleine, œuvre de toute une vie, se réalise dans la durée : trouver un emploi ou toute autre forme de ressource monétaire, fonder une famille, accéder à un logement. À chaque étape, depuis le jour où le migrant débarque en ville, les réseaux favorisent l'intégration *via* la participation à une tontine, à une association d'« originaires » ou à un groupe de prière. Les spécialisations professionnelles, sur trame généralement ethnique, représentent autant de canaux pour la migration ; l'accession au pouvoir d'un homme politique provoque un afflux vers la capitale de migrants issus de son groupe ethnique.

■ ***Parcours de citadin.*** Le gonflement de la population urbaine résulte de la somme de parcours individuels dont les biographies de citadins révèlent la diversité. La migration s'effectue souvent par étapes, la petite ville servant de relais entre le village et la métropole qu'on n'aborde qu'au terme d'un apprentissage à la condition citadine. La quête d'argent constituant l'un des principaux mobiles des migrants, ceux-ci privilégient l'hébergement à proximité des lieux d'emploi, c'est-à-dire dans le centre des villes, quitte à se contenter d'un logement sommaire. Des bidonvilles intra-urbains, comme celui de Mathare Valley au cœur de Nairobi, ou des poches d'habitat dégradé mais présentant l'avantage de la centralité, remplissent cette fonction. Le nouveau citadin, s'il n'est pas hébergé par un membre de la famille, commence généralement son parcours comme locataire d'un vieux citadin qui, ayant achevé le sien, dispose d'une ou de quelques pièces à louer. La location est provisoire : le temps, quelques années, de se retourner, d'apprivoiser l'environnement urbain, de consolider ses réseaux pour enfin accéder à une parcelle de terrain à bâtir et construire son chez-soi, le « chez » selon l'expression des habitants de Lomé.

Les évolutions en cours

Depuis les années 1980, l'urbanisation de l'Afrique a changé progressivement de rythme et de nature. La croissance « exponentielle » des villes est désormais du passé : la crise de la fin du XXe siècle a provoqué un ralentissement de cette croissance. L'inflexion est surtout sensible en ce qui concerne les grandes villes, les plus directement exposées aux conséquences économiques et sociales des ajustements structurels. Le ralentissement de la croissance urbaine n'est peut-être que conjoncturel. Il s'accompagne en tout cas de changements structurels au bénéfice des villes petites et moyennes.

■ ***L'inflexion de la croissance.*** Des données concordantes bien que partielles ne laissent aucun doute sur la réalité de ce ralentissement. La fin du XXe siècle s'est caractérisée par un palier général, excepté dans les pays engagés dans une dynamique de rattrapage urbain, surtout en Afrique de l'Est. Le Mozambique, avec un taux de croissance exceptionnel dépassant 7 % par an, comble le retard accumulé au cours des longues années de guerre qui ont entravé son développement. Mais dans l'ensemble du continent le fléchissement est bien réel.

Il s'est manifesté précocement au Zaïre (RDC), en particulier dans les villes du Shaba (Katanga) : le tarissement de l'exode rural a été synchrone avec la crise de l'économie minière à partir des années 1980. Les grandes cités nées de l'industrie minière, Lubumbashi, Kolwezi, Likasi, ne croissent plus qu'au rythme du mouvement naturel. Les villes de la *Copper Belt* zambienne connaissent aujourd'hui un phénomène comparable. La fièvre d'urbanisation qui avait emballé la croissance de Kinshasa après l'indépendance est quelque peu retombée. De même, les prévisions concernant Abidjan ont été revues à la baisse. De la fin des années 1930 jusqu'aux années 1970, la croissance s'était maintenue au-dessus de 10 % par an, ce qui représentait un doublement tous les sept ans. Mais, au recensement de 1988, le taux d'accroissement annuel n'était plus que de 4,3 % : la métropole ivoirienne est désormais sur la voie d'une croissance beaucoup plus modérée.

■ ***Croissance naturelle et bilan migratoire.*** L'inflexion de la croissance correspond avant tout à un tarissement de la migration, des départs de plus en plus nombreux compensant en outre des arrivées en nombre de plus en plus réduit. Abidjan, pour reprendre cet exemple très démonstratif, se rapproche du point d'équilibre : sur les 4,3 % de croissance en 1988, 0,8 % seulement reviennent au bilan migratoire, contre 3,5 % à l'accroissement naturel. Dix ans auparavant, les chiffres étaient respectivement de 6,8 % et 4,1 % pour une croissance annuelle de 10,9 % (d'après Ph. Antoine et B. Zinou, *Bulletin du Gidis-CI* n° 8, Abidjan, 1994).

À une première phase d'urbanisation où la croissance est alimentée dans une proportion importante par la migration succède une deuxième phase au cours de laquelle l'excédent des naissances sur les décès devient le premier facteur de croissance démographique. La mortalité est moins élevée en ville qu'en milieu rural, ce qui s'explique par des effets de structure – population jeune – et par la diminution très sensible de la mortalité infantile et juvénile grâce aux encadrements médicaux. À la différence des pays industriels, la fécondité en milieu urbain est restée très élevée jusqu'à une date récente pour deux raisons principales. D'une part, la population urbaine étant très jeune, les classes d'âge fécondes sont surreprésentées. D'autre part, les néo-citadins ont longtemps conservé des comportements natalistes. Les changements en cours sont cependant rapides. Face aux difficultés de la vie quotidienne, les nouvelles générations de citadins n'hésitent plus à limiter les naissances : la ville a commencé à remplir sa fonction de ralentisseur démographique.

■ ***Le temps des petites villes.*** La recherche urbaine en Afrique s'est d'abord focalisée sur les capitales, politiques et économiques. Elles seules semblaient mériter le qualificatif d'urbain. On évoquait, conformément aux représentations communes au tiers-monde, leur « macrocéphalie », leur poids excessif dans la hiérarchie urbaine qu'exprimait un fort taux de primatie. Il est vrai que la différence de population entre la première et la seconde ville est souvent importante. En réalité, dans la plupart des pays, elle ne l'est pas plus qu'en France. D'un point de vue qualitatif cependant, seules les villes capitales présentent les attributs d'une modernité urbaine selon les critères du Nord. La concentration de la classe politique, désireuse d'adopter les standards de vie de l'Occident, n'y est pas pour rien. La grande ville est ainsi toujours une vitrine, souvent tapageuse, qui proclame la participation de l'Afrique à la mondialisation.

Le privilège des métropoles a fini par tourner à leur désavantage lorsque leur gigantisme, relatif, a posé plus de problèmes qu'il n'apportait de bienfaits. Frappées de plein fouet par la crise des années 1980 et un chômage croissant engendrant insécurité et violence, les grandes villes ont cessé d'être considérées comme les lieux nécessaires de la modernité. La Banque mondiale, très attentive aux questions urbaines, a encouragé le développement des villes qualifiées de petites, moyennes, ou intermédiaires. Depuis une trentaine d'années, les études relatives à ces niveaux d'urbanisation se sont multipliées : une bibliographie des « *villes secondaires d'Afrique noire (1970-1997)* » établie par Monique Bertrand (CEAN, Bordeaux, 1998) ne compte pas moins de 1213 références. C'est dire l'intérêt actuel pour ces échelles de villes, moins difficiles à gérer, et dont un des avantages les plus appréciables est de rester très proches du milieu rural : la majorité de leurs habitants tirent de l'agriculture une part substantielle de leurs ressources.

Le regain d'attrait des centres urbains secondaires constitue-t-il une réponse conjoncturelle à la crise ou s'agit-il d'une tendance lourde ? Il est actuellement difficile de trancher tant les situations apparaissent contradictoires d'un pays à l'autre, le manque d'homogénéité des protocoles statistiques rendant en outre les comparaisons délicates. Des études conduites à l'échelle de grands sous-ensembles régionaux, par exemple les travaux de Frédéric Giraut sur le « système petite ville » en Afrique de l'Ouest, ne laissent cependant aucun doute sur la réalité de l'urbanisation « par le bas ». Le semi-urbain ne cesse de se densifier au fur et à mesure qu'augmentent les taux d'urbanisation. Les différentiels de croissance entre les niveaux de la hiérarchie urbaine offrent des configurations variées et changeantes, à l'image de la diversité du continent, mais, au bout du compte, on observe partout un renforcement des réseaux de villes, une diffusion de l'urbanisation physique et sociologique qui n'est plus l'apanage de quelques grandes cités.

■ ***La question des « retours » : mobilité et fluidité.*** Aux itinéraires simples de l'exode rural avec ses cohortes de villageois happés par les villes se sont substituées des mobilités complexes. Villes et villages se trouvent solidarisés par des systèmes migratoires multidirectionnels. Le changement le plus spectaculaire par rapport aux temps forts de la vague d'urbanisation réside dans l'ampleur des mouvements dits de « retour ». Les pouvoirs publics, alarmés par l'augmentation du chômage des jeunes citadins – déscolarisés mais aussi diplômés – les ont favorisés. C'est ainsi que les « retournés » sont devenus une des figures de la société ivoirienne « conjoncturée » des années 1990. Il s'agit pourtant de moins en moins d'un retour à la case départ, la condition paysanne n'exerçant qu'un attrait limité pour les candidats au retour. Ceux-ci prennent le plus souvent la forme d'une mobilité interurbaine, en faveur des petites villes.

L'observation attentive des mobilités confirme l'importance des déplacements entre ville et campagne, campagne et ville. Les situations individuelles sont rarement figées. La vitalité des réseaux familiaux invite au mouvement, facilite les réajustements résidentiels en fonction des événements de la vie. Entre ancrage dans des lieux et mobilité au sein de réseaux multiples, les Africains évoluent dans les entre-deux de sociétés en train de se faire, à la faveur de la fluidité de leurs espaces.

■ ***L'exurbanisation.*** Il arrive qu'en réponse aux difficultés de la vie quotidienne, des citadins abandonnent la ville pour s'installer à sa périphérie lorsque des terrains suffisamment étendus pour y pratiquer une activité agricole sont disponibles. Ce phénomène d'« exurbanisation » permet de faire face aux besoins de la consommation familiale tout en demeurant dans une proximité suffisante de la ville pour profiter de ses services, ce que n'autoriserait pas un retour dans un village éloigné. La RDC en offre quelques exemples remarquables, dont celui de Kisangani : l'ancienne Stanleyville ne s'est jamais relevée des combats dont elle fut le théâtre à plusieurs reprises pendant la guerre civile congolaise des années 1960, et à nouveau entre 1998 et 2002. L'absence de dynamisme économique, en dépit de l'implantation d'une grosse usine textile (SOTEXKI, créée en 1971), s'est soldée par une stagnation démographique. En revanche, l'agglomération (estimée aujourd'hui à plus de 500 000 hab.) continue à croître, au rythme du solde naturel. Elle s'étend le long des quelques axes routiers qui rayonnent à la périphérie de la ville. La dilution de l'habitat dans un rayon d'une vingtaine de kilomètres a donné naissance à une entité spatiale de type agro-urbain. Une évolution comparable peut être observée autour de Kinshasa : les Kinois inventent une forme particulière de rurbanisation guidée par la recherche non pas d'un environnement rural, mais de terres à cultiver.

Entre les véritables retours au village, la mobilité de ville à ville et les formes nouvelles de résidence mi-urbaine, mi-rurale, une grande fluidité régit les déplacements résidentiels. Elle est favorisée par l'ancrage citadin encore hésitant de migrants qui ont conservé des liens vivants avec leur milieu rural d'origine, et par le fait que l'urbanisation n'a pas conduit à un abandon définitif de l'activité agricole perpétuée en particulier par les femmes. Des reconversions sont ainsi possibles. Les biographies soulignent la grande capacité des individus à changer de lieu pour répondre à des contraintes changeantes : fluidité caractéristique de sociétés et d'espaces ouverts.

Les itinéraires individuels ne prennent par ailleurs tout leur sens que rapportés aux multiples connexions qui font vivre les réseaux familiaux. Si le citadin a « un pied dedans, un pied dehors » selon l'expression imagée de Jean-Louis Chaléard et Alain Dubresson (*Tropiques : Lieux et liens,* ORSTOM, 1989), c'est en grande partie grâce à la vitalité des systèmes de parenté : parents et alliés constituent autant de points d'appui, au moins de repères, balisant les déplacements dans l'espace.

PLUSIEURS GÉNÉRATIONS DE VILLES

En dépit d'une irrésistible tendance à l'uniformisation fonctionnelle, les conditions de l'origine des villes permettent de les regrouper en quelques grandes familles. On distinguera quatre générations en raison de la forte empreinte que chacune a laissée dans le paysage urbain.

Les villes précoloniales

Même si la plupart des villes d'Afrique noire sont des créations coloniales voire post-coloniales, certains espaces étaient urbanisés bien avant l'arrivée des Européens, en particulier en Afrique de l'Ouest. Ils correspondent à l'aire d'expansion des anciens empires continentaux, et aux franges de contact avec le monde arabe. Les États de l'Afrique ancienne s'appuyaient sur des réseaux de villes, capitales politiques et centres d'échanges commerciaux. La plupart des capitales d'empire ne sont plus que des sites archéologiques. Koumbi Saleh, capitale de l'empire du Ghana, connut son apogée aux Xe et XIe siècles, avant d'être détruite par les Almoravides. Les fouilles révèlent l'importance de ce site (localisé au sud-est de la Mauritanie) qui pouvait abriter 30 000 personnes, et où l'utilisation de la pierre fait exception dans une Afrique dominée par l'architecture de terre. Plus récentes, les villes du Songhaï ont survécu à l'effacement de l'empire défait par les armées marocaines à la fin du XVIe siècle grâce à leurs fonctions commerciales : l'évocation de Tombouctou, Djenné, Gao fit longtemps rêver les Européens qui ne réussirent à percer leur mystère que tardivement (René Caillié pénétra à Tombouctou en 1828). Dans ces régions, l'urbanisation contemporaine peut se prévaloir d'une profondeur historique multiséculaire peu commune en Afrique subsaharienne. La sédimentation successive des empires dans les pays du Niger n'a certes pas laissé de traces aussi tangibles que sur les pourtours de la Méditerranée. Il n'empêche que les villes d'aujourd'hui ancrent leur urbanité dans les profondeurs du temps.

■ ***Les villes fortes d'Éthiopie***. L'histoire moderne de l'Éthiopie et de la conquête du Sud dans la deuxième moitié du XIXe siècle a été marquée par la fondation d'un réseau de villes fortes, les *kätäma,* destinées à contrôler les territoires conquis en les arrimant à la nouvelle capitale éthiopienne, Addis Abeba, elle-même fondée en 1887. Comme les bastides du sud-ouest de la France, les *kätäma* étaient établies sur des hauteurs, construites selon un plan en damier ordonné autour d'une place centrale, les palais royaux (*gebbi*) étant quant à eux implantés un peu à l'écart, toujours sur une éminence de terrain. Expression du pouvoir militaire conquérant émanant du bastion amharique et chrétien des hautes terres éthiopiennes, ces villes diffèrent profondément des vieilles cités sahélo-soudaniennes.

■ ***Les villes de Sahel.*** Le Sahel continental, aux marges du Sahara, et le Sahel maritime des rivages de l'océan Indien, par définition espaces de contacts, ont favorisé l'éclosion de villes marchandes. Celles-ci ont fusionné avec les lieux de pouvoir des empires ou se sont constituées en centres politiques autonomes, telles les « cités États » haoussa du nord du Nigeria. Toutes ces villes ont été fortement marquées par l'islam dont elles furent les premiers jalons en Afrique noire. Le triple héritage du pouvoir, de la religion et du commerce imprègne ces cités qui évoquent l'Orient arabe par leur architecture et les parcours labyrinthiques de leurs médinas.

Djenné représente l'archétype des villes issues d'un glorieux passé mais oubliées par la croissance contemporaine. Édifiée sur un bourrelet insubmersible du delta intérieur du Niger, cernée par les eaux lors de la crue, la cité songhaï est restée confinée à l'intérieur de ses remparts de terre. Son imposante mosquée, bel exemple de l'architecture soudanaise, domine depuis le XVIIe siècle la place centrale que les commerçants investissent les jours de marché. Rues étroites et venelles s'enroulent autour de cet espace central, ménageant une ombre bienfaisante entre les hauts murs protecteurs de l'intimité des familles. Quant à Tombouctou, la brillante cité d'autrefois, haut lieu de l'islam africain avec ses 333 saints et qui compta jusqu'à 100 000 hab. au XVe siècle, elle a perdu de son importance mais reste une ville de culture, inscrite au patrimoine mondial de l'UNESCO pour ses mosquées, ses médersas, ses mausolées des saints et ses dizaines de milliers de manuscrits, source inestimable pour la connaissance du passé. La plupart de ces richesses culturelles ont pu être sauvées, notamment celles de l'institut Ahmed Baba, malgré les exactions commises par les islamistes du groupe Ançar Dine lorsqu'ils occupaient la ville en 2012.

Les grandes cités du nord du Nigeria sont bien différentes. Elles n'ont pas manqué le train de l'urbanisation contemporaine. D'après une anonyme « Chronique de Kano », la métropole haoussa serait née vers l'an 1000. Le centre-ville a des allures de médina, mais l'expansion urbaine a depuis longtemps franchi les limites du mur d'enceinte, la population de Kano dépassant probablement les 2 millions d'habitants. Haut lieu du pouvoir politique nordiste, son rayonnement commercial et culturel déborde les frontières du Nigeria. Grand centre de l'islam noir, elle est périodiquement secouée par des accès d'intégrisme : les affrontements violents avec la minorité chrétienne émaillent son histoire récente. D'un moindre poids démographique et économique, Sokoto est une des cités emblématiques du monde peul depuis qu'Ousman dan Fodio y fonda un califat au début du XIXe siècle.

Nostalgiques de leur passé ou pleinement en prise avec le présent, les villes du Sahel ont l'échange pour raison d'être. Les villes swahilies ont joué un rôle similaire. Les vieilles cités portuaires (Kilwa, Malindi, Lamu, riches aujourd'hui de leurs vestiges architecturaux) ont été les plates-formes de cette mixité arabo-africaine dont la langue swahilie représente l'héritage majeur. L'influence du monde arabe se fait sentir sur la côte comme dans les îles, les Comores bien sûr, mais aussi Madagascar où elle se lit par exemple dans le décor urbain de Majunga. À quelques encablures du continent, Zanzibar décline une fascinante expérience urbaine faite du contact ancien des populations noires avec les influences entrecroisées des mondes arabe, perse et indien. Ville métisse s'il en est, elle fut aussi le dernier des grands centres de la traite esclavagiste, sous le contrôle des Arabes d'Oman. Ceux-ci en firent en 1836 la capitale de leur sultanat : elle le resta jusqu'à ce que les Anglais imposent leur tutelle en 1890. Aux portes du continent, Zanzibar ressemble davantage, par ses fonctions passées et son architecture, à un poste avancé de la péninsule arabique qu'à une ville proprement africaine.

■ ***L'exception nigériane : l'urbanité yoruba.*** Les villes du sud-ouest du Nigeria, en pays yoruba, s'enracinent au contraire dans un terreau indiscutablement africain. Elles composent le plus important réseau urbain précolonial, fait d'autant plus exceptionnel que l'environnement n'est pas celui des espaces ouverts sahélo-soudaniens, mais celui de la zone forestière où les villes étaient autrefois fort rares. Les cités yoruba se rattachent à la civilisation du Bénin. Les plus anciennes (Ilé-Ifé, Old Oyo) remonteraient au IXe ou au Xe siècle. Elles eurent probablement une fonction militaire, les Yoruba, forts de leurs armes de fer, ayant imposé leur autorité aux autochtones en s'appuyant sur un réseau de places fortes. Les grandes villes actuelles sont de création plus récente. Quelques-unes ont été fondées au début du XIXe siècle lorsque les Yoruba, menacés par l'expansion peule, amorcèrent un repli en direction du sud-ouest : c'est le cas d'Oyo, d'Abeokuta et surtout d'Ibadan, la plus importante d'entre elles (environ 3 millions d'habitants) dont la fondation date de 1829. Toutes ces villes se sont développées autour du palais de l'*oba* (le roi). Elles étaient protégées par une enceinte fortifiée, construite en terre, dont des pans plus ou moins importants sont encore visibles. L'étendue *intra muros* incluait autrefois des terrains agricoles suffisamment vastes pour faire face à un siège. L'extension et la densification du bâti les ont fait disparaître, mais les citadins restent attachés à la terre et possèdent souvent des jardins hors la ville, voire de véritables domaines qui servent de support à une rente foncière agricole : c'est une situation suffisamment rare en Afrique noire pour qu'on le souligne.

Les villes d'Afrique du Sud

Les « émirats » pétroliers (Congo et Gabon) mis à part, l'Afrique du Sud est le pays le plus urbanisé d'Afrique subsaharienne, et le seul où l'urbanisation soit aussi directement liée aux activités productives des secteurs secondaires et tertiaires. Si la ségrégation raciale légalisée par le régime d'apartheid (1948-1994) reste, quelques années après son abolition, un élément dominant de l'organisation des espaces urbanisés, les villes d'Afrique du Sud sont aussi celles qui se rapprochent le plus des standards d'urbanisation des pays développés. La mise au ban de la communauté internationale pour cause d'apartheid a occulté un fait pourtant essentiel : l'Afrique du Sud a servi de laboratoire à l'élaboration du modèle colonial d'urbanisation.

■ ***L'archétype de la ville coloniale.*** Contrairement à l'Afrique tropicale, l'Afrique du Sud fut une colonie de peuplement. Les villes y ont été créées par et pour les Blancs. Le Cap, fondé en 1652, fut un lieu d'expérimentation de nouvelles pratiques urbanistiques. Au cours de sa croissance, la ville a engendré une séparation résidentielle de plus en plus systématique entre Blancs et Noirs, ces derniers étant rejetés vers des périphéries sans cesse plus reculées au fur et à mesure de l'extension des quartiers blancs et métis. L'« hygiénisme », qui devint une véritable phobie au cours du XIXe siècle, légitima ces pratiques : l'argument sanitaire justifiait l'établissement de zones tampons, les *buffer zone* pour séparer les « races ». Bien avant la législation d'apartheid, les Noirs avaient été refoulés des espaces centraux et se trouvaient concentrés dans le *township* de Langa. Les années 1950 virent l'application systématique des principes d'une ségrégation spatiale concernant désormais tous les non-Blancs. Noirs, Métis, Indiens se trouvèrent ainsi déportés vers les plaines sableuses des *Cape Flats* où furent installés les grands *townships* de Mitchells Plain et, plus récemment, de Khayelitsha. Si la configuration actuelle de l'agglomération est héritée des années de l'apartheid légal, on ne doit pas oublier les expériences beaucoup plus anciennes de ségrégation raciale qui ont fait du Cap – la *Mother City* des Afrikaners – un modèle, non seulement pour l'Afrique du Sud blanche, mais pour toute l'Afrique coloniale.

Depuis la fin du XIXe siècle, l'histoire urbaine de l'Afrique du Sud a été dominée par la volonté des Blancs de contrôler l'afflux des Noirs vers les centres industriels et miniers qui exigeaient une main-d'œuvre abondante. Lors de la proclamation de la République sud-africaine en 1910, et jusqu'au début des années 1920, les villes hébergeaient davantage de Blancs que de Noirs. Le rapport allait s'inverser au rythme de la croissance démographique et économique urbaine. Par l'*influx control* (aboli en 1986) et les *Pass Laws* restreignant les possibilités de déplacement des Noirs, le pouvoir blanc tenta de contrôler les flux migratoires, à défaut de pouvoir les interdire. C'est l'application du *Group Areas Act* de 1950, assignant à chaque groupe racial des espaces résidentiels spécifiques, législation complétée par le *Native Resettlement Act* de 1954, qui fut le véritable moteur des redistributions territoriales, perfectionnant une géographie de la ségrégation urbaine déjà partiellement accomplie.

■ ***Les* townships.** Application d'une politique délibérée de racisme résidentiel, les *townships* – le terme désigne dans toute l'Afrique australe les lotissements pour non-Blancs – matérialisent la ségrégation raciale. La plupart ont été implantés à une distance respectable des centres-villes, auxquels les relient des voies ferrées, comme dans les banlieues dortoirs des villes européennes. C'est le cas du plus célèbre d'entre eux, Soweto (South-West Township). Véritable double de Johannesburg dont le séparent quelques kilomètres d'espaces non bâtis, cet immense ensemble, peuplé de 2 à 3 millions d'habitants selon des estimations très incertaines, se subdivise en une trentaine de *township*s distincts destinés respectivement aux Noirs, aux Métis et aux Indiens. Des camps de *squatters*, de plus en plus nombreux, remplissent les interstices non construits entre les lotissements réguliers, notamment le long des *highways* qui les desservent. Des *hostels*, construits pour les travailleurs célibataires, ajoutent la touche concentrationnaire de leurs baraquements en série à un paysage plus composite qu'on l'imagine généralement. De grands centres commerciaux avec leurs hypermarchés et leurs galeries marchandes s'intercalent entre des quartiers à la géométrie sans fantaisie où les *matchboxes*, petites maisons « boîtes d'allumettes », se pressent les unes contre les autres en rangées bien ordonnées rappelant les corons.

Le Cap : héritage de l'apartheid urbain

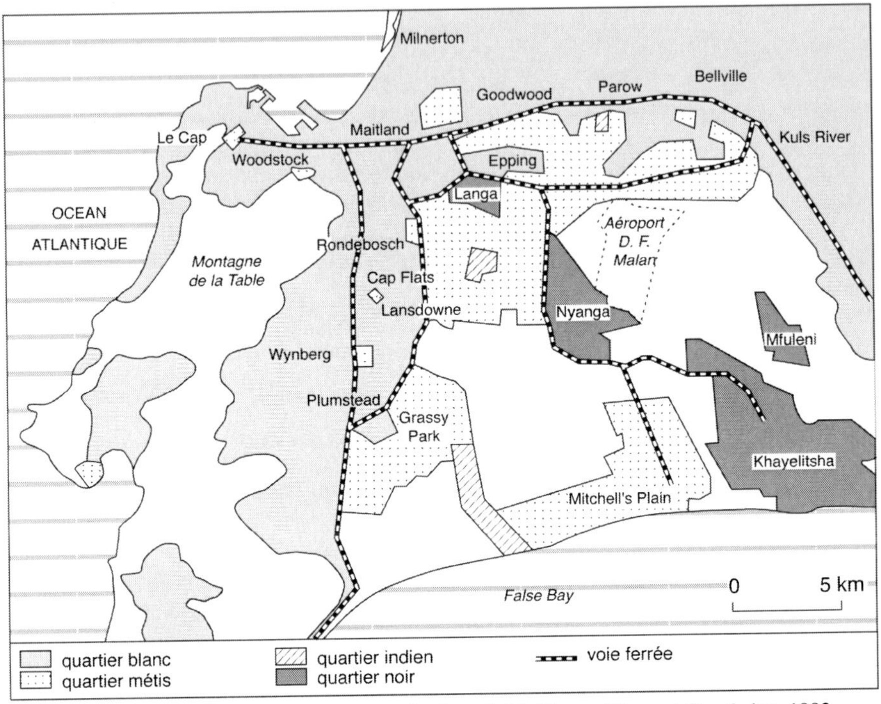

Source : D.M. Smith, *The Apartheid. City and Beyond*, Routledge, 1992.

Quelques *townships* se trouvent inclus dans la ville blanche, mais une série de barrières (emprises industrielles ou ferroviaires) les bouclent soigneusement en remplissant la fonction des *buffer zones*. Parmi eux, Alexandra, inséré dans les quartiers nord-est de Johannesburg, très densément peuplé faute de possibilité d'extension, a la réputation d'un quartier de grande insécurité. Les Blancs ne pénètrent jamais dans ce qu'ils considèrent comme un kyste de dangers. Les cités minières, comme Kimberley, capitale du diamant, appliquèrent naturellement le dispositif rigoureux de séparation entre patrons et cadres blancs d'une part, travailleurs noirs consignés dans des camps d'autre part. La dimension raciale porta à son paroxysme la ségrégation entre les hommes, caractéristique du capitalisme industriel. L'avance prise par l'Afrique australe dans l'activité extractive lui conféra de ce point de vue un rôle pionnier. Le modèle qu'elle élabora fut ensuite appliqué dans les autres cités minières du continent : toutes ont été pensées selon un schéma identique projetant dans l'espace une hiérarchie professionnelle largement confondue avec la différenciation raciale.

Ce qui a rendu les villes sud-africaines uniques au monde, c'est l'application systématique des principes de gestion de l'espace reposant sur la différence légalement établie entre groupes raciaux, fondement de l'apartheid. Mais partout en Afrique subsaharienne des pratiques identiques ont caractérisé la ville coloniale, surtout dans les colonies où la communauté blanche était importante : les villes des ex-Rhodésie (Zimbabwe et Zambie) et de la Namibie rappellent celles d'Afrique du Sud. À Harare (ex-Salisbury), les quartiers noirs avaient été soigneusement séparés de la ville blanche : le *township* de Chitungwitsa se situe à une quinzaine de kilomètres de la capitale zimbabwéenne. Si, hors d'Afrique australe, la physionomie des villes est différente, cela tient seulement au fait que le nombre des Blancs y a toujours été très faible en comparaison de celui des Noirs. Les principes de ségrégation raciale y furent en effet appliqués, avec souvent le même argumentaire qu'en Afrique du Sud : comme au Cap, des épidémies (peste, choléra, tuberculose) ont justifié la création d'espaces tampons sanitaires. Les administrations belge, française et anglaise eurent recours à des méthodes très proches les unes des autres, même si elles ne légalisèrent pas la ségrégation raciale. On peut donc voir dans Le Cap, *Mother City*, une ville référence pour toutes les colonies européennes, quand bien même la filiation n'a été ni explicite ni revendiquée.

■ ***Industrialisation et urbanisation.*** L'urbanisation sud-africaine doit beaucoup à l'industrie extractive. Johannesburg en est l'illustration la plus spectaculaire. La découverte de l'or du Witwatersrand en 1886 déclencha une « ruée vers l'or » sans pareille et la naissance d'une ville qui connut une croissance initiale fulgurante : en 1898, après seulement douze années d'existence, Johannesburg était, avec plus de 200 000 habitants, la ville la plus peuplée d'Afrique subsaharienne. La diversification industrielle a pris par la suite le relais de la mine. L'agglomération, forte de 400 000 habitants en 1930, en compte environ 5 millions à l'entrée dans le troisième millénaire. Avec celle de Pretoria au nord (3 millions d'hab.) et de Vereeniging au sud (1 million d'hab.), la province nouvellement créée du Gauteng (« l'or ») forme une région urbano-industrielle de quelque 10 millions d'habitants, sans équivalent sur le continent.

Plusieurs villes ont été entièrement conçues pour répondre aux besoins de l'activité minière. Welkom dans l'État Libre (Orange) est née de l'exploitation de l'uranium et surtout de l'or. La ville a été planifiée par Anglo-American sur des bases de ségrégation raciale : résidences de type californien pour les cadres blancs, *townships* améliorés pour la main-d'œuvre noire. 200 000 personnes vivent dans cette aire urbaine directement issue de la mine.

■ ***Le rêve américain.*** Si l'on cherche des comparaisons pour les villes sud-africaines, c'est l'image des États-Unis qui s'impose aussitôt. *Townships* et ghettos noirs offrent une incontestable parenté, moins dans leur physionomie que dans le principe ségrégatif qui a guidé l'organisation de l'espace. Les centres-villes des grandes agglomérations ont par ailleurs évolué sur le modèle des *Central Business Districts* (CBD) dont les tours aux facettes de verre abritent sièges sociaux des grandes entreprises et administrations publiques. Le centre de Johannesburg, avec ses rues à angle droit découpant des blocs d'où jaillissent les gratte-ciel, évoque le mieux les villes d'Amérique. Les Blancs ne s'y rendent que pour travailler, ne sortent pas dans les rues et ne quittent les immeubles de bureaux que pour regagner en voiture, *via* les autoroutes urbaines, leur *suburb,* tel Sandton, riche quartier du nord de la ville. Là ils retrouvent leurs villas cossues, avec jardin et piscine, protégées par des systèmes sans cesse plus sophistiqués contre les agressions et les vols. Centres commerciaux et équipements de loisir permettent d'éviter de sortir hors du ghetto résidentiel de luxe. Comme aux États-Unis, de nouveaux systèmes résidentiels pour classes moyennes aisées, fondés sur la recherche sécuritaire, se développent. Les *townhouses* ou *clusters*, variante locale des *gated communities,* regroupent quelques dizaines de logements dans des complexes fermés ; gérés sur des bases de copropriété, ils offrent des services communs aux résidents, mais surtout la sécurité, problème majeur des quartiers blancs qui prend parfois la dimension d'une psychose collective.

Les villes nées de la colonisation

À l'exception de l'Afrique australe, la colonisation européenne au sud du Sahara n'a pas été de peuplement mais d'exploitation. Les villes n'étaient pas destinées à un enracinement durable des Européens. Rares sont ceux qui y firent souche : dans les cimetières, les quelques tombes de Blancs sont celles de missionnaires, parfois de militaires, la plupart victimes prématurées des fièvres ou des conquêtes.

La très grande majorité des villes d'Afrique tropicale ont été créées par la colonisation, quelques-unes avant le XIXe siècle : (Saint-Louis du Sénégal, Luanda, ou Mombasa), le plus grand nombre dans les dernières décennies du XIXe siècle ou au début du XXe siècle. Plus de 90 % des villes africaines sont filles de la colonisation. Elles portent encore les marques de cette origine, dans leurs structures et leurs fonctions, tout autant que dans leur mémoire – même quand les indépendances ont entraîné une toilette onomastique chargée d'effacer les noms de leurs fondateurs. Cette africanisation n'a modifié en aucune manière les encadrements urbains mis en place par les puissances coloniales ; elle les a au contraire étoffés, démontrant s'il en était besoin que les villes sont intimement liées à l'État et à ses méthodes de contrôle territorial.

Les villes furent implantées dans des lieux dont les qualités intrinsèques étaient déjà, bien souvent, reconnues et valorisées par les populations indigènes : voies fluviales, confluences, carrefours de routes commerciales. C'est ainsi que Léopoldville a été créée à quelques kilomètres du village de Kinshasa. Il est donc excessif de parler de « table rase » comme on le fait parfois, car la colonisation a tenu compte de l'état des lieux (répartition et densité de la population, aptitudes aux échanges, valeurs stratégiques) avant de choisir les futurs lieux de l'État. On ne peut en revanche mettre en doute le fait que la colonisation a, selon les régions, introduit absolument, ou accéléré notoirement les dynamiques d'urbanisation, mettant en branle la plus profonde des révolutions qu'ait connues le continent.

■ ***Réseau urbain et contrôle territorial.*** La création des villes est intimement liée au politique. Inventeurs d'espaces, les grands explorateurs, Livingstone, Stanley, ou Brazza, et les créateurs d'empires tels que Cecil Rhodes ont été naturellement de grands fondateurs de villes. Celles-ci ne consistèrent à l'origine qu'en baraquements sommaires autour d'un drapeau, noyaux de « postes » qu'étoffèrent par la suite de petits détachements d'hommes armés avant qu'arrivent les agents de l'administration.

Les missions chrétiennes les accompagnèrent quand elles ne les précédèrent pas, ajoutant le contrôle des âmes au pouvoir administratif et militaire dans ces embryons de ville. Militaires, missionnaires, fonctionnaires composèrent la trilogie fondamentale des encadrements urbains.

La petite ville contemporaine demeure conforme à ce schéma. Premier niveau d'urbanisation, elle plonge dans le rural – la majorité des citadins continuant à vivre d'agriculture – tout en arborant les insignes de l'État. Autour d'une « place de l'Indépendance », quelques bâtiments officiels construits en dur abritent les bureaux de l'administration, et le bureau de poste. Les forces de l'ordre ne sont pas loin (camp de police ou de gendarmerie). La mission se tient en général un peu à l'écart de l'ensemble. Le collège et le centre de santé (à un degré supérieur de la hiérarchie urbaine, le lycée, l'hôpital et la prison) ajoutent leurs édifices à une composition urbaine dont le marché représente le principal lieu d'animation.

Dans les anciennes colonies françaises, la fonction administrative significative du premier niveau d'urbanisation était clairement énoncée : les postes de contrôle administratif (PCA) ont été à l'origine de nombreuses villes. Le réseau urbain constitue l'expression concrète du maillage administratif. Les circonscriptions n'accèdent en effet à la réalité que par leurs centres de commandement, les chefs-lieux dont la seule dénomination expose la raison d'être : lieux du chef, centres d'exercice de l'autorité. Ainsi, le réseau hiérarchisé des villes a été l'outil de l'encadrement territorial qui, toujours, a précédé la mise en valeur, ou, selon le vocabulaire actuel, le développement.

■ ***L'autonomie communale.*** Relais du pouvoir d'État, les villes ont progressivement gagné une part d'autonomie avec la création, dès la période coloniale, de communes de moyen ou de plein exercice. Elles furent le lieu d'apprentissage de la gestion publique et de l'articulation entre l'État et les sociétés locales. Les mairies, apanages dans un premier temps des villes principales, constituèrent un des tremplins pour l'accession au pouvoir. Depuis les indépendances, la communalisation a pris de l'ampleur, d'autant qu'elle est aujourd'hui considérée comme une des pièces essentielles de la démocratisation. Le débat entre pouvoir central et pouvoir local se cristallise autour des villes. Il est vrai que les attributs dont les communes se trouvent théoriquement dotées ne sont souvent qu'un leurre faute d'une véritable autonomie financière. Ayant rarement la capacité de générer des ressources fiscales significatives, elles continuent à dépendre des subventions de l'État. Les décentralisations bruyamment proclamées dans de nombreux pays africains – la loi française de 1982 a fait des émules, mais les pays de tradition britannique, belge ou portugaise connaissent des évolutions allant dans le même sens – ont du mal à se mettre en place. Les villes demeurent des lieux de l'ambivalence, d'un décalage notoire entre discours et pratiques. Les organes de l'État exercent toujours l'essentiel du contrôle par le canal des administrations civiles ou militaires (contrôle que renforça le long règne des partis uniques) ce qui rend l'autonomie municipale plus apparente que réelle.

L'histoire de l'administration communale s'inscrit dans une remarquable continuité, ainsi que l'illustre celle de la Côte d'Ivoire. Dès 1914, Grand Bassam, alors chef-lieu de la colonie avant que la fonction n'en soit transférée à Abidjan, se vit conférer le statut de commune de plein exercice, conformément aux dispositions aménagées de la loi municipale française de 1884. Abidjan puis plus tard Bouaké connurent le statut bâtard de « commune mixte » jusqu'à ce que la loi de 1955 précise les catégories de commune : plein exercice lorsque le maire est élu par le conseil municipal, moyen exercice lorsqu'il est nommé par l'État. En 1960, le pays comptait huit communes, dont deux de plein exercice (Abidjan et Bouaké). En 1978, 27 villes de l'intérieur ainsi que 10 quartiers d'Abidjan furent érigés en communes. La « communalisation » devint dès lors un élément essentiel des politiques de décentralisation qu'accompagnèrent la multiplication des départements et sous-préfectures (respectivement 50 et 184 en 1990, 81 et 187 en 2009). Le nombre de communes n'a cessé de s'accroître au fil des réformes administratives : 520 ont été créées en 2005, portant leur nombre à 718. On en compte un millier en 2010 : cette « production territoriale » aussi importante soit elle, reste cependant bien théorique dans le contexte de tensions géopolitiques qui ont divisé le pays entre 2002 et 2011.

■ ***Voies de communication et réseaux de villes.*** Les voies de communication ont joué un rôle éminent dans le choix des implantations urbaines. Tout d'abord les voies d'eau, axes privilégiés de circulation et d'échanges. Une pléiade de villes littorales sont nées de la fonction d'interface entre l'Europe et l'Afrique. De nombreuses villes de fleuve ont jalonné la pénétration du continent. Parmi elles, la plupart des capitales des pays enclavés : Bamako et Niamey sur le Niger, N'Djamena sur le Chari. Les sites de rupture de charge ont été valorisés : Kinshasa et Brazzaville à la limite aval de la navigation sur le Congo ; Bangui à l'aplomb des rapides qui interrompent la navigation sur l'Oubangui ; Kisangani dans une position comparable sur le haut Congo à l'aval des chutes Wagenia (ex-Stanley Falls).

Les chemins de fer ont aussi été créateurs de ville. Le plus bel exemple est celui de Nairobi. En Afrique de l'Est, les Britanniques, qui n'avaient d'yeux que pour le royaume de Buganda, entreprirent de le désenclaver par une liaison ferroviaire entre Kampala et Mombasa. Pour faciliter la progression du chantier, ils installèrent à mi-parcours une importante base technique composée d'entrepôts, d'ateliers et d'une cité de cheminots : Nairobi était né. En 1902, l'arrivée du chemin de fer inaugurait le développement de la future capitale du Kenya.

C'est aussi le choix d'Abidjan comme tête de ligne de la voie ferrée dite « Abidjan-Niger » (liaison Abidjan-Ouagadougou *via* Bobo Dioulasso) qui est à l'origine de sa fortune. Le deuxième facteur décisif qui devait accélérer sa croissance fut, en 1950, l'ouverture du canal de Vridi entre la lagune Ebrié et l'Atlantique, autorisant l'accès de cargos de fort tonnage à son port. Autre exemple, Matadi, port de fond d'estuaire, a été créé, immédiatement en aval des premiers rapides sur le Congo, comme tête de ligne du chemin de fer construit dès 1898 pour donner une ouverture maritime à Léopoldville. Les mêmes raisons provoquèrent la création du port artificiel et de la ville de Pointe-Noire après que la France eut décidé, en 1918, de relier Brazzaville à l'océan : le chemin de fer « Congo-Océan », dont la construction dura de 1921 à 1934, fit de Pointe-Noire le grand débouché de l'AEF.

■ ***Économie coloniale et urbanisation.*** Conçues comme lieux de contrôle politique, les villes furent en même temps des instruments de l'exploitation économique. Dans les pays d'agriculture d'exportation, elles polarisèrent les réseaux de la « traite », c'est-à-dire de la collecte des produits agricoles. Les petites villes du bassin arachidier du Sénégal ont ainsi précocement associé fonctions administratives et commercialisation de l'arachide. Ailleurs c'est le cacao, le café, le coton qui animèrent les centres urbains. Le drainage des produits vers les ports a ainsi infléchi l'ordonnancement initial de l'encadrement territorial. L'économie extractive a donné naissance à des villes minières, principalement en Afrique du Sud. Au cœur du continent, l'arc cuprifère zaïro-zambien a connu une urbanisation précoce : l'exploitation du cuivre à partir de 1910, date de raccordement du Katanga au réseau ferroviaire d'Afrique australe, est à l'origine du chapelet des villes minières congolaises : Lubumbashi (Élisabethville), Likasi (Jadotville), Kolwezi.

Les villes nouvelles

Depuis les indépendances, le nombre de villes a continué à augmenter. La plupart relèvent de la catégorie des villes administratives et sont de petite taille. Certaines résultent d'une promotion : un village devient sous-préfecture et se voit doté d'un statut de centre urbain. D'autres ont surgi de la brousse avec l'exploitation pétrolière (Warri au Nigeria) ou minière (Zouerate en Mauritanie). Mais deux autres catégories plus spécifiques méritent un détour.

■ ***Nouvelles capitales et « villes du prince ».*** Trois pays ont déplacé leur capitale portuaire vers l'intérieur, avec un double objectif. L'un, symbolique, vise à recentrer le territoire, à l'image de Brasilia. L'autre, plus pragmatique, à décongestionner des capitales saturées. De tels changements ne sont d'ailleurs pas entièrement nouveaux : Boma, port d'estuaire à mi-chemin entre Matadi et l'Atlantique, précéda Léopoldville comme capitale du Congo (jusqu'en 1923). Au Cameroun, à la même époque, les Français transférèrent l'administration de Douala à Yaoundé, à la fois pour rompre avec la période allemande, et pour des raisons de confort climatique.

Au Nigeria, la création d'une nouvelle capitale, Abuja, répondait à l'option d'un État fédéral. Le district fédéral se situe au centre du pays (le *Middle Belt*), en position de neutralité spatiale par rapport aux trois groupes ethno-régionaux majeurs, Haoussa, Yoruba, Ibo, qui se disputent le *leadership* politique. En perpétuel chantier, Abuja prend peu à peu figure de ville, sous la protection des minarets de sa grande mosquée. Une partie des organes ministériels s'y est installée ; la tenue de conférences internationales donne consistance à cette capitale en devenir, planifiée à l'échelle de l'État le plus peuplé d'Afrique.

Yamoussoukro, nouvelle capitale de Côte d'Ivoire, a officiellement remplacé Abidjan en 1983. Sa construction a suscité de nombreuses polémiques, car elle est apparue avant tout comme le fruit de la volonté du Président Houphouët-Boigny de faire de son village natal le centre symbolique et prestigieux de la Côte d'Ivoire. La basilique, réplique, en plus grand, de Saint-Pierre de Rome, a fait couler beaucoup d'encre, de même que quelques autres réalisations de prestige (Fondation pour la paix, hôtel Président, école interafricaine des Travaux publics). Les immenses avenues sont jugées, selon les points de vue, inutilement surdimensionnées ou simplement futuristes. Dans l'immédiat, les centres de décision sont restés à Abidjan, de même que les ambassades. Bien que la ville compte désormais environ 200 000 habitants, elle flotte dans un habit trop large et son avenir de capitale, très dépendant de l'évolution politique ivoirienne, apparaît des plus incertains. Dodoma, nouvelle capitale destinée à se substituer à Dar es-Salaam, répond au même souci de rompre avec l'héritage portuaire. La Tanzanie ne dispose cependant pas des moyens financiers requis pour créer une ville de toutes pièces : les travaux progressent lentement et Dodoma n'est encore qu'une épure. Enfin, dernier cas de déménagement de capitale, le Malawi a transféré la sienne de la coloniale Blantyre vers la ville nouvelle de Lilongwe.

■ ***Les villes de Dieu.*** On a dit l'importance de l'islam dans l'épanouissement ancien des villes de sahel. Avec sa basilique, Yamoussoukro se pose en revanche comme l'affirmation résolue de la vitalité du christianisme en terre d'Afrique. Partout sur le continent, le religieux est présent par les grandes religions instituées comme par leurs multiples avatars. Les saints et les prophètes sont légion ; ils donnent le jour à des lieux de culte et de pèlerinage dont certains deviennent le noyau de villes. L'exemple le plus remarquable est sans conteste celui de Touba au Sénégal. Les Mourides, dont les marabouts se sont enrichis grâce à l'arachide, ont édifié une mosquée sur le lieu saint de leur confrérie fondée à la fin du XIXe siècle par Amadou Bamba. Commencée dans les années 1930 mais achevée seulement après 1960, la mosquée de Touba est la plus grande de toute l'Afrique après celle de Kairouan, ce qui en dit long sur la ferveur des adeptes du mouridisme. Aujourd'hui, Touba est le lieu de pèlerinage le plus important d'Afrique noire : le Magal, célébrant l'anniversaire du départ en exil d'Amadou Bamba, attire des foules immenses. Ville hors norme, entièrement vouée au culte et au commerce qu'il génère, Touba (Cheikh Guèye, *Touba. La capitale des Mourides,* Karthala, 2002) compterait plus de 400 000 habitants, dont un grand nombre, il est vrai, de « résidents secondaires », Mourides de la diaspora ayant à cœur de posséder une maison dans la ville sainte.

L'ESPACE URBAIN

Diverses par leurs origines, les villes le sont aussi dans leurs morphologies. Elles gardent l'empreinte de leurs débuts bien que la période contemporaine tende à une certaine uniformisation. On ne comprend bien une ville qu'en l'appréhendant sous l'angle de sa morphogenèse, car forme et histoire s'entrelacent intimement dans le tracé des rues, les distinctions entre quartiers, les usages réservés de l'espace, la diversité des architectures. Les villes africaines frappent d'abord par leurs formidables contrastes : luxe insolent et profonde misère se côtoient dans les grandes agglomérations. Cela n'est pas particulier à l'Afrique. Pourtant, par rapport aux autres continents, il est possible de dégager quelques caractères généraux qui, s'ils ne permettent pas de parler de « la » ville africaine au singulier, en révèlent cependant certaines singularités.

La ségrégation

■ ***L'héritage colonial.*** On a vu comment les villes sud-africaines avaient sécrété un urbanisme racial dont l'apartheid a représenté l'expression radicale. Toutes les villes coloniales ont appliqué peu ou prou ce modèle : elles furent pensées dès leur origine comme un espace bipartite séparant avec plus ou moins de rigueur « ville blanche » et « quartiers indigènes ». Cinquante ans après les indépendances, la population blanche ne représente plus qu'un pourcentage infime du nombre des citadins bien qu'elle soit parfois plus nombreuse qu'en 1960. Les anciens quartiers européens ont été investis par la bourgeoisie africaine, les ambassades, les activités tertiaires de haut niveau. Ces mutations n'ont en aucune façon atténué l'opposition entre « ville » et « quartiers » – ou « cités », voire « villages » selon les différentes terminologies en usage dans les pays francophones.

Il n'est pas rare que les anciennes « zones tampons » maintiennent des discontinuités dans le tissu urbain. Ainsi, à Kinshasa, le golf et l'aéroport de Ndolo sont autant d'éléments de séparation physique entre ville et cités. Une partie des réserves foncières de la zone tampon a cependant été lotie ou dotée de grands équipements (stade, lycée, centre commercial) mais ceux-ci continuent à souligner la rupture de l'espace urbain. À Port-Gentil, les autorités coloniales avaient ordonné en 1932 la « séparation des éléments européens et indigènes » de part et d'autre d'un canal de drainage, rejetant les villages africains à un kilomètre de l'axe principal du centre-ville. La coupure est toujours bien visible, même si l'espace intermédiaire tend à se combler (complexe sportif, équipements scolaires, lotissements).

La dynamique d'urbanisation ne cesse de brouiller l'image autrefois tranchée des villes bipartites. L'ancienne ville européenne, devenue exiguë, s'est étendue à la faveur d'opérations de restructuration ou de « déguerpissement » d'habitats illégaux ; elle a projeté des antennes vers de nouveaux quartiers résidentiels. Sous l'effet de la croissance, le tissu urbain éclate, formant une composition urbaine sans cesse plus complexe dont les pièces s'imbriquent en une nouvelle géographie très contrastée.

■ ***La ségrégation sociale.*** Moteur et reflet des mutations en cours, l'urbanisation se construit sur une diversification croissante de la société engendrant des inégalités sans précédent. Une petite minorité de citadins, détentrice du pouvoir politique et économique, s'y comporte en prédateur. C'est en ville que se joue la « *politique du ventre* », qui a donné à Jean-François Bayart la grille de lecture de l'État africain. C'est en ville qu'elle se manifeste sans maquillage, dans les comportements ostentatoires des nouveaux riches. L'habitat dit la réussite. Les « maisons de ministre » hantent les représentations citadines ; elles semblent assigner comme principale finalité du pouvoir politique un enrichissement personnel. Chaque grande ville a ses quartiers chics. Les maisons tantôt s'y montrent, le plus souvent se dissimulent au regard derrière des haies épaisses, ou de hauts murs crénelés de tessons de bouteille ou doublés de barbellés électrifiés : contraintes sécuritaires obligent.

La classe bourgeoise, qu'elle soit d'origine « bureaucratique » ou commerçante, ne représente qu'un infime pourcentage de la population urbaine. Concentrée dans les villes capitales, elle y partage les beaux quartiers avec les étrangers – diplomates, hommes d'affaires – qu'elle côtoie dans les grands hôtels, clubs et night clubs, au golf ou dans des cocktails et réceptions privées. Leurs enfants fréquentent les mêmes institutions d'enseignement, le cours de danse et la piscine.

À des années-lumière des « en haut du haut », les masses pauvres font face à un quotidien précaire. La ségrégation spatiale liée à la richesse et au statut est plus ou moins criante selon les villes. Brutale lorsqu'elle se superpose aux héritages de la ségrégation raciale, elle revêt des formes atténuées lorsque la recherche de la proximité lignagère rassemble au sein d'un même quartier des familles aux fortunes très diverses. Ainsi, à Lomé, des villas cossues voisinent avec un habitat modeste. Un vif attachement à sa parcelle de terre et à son « chez » a conduit à un gel foncier. Celui-ci contribue à maintenir dans les quartiers centraux une relative diversité sociale correspondant au tissu chamarré d'une classe moyenne composée de fonctionnaires, de commerçants, de petits entrepreneurs. Mais dans la plupart des villes, les pauvres se trouvent relégués dans des quartiers périphériques ou dans des espaces dévalorisés : pentes fortes théoriquement inconstructibles, fonds de vallons inondables, zones marécageuses insalubres. Les particularités du site rendent chaque ville singulière. Une plaine homogène favorise un zonage résidentiel en grandes mailles, propice aux ségrégations spatiales. Inversement, une topographie faite de l'alternance répétée de collines et de vallons favorise des ségrégations de proximité : à Libreville, les riches résident sur la frange littorale et les sommets d'interfluves, les pauvres dans les fonds de vallons.

■ ***Les territoires ethniques.*** La relation entre ville et ethnie dépend de la taille et de la nature de la ville. Les petites villes, reflet de la population de leur environnement proche, sont le plus souvent monoethniques. Les villes moyennes peuvent l'être lorsqu'elles se situent au centre d'une région ethniquement homogène ; seuls quelques fonctionnaires affectés par le pouvoir central et éventuellement des commerçants font alors figure d'étrangers. En Afrique de l'Ouest, il n'est pas rare que des communautés de commerçants résident dans un quartier spécifique, souvent en périphérie urbaine : c'est le cas des *zongo*, quartiers de commerçants musulmans des villes du Togo. La population des capitales, réceptacles de flux migratoires nationaux et internationaux, affiche un cosmopolitisme plus ou moins bariolé. Les diverses modalités d'insertion urbaine ont donné naissance à des quartiers, tantôt mélangés, tantôt homogènes, chaque ville présentant une combinaison originale de brassage ou de repli des habitants sur des territoires urbains spécifiques.

■ ***Fragmentation ethnique et guerre urbaine : Brazzaville.*** La division ethnique de l'espace peut entraver le fonctionnement du « creuset urbain » et, dans les cas extrêmes de tension politique, favoriser les explosions de violence : les guerres dont Brazzaville a été le théâtre et l'enjeu en 1993-1994 puis en 1997 en apportent une dramatique illustration. Dans les années 1910, l'administration avait créé deux lotissements indigènes, situés de part et d'autre de la « ville », centre des pouvoirs politique, militaire, religieux, économique. Bacongo, au sud-ouest, fut le quartier d'accueil des populations Kongo dont les différents rameaux peuplent le Congo méridional ; parmi eux, l'ethnonyme *Lari* distingua les originaires de la région du Pool (Pool Malebo, ex-Stanley Pool). Au fil des ans, Bacongo devint un quartier à forte homogénéité lari. Poto Poto, au nord-est de la « ville », fut au contraire peuplé par des migrants venus du nord du pays, depuis les plateaux Batéké jusqu'aux lointaines forêts de la Sangha. La marqueterie ethnique congolaise se projeta ainsi dans la géographie de la capitale, préparant le terrain à des affrontements violents suscités par la compétition politique.

Les élections de 1959 furent le premier déclencheur des troubles politico-ethniques qui opposèrent Bacongo et Poto Poto. Les violences qui se sont succédé depuis 1993 ont pris une toute autre ampleur. À l'instar de l'ex-Yougoslavie, « l'épuration ethnique » a semé la désolation dans toute la ville, et renforcé une inquiétante ethnicisation du territoire urbain. Les exactions commises par les milices de tous bords, le chassé-croisé de populations contraintes de se replier sur les territoires de sécurité de leur groupe ethnique ont radicalisé l'opposition entre les quartiers. La déchirure urbaine qui en résulte constitue une forme exacerbée de ségrégation fondée sur les origines ethno-régionales des citadins et exploitée par les chefs politiques. Les replis identitaires sur des fragments de territoire urbain entretiennent une géographie de l'incompréhension et des peurs, terreau idéal pour le déchaînement de la violence.

Une des particularités des guerres urbaines tient au fait que les chefs politiques fondent leur stratégie sur le contrôle de territoires bâtis, et leur tactique sur l'utilisation de miliciens. Les jeunes Congolais ont trouvé dans ces milices une occasion de ramasser un butin dans les pillages des maisons et des commerces du centre-ville. Ils y ont trouvé aussi un semblant de statut, rompant avec le désœuvrement et l'exclusion. Le souhait de la plupart d'entre eux a d'ailleurs été d'intégrer l'armée afin de conforter ce statut. L'engagement au combat des « Ninjas », « Zoulous », « Cocoyes », et autres « Cobras » fut l'expression exacerbée d'une crise urbaine qui a marginalisé la jeunesse. Les guerres de Brazzaville, au-delà des rivalités entre chefs politiques, renvoient aux restrictions des capacités redistributives de l'État et donc aux limites d'un système rentier enrayé par les conséquences du contre-choc pétrolier de 1986.

Ordre et désordre : les formes de la ville

Qu'elles portent les marques d'antiques cultures citadines, ou résultent des modèles urbanistiques colonial et post-colonial, les villes d'Afrique marient ordre et désordre. L'ordre, celui de l'urbanisme d'État, du pouvoir d'en haut, planificateur et législateur, se trouve confronté aux diverses expressions d'un spontanéisme populaire porté par la vague puissante de la croissance démographique. Sous cette irrépressible poussée, les formes « spontanées » de construction dans des quartiers « illégaux » sont devenues une des caractéristiques majeures des dynamiques d'urbanisation. La création urbaine progresse en une confrontation dialectique de pratiques répondant à différentes logiques.

■ ***La géométrie urbaine.*** L'urbanisme colonial est d'essence géométrique. Les premiers postes et comptoirs eurent une rigidité toute militaire. Dans les possessions françaises, les plans ont été dressés par des hommes du génie militaire avant que cette mission échoie aux services des Travaux publics. Le plan de Saint-Louis du Sénégal, adopté en 1828, a fixé l'impeccable alignement des rues tel qu'il existe encore aujourd'hui. Le premier plan directeur de Dakar, élaboré en 1862 par Pinet Laprade, chef de bataillon du Génie, dessine un quadrillage régulier, tout juste modulé pour que les rues se raccordent au tracé sinueux du boulevard littoral. C'est encore le génie militaire qui établit en 1895 l'échiquier de l'île Tambo, site initial de Conakry (voir carte en fin de chapitre). Les « villages de liberté » destinés à l'installation d'esclaves libérés présentèrent, à Libreville comme à Bamako, la sévère ordonnance d'un camp militaire.

Cette géométrie urbaine, modèle sans cesse réactualisé du camp romain, ne se limite naturellement pas au domaine d'influence français. La pure rigueur de l'angle droit, des alignements au cordeau, incarne l'ordre ; elle est un signe de reconnaissance de la « civilisation ». Quel contraste avec les sinuosités syncopées des villes anciennes, les tracés labyrinthiques des médinas dont chaque coin de rue ménage une surprise ! Comparons Saint-Louis à Djenné, Luanda à Zanzibar : deux conceptions de la ville, deux cultures.

Le plan en damier domine presque sans partage dans les villes africaines d'aujourd'hui. Seule la topographie infléchit le modèle de référence, guide le tracé des rues. À l'échelle des quartiers, les lotissements s'écartent rarement de la rigidité quadrangulaire. Il est vrai qu'aucune autre forme n'est aussi simple à tracer, aussi facile à subdiviser en parcelles régulières, aussi économique à équiper en VRD (voirie et réseaux divers). Le dispositif rayonnant à partir d'une place existe aussi, par exemple à Dakar avec les lotissements de la SICAP (Société immobilière du Cap-Vert). Dans les *townships*, ce dispositif participait à l'urbanisme de contrôle : un poste de police, le cas échéant des véhicules blindés permettaient une surveillance efficace à partir d'un point central, à l'image du *panopticon* de Bentham, qui influença si fortement l'architecture carcérale (Michel Foucault, *Surveiller et punir*, Gallimard, 1975).

■ ***Occupation contrôlée et spontanée de l'espace.*** L'urbanisme d'État s'est fondé sur des codes largement calqués sur ceux des métropoles et toujours en vigueur. Mais sous l'effet d'une croissance accélérée, les pouvoirs publics ont perdu la capacité de contrôler la totalité de l'espace en cours d'urbanisation. Des procédures illégales d'occupation du sol urbain et des constructions dites « spontanées » ont introduit des éléments nouveaux dans les paysages des villes africaines : du désordre.

Pikine offre un excellent exemple du contraste entre occupation ordonnée et désordonnée. Cette banlieue de Dakar fut planifiée à la fin des années 1950, afin de délester l'extrémité de la presqu'île du Cap-Vert où s'agglutinait une population en pleine expansion. Les terrains à bâtir ont été attribués par les pouvoirs publics soit à des « déguerpis » du centre-ville, soit à de jeunes adultes des quartiers anciens et surchargés de Dakar, soit à de nouveaux migrants, chaque attributaire ayant à charge de construire son habitat. Le tracé des rues et des limites de parcelles reproduit le modèle simple et répétitif des lotissements sans fantaisie dont la trame régulière s'étend aujourd'hui sur les communes de Pikine et de Dagoudane. En périphérie de la zone lotie par les pouvoirs publics, des terres appartenant aux villageois lebou ont été vendues à des citadins qui ont bâti hors de toute intervention des services d'urbanisme. Ces extensions – Pikine « irrégulier » – reconstituent un environnement villageois aux maisons dispersées dans des concessions ombragées d'arbres fruitiers : le paysage tranche avec la rigidité des espaces prédécoupés de Pikine « régulier ». À défaut d'imagination urbanistique, la géométrie pikinoise préservait les possibilités d'aménagements ultérieurs : asphaltage des rues principales, installation de bornes-fontaines puis de branchements privés aux réseaux d'eau et d'électricité.

La plupart des grandes villes comprennent des quartiers planifiés, et des quartiers d'habitat spontané souvent qualifiés d'« anarchiques ». Il ne faudrait toutefois pas en conclure que ces différences observées dans le mode de composition urbaine expriment une opposition systématique entre un urbanisme d'État et des formes populaires de production de l'espace urbain. Il n'est pas rare en effet que ces dernières épousent les principes élémentaires de la géométrie. Lorsque les détenteurs coutumiers de biens fonciers effectuent des lotissements, ils le font en général en conformité avec les normes de l'urbanisme d'État. Ils ont fréquemment recours aux services de géomètres afin de délimiter des parcelles et de réserver des emprises en prévision de l'aménagement futur de la voirie et des réseaux divers. Les quartiers lotis par des « chefs de terre » ne se distinguent pas toujours des lotissements publics. Les contraintes de la circulation sont aujourd'hui clairement perçues : en ce sens l'automobile impose ses limites au désordre. La classique dichotomie entre « ville légale » et « ville illégale » abandonnée à l'habitat spontané doit donc être nuancée. D'autant plus que les restructurations de l'espace urbain, les opérations de « déguerpissement » ou à l'inverse d'équipement et d'assainissement de quartiers illégaux, modifient en permanence la configuration des villes.

■ ***La question foncière.*** La création des villes a posé dans toute son acuité la question des droits fonciers. Partout, la colonisation s'est traduite par la coexistence de deux droits, le droit « coutumier », fondé sur la tradition, et le droit « moderne » importé par les puissances coloniales et issu d'une base commune, le « droit romain » fondateur de la propriété privée. L'exemple français est significatif de l'invention d'un droit qui tout en étant fondé sur les principes supposés universels du code civil, s'est exprimé en quelque sorte en négatif avec la fiction des « terres vacantes et sans maître ». Tout espace qui ne fait pas l'objet d'une occupation permanente et d'une mise en valeur effective étant réputé relever du domaine de l'État, ce dernier détient la capacité juridique de le réaffecter pour ses propres besoins ou au profit de personnes privées. C'est à cette fin que furent établies les procédures de l'immatriculation permettant de transformer des droits précaires en titres fonciers « définitifs et inattaquables ». On retrouve dans l'immatriculation l'inspiration du *Torrens Act* qui apporta une solution juridique à l'appropriation des terres neuves d'Australie. L'arsenal juridique élaboré par les administrations coloniales est fondamental, car les États l'ont repris à leur compte lors des indépendances, témoignant dans ce domaine comme dans d'autres d'une remarquable continuité. Les politiques foncières ont été perçues comme un moyen de conforter l'État qui s'est attribué, au nom de la Nation ou du Peuple, le monopole sur tout ou partie des terres du territoire national.

La question foncière ne s'est véritablement posée qu'avec l'apparition du phénomène urbain lorsque l'accumulation des hommes a fait du sol un enjeu de la compétition sociale. Les administrations coloniales durent composer avec la population autochtone lorsque celle-ci était en mesure de revendiquer ses droits de premier occupant ; tout dépendit du rapport de forces entre les deux partenaires. À Dakar, les Lebou, constitués en république à la fin du XVIIIe siècle, ne manquèrent pas de faire valoir leurs droits fonciers dans d'opiniâtres négociations avec l'administration. Les Douala surent faire reconnaître par les Allemands leurs droits sur les actuels quartiers centraux de la capitale économique camerounaise. L'appropriation du sol urbain devint un objet de compétition dès lors que l'urbanisation, en prenant de l'ampleur, commença à valoriser l'espace. Les premières attributions foncières ont contribué à l'émergence d'une bourgeoisie urbaine dont le patrimoine n'a cessé de prendre de la valeur du simple fait de sa localisation centrale. Une grande partie des espaces aujourd'hui urbanisés n'a cependant pas fait l'objet de revendications de la part des populations réputées autochtones ; leur gestion relève donc en principe de l'administration des domaines. Mais cela est resté très théorique car, ni à l'époque coloniale, ni (et encore moins) depuis les indépendances, celle-ci n'a disposé de la capacité technique et financière de maîtriser la totalité de territoires urbains en expansion rapide.

■ ***Des procédures simplifiées d'accession au sol urbain.*** Les démarches complexes et coûteuses aboutissant à la délivrance d'un titre foncier ne sont entreprises que par une minorité de citadins, ceux pour qui la sécurité foncière constitue un préalable à une construction requérant un investissement important. Des procédures simplifiées ont été mises au point afin de régulariser l'occupation du sol urbain. Il s'est agi tout d'abord du « permis d'habiter » attribué à la population indigène démunie ; les chefs de famille en étaient bénéficiaires à titre personnel mais ne devenaient pas propriétaires de la parcelle qui leur était concédée. Les législations domaniales actuellement en vigueur ont défini des « permis d'occuper » dont le principe, à quelques variantes près, vaut dans la plupart des pays. L'obtention d'un permis d'occuper implique une démarche volontaire de l'occupant d'une parcelle, une opération de bornage, une inscription au cadastre, une publicité destinée à éviter toute revendication d'un tiers, et le paiement de droits d'enregistrement. Il n'est délivré qu'après constat de la « mise en valeur » de la parcelle, c'est-à-dire sa construction, au moins partielle, dans le respect des règlements d'urbanisme. La procédure est donc déjà relativement longue et complexe ; elle fait intervenir plusieurs opérateurs et agents de l'État (géomètre, cadastre, habitat et urbanisme) et est relativement onéreuse. Le permis d'occuper constitue un document opposable aux tiers et donc une garantie en cas de contestation, ou d'expulsion pour cause d'utilité publique. Mais, pour la plupart des citadins qui occupent une parcelle de sol urbain ne procédant pas d'un lotissement public, la démarche requise pour l'obtention du permis est soit ignorée, soit mal comprise, ou encore jugée trop compliquée et inutilement coûteuse. Les pratiques foncières de la majorité des citadins s'exercent en effet très largement en marge de la loi.

■ ***Pratiques foncières urbaines.*** La filière étatique ne représente qu'une des modalités d'accès au sol urbain. Si la légalité foncière est de règle dans les espaces centraux de la « ville » aménagée selon les normes du droit et de l'urbanisme importés, les « quartiers » se partagent entre lotissements publics et occupation sans titre. Il existe en fait toute une hiérarchie dans le degré d'illégalité. Les administrations municipales ont dû composer avec les filières populaires de production foncière et leur irrésistible pression sur le sol urbain. L'occupant sans titre ne bénéficie en droit d'aucune protection en cas d'opération de déguerpissement, par exemple. Sa seule force, c'est le nombre : les autorités hésiteront à affronter tout un quartier, fût-il dans la plus totale illégalité. La négociation est le recours habituel permettant d'éviter que des situations conflictuelles ne dégénèrent en émeutes dont les conséquences politiques ne sont jamais prévisibles.

Les occupants d'une parcelle s'imaginent avoir acquis des droits fonciers par le simple fait de l'avoir achetée à un « propriétaire » coutumier. Les « chefs de terre » ont pris une part active dans un marché qui a rapidement glissé des modalités anciennes de cession de terre à la spéculation foncière. Plus d'un chef de terre s'est découvert une vocation de lotisseur. Les parcelles vendues selon cette filière sont de plus en plus fréquemment délimitées et bornées par des géomètres professionnels qui sont devenus des acteurs clés de la promotion foncière urbaine. La transaction se fait au terme d'un acte de vente, consigné dans un cahier, en présence de témoins. L'acquéreur le considère comme un véritable titre de propriété, quand bien même, au regard de la loi, cette appropriation n'a aucune valeur légale. Le document contractuel conforte néanmoins son détenteur au cas où celui-ci viendrait à être opposé à l'État. Ce marché foncier qui court-circuite les instances étatiques est très actif, car mieux adapté aux capacités financières des citadins et aux pratiques sociales qui font de la transaction autre chose qu'un simple échange marchand. Mais il ne met pas à l'abri des aigrefins : les édiles ou les tribunaux ont souvent à connaître des escroqueries dont la plus courante consiste à vendre une parcelle à plusieurs acheteurs successifs. Aussi est-il recommandé de marquer l'achat d'une parcelle en commençant le plus tôt possible la construction. À la périphérie de Lomé, des parcelles encore cultivées en maïs s'entourent de murs, matérialisant ainsi une appropriation en vue de la construction ultérieure de la maison.

Les deux filières, étatiques et populaires, de production foncière font apparaître des stratégies complexes révélant de fréquentes imbrications entre l'une et l'autre. Maints géomètres sont devenus d'actifs agents immobiliers grâce à leur connaissance des faces complémentaires du marché foncier, et à leur fonction technique dans l'élaboration du parcellaire. Responsables politiques et agents de l'État détenteurs de l'information foncière comptent aujourd'hui parmi les acteurs les plus actifs sur ce terrain ; ils savent jouer des deux filières, en se dissimulant si besoin est derrière des prête-noms. Le sol urbain est ainsi apparu comme un enjeu de premier ordre lorsque, de simple nécessité pour l'habitation, il est devenu, sous l'effet de la croissance urbaine, un support rentier particulièrement convoité.

■ ***Production foncière et reproduction sociale.*** La ville, lieu des ruptures, est aussi celui de la formation d'une classe bourgeoise : la production urbaine, au sens physique du terme, sert de support à la reproduction sociale. L'originalité africaine réside dans la nouveauté et la rapidité du phénomène, hormis dans les villes anciennes qui comptent de longue date une classe de marchands. Elle réside également dans le fait que l'État joue un rôle déterminant dans la formation, à travers les acteurs politiques, des groupes dominants, qu'on les qualifie de « bourgeoisie bureaucratique » ou qu'on ait recours à des allégories topologiques telles que le « haut » par opposition au « bas » – les « en haut du haut » désignant, selon l'expression abidjanaise, le sommet de la pyramide sociale.

L'urbanisation galopante n'a pas tardé à faire du sol urbain une valeur marchande et un bien spéculatif. À la faveur de l'incertitude foncière et de l'opacité, volontairement entretenue, des services cadastraux, les détenteurs du pouvoir politique ont accaparé une part substantielle du sol urbain en se faisant attribuer des titres fonciers dans les quartiers les plus cotés. Les fonctionnaires situés à un niveau hiérarchique plus modeste se contentent de parcelles situées dans des périphéries moins convoitées, dans l'attente de leur valorisation lorsqu'elles seront rattrapées par l'expansion du territoire urbanisé. Par l'effet purement mécanique de l'accumulation des hommes, les villes ont ainsi commencé à produire une rente, incitant les détenteurs de capitaux à investir dans le secteur du bâtiment. La recherche de plus-values foncières et immobilières fait désormais partie des pratiques urbaines.

Le sol urbain est devenu un objet de convoitise pour la classe dirigeante qui n'hésite pas à faire main basse sur la ville. Dans son étude consacrée à la « *production de l'espace urbain en Afrique centrale* », Jean-Luc Piermay (Piermay, 1993) a tenté d'en démêler les ressorts occultes. Sa cartographie des titres fonciers détenus à Libreville par la famille présidentielle et quelques-uns des principaux ministres est à cet égard éloquente. Un dépouillement exhaustif des documents cadastraux montrerait l'ampleur de l'accumulation foncière de ceux qu'au Gabon on surnomme les « pontes » pour les distinguer du petit peuple des « Makaya », pour qui l'acquisition d'une parcelle et la construction de la maison sont l'œuvre de toute une vie. Ce phénomène nouveau bouscule les anciennes conceptions relatives à la terre en lui conférant une valeur marchande qu'elle n'avait pas. Depuis qu'elle est productrice de rente, la ville remplit une fonction d'initiation au capitalisme. Mais il s'agit d'un capitalisme passif : le rendement rapide de placements sans risques n'encourage pas en effet l'esprit d'entreprise. Phénomène bien connu des situations de sous-développement, l'attrait souvent exclusif du foncier et de l'immobilier conduit à une stérilisation des capitaux. D'une manière générale, la satisfaction sociale prime sur le risque économique : la propriété urbaine est devenue, en un laps de temps très court, le support principal de la reproduction sociale des classes dominantes africaines en cours de constitution.

Construire la ville : les modes de production de l'habitat

La question foncière est naturellement inséparable de la production immobilière. Au-delà de la singularité de chaque ville, on peut relever quelques traits communs concernant les filières de construction et les types d'habitat. Les villes africaines sont des villes basses où dominent les constructions en rez-de-chaussée, avec pour conséquence un étalement considérable. Les édifices élevés, pour la plupart immeubles de bureaux, se concentrent dans les quartiers centraux qui, dans les plus grandes agglomérations, évoluent en CBD (*Central Business District*). Les immeubles collectifs comptent peu en comparaison des concessions familiales des cités et des villas des beaux quartiers et, comme pour le foncier, les filières populaires de production immobilière jouent un rôle moteur dans la croissance urbaine.

■ ***L'État promoteur.*** Après les indépendances, les États africains se sont lancés dans des politiques publiques de logement. Ils considéraient comme une de leurs missions de participer à la production d'un habitat qualifié de social, mais destiné en priorité à leurs agents : être logé par son administration (héritage d'une pratique coloniale) a longtemps constitué un des privilèges des fonctionnaires. Des immeubles collectifs, des cités construites pour héberger telle ou telle catégorie d'agents du secteur public (enseignants, personnels de santé, cheminots, policiers) forment autant d'îlots distincts dans le paysage urbain. L'attribution des logements indique clairement les limites du « social » : outre les fonctionnaires et les salariés ayant un travail et des revenus fixes, on y compte les maîtresses – ou « deuxième bureau » – d'hommes bien placés, logées aux frais de la princesse grâce à des passe-droits et autres arrangements particuliers. Les opérations à vocation sociale ont ainsi été souvent dévoyées. Presque partout elles ont profité non pas aux plus pauvres, mais aux groupes sociaux intermédiaires et à ceux qui savent jouer des réseaux de clientélisme toujours actifs dans des administrations très personnalisées.

Les offices publics d'habitat ne jouent plus aujourd'hui qu'un rôle effacé : une gestion souvent douteuse et le difficile recouvrement des loyers se sont ajoutés à la crise générale des États, les conduisant à réviser leurs politiques immobilières. C'est ainsi qu'en Côte d'Ivoire la SICOGI (Société ivoirienne de construction et de gestion immobilière), qui construisait 5 000 logements par an entre 1971 et 1978, et la SOGEFIHA (Société de gestion financière de l'habitat), qui en livra 30 000 entre 1965 et 1979, ont cessé leurs activités de construction. La SETU (Société d'équipement des terrains urbains) a été supprimée en 1987. Bien d'autres exemples montreraient la généralité du désengagement des États dont les finances exsangues ne leur permettent plus de fournir du « prêt à habiter ». Le parc immobilier d'origine publique occupe néanmoins une place non négligeable dans le paysage de certaines villes, par exemple à Dakar avec les cités SICAP et HLM. Douala a connu un important programme lancé au début des années 1980. Sur des terrains équipés par la MAETUR (Mission d'aménagement et d'équipement des terrains urbains et ruraux), la SCIC (Société civile immobilière du Cameroun) a lancé de vastes opérations à « Douala Nord » et « Cité des Palmiers » : 7 500 logements économiques construits et près de 20 000 parcelles équipées. C'était lors des années fastes du *boom* pétrolier : le contre-choc de 1986 a compromis la poursuite de ces grands programmes.

Sans abandonner complètement ses prérogatives en matière de promotion foncière, la puissance publique tend à concentrer son champ d'intervention sur les problèmes d'aménagement et d'urbanisme. Un nombre croissant de villes se sont dotées de plans d'aménagement, voire d'un SDAU à la française, mais la rapidité de la croissance les rend souvent obsolètes, parfois même avant qu'ils aient connu un début d'application. Par ailleurs, les autorités municipales ne disposent pas toujours de l'autorité suffisante pour les faire respecter. De ce point de vue, l'Afrique ne diffère pas fondamentalement du reste du monde, et l'« anarchie » urbaine fréquemment dénoncée n'est pas la caractéristique dominante des villes africaines.

■ ***Les modes populaires de production de l'habitat.*** Les recherches consacrées aux villes africaines ont porté une attention particulière à l'habitat populaire – habitat du plus grand nombre – et aux modalités de construction de la maison familiale. La production populaire de l'habitat, il convient de le souligner, est parvenue à faire face au défi d'un rythme effréné d'urbanisation en faisant l'économie d'une prolifération des bidonvilles. C'est le résultat de la participation très importante des habitants à la construction de leur propre demeure. Bien que tout le monde n'ait pas des aptitudes de maçon, le processus dit d'« auto-construction » a joué un rôle déterminant dans l'urbanisation. L'idéal du citadin – acquérir une parcelle pour y bâtir un toit – prolonge en ce sens l'obligation pour l'homme, en milieu rural, de construire une maison pour y abriter sa famille.

■ ***Autoconstruction et autopromotion.*** L'insertion urbaine n'est accomplie que lorsque le chef de famille, après avoir acquis une parcelle, réalise son projet immobilier. Celui-ci s'inscrit dans la durée. La construction initiale n'est souvent qu'un abri de fortune, une « case d'attente » faite en matériaux de récupération, ou à la manière de la maison rurale en *banco* (argile mêlée de paille) ou encore en *poto-poto* (argile plaquée sur un support de bois et de lianes entrelacés). Le sol est de terre battue, le toit le plus souvent en tôle, matériau aujourd'hui moins onéreux en ville que la paille ou les palmes.

À partir de là, le bâti connaît une double évolution. D'une part, une « durcification », selon le néologisme employé dans l'étude des villes d'Afrique de l'Ouest, processus consistant à remplacer des matériaux précaires par des matériaux durables. Le parcours urbain est considéré comme réussi lorsque le premier abri sommaire a fait place à la maison « en dur », généralement construite en parpaings de ciment, plus rarement en briques, avec un sol cimenté et des huisseries. D'autre part, une « densification » qui accompagne l'histoire de la famille : au fur et à mesure de sa croissance, par naissances successives et accueil de parents venus du village, de nouveaux bâtiments viennent s'ajouter aux premiers, remplissant peu à peu la parcelle ; parfois un étage supplémentaire est construit. L'habitat, de type évolutif, modulaire, s'adapte ainsi à la dimension de la famille. Lorsque des jeunes vont à leur tour fonder un foyer et libèrent des chambres, celles-ci ne restent pas inoccupées : elles sont louées, ce qui rend les unités résidentielles plus complexes d'année en année.

Les maisons, en général d'un seul niveau, sont d'une grande simplicité : nul besoin d'architecte. Chaque chef de famille est son propre promoteur ; il reproduit des modèles types qui se répètent d'un bout à l'autre du continent : blocs rectangulaires dressés en parpaings et toit à deux pentes reposant sur une charpente en bois. Principale variante, l'architecture de terre des régions sahélo-soudaniennes où les terrasses remplacent les toits. La construction de la maison ne nécessite pas de grandes compétences techniques ; couler les piliers et linteaux de ciment est la seule opération un peu délicate : on a en général recours à un spécialiste car de la réussite de l'opération dépend la solidité de la maison. C'est pourquoi l'autoconstruction n'est en général que partielle. Le chef de famille promoteur fait appel à des maçons professionnels, et à divers tâcherons, la part réelle d'auto-construction variant beaucoup selon les individus, le temps dont ils disposent, leurs disponibilités financières. Les travaux s'étalent sur des périodes souvent longues. Les pénuries de ciment les ralentissent, le manque de liquidités les paralyse, l'histoire familiale peut les compromettre (maladie, décès, divorce). En dépit de tous ces aléas, les villes se construisent à une vitesse surprenante.

■ ***Les bidonvilles.*** Moins répandus que dans les villes d'Amérique latine, les bidonvilles ne sont cependant pas inconnus en Afrique noire. On ne les rencontre que dans quelques grandes agglomérations. En Afrique du Sud, certaines fractions de *townships* abritant les populations les plus démunies dans de sommaires *matchboxes* serrées les unes contre les autres ainsi que les camps de squatters présentent toutes les caractéristiques des bidonvilles. Les capitales ouest-africaines renferment des îlots d'habitat précaire, que les opérations d'urbanisme tentent de résorber ou rejettent vers les périphéries urbaines. Toutes les agglomérations importantes d'Afrique de l'Ouest ont leurs quartiers de pauvreté dans lesquels précarité, promiscuité et insécurité cumulent leurs effets, même si on ne leur colle pas forcément l'étiquette de bidonville.

Les plus grands bidonvilles se rencontrent dans l'est du continent, notamment à Nairobi : Mathare Valley n'est que l'un d'entre eux, le plus connu car le plus proche du centre-ville, mais bien d'autres s'étendent sur des kilomètres le long des voies ferrées. Plusieurs centaines de milliers de Kenyans y vivent dans des baraquements sommaires, entassés entre les lacis de ruelles étroites ravinées par les pluies, sans eau potable, ni électricité, ni assainissement. Les habitants supportent ces dures conditions de résidence dans la mesure où ils considèrent leur séjour en ville comme provisoire, le temps de se constituer un pécule pour acquérir une ferme dans leur région d'origine. Addis Abeba a aussi son lot de bidonvilles où s'entassent des populations chassées des campagnes par les famines et la guerre.

L'habitat côté cour et côté jardin

■ ***La cour.*** L'habitat en cour représente une des formes les plus originales du mode d'habiter, principalement dans les villes d'Afrique occidentale. En 1987, 7 Abidjanais sur 10 vivaient dans une « cour commune », ce qui fait de la capitale ivoirienne un modèle du genre (Ph. Antoine, A. Dubresson, A. Manou Savina, *Abidjan côté cour*, Karthala, 1987). L'habitat en cour se compose de bâtiments en rez-de-chaussée disposés autour d'un espace central donnant sur la rue par un passage étroit, souvent barré d'une porte qui en préserve l'intimité. L'ensemble correspond à une « concession » ou parcelle. Tous les corps de bâtiment ouvrent sur la cour, constituant autant d'unités élémentaires de résidence entre lesquelles se répartissent les habitants de la cour commune. La parcelle est d'abord destinée à une entité familiale. Dans les familles polygames, chaque épouse dispose de son logement. Des « parents » rapprochés ou éloignés, un neveu venu étudier à la ville, un « hébergé » originaire du même village complètent l'unité de résidence, dont la composition, l'extension varient en fonction du temps et des mobilités individuelles. Les enfants grandis, des pièces se libèrent et sont mises en location. L'« entrée-coucher » conviendra à un célibataire, un couple recherchera plutôt à disposer de deux pièces. On loue de préférence à des proches, à des connaissances, des migrants recommandés par un parent : il faut en effet compter avec la nécessaire convivialité qu'impose le partage quotidien de la cour commune.

Celle-ci est en effet un lieu de vie primordial. On y fait la cuisine ; chaque femme dispose de ses propres fourneaux, du type « fourneau malgache » à charbon de bois, en tôle légère, facile à mettre à l'abri en cas de pluie. À défaut d'adduction d'eau, des fûts métalliques alignés le long des façades recueillent l'eau de pluie. Des bassines et d'autres ustensiles jonchent le sol : il y a toujours quelque cuisine à préparer, quelque enfant à laver. Dans un coin de la cour, des tôles ou des nattes dissimulent au regard l'emplacement de la douche. Un autre abri sommaire masque les lieux d'aisance, équipés dans le meilleur des cas d'une fosse septique. Fréquemment un arbre ombrage une partie de la cour ; des tabourets, des chaises, une caisse, tout est là en vue du partage de la parole : la cour constitue l'espace premier de sociabilité, un lieu de repli et de paix où l'on aime à s'extraire de l'agitation extérieure.

La cour cependant n'est pas close : on y reçoit voisins, amis et connaissances. Une maman y fait la cuisine pour des célibataires, gagnant ainsi quelque argent. Une dame-jeanne pleine de *bangui* (vin de palme) livrée par un cousin qui le récolte dans une palmeraie proche, une jarre de *dolo* (bière de sorgho) et un casier de bière acheté chez un grossiste : la cour devient débit de boisson. À l'époque où l'autorité coloniale avait interdit la vente de boissons alcoolisées en dehors des établissements disposant d'une licence, leur commerce clandestin s'effectuait dans certaines de ces cours, à l'abri des regards. On leur donna le nom de *maquis*. Sortis de la clandestinité et des cours, ils s'exposent aujourd'hui en plein jour ; popularisés non seulement dans toute l'Afrique de l'Ouest mais jusqu'en France, ils désignent toutes sortes de débits de boissons et de lieux de restauration, de la gargote rudimentaire jusqu'au restaurant dont la fréquentation est un *must* pour la bonne société.

■ ***Le jardin.*** De l'avion survolant Bangui, on cherche à repérer l'urbain dans ce qui semble n'être de prime abord qu'un vaste verger où de puissants manguiers noient les maisons sous d'épaisses frondaisons. La capitale de la République centrafricaine (800 000 habitants) est l'archétype de la ville-jardin. Quelques rares immeubles à étages dans le centre commerçant, un hôtel international surplombant les rapides de l'Oubangui, le siège de la CEMAC, le décompte est vite fait des architectures proprement urbaines. L'habitat type, très différent de la cour, s'y compose d'un ou plusieurs bâtiments répartis dans la concession, sans constituer un ensemble fermé. Au mieux, des haies matérialisent les limites de parcelles. L'espace non bâti est planté d'arbres fruitiers, manguiers, palmiers et quelques arbres à pain. Un bouquet de bananiers, des tiges de maïs ou de manioc, quelques légumes peut-être quand la parcelle n'est pas trop ombragée : dans tous les quartiers populaires banguissois, le rural épouse l'urbain. L'agriculture urbaine joue un rôle essentiel dans une économie citadine léthargique, surtout depuis la fermeture de la base militaire française.

À Bangui, comme dans toutes les villes d'Afrique centrale forestière, le type d'habitat dominant reproduit le modèle uniformément répandu des maisons villageoises : construction rectangulaire à toit à deux pentes. Dans ces pays de fortes précipitations, on se réunit moins sous l'arbre à palabres qu'à l'abri d'un « corps de garde » (le nom est resté bien que la fonction défensive ait disparu) ; les cuisines sont distinctes de l'habitation principale. Autant de traits villageois transposés en ville où l'usage de l'espace domestique se perpétue partiellement.

Cour ou jardin, l'habitat du plus grand nombre est évolutif. Les bâtiments et leur contenu s'adaptent aux dynamiques familiales. Les *townships* sud-africains eux-mêmes présentent des traits similaires. En arrière des maisons, l'espace des *backyards* permet l'extension du bâti. Dans le vaste programme de construction publique lancé dès l'arrivée au pouvoir de Mandela, le principe de l'habitat évolutif a été retenu : les petites maisons (dans la tradition des *matchboxes*) sont conçues pour permettre leur extension suivant l'évolution démographique de la famille et de ses capacités financières. La production immobilière populaire, dans des contextes très variés, présente donc une remarquable souplesse par sa capacité de réponse et d'adaptation aux fluctuations des unités de résidence.

■ ***Locatif et collectif.*** L'idéal pour tout citadin est d'être maître chez soi : propriétaire d'une parcelle et d'une maison. Le statut de locataire n'est donc considéré que comme provisoire. Il concerne en particulier les étrangers, les jeunes célibataires qui débutent leur parcours urbain, ou bien encore les étudiants. La location répond en outre aux besoins de ménages restreints, notamment aux familles monoparentales qui se multiplient avec la révolution des mœurs, l'indépendance d'un nombre croissant de jeunes femmes, et l'instabilité des couples. La proportion de locataires varie beaucoup d'une ville à l'autre ; elle peut atteindre 30 à 40 % de la population résidente. La location recouvre des situations assez différentes : ce n'est pas la même chose d'être locataire dans une cour où l'on partage des espaces communs avec le propriétaire ou dans l'anonymat d'un immeuble collectif.

S'il existe dans les grandes villes des immeubles de standing loués par appartements, ils sont surtout destinés aux expatriés : la frange aisée de la population locale privilégie la villa. En dehors de ces immeubles des beaux quartiers, le locatif s'adresse à des catégories sociales peu fortunées. Au Nigeria, en particulier à Lagos, des immeubles de rapport construits sur deux niveaux offrent à la location des logements minuscules, du type « entrée-coucher », pouvant convenir à des célibataires mais généralement suroccupés. C'est dans les *hostels* d'Afrique du Sud que le collectif offre les conditions de logement les plus élémentaires : batteries de chambres exiguës, cuisines et sanitaires communs.

Les immeubles construits à l'économie dans le cadre de programmes d'habitat social sont rarement adaptés au climat tropical. L'absence de climatisation (trop coûteuse) transforme les appartements en étuves. L'entretien des parties communes est par ailleurs négligé, par manque de moyens des sociétés gestionnaires et désintérêt des locataires. Les commodités qu'offrent ces logements, eau et électricité en particulier, sont souvent illusoires : les coupures d'eau font partie du quotidien. Le collectif populaire, rapidement exposé aux dégradations, apparaît ainsi comme une solution peu satisfaisante et en tout cas moins prisée que la maison familiale qui reste l'objectif de la plupart des citadins.

DOCUMENT

■ Conakry, naissance d'une ville et croissance de l'espace urbain

Naissance d'une ville

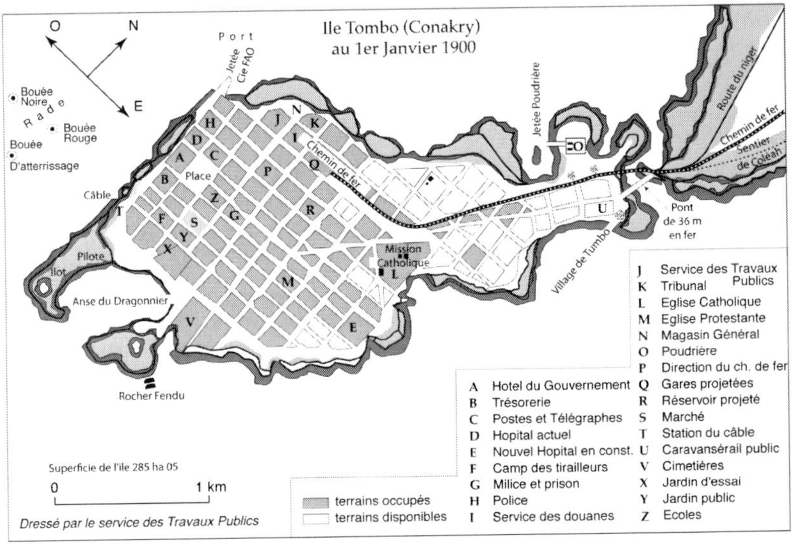

Croissance de l'espace urbain

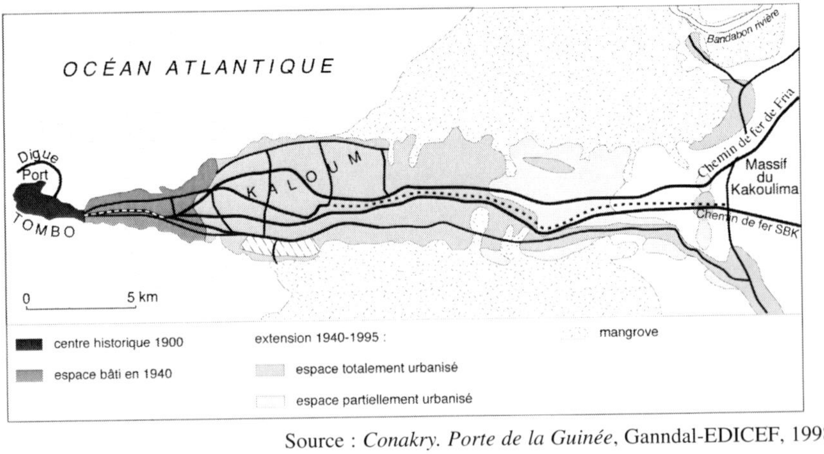

Source : *Conakry. Porte de la Guinée*, Ganndal-EDICEF, 1998.

7

ÉCONOMIE URBAINE ET CONDITION CITADINE

Comment vivre – ou survivre – dans la ville africaine ? Comment les activités urbaines s'adaptent-elles à la croissance démographique ? Comment se déroule le quotidien des citadins, de quels moyens disposent-ils pour faire face aux besoins essentiels de l'existence ? Ces questions ont suscité un nombre considérable de recherches, mais il n'est toujours pas facile d'y répondre car la réalité des économies urbaines échappe partiellement aux investigations du fait de l'importance prise par ce qu'on appelle le secteur « informel ». Les emplois officiellement recensés ne saisissent qu'une faible proportion des activités productives. Une partie des ressources citadines transite par les circuits opaques de « l'économie souterraine ». Les statistiques sont donc incapables de refléter l'économie réelle. En vérité, les villes africaines se sont révélées de véritables laboratoires où s'expérimentent des formes d'activité et de « débrouille » échappant aux normes de l'analyse économique classique. Le secteur informel n'est cependant pas la panacée. Les crises de croissances des villes, plus ou moins aiguës selon leur taille et selon les pays, tiennent aux médiocres performances des systèmes productifs. Elle mettent en évidence les limites des économies rentières sur lesquelles repose, pour une part notable, l'urbanisation africaine.

L'ÉCONOMIE : LES ÉTATS, LA RENTE, LE RÈGNE DE L'INFORMEL

L'analyse des économies urbaines réserve bien des surprises. Toutes les villes n'ont certes pas le même profil, mais certains traits se répètent avec suffisamment de régularité pour qu'on puisse dégager quelques caractères généraux. La faiblesse du secteur productif moderne (abstraction faite de l'Afrique du Sud) est l'un des plus frappants. Les villes consomment plus qu'elles ne produisent : pour comprendre le fonctionnement de leur économie, il faut analyser leur rapport à l'État et au système rentier qui, dans la plupart des cas, lui sert de support.

La ville et la rente

■ ***Des villes « filles de l'État ».*** On a déjà souligné que les villes nées de la colonisation étaient génétiquement liées au politique. À la différence de l'essor urbain de l'Europe médiévale qui les fit « filles du commerce », selon l'expression de l'historien Henri Pirenne, les villes d'Afrique noire sont avant tout « filles de l'État ». La fonction publique constitue une pièce essentielle des circuits redistributifs. Dans maintes petites villes, la solde des fonctionnaires représente la totalité des intrants monétaires qui mettent en mouvement l'économie locale. C'est pourquoi la crise des villes et celle des États sont si intimement liées, dès lors que ces derniers ne parviennent plus à payer les salaires des fonctionnaires. Ce n'est d'ailleurs pas un hasard si l'Afrique a connu un si grand nombre de coups d'État : ils résultent dans la plupart des cas de l'incapacité des gouvernements à rétribuer les agents du secteur public, et surtout les différents corps des forces armées. La Côte d'Ivoire, longtemps considérée comme un « modèle de stabilité », a illustré à son tour ce processus à Noël 1999, lorsque des militaires insatisfaits de leur situation économique ont renversé sans coup férir un pouvoir qui semblait pourtant bien assis, inaugurant une décennie d'instabilité. La France a longtemps contribué à régler les fins de mois d'États en difficultés financières pour éviter les troubles sociaux et politiques dans son « pré carré » : l'aide « hors projet » servait à éponger des déficits budgétaires, en clair à assurer la paye des fonctionnaires.

La fragilité des États est directement liée à la vulnérabilité de leurs économies très dépendantes de l'exportation de produits primaires. L'effondrement durable des cours se répercute mécaniquement sur les recettes fiscales, et par voie de conséquence sur les villes. La redistribution de la « rente » étatique, par les canaux officiels des budgets de fonctionnement et par les cheminements occultes de « l'argent noir » *via* les réseaux familiaux, sexuels ou clientélistes, joue en effet un rôle primordial dans l'économie urbaine, principalement dans les capitales. La paix sociale en dépend. C'est pourquoi l'effondrement des rentes doit être considéré comme la cause fondamentale des crises et des violences urbaines depuis les années 1990. Les Programmes d'ajustement structurel (PAS) – qui tous ont imposé un « dégraissage » d'une fonction publique jugée pléthorique par le FMI – ont aggravé les conditions de vie des citadins, contribuant au déclenchement de flambées de violence. Les pays francophones ont été les plus touchés, sans doute parce que l'héritage d'un modèle valorisant l'État et son administration y était plus important qu'ailleurs. Mais partout les États cherchent à assurer la paix sociale en subventionnant quelques produits alimentaires de base, notamment des céréales importées, ce qui les rend tributaires du marché mondial : en 2008, la flambée des cours des céréales, ceux du riz en particulier, a provoqué des émeutes de la faim dans de nombreuses villes d'Afrique (Douala, Lagos, Abidjan Dakar etc.), comme dans quelques autres pays du Sud.

■ ***Bureaucratie et urbanisation.*** Avec les indépendances, le développement des appareils administratifs a nourri l'essor urbain. Les fonctions d'encadrement et de services, sans compter les sociétés publiques et parapubliques du secteur productif, ont fait de l'État le premier employeur. Au Congo-Brazzaville (2,6 millions d'habitants), 88 000 fonctionnaires (dont près de 10 000 « fantômes » – fausses identités, personnes décédées) émargeaient au budget de l'État en 1990. Au Gabon, le nombre d'agents de la fonction publique est passé de 3 842 en 1965 à 29 067 en 1985 ; il approchait des 50 000 en 2000, pour une population comptant alors environ 1,3 million d'habitants.

De lourdes bureaucraties urbaines ont vécu grâce aux ressources des campagnes. On sait ce que l'urbanisation prestigieuse d'Abidjan et de Yamoussoukro doit à la « Caisse cacao » qui, jusqu'à sa liquidation en 1999, a fonctionné comme instrument de ponction de la rente agricole. Dans l'ex-Zaïre, les grands offices publics de transport tels l'ONATRA (Office national de transport) et la SNCZ (Société nationale des chemins de fer du Zaïre) ont sombré sous le poids des prélèvements excessifs au profit des personnels du siège (Kinshasa et Lubumbashi). Les administrations du secteur social comme du secteur économique fonctionnent sur un schéma comparable avec le même résultat : la concentration des infrastructures, des moyens financiers et des personnels dans les villes principales. L'analyse des systèmes de santé publique le confirme : même si des politiques en faveur des soins de santé primaires ont été prônées, et bénéficient du soutien de la Banque mondiale, l'essentiel des investissements est allé aux « hôpitaux de référence » localisés dans les grandes villes. Les travaux lourds recueillent toujours l'appui sans réserve des élites locales intéressées par les retombées des investissements, et celui d'un corps médical peu enthousiaste pour exercer hors des villes. La santé « en brousse » est volontiers abandonnée aux ONG, alors que les médecins africains sont enclins à mettre leurs compétences au service de leur insertion dans l'économie et la société urbaines.

Toute bureaucratie, par sa nature même, est urbanisante. Les villes africaines en donnent une preuve éclatante. Dans un contexte où règne la « politique du ventre », occuper un poste dans une administration représente une occasion de « manger ». Depuis l'instauration d'une relative liberté de la presse, les journaux satiriques ne désemplissent pas des exploits ou des mésaventures de ceux qui ont beaucoup ou trop « bouffé », c'est-à-dire détourné l'argent public et construit des villas, signe tangible de leur réussite. Les beaux quartiers se construisent grâce à une captation privative de la rente de l'État au bénéfice des acteurs les mieux placés dans les réseaux politico-administratifs. L'urbanisation de l'Afrique rappelle cette loi générale qui fait du vol le moyen le plus efficace et rapide d'accumulation initiale du capital. Rousseau et Marx sont toujours d'actualité.

L'inégale réussite des pays africains dans leur quête de modernité se lit dans le paysage de leurs villes capitales. Quel contraste entre N'Djamena, avec son avenue du Général-de-Gaulle bordée de maisons aux arcades désuètes datant de la colonisation, et les tours rutilantes du « petit Manhattan » abidjanais ou du centre de Nairobi ! Toutefois, la capitale tchadienne, grâce aux ressources pétrolières, s'est lancée dans un urbanisme de prestige qui entend rivaliser avec d'autres capitales. La raison d'être de la plupart des villes africaines, leur mode de fonctionnement, ne se comprennent que par un détour par l'État. Même dans les vieilles cités d'Afrique sahélo-soudanienne, les marchands et les religieux ont appris à composer avec lui, sinon à le subvertir. Les villes cependant ne se réduisent pas à cette double et complémentaire fonction d'encadrement et de redistribution. Leur croissance engendre une autonomie créatrice, un bourgeonnement d'activités nouvelles.

Les retards de l'industrie

En comparaison du reste du monde, les villes d'Afrique sont très peu industrialisées. Le lien industrialisation/urbanisation caractéristique de la révolution industrielle en Europe n'a pas fonctionné, si ce n'est en Afrique du Sud. Les délocalisations industrielles de la seconde moitié du XXe siècle qui, de Singapour à Manille et de Shanghai à Bombay, ont soutenu la croissance urbaine des NPI, tigres et autres dragons asiatiques, ont ignoré l'Afrique. Seule Maurice – mais cet avant-poste du monde indien est-il africain ? – a développé une industrie de transformation à visée exportatrice. Port-Louis, avec ses modestes zones industrielles et ses entreprises de confection ne saurait toutefois se comparer aux villes ateliers d'Asie du Sud-Est.

Si l'on écarte les quelques villes nées de la mine, la contribution du secteur industriel à l'économie urbaine apparaît des plus modestes, tant pour la valeur ajoutée des entreprises que pour l'emploi. Les causes de cette sous-industrialisation sont multiples. La faible compétitivité de la main-d'œuvre en comparaison de l'Asie est souvent mise en avant : l'absence de tradition industrielle, le faible niveau de formation, les réticences socioculturelles vis-à-vis d'un travail répétitif, fragmenté, encadré par une hiérarchie professionnelle rigide ne constituent qu'une explication partielle. D'autres facteurs grèvent les coûts de production : médiocrité des infrastructures, des équipements, des services périphériques, étroitesse des marchés consécutive à la faiblesse du pouvoir d'achat. À cela s'ajoute l'émergence tardive et encore timide d'une mentalité entrepreneuriale qui, lorsqu'elle existe, privilégie les activités d'échanges à la production. La situation est toutefois en train d'évoluer : le retour à une croissance soutenue depuis le tournant du millénaire, l'arrivée aux affaires d'une nouvelle génération, les dynamiques insufflées par de nouveaux acteurs, comme la Chine, tout indique que l'Afrique noire est sur une nouvelle trajectoire, mais il faudra encore beaucoup de temps pour que les effets s'en fassent pleinement sentir. L'industrie africaine doit en outre faire face à de multiples contraintes internes. Les pratiques d'importation frauduleuse de produits manufacturés à bas prix contribuent aux faillites d'entreprises insuffisamment protégées. L'envahissement de la « fripe », qui inonde les marchés africains de vêtements usagés vendus à des prix imbattables, menace les usines textiles locales. Les comportements prédateurs de l'État assombrissent encore le tableau : toute entreprise qui dégage des bénéfices est ponctionnée non seulement par la fiscalité régulière, mais aussi par les détenteurs du pouvoir politique qui ont tendance à confondre la trésorerie des entreprises avec un trésor à piller. Au total, l'industrie ne bénéficie donc pas d'un environnement favorable : le *made in Africa* n'est pas pour demain.

■ ***Un secteur manufacturier embryonnaire.*** L'industrie a pourtant été considérée dans les années 1960 comme la condition d'une réelle indépendance. L'État devait suppléer l'absence d'une bourgeoisie d'affaires et investir dans l'industrie, seul ou en association avec des partenaires du Nord dans le cadre de *joint ventures.* Tous les pays, qu'ils fussent d'influence plutôt libérale ou plutôt marxiste, ont élaboré des programmes d'industrialisation. Le Nigeria, fort du poids de son marché intérieur et disposant avec le pétrole d'une énergie bon marché, a connu quelques succès industriels. Lagos est aujourd'hui le premier centre d'industries de transformation d'Afrique noire (hors Afrique du Sud). Dans les années 1970, en plein *boom* pétrolier, le gouvernement favorisa l'implantation d'usines dans toutes les villes importantes de la fédération. Parmi elles, Kaduna fut dotée de la fameuse usine de montage automobile Peugeot qui devait populariser la « 404 » (la « voiture de l'Afrique » des slogans publicitaires) dans une grande partie du continent avant que les constructeurs japonais, Toyota en tête, ne s'emparent du marché automobile africain.

Bien que l'industrialisation soit récente, les villes africaines possèdent déjà leur lot de ruines industrielles et d'entreprises mort-nées. Les choix idéologiques l'ont souvent emporté sur la rationalité économique. Les pays bénéficiant d'une rente minière ou pétrolière en ont utilisé une partie pour financer une industrie de transformation censée prendre le relais de l'exploitation de « ressources non renouvelables » et fournir du travail à des citadins de plus en plus nombreux. Ce fut le cas de la Zambie où le produit de la vente des minerais a été investi dans les industries urbaines ; l'instabilité des cours du cuivre a compromis cette politique économique. Au Zaïre, l'usine sidérurgique de Maluku, près de Kinshasa, a été un échec aussi rapide que prévisible. L'idée qu'un pays devait posséder des industries de base pour être indépendant a conduit à des choix économiques aberrants.

La part de l'Afrique dans la production industrielle mondiale n'a cessé de diminuer depuis les années 1980, malgré les résultats encourageants de quelques pays : Kenya, Zimbabwe ou Cameroun, sans parler de l'Afrique du Sud. Certains secteurs, dont l'agroalimentaire, tirent leur épingle du jeu. Dans les pays de la zone franc, la dévaluation de 1994 a stimulé la production industrielle, en particulier en Côte d'Ivoire et au Cameroun. Les privatisations en cours dans de nombreux pays se traduisent par un assainissement financier du secteur et une reprise des investissements.

Les handicaps de l'industrie africaine ne doivent pas masquer les transformations en cours. L'accumulation urbaine a fait naître des savoir-faire et des attitudes nouvelles vis-à-vis du travail, de l'organisation du temps de travail, favorables à l'activité industrielle. Les générations nées en ville, scolarisées, immergées dans les rythmes urbains, ont des comportements différents de ceux des générations de l'exode rural. Leur niveau général de formation peut faciliter leur insertion dans l'économie industrielle. Sous l'effet de la pédagogie urbaine et des contraintes de survie, le différentiel avec la main-d'œuvre asiatique devrait s'atténuer au fil des ans. C'est en tout cas le pari que font les entreprises étrangères qui investissent actuellement en Afrique. L'ère des « éléphants blancs » et autres « cathédrales dans le désert » s'achève ; voici venu le temps des gestionnaires. Dans cette mutation en cours dont les effets ne sont pas encore spectaculaires, l'urbanisation joue un rôle décisif.

Si l'industrie n'a pas été (sauf dans les villes minières) un facteur d'urbanisation, la ville remplit d'elle-même une fonction industrialisante par simple effet d'accumulation (force de travail, savoir-faire, marché de consommation, capitaux, etc.) et parce qu'elle stimule l'industrie du bâtiment. Or celle-ci participe au processus global d'industrialisation, elle exerce des effets d'entraînement en favorisant les activités de sous-traitance (maçonnerie, menuiserie, peinture, quincaillerie, etc.). Le secteur de la construction est un des lieux privilégiés d'accumulation du capital et de formation technique.

Seul un petit nombre d'entreprises datent de la période coloniale car les colonies étaient cantonnées au rôle de fournisseur de matières premières et de débouché pour les produits métropolitains. Les maisons de commerce telles que la CFAO (Compagnie française d'Afrique occidentale) ou la SCOA (Société commerciale de l'Ouest africain) tenaient le haut du pavé, non les industriels. La Seconde Guerre mondiale entraîna un changement d'attitude, que les indépendances devaient renforcer, soit en valorisant les productions locales (agro-industrie, industrie du cuir, du bois, conserveries de poissons), soit en développant les industries d'*import-substitution.*

■ ***La transformation des produits locaux*** a joué un rôle pionnier dans un processus d'industrialisation longtemps bridé par le sytème colonial. Pendant des décennies, noix de palme et palmistes approvisionnèrent les usines des ports anglais et les savonneries de Marseille. Puis l'huile de palme fut extraite sur les lieux mêmes de production, amorçant une indigénisation de la filière des oléagineux. Seule la phase finale du raffinage est encore partiellement localisée dans les anciennes métropoles. L'arachide a connu un parcours similaire : en 1940, sous la menace de la guerre, l'usine Lesieur de Dunkerque, qui s'approvisionnait au Sénégal, se replia à Dakar, inaugurant l'industrialisation de la capitale sénégalaise. De la même façon, une part du café et du cacao produits en Afrique est désormais transformée dans les pays producteurs : l'usine Nescafé d'Abidjan approvisionne le continent en café soluble.

Le coton a exercé des effets industrialisants remarquables et parfois précoces. Depuis 1921, l'entreprise cotonnière fondée par Roger Gonfreville à Bouaké anime les relations entre la ville transformatrice et les campagnes productrices. Cette usine pionnière est toujours le principal employeur industriel de la seconde ville de Côte d'Ivoire. La fin des années 1970 a vu la naissance de deux nouveaux complexes textiles à Agboville et Dimbokro, deux villes situées au nord d'Abidjan : une politique industrielle volontariste en faveur des villes secondaires a accompagné l'urbanisation ivoirienne. Mais cette industrie a beaucoup souffert, non seulement de la crise politique ivoirienne, mais de faiblesses structurelles qui l'ont rendue peu compétitive. Elle n'est plus en mesure de résister aux contrefaçons et à l'entrée en contrebande de pagnes chinois : les usines quand elles n'ont pas fermé, ne tournent plus qu'à petit régime. Au Tchad, les villes qui s'égrènent de Léré à Sahr en passant par Moundou possèdent toutes leur quartier industriel organisé autour de l'usine de la Cotontchad, mais l'activité se limite à l'égrenage. Le secteur cotonnier constitue le pivot de l'articulation ville-campagne, pierre angulaire du développement local. L'interventionnisme d'État qui s'exerce au travers ici de la Cotontchad là de la Sodecoton (Cameroun) garantit un niveau minimum de ressources monétaires dans les campagnes et d'emplois salariés dans les villes de la zone cotonnière d'Afrique de l'Ouest. Au Zimbabwe, au Malawi, le coton remplit des fonctions similaires à la jonction entre monde paysan et industrie urbaine.

En aval de la filature et du tissage, et en amont de la confection, l'impression de pagnes et de batiks est par excellence une industrie de capitale, étroitement liée à la mode féminine. L'Afrique noire se partage entre le vêtement à l'occidentale – les élites rivalisant de chic dans le port du costume-cravate, tandis que les pauvres doivent se contenter des fripes bon marché, responsables d'une clochardisation des apparences – et des tenues « traditionnelles » (pagne féminin et, en pays d'islam, boubou des hommes). Les plus beaux pagnes, les *wax,* proviennent d'Europe (*wax* hollandais) et d'Asie. Les tissus imprimés courants sortent des usines d'Abidjan, de Douala, de Kinshasa. Un grand soin est accordé au choix des motifs dits « africains », qui doivent répondre aux attentes de la clientèle féminine. Les pagnes sont porteurs d'une grammaire subtile ; les femmes en connaissent la sémiotique, quand elles ne l'imposent pas. Tel pagne onéreux signifie « mon mari est capable », tel autre « je suis libre »… Les mille façons de porter le pagne, le corsage et la coiffe désignent l'élégance. Les défilés de mode à l'hôtel Ivoire d'Abidjan ont longtemps donné le ton à toute l'Afrique de l'Ouest. Les belles kinoises testent les nouveaux modèles dans les chaudes soirées de Matonge, le quartier nocturne de Kinshasa.

Le pagne de coton imprimé est considéré comme authentiquement africain. En réalité, il l'est devenu après le contact européen : auparavant, en Afrique centrale, orientale et australe, hommes et femmes vivaient soit nus soit vêtus de pagnes de raphia, d'écorce battue ou de peau de bête. Le tissage en bandes étroites de cotonnades épaisses était pratiqué dans toute la zone sahélo-soudanienne. Les populations converties à l'islam avaient adopté l'ample boubou que les commerçants arabes importaient du Maghreb ou d'Égypte. Le pagne, diffusé d'abord par le commerce de traite, est aujourd'hui répandu dans l'ensemble de l'Afrique subsaharienne, surtout dans sa partie occidentale et centrale. Il anime un important secteur de l'économie dans lequel se distinguent les commerçantes éwé du Togo et du Ghana, les célèbres *mama benz,* fières de rouler en Mercedes-Benz.

■ ***Les industries d'import-substitution : la brasserie.*** L'industrie de la brasserie et des boissons gazeuses a connu une très remarquable croissance, soutenue par une urbanisation qui engendre de nouveaux modes de consommation. La bière et les « sucrés » – boissons modernes – concurrencent les breuvages traditionnels, bière de sorgho, bière de banane, vin de palme. Autrefois importée, la bière est aujourd'hui brassée dans la plupart des pays africains. Quelques groupes européens se partagent le marché de cette industrie typiquement urbaine : Heineken, Guinness, Castel. En Afrique de l'Ouest francophone, la brasserie a longtemps été dominée par les BGI, Brasseries et glacières d'Indochine (devenues Brasseries et glacières internationales en 1975 après la chute de Saigon) : la production de bière a débuté en 1949 à Dakar (SOBOA), puis en 1953 à Abidjan (BRACODI). Le processus de diffusion des unités de brassage s'est ensuite propagé du littoral vers l'intérieur : Bénin (SOBRADO, 1957), Burkina (BRAKINA, 1964), Niger (BRANIGER, 1967), Mali (BRAMALI, 1984). En 1990, les BGI ont été rachetées par le groupe Castel, présent à Libreville depuis 1967 (SOBRAGA), qui couvre désormais une dizaine de pays d'Afrique occidentale et centrale.

L'industrie de la brasserie constitue un modèle de redéploiement du capitalisme (BGI s'est réimplantée au Vietnam en 1992), de diffusion spatiale, de mondialisation de la consommation. Partout la bière s'affiche comme une compagne de l'urbanité. Avec les cigarettes (et aujourd'hui les préservatifs), elle occupe l'essentiel des placards publicitaires qui ont fait une discrète apparition dans le paysage urbain. Skol ou Primus, Flag ou Chari, la bière suggère une convivialité de bon aloi. Elle rivalise avec Coca-Cola pour étendre ses parts de marché auprès d'une clientèle principalement citadine. Dans le processus d'industrialisation, la brasserie a souvent joué un rôle pionnier. Moins prospère en pays d'islam qu'ailleurs, sa croissance suit le rythme de l'élévation du niveau de vie des citadins : le Gabon, avec un PIB par habitant dépassant les 12 000 dollars, vient en tête pour la consommation individuelle ; il ne compte pas moins de cinq brasseries.

Parmi les objets d'utilisation quotidienne, des ustensiles de cuisine et des articles ménagers sont aujourd'hui produits en Afrique. Le Nigeria inonde l'Afrique de l'Ouest de ses seaux, cuvettes et autres récipients en matière plastique. Le Cameroun produit à partir de l'aluminium usiné à Edéa casseroles et marmites, mais aussi les « bac alu » utilisés pour la couverture des maisons citadines. Le Zimbabwe et le Kenya ne sont pas en reste pour la fabrication de biens d'usage courant. Bref, la production industrielle commence à prendre des parts de marché et à résister à la concurrence internationale. Cela ne concerne pour l'instant que des technologies simples ; les carences dans le domaine des biens d'équipement restent très importantes et les industries de pointe ne sont pas du tout représentées. Il n'en demeure pas moins que l'usine prend place, peu à peu, dans le paysage urbain.

■ ***L'exception sud-africaine.*** Dans le panorama d'un continent faiblement industrialisé, l'Afrique du Sud fait exception. Avec environ un tiers des actifs dans l'industrie, et une production qui couvre un spectre très large, depuis l'extraction de minerais jusqu'aux entreprises de haute technologie, elle est le seul pays d'Afrique subsaharienne méritant le qualificatif d'industrialisé. Elle représente à elle seule près de la moitié des emplois industriels et de la consommation d'énergie du continent. Le secteur des mines, avec 8 % des actifs, contribue pour 10 % à la formation du PIB, et celui des industries manufacturières, avec 16 % des actifs, pour 22 % (Hugon, 2003).

L'industrie s'est développée dans la foulée de la « Révolution minérale » enclenchée par la découverte de l'or du Witwatersrand. Depuis les années 1930, l'industrie occupe une position centrale dans l'économie urbaine. L'État y a largement contribué par des mesures protectionnistes et des investissements dans des entreprises parapubliques (énergie, métallurgie, chimie). Son objectif était de répondre à la demande des classes moyennes blanches. Indiens, Noirs et métis formaient une masse de travailleurs à faible rémunération, partageant leur existence entre les périmètres industriels et les dortoirs des *townships*.

La plupart des branches industrielles sont représentées en Afrique du Sud, des produits alimentaires et des articles ménagers jusqu'à l'électronique, l'armement, les industries pharmaceutiques et nucléaires. L'industrie automobile connaît une forte progression : 830 000 véhicules produits en 2008 (1,2 millions prévus en 2020) par les filiales de grands groupes, Volkswagen, Mercedes, Ford, GM, Toyota. Elle emploie 38 000 salariés dans la production et génère plusieurs centaines de milliers d'emplois induits. Les zones industrielles sont une des composantes des paysages urbains. Avec ses réseaux de communication denses et de qualité et ses villes en réseau (le pouvoir politique lui-même se répartit en trois lieux, Pretoria, Le Cap, Bloemfontein), la République sud-africaine remplit une fonction de pôle régional dont l'influence économique s'exerce sur l'ensemble du cône sud du continent.

La prolifération de l'informel

■ ***Un secteur d'activité aux multiples visages.*** Une littérature abondante a été consacrée au secteur « informel » de l'économie des pays en développement. On regroupe sous ce qualificatif la multitude d'activités, parfois inattendues, qui, n'entrant pas dans les classifications habituelles, échappent aux saisies statistiques. Mais rien n'est plus délicat que de définir l'informel (qualifié parfois de « non structuré ») et d'en tracer les bornes : l'interpénétration avec le secteur « formel », souvent synonyme d'activité « moderne », brouille les cartes. La différence tient parfois davantage au mode de gestion qu'à la nature des activités. S'il est aisé de reconnaître l'informel dans le micro-commerce ou l'artisanat de trottoir, les choses deviennent moins nettes aux frontières de l'entreprise (dans le secteur des transports par exemple), lorsque de véritables patrons qui n'avouent pas l'être évoluent dans l'informalité pour échapper au fisc. Le secteur informel peut alors se comprendre comme l'ensemble des activités non fiscalisées. La définition est assez élastique ; elle dépend des moyens de contrôle de l'administration fiscale et de son autonomie vis-à-vis du pouvoir politique dont les acteurs, qui ne sont pas les derniers à contourner la loi, peuvent faire disparaître de vastes pans de l'économie dans le trou noir de l'informel.

C'est l'étude des économies africaines, au début des années 1970, qui est à l'origine de ce concept dont l'usage s'est vite généralisé à l'ensemble du tiers monde. À la suite de l'article de K. Hart, « *Informal Income Opportunities and Urban Employment in Ghana* », paru en 1971, le Bureau international du travail (BIT) devait donner sa notoriété à la notion de secteur informel dans un rapport de 1972 consacré au Kenya (« *Employment, Incomes and Equality in Kenya* »). Depuis lors, l'informel a envahi le champ d'investigation des économistes, au point que certains le considèrent parfois comme la panacée du développement. Cette position est pour le moins excessive, car quels que soient ses mérites – la répartition du travail entre le plus grand nombre n'étant pas des moindres – l'informel est d'abord un substitut à un secteur moderne défaillant, un pis-aller pour la survie, un bricolage souvent ingénieux mais dont il convient de ne pas oublier qu'il est fondamentalement une réponse à un environnement de pauvreté.

L'étude de l'informel soulève bien des difficultés, en premier lieu celle de l'évaluation de son poids économique, car informel et quantitatif sont par essence antinomiques. Tout chercheur sait à quel point il est difficile de dresser ne serait-ce qu'une liste des petites entreprises urbaines. Les registres des chambres de commerce ne connaissent que les entreprises « modernes » ; les répertoires des commerçants et artisans soumis à la patente pèchent par défaut. Il est plus hasardeux encore d'évaluer le nombre d'actifs par branche professionnelle. Un grand nombre d'entre eux, plus ou moins occasionnels il est vrai, ne sont déclarés nulle part. La différence entre aide familiale, apprenti et salarié se perd dans les dédales des statuts personnels, ou le flou du travail précaire des enfants. Dans ces conditions, estimer la valeur ajoutée du secteur informel relève de la mission impossible. L'économie réelle des villes africaines ne se livre pas facilement. Il faut du temps pour découvrir la subtilité des modalités d'échange, le fonctionnement des réseaux, la diversité des comportements qu'on a trop tendance à réduire à quelques stéréotypes figés alors que les sociétés urbaines s'inventent tous les jours. Bref, seule une approche de type phénoménologique permet d'appréhender une réalité urbaine en mouvement qui ne se laisse pas enfermer dans des modèles préétablis.

Dans sa palette sans cesse élargie, le secteur informel s'est enrichi de la catégorie des clandestins, ou « clandos », très actifs notamment dans le secteur des transports. Ici, des transporteurs non déclarés, bien qu'ayant pignon sur rue parce qu'ils bénéficient d'une « protection » en haut lieu, se livrent à toutes sortes de trafics plus ou moins licites. Là, plus modestement, des « pédaleurs » et autres « moto-taxis » transportent des marchandises ou véhiculent les clients sur leur porte-bagages. La définition du statut de clandestin est fluctuante et incertaine, sa précarité exposant à toutes sortes d'extorsions de la part des détenteurs de l'autorité. Cette catégorie d'acteurs brouille l'image déjà passablement floue des activités citadines.

Sous-produit de l'urbanisation, l'informel a proliféré au rythme de la croissance démographique des villes et de l'affaiblissement des capacités gestionnaires des États et des services publics locaux. Il représente une adaptation des activités urbaines à la faiblesse du pouvoir d'achat de la masse citadine d'une part, un détournement de la légalité d'autre part. Il existe par conséquent deux grandes catégories d'acteurs de l'informel. La première, la plus nombreuse, s'adonne à des activités de survie caractérisées par un fractionnement extrême des tâches et des gains. La seconde alimente les entreprises mafieuses d'États en voie de « criminalisation ». Des systèmes de « débrouille » qu'impose la survie quotidienne au capitalisme sauvage des nouveaux affairistes, la distance est grande. L'« informalité » se décline ainsi au pluriel, et il serait plus judicieux de distinguer les grandes catégories d'activités informelles que de parler d'« un » informel trompeusement fourre-tout.

■ ***L'économie du quotidien et la petite production marchande.*** La notion d'informel a été forgée pour rendre compte des caractères spécifiques des « petits métiers ». Elle s'est ensuite partiellement superposée à celle de « petite production marchande » appliquée à des activités économiques (commerce, artisanat, services) s'exerçant dans un registre faiblement capitalistique. Les limites en sont aussi floues que celles de l'informel. Vers le bas, elles se diluent dans le micro-commerce occasionnel. Vers le haut, elles flirtent avec les PME. Ces activités impliquent en tout cas l'échange monétaire et servent souvent d'initiation au mode de gestion capitaliste. Quelques exemples pris dans l'économie quotidienne en illustreront la diversité et la vitalité.

■ ***Le petit commerce.*** Recensements officiels et monographies donnent un aperçu général de l'importance du secteur commercial informel. Les chiffres ne sont que des ordres de grandeur, car s'il est relativement facile de dénombrer les commerçants réguliers des marchés soumis au paiement d'un droit de place, les vendeurs occasionnels et sans emplacement fixe échappent à la plupart des contrôles. À titre d'exemple, un rapport officiel de 1988 estimait le nombre de vendeurs informels des marchés d'Abidjan à environ 60 000.

Toute ville d'Afrique subsaharienne héberge une kyrielle de marchands ambulants qui, surgissant de partout et de nulle part, hantent les abords des marchés. Une cuvette sur la tête tient lieu de boutique. Une poignée d'arachides, quelques morceaux de sucre ou de savon, une ou deux boîtes d'allumettes, un rouleau de papier hygiénique : inventaire à la Prévert déambulant sur le chef d'une fillette impubère dans les rues de Lomé, Dar es-Salaam ou Conakry. Telles sont les premières images « exotiques » perçues par un voyageur du Nord tout droit issu de l'univers des supermarchés. Plus loin, de tout jeunes garçons déambulent à user la corne de leurs pieds nus, proposant aux chalands qui des billets de loterie, qui des sandalettes en plastique « *made in China* ». Des femmes de tous âges, assises à même le macadam ou la terre battue, comme vouées à une attente sans fin, proposent leurs petits monticules d'aubergines, d'oignons, de piments ou d'herbes finement hachées. Elles les vendront peut-être avant le crépuscule, ou peut-être plus tard, dans un de ces marchés de nuit que signalent les lueurs vacillantes montant des lampes à huile, comme autant de lucioles.

La vente au micro-détail entraîne un surcoût pour l'acheteur par suite de la multiplication des intermédiaires. Mais elle est adaptée à un environnement de pauvreté. Le fractionnement des ventes répartit les bénéfices entre un grand nombre de commerçants. En bout de chaîne, l'acheteur final ne dispose quant à lui que de très peu d'argent, juste assez pour l'achat d'un bouillon Maggi, d'une cuillérée de farine ou de sel, d'une poignée de charbon de bois ou d'un « bâton » de cigarette. Ce commerce est principalement affaire de femmes. Les unes parcourent le centre-ville, d'autres ont leurs habitudes autour des petits marchés de quartier. Beaucoup restent à domicile, se contentant de présenter en pas de porte, sur un « tablier » sommaire, un « apatam » vaguement protégé de la pluie ou simplement quelques casiers de bière empilés, des marchandises à usage d'une clientèle de proximité. Le micro-commerce fait circuler l'argent à doses homéopathiques. Les sommes en jeu ont beau être minimes et exclure toute forme de capitalisation, elles n'en assurent pas moins le fonds de roulement de l'économie quotidienne. Sans ces flux de pièces de monnaie et de billets de banque réduits à l'état de chiffons à force de passer de main en poche ou d'être noués dans un pagne, les masses urbaines paupérisées seraient asphyxiées.

L'acquisition d'un réfrigérateur permet de se hisser d'un cran dans la hiérarchie du commerce en attirant le chaland avec le produit de luxe par excellence des quartiers populaires : la boisson fraîche, bière ou « sucré ». La possession d'un réfrigérateur est devenue assez courante dans les grandes villes africaines, le taux d'équipement variant en fonction du niveau général de ressources et de l'accès à l'électricité – les « frigos » à pétrole n'étant plus guère utilisés qu'en brousse. Une enquête « budget consommation » réalisée à Libreville en 1992 a révélé que plus de 60 % des ménages possédaient un réfrigérateur : ce n'est plus un bien réservé à l'élite. Certes, la capitale de l'« émirat équatorial » fait figure de ville riche : les pays plus pauvres sont loin d'atteindre un tel niveau d'équipement, mais celui-ci progresse cependant, contribuant à modifier les pratiques alimentaires et commerciales.

■ ***Un secteur plein de vitalité : les boissons.*** Dans toutes les grandes villes, les boissons sont la figure de proue des activités commerciales, qu'il s'agisse des productions industrielles ou artisanales. Les riches recherchent l'ambiance feutrée des bars d'hôtel pour consommer des boissons importées ; le petit peuple se complaît dans celle, bruyante, des épiceries buvettes ; le week-end, la bière coule à flot dans les bars dancings localisables à leurs décibels. Le secteur multiforme des boissons relève tout autant de l'informel et de la tradition que d'une industrie sous contrôle de sociétés multinationales. L'interpénétration de la mondialisation et des savoir-faire locaux exprime les dynamiques complémentaires d'ouverture au monde et d'attachement au terroir, propres aux sociétés en transition.

En Afrique sahélo-soudanienne, la préparation du *dolo*, bière de mil ou de sorgho, représente un secteur d'activité féminine très dynamique : les *dolotières* s'affairent autour de grandes jarres dans lesquelles elles font macérer et bouillir les graines écrasées de sorgho rouge. Au Burkina Faso, chaque ville a ses quartiers spécialisés dans la production du *dolo*. Au Tchad méridional, il n'existe pas d'agglomération sans productrices de *bili bili*. Les jours de marché, une grande partie de l'argent issu des transactions commerciales est aussitôt recyclée en calebasses de bière artisanale consommée en abondance. La bière de mil absorbe une proportion notable de la production céréalière au grand dam des agents de développement. Au Burundi et au Rwanda, c'est la bière de banane qui anime d'innombrables échoppes appelées « cabarets ». En Afrique orientale et australe, du Kenya au Zimbabwe, chaque rencontre, fête ou marché, est l'occasion de consommer en grande quantité la bière de maïs préparée par les femmes. Vin de palme dans les zones forestières, tiré du palmier à huile ou du *raphia vinifera*, hydromel (*taj*, très prisé en Éthiopie), jus de canne à sucre fermenté, tout fait breuvage. Collecte, préparation, vente : les boissons alcoolisées représentent un des grands secteurs d'emploi de l'artisanat et du commerce informels ; elles entretiennent des flux d'échanges soutenus entre les campagnes et les villes.

La préparation et la vente des boissons fortement alcoolisées sont plus ou moins clandestines, la distillation étant aussi répandue que théoriquement illicite : dans les villes de la cuvette congolaise, il n'est pas difficile de trouver des producteurs de *lotoko*, alcool de manioc et de maïs. Un simple tube métallique refroidi par immersion dans un récipient rempli d'eau condense les vapeurs d'alcool issues de la cuisson du mélange. L'alcool titre jusqu'à 70° et, n'ayant pas subi de vraie distillation, conserve ses fractions alcooliques les plus néfastes à la santé. Malgré leur caractère dangereux, ces boissons restent très populaires dans de nombreux pays africains, surtout là où l'islam n'a pas pénétré.

■ ***La restauration de rue*** a pris une importance grandissante au fur et à mesure de la croissance des villes : les contraintes horaires de l'emploi salarié dans les administrations et les entreprises et l'éloignement du lieu de travail ont donné un coup de fouet à ce secteur d'activité partagé entre hommes et femmes. Les hommes sont surtout présents dans la préparation de grillades et de tripes de mouton, de chèvre et de bœuf ; ils tiennent aussi fréquemment les « cafés de trottoir » : une planche sur des tréteaux, un banc, de quoi chauffer l'eau, voici dans sa forme la plus élémentaire l'équipement nécessaire et suffisant pour préparer des petits-déjeuners composés de nescafé de Côte d'Ivoire ou de thé, de lait en poudre issu des stocks européens, et de tartines de pain à la margarine. Les femmes réoccupent le terrain pour les repas de midi et du soir. Installées sur les trottoirs à proximité des lieux de travail, elles proposent toutes sortes de mets tenus au chaud dans des marmites, ou grillent poulet et poisson sur de petits fourneaux à charbon de bois. Depuis quelques années, les bas morceaux provenant des caparaçons (« capa ») et les poulets congelés livrés à bas prix par l'Union européenne constituent le fond des barbecues, ou « coupés coupés », les moins onéreux des restaurants de rue. On mange sur le pouce, dans le meilleur des cas assis à une table sous la protection d'une bâche en plastique. La qualité de la cuisine préparée par telle ou telle « maman » attire la clientèle et peut conduire à un stade supérieur de la restauration, lorsque la cuisinière quitte la rue pour un local prêté ou loué. La restauratrice passe alors du trottoir au *maquis* (Afrique de l'Ouest) ou au *nganda* (Afrique centrale) : restaurants jalonnant la géographie discrète d'une gastronomie urbaine appréciée des classes moyennes et propice aux rendez-vous galants. L'informel, dès lors, ne réside plus que dans l'absence de déclaration fiscale d'établissements « clandestins » mais par ailleurs semblables à leurs homologues du secteur formel.

La restauration suit les changements d'habitudes alimentaires et accorde une part importante au pain, surtout dans les pays d'héritage français. Jadis importée, la farine est aujourd'hui écrasée dans des minoteries implantées au sein des principaux ports : Dakar, Abidjan, Lagos, Douala, Libreville, etc. La meunerie reste contrôlée par les multinationales de l'agroalimentaire, notamment les Grands Moulins de Paris par l'intermédiaire de la SOMDIAA (Société multinationale pour le développement des industries alimentaires et agricoles). Le pain, produit dans des boulangeries industrielles ou artisanales, est distribué par tous les canaux, formels et informels, du commerce. Sa consommation est devenue très populaire : rien de plus simple et de plus rapide que de préparer un sandwich au pâté. Les prix subventionnés en font un aliment accessible aux petits budgets : le repas du soir des citadins pauvres se résume dans bien des cas à du pain trempé dans un bol de nescafé.

■ ***L'artisanat urbain*** offre toute la gamme des activités, du bricolage à l'entreprise, aucune barrière n'interrompant un continuum changeant au gré de la fortune des acteurs. Les productions « traditionnelles » (tissage, poterie, vannerie, sparterie) sont en perte de vitesse, sauf lorsqu'elles se convertissent pour satisfaire une clientèle touristique friande d'objets « authentiques ». La modernité multiplie au contraire les nouveaux métiers. Le secteur des transports a généré un très grand nombre d'initiatives. Les réparateurs de pneumatiques en constituent le premier degré : il suffit d'un outillage minimum, démonte-pneus, clés, rustines et colle. Le seul investissement important est le compresseur. Le jeune candidat réparateur doit conclure un arrangement avec un mécanicien tenant boutique et disposant du précieux matériel – avec le secret espoir d'arriver un jour à installer son propre atelier.

Les nouvelles technologies, télécommunication, bureautique, enrichissent la panoplie des emplois urbains. Les « télé-boutiques » fleurissent depuis quelques années ; un téléphone cellulaire, un fax, une photocopieuse, voire un micro-ordinateur, suffisent pour amorcer les affaires. Une photocopieuse d'occasion installée sur une table à même le trottoir permet de débuter dans le métier. Les écrivains publics qui animaient les alentours des bureaux de poste, armés de plumes ou de machines à écrire mécaniques, abandonnent le terrain avec l'arrivée des produits de la « nouvelle économie » dont la souplesse autorise toutes les passerelles entre formel et informel.

L'acquisition d'un savoir-faire et le parcours qui fait passer du stade d'apprenti à celui d'artisan indépendant participent de la pédagogie urbaine. Dans un contexte plus ou moins paternaliste, des filières d'apprentissage articulent l'informel sur les principes élémentaires du capitalisme, notamment l'exploitation de la force de travail comme support de l'accumulation. La confection illustre ce processus. Les tailleurs rassemblés dans certaines sections des marchés ou dans des quartiers d'artisans font vibrer l'air au rythme saccadé des machines à coudre « Singer » ou de leurs copies chinoises. À côté des couturiers indépendants, propriétaires de leur outil de travail, un grand nombre de salariés travaillent dans des ateliers. Les apprentis ne sont pas toujours rémunérés, mais au terme de leur formation ils peuvent espérer obtenir de leur patron la précieuse machine à coudre qui leur permettra de s'installer à leur compte. Le même schéma vaut pour la plupart des branches de l'artisanat : menuiserie, soudure, réparation de climatiseurs ou de téléviseurs, carrosserie automobile, etc.

■ ***Le besoin d'argent : les tontines.*** Acquérir le capital nécessaire pour créer une entreprise constitue un parcours du combattant. L'accès au crédit bancaire est exclu dans l'économie informelle, par défaut de garantie. Le recours aux « tontines » y supplée partiellement. Celles-ci connaissent un franc succès en milieu urbain. Une dizaine ou une vingtaine de personnes, voire davantage à condition qu'elles se connaissent suffisamment, s'associent en mettant leur capital en commun ; elles s'accordent sur le montant et la périodicité des « cotisations », de même que sur les conditions d'attribution de la « cagnotte ». À tour de rôle, chacun des participants dispose de la totalité de la somme réunie, ce qui lui permet de réaliser un investissement économique, ou de faire face à une dépense exceptionnelle. La confiance entre les participants est la condition première de la réussite d'une tontine. Le montant des cotisations, proportionné aux capacités des participants, est généralement modeste, mais les tontines ne se cantonnent pas dans la seule épargne des pauvres. Chez certaines populations fortement structurées, les Bamiléké du Cameroun pour ne citer qu'eux, elles peuvent mettre en jeu des sommes de plusieurs millions de francs CFA : participer à une tontine dans le but d'acquérir un véhicule, fût-il d'occasion, ou d'ouvrir un magasin, situe les enjeux sur une autre échelle que celle qui vise à renouveler un stock d'épicerie ou à acheter des fournitures scolaires.

Les tontines, ou « sociétés des amis », ne se réduisent pas, par ailleurs, à une simple fonction d'épargne et de crédit. Elles participent à la socialisation des citadins par leurs réunions régulières, éventuellement accompagnées d'un repas en commun, par leur rituel et le rôle imparti à chaque membre (président, secrétaire, trésorier, censeur, etc.) selon des règlements très précis. On les accuse parfois de fonctionner comme des sociétés secrètes, ce qui n'est pas le cas : ce sont des amicales d'hommes ou de femmes, transgressant les cadres de la parenté par une adhésion volontaire. Bien qu'elles aient existé avant la colonisation, ces « sociétés » se sont multipliées sous l'impact de l'urbanisation.

■ ***Services en tous genres.*** Avec le commerce et l'artisanat, les services constituent le grand pourvoyeur du secteur informel. Là aussi les limites avec le secteur formel sont des plus floues. Une paire de ciseaux et un peigne suffisent pour s'improviser coiffeur, une chaise dans la rue faisant office de boutique. De même, un arracheur de dents supplée le dentiste pour une clientèle à petit revenu. Un grand nombre de « tradipraticiens » exercent leur art en parallèle à la médecine moderne. Les « pharmacies par terre » offrent toutes sortes de médicaments hors du contrôle des services de santé : des margoulins en profitent pour vendre n'importe quel produit pharmaceutique périmé au mépris de la santé de la population ; la ville, à la faveur de la crise, a vu se multiplier les charlatans. Comme dans l'ensemble des pays pauvres, la domesticité abonde. C'est un secteur où les frontières entre aide familiale non rémunérée, ménagère salariée et domestique au statut parfois encore proche de celui de l'esclave restent des plus floues.

Parmi les agents de l'économie informelle, de très nombreux étrangers effectuent des séjours plus ou moins longs dans le but de se constituer une épargne, au prix de conditions de vie souvent précaires. Les Dogons du Mali sont nombreux parmi les portefaix du port d'Abidjan. À Dakar, des femmes serer, pileuses de mil, investissent saisonnièrement un terrain vague de la Médina pour exercer une activité faiblement rémunératrice mais qui n'exige aucun capital. Les Ibos du Nigeria viennent épargner au Cameroun dans l'intention de construire une maison ou d'ouvrir un commerce dans leur pays d'origine. Sur une échelle beaucoup plus vaste, les commerçants maures et plus encore les Dioula ont essaimé dans toute l'Afrique de l'Ouest, les Haoussa (terme générique désignant les musulmans ouest-africains) en Afrique centrale, les « Arabes » de Zanzibar dans l'est du continent. Le statut d'étranger interférant avec le flou inhérent à l'informel crée des situations juridiquement ambiguës, exposant à des réactions d'ostracisme.

■ ***Inventivité et bricolage.*** Nombreux sont les auteurs à voir dans l'informel une manifestation de la créativité de sociétés que les contraintes de la vie quotidienne stimulent dans la recherche de réponses adaptées aux défis de l'environnement économique. Mais il s'agit d'adaptations de survie, non d'un modèle de développement. On peut néanmoins admirer l'inventivité des citadins africains dans l'art de la récupération, du bricolage, de la débrouillardise, du détournement, de la réinterprétation fonctionnelle. Le recyclage de matériaux de récupération, métaux, caoutchouc, éléments de circuits électriques, anime un pan très actif de l'artisanat urbain. Les fûts d'essence de 200 litres et autres bidons métalliques constituent une matière première recherchée. Dans toutes les villes d'Afrique, de Nouakchott à Dar es-Salaam, d'Addis Abeba à Maputo, on peut admirer le savoir-faire des artisans tôliers, nouvelle version des forgerons. Ici ils fabriquent des valises, des cantines, des malles de voyage en martelant pour les remodeler les tôles découpées dans les fûts : la technique du martelage permet d'économiser la soudure, relativement onéreuse. Là, ils transforment une boîte de sardines en lampe à huile, un bidon d'huile en arrosoir. À Dakar, la fabrication de jouets et de modèles réduits à partir de boîtes de conserve apporte une nouvelle valeur ajoutée à un artisanat qui se fait art : un « car rapide » en miniature (minibus jaunes et bleus sillonnant les routes du Sénégal) fera un souvenir de voyage.

Lorsqu'elles sont hors d'usage, les marmites d'aluminium *made in Cameroun* sont récupérées par des forgerons qui refondent le métal et le coulent dans des moules sommaires : une nouvelle marmite un peu plus grossière se substitue à l'originale. D'une manière générale, tout ce qui est fer et acier peut être recyclé : les vieilles carcasses de voiture, omniprésentes dans les quartiers populaires, constituent des gisements de ferraille exploités pour la fabrication d'outils ou d'objets très divers. Autre matière première de récupération très prisée, le caoutchouc des pneus et chambres à air : ceux-ci deviennent chaussures, outres à puiser l'eau, lattes de sommiers ou charnières d'armoire, voire accessoires pour la réparation automobile.

Récupération et bricolage, tels sont les maîtres mots de ce nouvel artisanat né sur le terreau de la pauvreté urbaine, voué au recyclage des rebuts d'objets manufacturés. À voir l'inventivité dans le détournement d'usage des objets et matières récupérés, on se dit que tout est susceptible de faire forme et fonction, non seulement pour répondre à des besoins de la vie quotidienne, mais aussi pour se brancher sur la modernité : d'ingénieux bricoleurs parviennent à fabriquer des antennes paraboliques avec du fil de fer et un rien d'électronique. Système D et moyens du bord établissent ainsi un pont inattendu avec des technologies de pointe. La diversité des savoir-faire suppose des apprentissages partiellement acquis dans les entreprises du secteur formel. L'osmose fonctionne entre les deux secteurs, ne serait-ce que sur le mode de l'imitation. Les bricolages de l'informel participent de la sorte à l'inculturation technique, en l'élargissant au grand nombre.

Débrouille, corruption et capitalisme sauvage

■ ***La « débrouille », mode d'emploi.*** L'informalité se manifeste très différemment selon les acteurs et leur position par rapport aux pouvoirs politico-administratifs. Le petit peuple des villes est plus ou moins contraint, pour survivre, de recourir à la « débrouille », quitte à prendre quelques libertés vis-à-vis de la loi. On apprend vite à contourner les règlements, à « négocier » des entorses aux principes censés réguler la vie en société. Ces pratiques ont été érigées en véritable système dans l'ex-Zaïre, avec la caution d'un « article quinze » de la constitution, imaginaire mais connu de tous parce qu'il se résume en une ligne de conduite extrêmement simple : « débrouille-toi ». Ce fameux article quinze a constitué pendant les années Mobutu un pilier populaire du « mal zaïrois », l'autre étant la corruption des élites. Le secteur formel de l'économie, obéissant à un minimum de contrôle administratif, s'est réduit comme peau de chagrin au cours des dernières décennies. Il n'aurait plus employé que 5 % de la population active en 1990, contre 39 % en 1955 selon une étude consacrée à *L'économie informelle au Zaïre* (Tom De Herdt et Stefaan Marysse, Cahiers du CEDAF, L'Harmattan, 1996). La décennie du chaos (1992-2002) lui a porté le coup de grâce. L'informalisation de l'économie zaïroise représente un cas extrême, mais tout à fait révélateur des évolutions auxquelles conduit la décomposition des encadrements étatiques. Elle préfigure ce qui pourrait advenir dans d'autres parties du continent africain dès lors que l'État n'assumerait plus ses missions fondamentales. Le système bancaire se grippe-t-il ? Qu'importe, des commerçantes s'improvisent agents de change : plusieurs centaines de changeuses, installées sur les trottoirs de Kinshasa, ont animé, au cours des années 1990, quelques rues du centre-ville baptisées « Wall Street ». En cette période d'hyperinflation, la rue s'était substituée aux comptoirs désertés des banques.

La débrouille peut aussi conduire à la marginalisation sociale et à la délinquance. Vols et trafics en tout genre font partie de ce volet obscur de l'économie urbaine. Chaque grande ville a son « marché aux voleurs », et ses lieux, qui ne cherchent même pas à se cacher, où l'on retrouvera le jour les essuie-glaces, enjoliveurs et autres accessoires automobiles volatilisés la nuit. La prostitution connaît quant à elle un essor considérable, proportionné à la croissance des villes. Elle ne s'affiche pas tapageusement comme en Asie, et reste souvent occasionnelle, histoire de boucler une fin de mois difficile. Son ampleur est un peu mieux connue depuis que le sida fait des ravages parmi les prostituées, mais elle demeure cependant dans un informel aux contours fluctuants – d'autant que parmi les professionnelles, beaucoup sont des clandestines originaires d'un pays étranger.

La plupart des activités liées à la débrouillardise flirtent avec l'illicite. Dans certains cas critiques, lorsque les tensions politiques s'ajoutent aux difficultés économiques, des mouvements collectifs peuvent déboucher sur des pillages. Kinshasa a été le théâtre de ces violences, souvent déclenchées par des militaires, mais qui ont donné l'occasion à des civils de piller commerces et riches demeures. Les pillages, tout comme les émeutes suscitées par le renchérissement des denrées alimentaires de base (par exemple dans les villes de Zambie, très sensibles aux variations de prix du maïs) en disent long sur les frustrations populaires, sur les difficultés de la vie quotidienne des masses citadines. Ils rappellent que l'informel n'est qu'un cache-misère. Au Congo-Zaïre, il n'a cessé d'enfler au rythme de la crise de l'État, jusqu'à générer une bonne moitié du revenu urbain, mais dans le même temps, au cours du dernier quart de siècle, le revenu moyen des citadins a notablement diminué.

■ ***Informel et grande corruption.*** Les activités informelles du « haut » de la société urbaine sont d'une tout autre nature. Il ne s'agit plus de survie, mais d'enrichissement par des moyens illégaux. Les complicités entre les membres d'une classe politico-affairiste peu nombreuse orchestrent, dans les cas les plus graves, le pillage des ressources nationales. Les États africains fonctionnent peu ou prou sur un modèle patrimonial, ou « néo-patrimonial » selon les analyses de Jean-François Médard : la distinction entre trésor public et cassette privée y est mal assurée. L'informel des puissants a peu à voir avec la petite corruption – celle du fonctionnaire auquel il faut graisser la patte pour l'avancement d'un dossier, de l'enseignant qu'un cadeau rendra indulgent, du policier auquel les prétextes ne manquent jamais pour extorquer l'argent d'automobilistes rarement en règle. Le sexe fait couramment partie de la négociation : à l'université, on se gausse (pour les dénoncer) des « MST », moyennes sexuellement transmises… Par contraste avec cette corruption au petit pied à laquelle les citadins sont confrontés quotidiennement, la corruption de haut vol s'exerce dans le cénacle étroit des détenteurs du pouvoir politique. Au sommet de la pyramide, des chefs d'État puisent directement dans le Trésor public. La banque du Zaïre a en son temps été abondamment ponctionnée par Mobutu. Au Kenya, l'ex-président Arap Moi s'est trouvé au centre d'un réseau de corruption très actif. L'affairisme de Robert Mugabe au Zimbabwe est de la même eau. Ces pratiques mettent en jeu des sommes considérables : la fortune supposée de tel ou tel chef d'État défraye régulièrement la chronique. Il est vrai que dans un environnement de grande pauvreté, l'étalage de richesses est choquant, comme l'est le détournement des richesses nationales vers les lieux rentables et sûrs du capitalisme mondial. Une des revendications – restée sans suite – des « conférences nationales » qui se déroulèrent au début des années 1990 et firent le procès des responsables politiques portait précisément sur le rapatriement des valeurs placées dans des banques du Nord par les chefs d'État, leur famille et les « barons du régime ».

Depuis lors, la pression d'ONG militant contre l'impunité de chefs d'État soupçonnés de détournements massifs des ressources de leur pays et l'évolution du droit international ont conduit différents pays occidentaux (États-Unis, Grande-Bretagne,

Suisse) à saisir la justice. C'est ainsi qu'une partie de l'immense fortune du général Abacha (à la tête du Nigeria de 1993 à 1998) a été restituée. En France, depuis 2010, les « biens mal acquis » des Présidents Bongo (Gabon), Sassou Nguesso (Congo), Obiang (Guinée équatoriale) et de leurs familles font l'objet d'enquêtes judicaires, ce qui n'est pas sans créer quelques difficultés diplomatiques. En mars 2014, Théodorin Obiang, fils du Président équato-guinéen, dont la collection de voitures de luxe dans un appartement de l'Avenue Foch à Paris défraya la chronique, a été mis en examen pour blanchiment d'argent. La corruption au sommet de l'État n'est ni nouvelle ni spécifiquement africaine, mais ceux qui s'y adonnent savent qu'ils ne bénéficient plus d'aucune immunité hors de leur pays. C'est un des aspects de la mondialisation.

« Le poisson pourrit par la tête », dit-on en Afrique francophone, autant pour stigmatiser « les voleurs qui nous gouvernent » (mais dont on envie secrètement la réussite), que pour cautionner la petite corruption, puisque l'exemple vient du haut. En réalité, chacun à son niveau court après l'argent : pour survivre quand on est pauvre, pour tenir son rang quand on est riche. Le modèle de consommation occidental guide les comportements des élites, avec d'autant plus de force qu'y accéder sans restriction a représenté une revanche sur les vexations subies pendant la colonisation. La surenchère dans l'ostentation se comprend dans ce contexte historique. Or, aucun moyen légal ne pouvait assurer un rapide enrichissement permettant à la classe politique en cours de formation de se mesurer aux Blancs. Seules les positions de pouvoir allaient donner les moyens de réaliser une accumulation de capital avec la bienveillante complicité des entreprises étrangères : la pratique des dessous-de-table et autres « matabiches » s'est très tôt généralisée pour emporter des marchés en contournant les procédures d'appel d'offre. Les capitales, parce qu'elles concentrent les principaux centres de décision, se situent au centre de ces processus de corruption/accumulation.

Selon l'ONG *Transparency International*, de nombreux pays africains se situent dans le peloton de tête de la corruption. L'économie de la corruption, cependant, n'est nullement spécifique à l'Afrique. Comme ailleurs, elle alimente des circuits monétaires souterrains contribuant à brouiller la perception de l'économie réelle. Mais, plus qu'ailleurs peut-être, elle participe des systèmes redistributifs sur lesquels se construisent le prestige individuel et le clientélisme. Le détournement de l'argent public est plutôt admis par la population, dans la mesure où il est partiellement redistribué. La répartition des ministères et autres postes de responsabilité lucratifs – ce qu'on appelle dans quelques pays francophones la « géopolitique » – est toujours un exercice délicat, parce que les équilibres prébendiers représentent un facteur de paix sociale et de pérennisation des pouvoirs en place.

■ ***Argent et dynamique sociale.*** L'accession à l'indépendance et la découverte simultanée des immenses ressources de la corruption ont provoqué parmi les détenteurs du pouvoir un changement radical du rapport à l'argent. La plupart des chefs d'État, du moins ceux de la première génération, sont nés dans des villages où la monétarisation de l'économie était à peine amorcée. Le saut qualitatif a été énorme, de la case familiale au palais présidentiel, de l'autosubsistance paysanne aux millions de dollars. L'argent ne fut pas perçu comme un capital à faire prospérer, mais comme le moyen d'une consommation sans bornes. À la différence des corruptions asiatiques, l'argent du pouvoir n'a suscité que peu d'investissements dans les secteurs productifs. Le déficit d'esprit entrepreneurial en est certainement une des causes. La situation évolue cependant : après une première phase d'investissements immobiliers, les détenteurs de capitaux se tournent désormais vers l'entreprise en profitant du faible coût de la main-d'œuvre dans le contexte généralisé de sous-emploi urbain. La séquence qui articule corruption/accumulation et « capitalisme sauvage » a commencé à fonctionner dans quelques grandes villes africaines.

Car c'est bien de capitalisme sauvage qu'il s'agit, non seulement par le mode d'accumulation initial, mais aussi par l'exploitation de la main-d'œuvre. L'informel génère un *Lumpenproletariat* sans protection sociale et sans organisation, à la différence du secteur formel où les salariés bénéficient d'un encadrement syndical. Les syndicats ont certes été largement phagocytés par le pouvoir politique sous les différents régimes de parti unique. Ils n'en ont pas moins joué un rôle positif dans la défense des intérêts des salariés, d'autant plus que les entreprises de ce secteur sont pour la plupart contrôlées par des sociétés étrangères, européennes ou nord-américaines, qui ne peuvent se soustraire à la législation du travail. Ce n'est évidemment pas le cas dans le secteur informel où celle-ci est ignorée. La situation rappelle par certains égards celle des premiers temps de la révolution industrielle en Europe. Les villes d'Afrique sont le théâtre de profondes mutations sociales. Dans le cadre informel du capitalisme sauvage, les rapports sociaux se durcissent avec l'émergence d'une bourgeoisie âpre au gain, et la prolétarisation en cours des masses populaires. Conséquence de l'urbanisation, une société de classes est en train de se substituer aux sociétés lignagères héritées du monde rural. Entre les deux extrêmes de l'éventail social, une classe moyenne occupe un espace croissant et devient un acteur essentiel des mutations urbaines.

■ ***Entre formel et informel,*** dynamiques du haut et du bas, les passerelles sont nombreuses, les osmoses fréquentes. Les jeux de la fortune et de l'infortune font basculer d'un registre à l'autre avec d'autant plus de facilité que les sociétés urbaines, en cours d'élaboration, ne sont pas sclérosées. L'interpénétration des systèmes productifs conduit à nuancer les thèses mettant en avant le caractère dualiste des économies africaines (et plus généralement des pays en développement). La très grande hétérogénéité de l'informel et des statuts du travail, depuis la sphère de l'économie domestique jusqu'à celle de l'État, conduit certes à différencier plusieurs strates, mais celles-ci se chevauchent partiellement. À la base, les activités de survie caractéristiques des économies populaires urbaines satisfont les besoins fondamentaux non couverts par les systèmes économiques et sociaux officiels, le travail compensant la rareté du capital. À un stade supérieur, la petite production marchande, première marche du système capitaliste, fonctionne de façon autonome ou comme sous-traitance du circuit supérieur de l'économie. Au total, beaucoup de fluidité caractérise une production urbaine où il est souvent vain de chercher à démêler le formel de l'informel, le licite de l'illicite, et dont aucune approche purement quantitative ne peut rendre compte. Le mariage entre les technologies nouvelles (l'informatique et Internet) et les formes d'activité les plus élémentaires et les moins productives (micro-commerce et services domestiques) donne naissance à des configurations inédites ; mêlant les contraires, elles composent le tissu bariolé des économies urbaines.

L'agriculture urbaine

L'agriculture occupe une place importante dans les activités des citadins d'Afrique noire, plus que partout ailleurs dans le monde. Ce phénomène original, et paradoxal si l'on pense ville et campagne en opposition, ne remet pas en cause la réalité de l'urbanisation ; il en exprime, à l'instar de l'informel, une des grandes singularités. Il est rare que les terrains non bâtis demeurent à l'état de terrains vagues : les cultures vivrières investissent les interstices du tissu urbain, pénètrent jusqu'au cœur des villes. L'agriculture intra-urbaine, s'ajoutant aux formes plus habituelles d'agriculture périurbaine, contribue pour une part non négligeable à l'alimentation des citadins. En temps de crise économique, elle occupe une place croissante dans l'espace des villes et dans l'emploi du temps de leurs habitants.

L'agriculture urbaine n'est pas une nouveauté : les plus anciennes descriptions des villes précoloniales mentionnent l'existence de jardins *intra muros*. Tombouctou avait ses maraîchers. Ibadan, la plus grande ville négro-africaine au XIXe siècle, incluait des espaces cultivés à l'intérieur de son enceinte fortifiée. Tout comme Foumban, la capitale des Bamoum dans l'Ouest camerounais : les cultures vivrières devaient permettre de supporter un siège de longue durée. Au début des années 1950, l'agriculture représentait un des premiers secteurs d'emploi des villes yorouba : un tiers des hommes et deux tiers des femmes d'Ibadan exerçaient alors une activité agricole.

L'urbanisation coloniale n'a pas rompu avec la tradition de l'agriculture urbaine : les difficultés d'approvisionnement des villes en légumes frais encourageaient le maraîchage. Missions chrétiennes et jardins d'essai des administrations jouèrent un rôle décisif dans l'acclimatation des « légumes pour Blancs » (salades, carottes, tomates) qui diversifièrent la production de « légumes indigènes » destinés à la préparation de la « sauce » (gombos, aubergines, piments, amarante). En période de pénurie alimentaire, l'agriculture urbaine représente un appoint précieux.

■ ***L'agriculture vivrière entre appoint et survie.*** L'agriculture constitue l'activité première des petites villes. Celles-ci restent en effet prises dans la gangue rurale, la plupart des habitants vivant du travail de la terre. Chaque matin, ils se rendent au champ, en périphérie urbaine, comme ils le feraient au village. Le surplus de leur production est vendu au marché à une clientèle composée des agents de l'État, des commerçants et d'éventuels salariés du secteur privé. Dans les grandes villes, l'accumulation démographique, la densité du bâti, la diversification des activités ne laissent en principe que peu de place à l'agriculture. Et pourtant celle-ci, à des degrés divers, est toujours présente. Les conditions climatiques de l'Afrique tropicale humide favorisent l'agriculture et l'arboriculture urbaines. Des arbres fruitiers, manguiers, papayers, cocotiers, palmiers à huile, donnent leur cachet à des « villes verger » qui, comme Bangui, disparaissent sous les frondaisons. Là où règne l'habitat en cour, des cultures vivrières (maïs, manioc, éventuellement *niébé* et arachide, dans la plupart des cas bananier) occupent une partie du terrain. Une variété de manioc cultivée pour ses feuilles est souvent plantée en limite de parcelle : matérialisation de la propriété en même temps que complément alimentaire.

De tradition ancienne, l'agriculture urbaine est devenue vitale pour la population pauvre éprouvée par les années de crise. L'agriculture périurbaine a progressé au cours des dernières décennies, mais c'est l'agriculture intra-urbaine qui présente les symptômes les plus spectaculaires de cette mise en culture des villes. À Kinshasa comme dans toutes les agglomérations de la RDC, le moindre espace disponible est cultivé : le manioc a envahi les bas-côtés des rues de même que les terrains vagues, jusqu'à remplacer pelouses et parterres dans les jardins des riches villas. Les *watchs* meublent leur temps de gardiennage en cultivant les terres entourant les résidences qu'ils surveillent. Dans les pays confrontés au marasme économique, l'agriculture urbaine s'insinue partout, y compris dans les concessions des ministères, les cours des écoles, les campus universitaires : images de villes assiégées luttant contre la faim. À Tananarive, les étudiants logés sur le campus ont remplacé les pelouses par des jardins potagers. À Abidjan, certains terrains universitaires se sont couverts de manioc. Dans de nombreuses villes, les ordures ménagères que les services municipaux ne collectent plus sont récupérées par les habitants. Étalées devant les maisons, ces gadoues enrichissent le sol ; ne restent, faute d'être biodégradables, que les sacs de plastique au milieu desquels jailliront les plans de maïs ou de haricots.

■ ***Le maraîchage.*** Contrairement aux cultures vivrières de saison des pluies, le maraîchage peut être pratiqué toute l'année grâce à l'irrigation. La production maraîchère n'est pas destinée en priorité à l'autoconsommation mais à la vente. Alors que le vivrier est surtout affaire de femmes, le maraîchage emploie majoritairement des hommes. À Lomé, on distingue nettement les champs vivriers féminins, localisés sur les « terres de barre » des quartiers nord, et les jardins maraîchers masculins très nombreux en arrière de la zone portuaire et dans la cocoteraie qui s'étend à l'est de la ville. Il faut de l'eau pour arroser les plates-bandes : les jardins maraîchers occupent les bords de fleuve à Bamako, Niamey, Brazzaville, les bas-fonds marécageux à Nairobi, les dépressions interdunaires (les *niaye*) à Dakar, quand celles-ci n'ont pas été gagnées par l'urbanisation. La culture exige un minimum de fumure. Les déchets urbains y pourvoient partiellement : collecte des gadoues, récupération des drêches de brasserie, des déjections des élevages de poulets ou de porcs. Les engrais chimiques peuvent compléter la fumure, mais leur utilisation est limitée parce qu'ils coûtent cher. De même pour les traitements phytosanitaires pour lesquels on peut utiliser des produits de substitution extraits de plantes locales : une décoction de graines de *neem,* arbre aujourd'hui très répandu en Afrique de l'Ouest, possède d'efficaces vertus insectifuges.

La commercialisation des productions maraîchères emprunte plusieurs filières. Les « légumes pour Blancs » sont vendus dans de petits marchés ou des échoppes spécialisées des quartiers résidentiels ; les commerçantes apportent un soin particulier à la présentation des fruits et des légumes sur les étals, et surtout à leur propreté pour attirer une clientèle exigeante et la dissuader d'acheter des produits importés dans les magasins modernes. Les cultures florales et ornementales (y compris les sapins de Noël) complètent cette panoplie destinée aux expatriés et à la bourgeoisie autochtone vivant « à l'européenne ». Les « légumes indigènes » sont écoulés quant à eux sur les marchés africains, généralement par les producteurs eux-mêmes.

■ ***L'élevage urbain.*** Le petit élevage familial de poules, parfois de canards, fait partie du décor urbain. Il n'est pas rare, même en centre-ville, d'être réveillé par le chant du coq. Dans les pays sahéliens, la tradition d'élevage se perpétue en ville : ovins et caprins, parfois aussi bovins, cohabitent avec les hommes. À Nouakchott, la plupart des familles élèvent une ou plusieurs têtes de petit bétail, pour le lait et les sacrifices à l'occasion des fêtes musulmanes, en particulier l'Aïd-el-Kébir (plus communément appelée *Tabaski* en Afrique de l'Ouest). Les bêtes se nourrissent en partie des déchets urbains. Rien ne remplace une chèvre pour recycler papiers et cartons : la cellulose représente jusqu'à 40 % de la diète quotidienne ! Seuls les emballages plastiques ne sont pas comestibles. En Afrique non musulmane, les cochons se partagent avec les chèvres la fonction d'animal-poubelle : ils se nourrissent des ordures ménagères et des détritus accumulés dans les espaces publics.

À ces élevages familiaux destinés tant à l'autoconsommation qu'à l'accomplissement de rituels culturels et sociaux, s'ajoutent des élevages commerciaux, artisanaux ou industriels. Des entreprises avicoles approvisionnent les grandes villes en œufs, poulets de chair ou poules de réforme. Les volailles sont nourries avec des céréales locales et de la provende importée. De petites porcheries, utilisant les restes de la restauration, et des élevages industriels couplés à des ateliers de charcuterie se développent dans l'Afrique non musulmane. L'embouche bovine est couramment pratiquée en périphérie urbaine, afin de reconstituer des bêtes affaiblies par les longues marches depuis les régions naisseuses, puis de les expédier vers les abattoirs municipaux ou les tueries clandestines. C'est le cas par exemple à Bangui, qui reçoit des troupeaux en provenance du nord de la RCA et du sud du Tchad. L'élevage de petits mammifères connaît un certain succès, en particulier celui des aulacodes, dont la consommation, sous le nom d'*agouti* est très prisée dans les pays d'Afrique guinéenne. Les villes du Bénin manifestent un réel engouement pour cet élevage. Les ONG qui militent pour la protection de la faune sauvage encouragent de telles initiatives, susceptibles de réduire la forte demande urbaine en « viande de brousse ».

PRATIQUES DE L'ESPACE URBAIN

Les revers de la ville

Croissance démographique explosive et insuffisance de moyens financiers sont responsables des carences des équipements publics, de la médiocrité des services municipaux, des risques sanitaires de l'environnement urbain. Les contrastes sociaux de l'espace urbain se lisent dans l'état de la voirie et des réseaux divers (VRD) et l'inégalité des équipements, mais se perçoivent aussi dans la géographie olfactive que les ordures ménagères surimposent à la trame des quartiers. Les deux villes, la riche et la pauvre, se disjoignent ou s'imbriquent en un patchwork complexe, mais quelles que soient les figures de la ségrégation socio-spatiale, l'inachèvement des infrastructures, le déficit en matière de transports et l'insalubrité pèsent sur la vie de la majorité des habitants confrontés quotidiennement aux revers de l'urbanisation.

■ ***Des réseaux inachevés.*** L'état des réseaux viaires constitue un bon indice de la capacité des pouvoirs publics (État ou municipalités) à aménager l'espace urbain. Si la voirie des centres-villes, des quartiers résidentiels et des principaux axes de liaison répond aux normes de l'urbanisme moderne, les rues secondaires et celles des quartiers spontanés sont rarement goudronnées : le premier orage les rend impraticables. Les piétons pataugent dans la boue, les automobilistes s'embourbent. Cela ne va pas sans conséquences économiques : les jours de pluie provoquent une augmentation notable de l'absentéisme au travail.

Les réseaux de distribution d'eau et d'électricité ne desservent qu'une partie des territoires urbains. Plus encore que la voirie, l'accès à l'eau contrôlée constitue un indicateur de niveau social. Les quartiers chics, les lotissements planifiés pour les classes moyennes sont branchés sur l'eau de la ville. Dans les quartiers populaires, l'accès privatif à l'eau reste un luxe pour beaucoup. Il est vrai que l'étalement spatial de villes où domine l'habitat en concessions familiales rend l'installation des réseaux de distribution très onéreuse. Les services municipaux, secondés par des ONG nombreuses à intervenir dans ce domaine essentiel de santé publique, font en sorte que les quartiers démunis soient au moins équipés de bornes-fontaines. Leur gestion revêt des formes très diverses, gratuité, vente, contingentement. Tout comme le puits ou la source au village, les fontaines publiques constituent un lieu de sociabilité où les femmes, accompagnées de jeunes enfants, se retrouvent quotidiennement avec des seaux et des jerricans en plastique. Les attentes sont parfois longues autour des margelles où s'échangent les nouvelles alimentant « radio trottoir ».

La distribution d'eau représente des enjeux économiques considérables. Des sociétés publiques ou parapubliques constituées après les indépendances ont longtemps exercé un monopole, aujourd'hui remis en question par les politiques de privatisation que préconise la Banque mondiale. C'est ainsi qu'en Afrique francophone, Bouygues et Vivendi ont acquis d'importantes positions dans le secteur de l'eau. L'installation de compteurs individuels est encouragée par les sociétés de distribution. L'accès à l'eau potable ne se limite pas en réalité aux seuls abonnés. Il n'est pas rare que ceux-ci vendent de l'eau à leurs voisins moins fortunés – sans compter l'exploitation de « fuites » bienvenues, voire le bricolage de branchements pirates.

Le réseau électrique, autre indicateur du niveau de développement, présente des taux d'équipement très variables d'un pays à l'autre. Les petites villes en sont souvent dépourvues, mais les autorités administratives, les grands commerçants et les missionnaires possèdent des groupes électrogènes grâce auxquels des îlots de lumière ponctuent la nuit noire de la brousse. Dans les bidonvilles et les quartiers populaires excentrés des grandes villes, l'électricité est rare. Quelques lignes longent les rues carrossables, là où se concentrent les commerces. Les propriétaires d'un compteur sous-louent fréquemment le courant aux maisons voisines, selon un barème précis : une ou plusieurs ampoules, un réfrigérateur, une télévision, etc. Il en résulte que des fils électriques sont tirés de maison en maison, dans la plus grande anarchie et sans précaution : les courts-circuits sont la première cause d'incendie dans les quartiers pauvres – des quartiers que l'absence de voierie rend de surcroît inaccessibles aux pompiers.

Les réseaux téléphoniques des villes africaines comptent parmi les moins denses du monde. Les nouvelles technologies, le téléphone portable et les liaisons par satellite sont en train de modifier la donne. Le téléphone cellulaire a partout fait une percée spectaculaire et compense les carences des réseaux en lignes. Les négociants libanais de Mbuji Mayi, la capitale du diamant, sont en rapport direct avec les diamantaires d'Anvers depuis leur isolat du cœur de la RDC. C'est une profonde révolution qui, en substituant l'immatériel et les espaces virtuels aux équipements matériels, libère la communication des contraintes de l'étendue physique. Mais c'est une révolution encore très inégale, de nombreux citadins n'ayant toujours pas accès aux TIC pour des raisons économiques (voir chapitre 8).

■ ***L'eau et la santé.*** Avec la concentration de population en ville, le contrôle de la qualité de l'eau pose désormais un problème majeur de santé publique. Tous les citadins n'ont pas accès, on l'a vu, au réseau de distribution de l'eau potable. Dans les quartiers sans équipements, les femmes font comme au village : elles se rendent à la rivière ou au marigot pour y puiser une eau de qualité souvent douteuse. En saison des pluies, l'eau des toits est recueillie dans des fûts. Les citadins disposant de quelques moyens construisent dans leur cour des citernes en ciment pour stocker les eaux pluviales. Des puits sont creusés au milieu des concessions. Malheureusement, les nappes phréatiques sont généralement polluées par les eaux-vannes : boire l'eau des puits constitue un risque sanitaire certain. À défaut de marigot, de puits ou de citerne, ou pour se procurer une eau de boisson, on a recours aux services des porteurs d'eau. Dans les villes du Sahel, un grand nombre d'hommes vivent de la vente d'eau. Ils sillonnent les quartiers non desservis en charriant des jerricans ou des fûts dans des charrettes à bras. Mais le prix à payer aux revendeurs dépasse de beaucoup celui de l'eau du robinet, ce qui a pour conséquence de réduire considérablement la consommation : celle-ci est inférieure à 10 litres par jour et par personne dans les quartiers sans équipements, soit dix à vingt fois moins que dans les quartiers riches.

Les eaux usées représentent un risque permanent pour la santé des citadins. L'assainissement n'existe en effet que dans le centre des villes et les lotissements résidentiels. Et encore ! Dans les villes bâties sur un site de collines, il n'est pas rare que les égouts se déversent dans les vallons, là où sont installés les pauvres, exposés à la pestilence des déjections venues des hauteurs. C'est un des grands problèmes d'Addis Abeba. Les premières pluies transforment en cloaques les bas-fonds faisant fonction d'égout naturel. La même chose se produit avec les caniveaux, engorgés par manque d'entretien. Quand les dalles de béton qui les ont initialement recouverts sont détériorées, ce sont des fossés d'eau putride qui bordent les trottoirs. Le piéton doit être attentif : il n'est pas recommandé de marcher tête en l'air dans une ville africaine, à moins d'en connaître parfaitement les parcours.

Lorsque les réseaux d'évacuation font défaut, les eaux usées domestiques sont tout simplement rejetées dans la rue. Elles s'infiltrent dans le sol ou stagnent en formant de petites mares propices à la pullulation des moustiques. Le plus grave pour la santé des citadins concerne l'évacuation des matières fécales. À Lomé, les terrains vagues où s'entassent les ordures et la grande plage de sable aux attraits trompeurs servent de lieux d'aisance. Des actions en cours, sous l'impulsion d'ONG, tentent de remédier à cette situation en construisant des sanitaires publics. Dans les concessions, à l'abri d'une vague clôture de paille, de palme ou de tôle, les latrines se composent d'un simple trou surmonté de deux planches. Les pouvoirs publics et les ONG encouragent toutes les initiatives en faveur de l'hygiène, des campagnes d'information tentent d'en inculquer les principes de base. Ces efforts portent leurs fruits mais ne suffisent pas à résorber les retards pris par une urbanisation débridée. Le « péril fécal » reste une cause importante de mortalité et de morbidité dans les quartiers populaires. Les matières fécales se retrouvent dans les nappes phréatiques et les marigots, entretenant des systèmes pathogènes responsables de maladies intestinales, dysenteries, verminoses et, dans les cas les plus graves, épidémies de choléra.

■ ***Les ordures ménagères.*** Rares sont les villes africaines qui peuvent se vanter de maîtriser le ramassage des ordures. Dans la plupart des cas, il n'est effectué que dans les beaux quartiers. La faillite des services municipaux se lit dans l'amoncellement des déchets à même les rues. Une sociologue camerounaise n'hésite pas à parler de « ville poubelle » dans une étude de « garbéologie » consacrée aux ordures à Yaoundé (Anne-Sidonie Zoa, *Les Ordures à Yaoundé*, L'Harmattan, 1995). Il est vrai que les troubles politiques du début des années 1990 et l'insolvabilité de la municipalité, provoquant l'arrêt d'activité de l'entreprise de collecte (Hysacam), avaient fait de Yaoundé une des villes les plus sales du continent, ce qui n'est plus le cas aujourd'hui. En réalité, toutes les villes d'Afrique tropicale sont confrontées au problème des ordures. Il ne s'agit pas seulement d'un problème technique et financier, mais aussi d'une question impliquant la société et la culture.

Le rapport des sociétés à leurs déchets relève en effet de comportements culturels qui renvoient aux pratiques villageoises. Au village, les ordures ménagères sont jetées à même le sol, à l'arrière des maisons ou dans des fosses à compost. Elles constituent la fumure des jardins permanents, ou « cultures de case ». Pour des citadins de fraîche date, jeter les ordures sur la voie publique est un réflexe naturel qui pourrait passer pour une simple transposition du modèle villageois, à ceci près qu'au village les ordures sont déposées derrière la maison. En outre, les déchets domestiques urbains, moins fournis en matière organique, renferment toutes sortes d'objets que les poules, chèvres, cochons, ne peuvent entièrement recycler et dont les résidus finissent par encombrer la voirie. Alors que les maîtresses de maison sont très attentives à la propreté à l'intérieur de la concession – les cours sont régulièrement nettoyées – elles paraissent indifférentes à l'état des lieux extérieurs. Les représentations et les pratiques relatives au « propre » et au « sale » distinguent nettement le dedans (la sphère domestique) et le dehors (le domaine public).

Les budgets des villes ne sont pas à la hauteur des besoins en matière de ramassage des ordures. L'insolvabilité de la majorité des habitants les exonère de fait des taxes d'enlèvement des ordures ménagères, comme de la plupart des prélèvements fiscaux. Il s'ensuit que les quartiers pauvres sont les derniers servis, quand ils ne sont pas totalement oubliés. Au mieux on y dépose des bennes métalliques, mais comme elles ne sont pas régulièrement relevées, elles finissent par déborder avant de disparaître sous les amas d'ordures. Elles constituent de véritables abcès de fixation pour les immondices et la vermine, attirent les mouches et les rats, entretenant ainsi de dangereux foyers de contamination. Les habitants tentent d'y remédier en brûlant les ordures. Ce nettoyage par le feu dégage des fumées malsaines dont l'odeur âcre flotte sur les quartiers pauvres. La gestion des ordures, nonobstant la pollution visuelle des sachets en plastique dispersés au gré du vent, est aujourd'hui une vraie préoccupation pour les citadins. Pour certains d'entre eux, fouilleurs de poubelle ou « poubelliers », les ordures ne constituent pas une nuisance, mais un gisement pour les activités de récupération (nourriture pour les cochons, voire les humains dans les cas de grande misère, gadoue pour le maraîchage, matière première pour les forgerons et les bricoleurs). Dans les immenses décharges, comme celle de Mbeubeuss près de Dakar, les pauvres parmi les pauvres s'affairent à recycler les ordures. À Tananarive, le Père Pedro a créé des lieux de vie et d'activité dont l'exemplarité a trouvé un écho international : le tamisage des montagnes de déchets urbains produit du terreau agricole dont la vente permet aux plus démunis de survivre. Cependant tout n'est pas réutilisable, même dans les économies de pénurie. Les périphéries urbaines se transforment fâcheusement en décharges sauvages, les villes recrachant leurs déchets le long des routes, désormais bordées par des kilomètres de dépôts poubelliens.

Ville riche, ville propre, saine, conforme aux canons de la modernité ; ville pauvre, ville sale, porteuse de risques sanitaires multiples, empêtrée dans les survivances de coutumes ancestrales en même temps qu'animée d'un désir de changement : l'image dichotomique de la grande ville africaine n'est pas fausse. Et pourtant, la proximité impose un minimum de solidarité transcendant toutes les ségrégations. Car les épidémies, les contagions et les pollutions s'arrêtent rarement aux portes des quartiers. La prise de conscience des risques sanitaires milite pour la salubrité de l'espace urbain pris dans sa totalité. C'est pourquoi les gouvernements, la Banque mondiale, les dispensateurs d'aide, les ONG se retrouvent sur le même terrain avec les mêmes objectifs : protéger les populations des multiples dangers liés à la consommation d'eau non contrôlée et aux carences de l'assainissement. De réels progrès ont été réalisés au cours des dernières décennies. Ils sont encore insuffisants pour que l'eau, source de vie, cesse d'être un facteur de mort.

■ ***La crise écologique urbaine.*** Aux problèmes environnementaux urbains en matière d'assainissement et de ramassage des ordures s'ajoutent les pollutions automobile et, dans une faible mesure, industrielle. Comme partout dans les pays pauvres, les véhicules, utilisés jusqu'à n'en plus pouvoir, sont particulièrement polluants. Aux heures de pointe, on suffoque dans l'air chaud et humide chargé de gaz d'échappement ; les moteurs diesels en bout de course de camions brinquebalants et d'autobus prêts à rendre l'âme crachent d'épaisses fumées. Les riches se protègent dans des berlines et des « 4 x 4 » climatisés ; les pauvres supportent et « souffrent ». La pollution industrielle n'est contenue dans des limites statistiquement tolérables que par la faiblesse de la production, car la législation antipollution est inexistante ou inappliquée : rejets industriels dans les cours d'eau, fumées d'usine et stockage de matières dangereuses participent à la dégradation du cadre de vie. Les rejets industriels ne sont d'ailleurs pas perdus pour tout le monde. À Abidjan, des femmes exploitent les effluents de l'huilerie-savonnerie Blohorn. Elles écument une eau chargée d'une émulsion de savon et d'acides gras qui, additionnée d'autres produits de récupération, leur permet de fabriquer un savon artisanal sans que personne ne se soucie des risques sanitaires auxquels elles s'exposent. La sensibilité écologique des pays du Nord s'est focalisée sur la faune et la flore, négligeant les périls qui menacent les citadins.

Les aspects les plus spectaculaires de la crise écologique urbaine ne tiennent pourtant pas aux nuisances industrielles mais à la destruction même de l'espace urbanisé. L'implantation anarchique des constructions dans des zones à risque en est responsable. L'urbanisation non contrôlée de Kinshasa a pris d'assaut des collines modelées dans les sables, particulièrement sensibles au ruissellement sans leur couverture végétale. Des cirques d'érosion se forment en tête de vallons. Des rigoles non colmatées deviennent ravines ; un gros orage les transforme en ravin ; les maisons les plus proches finissent par s'y abîmer. La densification du bâti, en provoquant une concentration du ruissellement, en accentue les effets. Ainsi le tissu urbain se déchire sous l'effet d'une érosion rendue agressive par l'urbanisation sauvage.

La crise politique zaïroise et la déliquescence des encadrements ont annihilé les capacités d'intervention des services publics. La mise en œuvre du « juste à temps », indispensable pour arrêter la formation d'une ravine dès son apparition, n'est plus qu'un lointain souvenir dans l'administration des travaux publics. Les responsabilités humaines se trouvent donc directement engagées dans ce délabrement de l'environnement urbain. Il est vrai cependant, à la décharge des pouvoirs publics, que les conditions naturelles exercent de fortes contraintes. La ville la plus affectée, Mbuji Mayi, a la malchance de combiner les effets du ruissellement sur sable avec des affaissements liés à un sous-sol karstique : en quelques années, l'agglomération aujourd'hui millionnaire s'est trouvée découpée en quartiers séparés les uns des autres par des ravins pouvant atteindre une dizaine de mètres de profondeur. Recoller les morceaux de ce puzzle éclaté apparaît actuellement hors de portée de la capitale du Kasaï oriental.

Brazzaville, construit comme sa grande voisine sur les sables batéké, souffre, à son échelle, de maux identiques. Douala, Yaoundé, dans des contextes géologiques différents, présentent des symptômes comparables. La crise écologique urbaine, illustrée par ces quelques cas pris en Afrique centrale, affecte, dans des proportions variables et des formes diverses, la plupart des villes africaines. Mais quels que soient les désagréments auxquels les citadins sont confrontés, l'incapacité des pouvoirs publics est en cause. Incapacité à faire respecter les interdictions de construire dans les secteurs menacés, incapacité à intervenir efficacement en cas de sinistre.

Circuler en ville

Les grandes villes africaines enregistrent une forte croissance de la circulation automobile, à la différence des villes petites et moyennes, encore proches du calme des villages. Le nombre de véhicules à moteur constitue un bon indicateur du niveau de développement. L'Afrique du Sud se détache, bien entendu, du reste du continent, mais si chaque famille blanche possède un ou plusieurs véhicules, ce n'est pas le cas des autres communautés. Le parc automobile des *townships* est singulièrement réduit : pour se rendre dans la ville blanche, à l'usine ou à la mine, les travailleurs noirs empruntent les transports en commun, train, autobus ou camion de ramassage. C'est le seul pays d'Afrique où des trains de banlieue assurent une part importante des déplacements, principalement autour de Johannesburg. Les Blancs profitent quant à eux d'infrastructures routières d'une qualité comparable à celles des pays développés. Routes et autoroutes du Gauteng (la région de Johannesburg) canalisent les flux pendulaires entre les zones résidentielles et les *Central Business Districts* : le rapport des citadins à la voiture et à l'espace est de même type qu'aux États-Unis.

■ ***Les embarras de la circulation.*** La circulation urbaine est devenue chaotique dans la plupart des villes. Les embouteillages font désormais partie du quotidien : circuler aux heures de pointe à Nairobi ou Dakar est plus difficile que dans les villes européennes. Lagos détient le record des embarras de la circulation avec ses célèbres *go slow*. La métropole nigériane est handicapée par son site lagunaire formé de plusieurs îles reliées entre elles par un petit nombre de ponts. La construction d'un viaduc autoroutier enjambant la lagune sur une dizaine de kilomètres entre le continent et l'île d'Ikoyi n'a pas résolu tous les problèmes : il faut s'armer de patience pour accéder, en voiture individuelle, taxi ou minibus, au centre des îles (Lagos, Ikoyi, Victoria). À Abidjan, dans un site comparable de lagunes, les ponts autoroutiers Houphouët-Boigny et Général-de-Gaulle supportent un intense trafic entre le Plateau et Treichville. Les accidents sont nombreux, notamment sur le boulevard Giscard d'Estaing, « boulevard de la mort » d'une chanson à succès. Le nombre élevé de victimes de la route est devenu, comme dans la plupart des pays africains, un problème de société mettant en cause non seulement l'état des véhicules mais aussi et surtout le comportement des conducteurs. C'est peut-être la rançon d'une modernité trop soudaine.

Posséder une voiture reste le privilège d'une minorité, mais d'une minorité dont le nombre s'accroît sans cesse. Le marché de l'occasion se développe auprès des classes moyennes ; les travailleurs émigrés en Europe jouent un rôle actif dans l'importation de voitures de seconde main. Certains pays comme le Bénin se sont fait une spécialité dans le commerce de véhicules d'occasion importés d'Europe et redistribués dans toute la région ; les parcs à voiture, annexe en expansion du port de Cotonou, ont envahi de vastes espaces de la plaine littorale. Dans l'Est du continent, les automobiles d'occasion proviennent de Dubaï, devenu depuis les années 1990 une plaque tournante essentielle des échanges extérieurs de l'Afrique. À défaut d'accéder au statut envié de propriétaire, on cherchera, par des stratégies savantes et des ruses calculées, à disposer d'une voiture de service ou de fonction. Dans les phases initiales de la voiturisation sociale, être au volant vous pose un homme. Les symboliques de l'automobile demeurent encore très fortes. Que ne ferait-on pas pour s'afficher au volant d'une grosse cylindrée ou piloter un de ces puissants « 4 x 4 » qui composent l'essentiel de la flotte des ONG !

■ ***Les transports en commun.*** La grande majorité de la population doit se contenter de transports en commun très insuffisants : les déplacements restent un des grands points noirs de la vie quotidienne. Les municipalités des grandes villes ont connu peu de succès dans leur volonté de créer des services de transports publics. Usure prématurée, dégradation d'autobus pris d'assaut par les écoliers, maintenance défaillante, difficultés de gestion sinon détournements de fonds, tout prédispose à la faillite. Les entreprises privées s'en sortent mieux, surtout depuis l'arrivée des minibus japonais. Avec leur capacité de 15 à 20 passagers, ils offrent une grande souplesse d'utilisation. L'investissement et le coût de fonctionnement sont à la portée des détenteurs locaux de capitaux, l'idéal étant de bénéficier de la protection d'hommes politiques : cela permet de contourner contrôles administratifs et fiscalité, et de se prémunir des tracasseries policières auxquelles tout conducteur est exposé.

La géographie du transport urbain offre de multiples visages. À Libreville, les taxis collectifs l'emportent de loin ; prix unique : 100 francs CFA pour un déplacement dans le centre-ville. Ouagadougou s'est fait une spécialité des deux-roues : vélos-taxis qu'autorise l'absence de relief, aujourd'hui relayés par les motos-taxis qui sillonnent en pétaradant la capitale burkinabé. À N'Djamena, les « clandos », jeunes conducteurs de motos, pallient le faible nombre de taxis dans une clandestinité publiquement affichée. À Nairobi, comme dans tout le Kenya, ce sont les minibus ou *matatu* qui assurent l'essentiel du transport collectif ; ils sont l'enjeu d'une rude compétition entre les compagnies qui n'est pas sans rappeler la rivalité des mafias contrôlant les taxis à Johannesburg. Madagascar se distingue quant à elle par la survivance de la traction humaine. À l'exception de Tananarive où le relief ne le permet pas, des jeunes hommes venus par milliers des campagnes pauvres s'emploient comme tireurs de « pousse-pousse ». Ils gagnent juste le minimum nécessaire à la reconstitution de leur force de travail : ces attelages humains, survivance d'un autre âge, symbolisent la pauvreté citadine dans son expression la plus crue.

Quel que soit le mode de transport dominant, les déplacements dans des villes étalées restent très contraignants. Ni les minibus ni les taxis ne se risquent sur des pistes trop défoncées ; les quartiers périphériques sont parfois totalement isolés. Dans de grandes agglomérations comme Lagos ou Kinshasa, aller « en ville » représente une vraie expédition lorsqu'on réside dans des périphéries éloignées de 10 à 20 km du centre. Les systèmes de transport collectif ne parviennent pas à répondre aux besoins : les citadins passent fréquemment plusieurs heures par jour entre leur résidence et leur lieu de travail. Les pauvres marchent beaucoup dans les villes africaines.

La violence urbaine

La violence colle à la ville. Non pas que la campagne soit épargnée, mais l'agglomération des hommes la rend plus visible, spectaculaire, surtout si elle est médiatisée ; plus diversifiée aussi, car le milieu urbain en multiplie les occasions. La ville en tant que telle est criminogène. L'Afrique n'échappe pas à cette tendance. Au cours des toutes dernières décennies, les métropoles africaines sont devenues des capitales de l'insécurité. La perception de ces phénomènes comporte une part inévitable de subjectivité que des statistiques incertaines ne sont pas en mesure de corriger. La presse monte en épingle les méfaits des bandes qui rackettent la population, les actes de vandalisme, les exploits des gangsters, engendrant un sentiment d'insécurité parmi les classes aisées, principales cibles des vols qui constituent le fond de la délinquance urbaine. En Afrique du Sud, les Blancs n'échappent pas à une psychose sécuritaire qui se nourrit de racisme en assimilant criminalité et population noire.

L'image de villes menacées ne vaut en réalité que pour les quartiers riches des grandes agglomérations. Les quartiers populaires sont beaucoup plus sûrs : il n'y a pas grand-chose à voler et les solidarités de voisinage constituent la meilleure des protections. Les villes petites et moyennes sont plutôt paisibles et épargnées par le banditisme. Les problèmes de violence et d'insécurité méritent donc d'être ramenés à leur juste mesure. En réalité, il convient de distinguer le cas particulier de l'Afrique du Sud, marquée d'une violence endémique issue des années d'apartheid, du reste du continent où elle se limite aux grandes villes. Les statistiques mondiales de la criminalité placent en effet les villes sud-africaines en tête du palmarès : Le Cap serait la ville la plus criminelle du monde. Johannesburg et Durban se situeraient elles aussi en haut du tableau. Mais la confusion entre assassinats politiques et crimes de droit commun rend l'interprétation des chiffres délicate. Il convient en tout cas de ne pas confondre les déterminants conjoncturels, tels les conflits politiques et les guerres civiles, et les facteurs structurels de la violence urbaine.

■ ***Les jeunes et la ville.*** Dans des villes en crise, l'intensité de la violence se corrèle au poids démographique et au statut de la jeunesse, même si la pyramide des âges n'explique pas tout. Depuis les années 1980, les « jeunes » (catégorie statistiquement vague correspondant *grosso modo* aux classes d'âge de 18 à 25-30 ans) se sont trouvés exclus du monde du travail, rejetés dans un sous-emploi durable, suite au tarissement des recrutements dans la fonction publique et le secteur moderne de l'économie. C'est un des problèmes cruciaux pour le présent et le futur des villes. La proportion de jeunes inoccupés, marginalisés, vivant d'expédients ou prolongeant la fréquentation scolaire à défaut d'autre perspective, est en effet considérable. Des enquêtes auprès des 18-25 ans ont révélé que les deux tiers d'entre eux, parfois plus, pouvaient ne pas avoir d'occupation déclarée. Vivant à la charge des parents ou de petits métiers occasionnels, ils constituent, avec les « enfants des rues », mineurs abandonnés à eux-mêmes, un vivier inépuisable pour la violence. Les entrepreneurs en politique et les fauteurs de guerres civiles n'ont pas de mal à y puiser leur lot de miliciens. À défaut d'avoir été intégrés dans la ville, ils seront les acteurs de sa désintégration comme cela s'est produit à Mogadiscio en Somalie et à Brazzaville au Congo.

Le désœuvrement et la frustration des jeunes constituent le terreau de la délinquance. La perte du rôle de médiation que jouait la gérontocratie traditionnelle et l'affaiblissement général des encadrements lignagers avec leurs valeurs morales privent la jeunesse de repères. Elle est au contraire très réceptive aux modèles de violence véhiculés par la télévision, le cinéma, les vidéos. Le phénomène de bande, substitut déviant des groupes fondés sur la solidarité de classe d'âge et les sociétés secrètes, prend de l'ampleur. La criminalisation de l'État n'encourage pas la vertu individuelle. Plus que la pauvreté, c'est l'inégalité qui est insupportable. Le modèle occidental de consommation suscite bien des convoitises : les privations deviennent intolérables au spectacle de l'abondance confisquée par une minorité de riches.

Ce contexte est propice à l'usage des drogues. En quelques années, les métropoles africaines sont devenues non seulement des relais dans le trafic mondial, mais aussi des lieux de consommation du cannabis, dont la production locale connaît une extension rapide, et des drogues dures importées. Une pègre d'un nouveau type a fait son apparition tandis que l'usage des armes à feu se banalise à Lagos, Johannesburg, Nairobi et Abidjan. Les enjeux financiers du trafic d'héroïne et de cocaïne, dont l'Afrique est aujourd'hui une des plaques tournantes, ont introduit un nouveau degré dans la criminalité. La délinquance s'échelonne suivant une pyramide qui va du larcin sur les marchés, au vol avec agression physique, et à la criminalité mafieuse impliquant des personnalités politiques intouchables. À Lagos, des bandes de jeunes *(area boys)* se partagent le territoire urbain en autant de secteurs de racket – tout comme les mendiants professionnels revendiquent leur territoire attitré. Les automobilistes pris dans un *go slow* sont inévitablement taxés. Cette délinquance de survie, présente dans toutes les grandes villes nigérianes, n'a rien de commun avec la criminalité des potentats qui s'adonnent au trafic d'armes et de drogue.

■ ***Insécurité et ghettoïsation.*** Il se dégage de tout cela une insécurité croissante, à laquelle répondent les stratégies de protection des groupes sociaux les plus menacés. Réalité vécue ou image construite, la « ville dangereuse » les conduit à se barricader dans des maisons « bunkers » aux clôtures hérissées de tessons de bouteille et bardées d'alarmes. Les sociétés de gardiennage, voire les milices privées, n'ont jamais été aussi prospères. Elles pallient les déficiences d'une police souvent complice des malfrats, surtout lorsque la crise financière des États ne permet pas une rétribution convenable des « forces de l'ordre ». La peur modifie l'habitat en poussant les classes riches à se replier sur des territoires de sécurité ou à transformer leur concession en forteresse. Ce « phénomène du hérisson », selon Marc-Antoine Pérouse de Montclos, se traduit par un enfermement spatial et social niant la fonction d'échange, de rencontre qui fonde la richesse culturelle des villes. La ghettoïsation comme réponse à l'insécurité alimente les dynamiques de ségrégation. Les nouvelles technologies la favorisent : télévision, vidéo, Internet, autant d'instruments d'insularisation sociale. Ces phénomènes caractérisent toutes les villes du tiers monde, partout où les contrastes sociaux sont exacerbés. S'ils marquent aussi fortement les paysages urbains africains, cela est dû à la structure de sociétés où les classes moyennes sont encore insuffisamment nombreuses, entre une très petite minorité qui accapare l'essentiel des richesses, et des masses populaires qui ne parviennent pas à sortir de la précarité. Seul le développement atténue cette dichotomie, précisément parce que les classes moyennes en représentent les principaux acteurs et bénéficiaires : c'est ce que l'on observe dans les pays qui affichent les meilleurs PIB par habitant. L'élévation du niveau de vie moyen ne résout pas tout ; elle constitue toutefois une condition nécessaire à la diminution de l'insécurité et de la violence urbaines.

Document

■ Yaoundé : à quoi sert une capitale d'Afrique tropicale ?

Objet de rêves de règne, de puissance et de gloire, la capitale attire ambitieux et conquérants en quête de réussite sociale ou politique. Dans un grand nombre de pays, en particulier dans ceux qui échappent au modèle nord-américain, où les fonctions nationales de capitale politique et de métropole économique ne sont pas réunies dans une même ville, force démocratique, consistance économique et, le plus souvent, diversité sociale viennent renforcer l'aura de la capitale. Quand de telles convergences ont pu jouer sur la longue durée à l'échelon d'un pays, en Afrique tropicale comme ailleurs, les capitales sont progressivement devenues des centres vitaux de ce que nous pourrions nommer la « mise en société nationale ». Elles ont en effet, pour la plupart, atteint un niveau métropolitain qui leur assure une véritable suprématie sur l'ensemble des autres villes, ne se trouvant tout au plus concurrencée dans le pays que par une autre grande ville. La croissance de leur population, l'extension de leurs aires d'attraction migratoire ou d'échanges économiques, jointes à l'ampleur locale ou régionale de leur expansion spatiale, font de ces agglomérations des acteurs de premier plan dans le processus de construction des nations pour lesquelles elles représentent un véritable défi existentiel. Pourtant, dans le Monde en général et en Afrique en particulier, ces villes-capitales sont l'objet de conflits voire de guerres plus ou moins ouvertes, ce qui renvoie à des questions lancinantes : À qui sert une capitale d'État en Afrique ? À quoi sert Yaoundé au Cameroun ? Est-elle acteur de désintégration ou d'intégration nationale ?

(...) La grande ville est réputée, au mieux, monde de l'indifférence, et souvent champ par excellence de la déviance, de la dégénérescence ou de la désagrégation des communautés et des cultures. Elle est, pense-t-on, le creuset de la « détribalisation », de la perte des repères culturels « traditionnels ». La métropole et surtout la capitale ne défavoriseraient-elles pas la construction d'un lien social aussi fort que celui qui existe au village ? Les noyaux ruraux abandonnés par les villageois venus misérablement « s'entasser » dans les capitales n'offraient-ils pas une vie plus humaine parce que plus conviviale, plus riche en connivences, plus empreinte d'harmonie et de personnalité culturelle ? Les capitales africaines déstabilisent. Elles déracinent les gens de leur terroir sans nécessairement les réimplanter de façon adéquate en leur sein. Cette faculté destructrice serait la cause d'une « sur-tribalisation ». Dans de telles conditions, les nouveaux citadins ne pourraient que chercher à reconstituer ici « leurs » tribus ou « leurs » villages d'origine. La capitale serait alors tout au plus un lieu où l'on se côtoie sans se mélanger. En bref, une capitale africaine comme Yaoundé ferait le lit de l'anomie, au sens que Durkheim donnait à ce terme. Une telle capitale ne serait qu'une juxtaposition spatiale et sociale où l'on retrouve plus ou moins recousus et miniaturisés les vieux « pays » pugnaces, tribus, ethnies, nations, empires, royaumes et États ayant précédé la colonisation européenne et que cette dernière aurait selon les cas rencontrés ou reconnus ? En est-il bien ainsi aujourd'hui à Yaoundé ?

(...) Si, pour les autochtones, la question était de savoir « comment entrer en ville corps et villages entiers ? », pour la plupart des Camerounais immigrant dans la capitale elle était de savoir « comment emporter avec soi son village pour pouvoir s'y retrouver partout où qu'on soit ? ». La construction de « sa maison » (son « chez-soi ») cristallisait ainsi systématiquement toutes les espérances. Pourtant, au-delà de l'accès à l'immobilier, il y avait mieux à comprendre avec l'enjeu politique et le droit de participation à la gestion des affaires de la cité. Mal réglée ou mal organisée, la participation des habitants de la ville à la prise des décisions qui les concernaient donnait à l'activité des décideurs et des planificateurs une allure de prestidigitation malveillante et aux activités des habitants de la ville un ton de subversion permanente.

Nous avons alors découvert que, dans un univers de débrouille et de silence anxieux, devant la certitude de lendemains qui chanteraient pour les uns et déchanteraient pour d'autres, le plus important était la production d'une « chose publique » qui donnerait à l'agir ensemble un minimum de consistance. La question soulevait sans en avoir l'air le débat sur la fonction intégratrice de la capitale.

(...) Yaoundé, métropole-capitale d'Afrique tropicale peut bien intégrer en rapprochant physiquement ses habitants. Reste alors que ses habitants eux-mêmes intègrent ce fait et acceptent que celle-ci les intègre, qu'ils tirent parti de cette intégration physique si durement acquise, en inventant en retour les structures et les superstructures d'une intégration affective à la hauteur de l'intégration effective proposée par la capitale.

Source : Athanase Bopda, *Yaoundé et le défi camerounais de l'intégration*, CNRS éditions, 2003, pp 15-24.

8

L'Afrique et le monde

Les relations entre l'Afrique et le reste du monde ont longtemps porté l'empreinte des siècles d'échanges dissymétriques qui lièrent son destin à celui de l'Europe. Commerce international, réseaux politico-économiques, filières migratoires et métissages culturels privilégient toujours le faisceau euro-africain. Toutefois, au cours des dernières décennies, l'écheveau des relations tressées entre l'Afrique et le monde n'a cessé de se diversifier au rythme de la mondialisation. Longtemps entravé par les marchés captifs du système colonial, le commerce s'est ouvert à un nombre croissant de pays, notamment asiatiques. La Chine, longtemps cantonnée dans de microprojets, est devenue en quelques années le premier partenaire commercial de l'Afrique. D'autres pays émergents, comme l'Inde ou le Brésil, portent un intérêt croissant au marché africain. L'Europe, qui voit ses positions rognées par cette évolution, conserve encore (pour combien de temps ?) une place privilégiée, mais elle ne compte déjà plus que pour moins de la moitié des échanges extérieurs de l'Afrique subsaharienne. Conséquence du relâchement des liens entre les pays africains et les anciennes métropoles impériales et de la normalisation de leurs relations, le « néo-colonialisme » de l'après-indépendance fait désormais partie d'un passé révolu, à moins qu'il ne ressurgisse, sous des formes nouvelles, dans le sillage de la mondialisation. Les relations extérieures de l'Afrique noire ont en effet glissé du bilatéralisme post-colonial à un multilatéralisme qui ne cesse de rebattre les cartes sur une table de jeu planétaire.

UN CONTINENT TOUJOURS POURVOYEUR DE MATIÈRES PREMIÈRES

À l'échelle des temps longs, les rapports de l'Afrique au monde présentent une remarquable permanence : jadis pourvoyeuse d'hommes, elle est aujourd'hui pourvoyeuse de matières premières. Après l'abolition de la traite esclavagiste qui avait consigné l'Afrique noire dans une relation au monde étroitement spécialisée, la colonisation substitua le prélèvement des produits à celui des hommes, sans réelle modification de la structure d'échanges inégaux. Les économies contemporaines perpétuent largement les systèmes d'exploitation qui avaient confiné les colonies dans un rôle de fournisseurs de denrées primaires, les métropoles se réservant les activités de transformation, accumulant ainsi la valeur ajoutée. Malgré les changements politiques consécutifs aux indépendances, ce modèle général n'a pas été fondamentalement bouleversé. Les transformations en cours (équipement du territoire, urbanisation, formation des hommes) sont en effet trop récentes pour avoir pu modifier de façon significative un schéma d'échanges asymétriques auquel n'échappe que l'Afrique du Sud.

L'Afrique dans le commerce mondial de marchandises en 2012

	Valeur du commerce Milliards de $	**Part de l'Afrique dans le commerce des grands ensembles régionaux (%)**
Monde	17 930	3,5
Am. du Nord	2 371	0,2
Am. centrale et du Sud	750	0,1
Europe	6 385	1,2
CEI	805	0,1
Asie	5 640	1
Moyen Orient	1 349	0,2
Afrique	630	0,5

Source : Organisation mondiale du Commerce, 2013.

Échanges intercontinentaux (%)

Origine	**Destination**			
	Am. du Nord	Europe	Afrique	Asie
Am. du Nord	49	17	2	21
Europe	7	69	3	10
Afrique	17	35	13	25
Asie	16	17	3	53

Source : Organisation mondiale du Commerce, 2013.

■ ***Des échanges extérieurs en progression mais toujours asymétriques.*** Alors que le commerce africain de marchandises était tombé très bas dans les années 1990 (autour de 1 % du commerce mondial), il est remonté à 2 % en 2003 et approche des 3,5 % en 2013 (environ 2,5 % pour l'Afrique subsaharienne). C'est peu pour un continent qui compte désormais plus de 15 % de la population mondiale, mais la tendance ne laisse aucun doute sur les progrès accomplis par les économies africaines. La destination des échanges souligne la faiblesse des échanges intra-africains : 13 % contre 53 % pour les échanges Asie/Asie, et 69 % pour les échanges Europe/Europe. Ces chiffres mettent en évidence l'extraversion des économies africaines.

L'asymétrie des échanges demeure très forte, exportation de produits primaires, importation de produits agricoles et manufacturés. La courbe des exportations montre de façon éclatante la domination du pétrole et des minerais qui totalisent plus des trois quarts du total en valeur. Les déséquilibres sont encore plus grands en matière d'échanges de services, très déficitaires en défaveur de l'Afrique : c'est le signe du fossé qui la sépare encore des pays développés et émergents. Bien qu'elles ne comptent guère que pour 2,5 % du total mondial, les exportations d'Afrique subsaharienne exercent des effets économiques et politiques internes considérables. L'impact des cultures d'exportation sur les transformations des sociétés africaines a été abordé dans le chapitre 4. Reste à apprécier le rôle des produits pétroliers et miniers dans les relations entre l'Afrique et le monde.

Les exportations de marchandises de l'Afrique

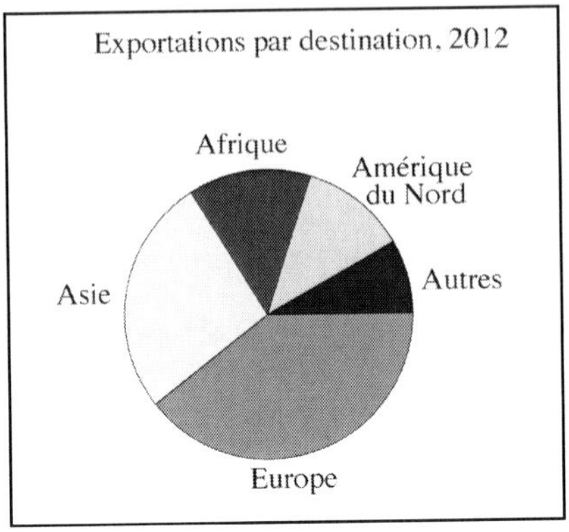

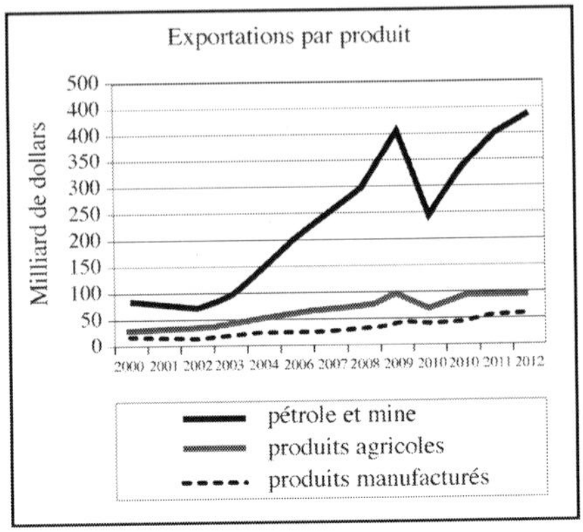

Source : Organisation Mondiale du Commerce, 2013.

De l'or à l'or noir

Certains métaux et minerais sont connus en Afrique depuis des temps reculés. L'or de « Guinée » parvenait en Méditerranée sous l'Antiquité. Il donna son nom à une monnaie anglaise au XVIIe siècle. La métallurgie du fer (fabrication d'armes et d'outils), attestée depuis plusieurs millénaires, est restée vivante jusqu'au début du XXe siècle, avant que les bas-fourneaux indigènes s'éteignent avec la colonisation. Le travail local du cuivre a lui aussi disparu après avoir produit en abondance des manilles destinées à la parure et des monnaies telles que les « croisettes » du Katanga (rebaptisé sous Mobutu « Shaba », un mot qui précisément signifie cuivre en swahili). Cette strate ancienne d'activités métallurgiques qu'exhument les recherches archéologiques s'est effacée avec l'arrivée des marchandises européennes. Dans le même temps, le sous-sol a commencé à être activement prospecté, surtout en Afrique australe : la découverte dans les années 1880 des filons aurifères du Witwatersrand et celle, à peine plus tardive, des diamants, inaugure l'aventure minière. Le nom de Cecil Rhodes reste attaché à cette histoire extraordinaire au terme de laquelle des États dont la raison d'être initiale n'était autre que l'exploitation de minerais se sont constitués, pour le plus grand profit du capitalisme britannique et la plus grande gloire de la reine d'Angleterre.

L'Afrique tropicale *stricto sensu* n'a goûté aux richesses minérales que bien plus tard, à l'exception du Katanga prospecté dans les dernières années du XIXe siècle ; le milieu de savanes et de forêts claires n'y offre pas d'obstacle particulier à l'exploration géologique. En revanche, dans les régions de forêt dense, la végétation masque les formes de relief, les roches-mères disparaissent sous d'épaisses altérites rendant les prospections très difficiles : elles n'ont progressé qu'à petits pas avant que les géologues disposent d'outils d'investigation sophistiqués. Les coûts d'infrastructure ont souvent repoussé les débuts de l'exploitation. L'économie minière n'est ainsi devenue vraiment significative qu'au lendemain de la Seconde Guerre mondiale, plusieurs décennies après l'Afrique australe. L'inventaire minier n'est d'ailleurs pas achevé. En outre, beaucoup de gisements aujourd'hui répertoriés et évalués restent inexploités. C'est ainsi que dorment au Gabon, « province minière » s'il en est, des gisements considérables de fer, de talc, de barytine, etc. Les minéralisations dans les roches du socle précambrien, tout comme les gisements d'hydrocarbures des dépôts sédimentaires, très inégalement répartis, dessinent une géographie contrastée et évolutive. Elle distingue les États miniers et pétroliers de ceux qui tirent leurs ressources d'exportation de l'agriculture.

■ ***L'Afrique noire, un « scandale géologique ».*** Décrivant la richesse en minerais du Katanga, le géologue Cornet parla de « scandale géologique » : l'expression allait faire florès et coller à l'image du Congo, voire de tout le continent. L'Afrique subsaharienne occupe il est vrai un rang enviable pour la production de certains minerais. L'Afrique du Sud en particulier se distingue par la richesse et la diversité des ressources de son sous-sol, même si elle ne détient plus une position aussi dominante qu'autrefois dans le secteur de l'or : sa part est passée de 60 % en 1974 à 7 % en 2012 et elle n'est plus que le cinquième producteur mondial. Il n'est pas toujours possible de connaître avec précision le volume et la valeur de la production minière. C'est le cas en RDC du fait de la guerre et du pillage des ressources, lequel s'est prolongé après la fin de la guerre civile en 2002, notamment en ce qui concerne les minerais rares, en particulier le « coltan » (colombo-tantalite), très recherché pour ses usages dans l'industrie spatiale et l'électronique. Exploité au Kivu, ce « *conflict mineral* » entretient l'insécurité et les violences perpétrées par différentes milices et par l'armée congolaise ; il est exporté, via le Rwanda, vers les États-Unis, l'Europe et la Chine. Les diamants de joaillerie ont joué un rôle tout aussi important qu'occulte dans le financement des guerres civiles en Angola, Sierra Leone et RDC. Les réseaux d'exportation, pour une part clandestins, convergent vers les deux places qui contrôlent le marché mondial, Anvers et Tel-Aviv auxquelles s'ajoute désormais Bombay. Le véritable scandale réside dans l'usage qui est fait des minerais : dans de nombreux pays leur exploitation a été un facteur d'instabilité et n'a pas résorbé la pauvreté. La « malédiction des matières premières » n'est pas seulement un slogan d'ONG.

Part de l'Afrique dans la production minière mondiale (2011)

	Pays	**Rang**	**% africain de la production mondiale**
Platine	Afrique du Sud	1er	60
Chrome	Afrique du Sud	1er	40
Diamant	Botswana RDC	2e 3e	34
Cobalt	RDC	1er	70
Or	Afrique du Sud	5e	7

	Pays	Rang	% africain de la production mondiale
Manganèse	Afrique du Sud Gabon	2e 5e	25
Titane	Afrique du Sud	2e	13
Uranium	Niger Namibie	4e 5e	14
Charbon	Afrique du Sud	7e	3

Sources : *World Mineral Production, British Geological Survey*, 2013.

La transformation des minerais est encore peu développée, soulignant les déficiences structurelles d'une industrie qui se résume le plus souvent à une activité extractive. Par rapport aux données mondiales, l'Afrique subsaharienne produit 2,5 % du fer mais moins de 1 % de l'acier, 8 % de la bauxite mais seulement 4 % de l'aluminium. Des facteurs conjoncturels ont encore réduit la place de l'Afrique dans la transformation des métaux : sa part dans la métallurgie du cuivre est tombée à 5 % avec l'effondrement dans les années 1990 de la production du Katanga, jadis un des fleurons de l'économie minière africaine. La reprise de l'économie minière katangaise, très nette depuis le début des années 2010, redonne toute sa valeur au *Copperbelt*, situé à cheval sur la frontière entre RDC et Zambie, qui constitue un des plus importants gisement mondiaux de cuivre et de métaux associés (cobalt, zinc, or, métaux rares, uranium, manganèse). Malgré le « risque pays », des investisseurs américains, européens, sud-africains et chinois se sont partagé une partie des actifs de la Gécamines. Plus que le cuivre, c'est le cobalt, dont la RDC est le premier producteur mondial, qui suscite les convoitises des sociétés minières.

■ ***Sociétés minières et capitaux.*** Pièces essentielles de la « mise en valeur », les investissements miniers ont fortement contribué à amarrer l'économie des colonies à celles des métropoles. L'Union minière du Haut-Katanga (UMHK), créée en 1906, représente l'archétype du grand capitalisme colonial. Elle était contrôlée par la Société générale de Belgique, mais les participations financières de groupes étrangers, notamment britanniques et français, lui conférèrent une dimension internationale. Étroitement associée à la politique coloniale belge au sein d'un « Comité spécial du Katanga », l'UMHK fut en outre un des acteurs principaux de la sécession du Katanga en 1960. Nationalisée en 1966 sous le nom de Gécamines (Générale des carrières et des mines), elle n'en a pas pour autant rompu les ponts avec la Belgique.

Après 1945, les capitaux américains firent une entrée remarquée en Afrique, soit par l'intermédiaire de l'aide à la reconstruction des économies européennes (plan Marshall), soit dans le but de diversifier les sources d'approvisionnement en matières premières des États-Unis. C'est ainsi qu'US Steel fut le principal actionnaire, au moment de sa création (1953), de la société gabonaise Comilog (Compagnie minière de l'Ogooué), 2e producteur africain de manganèse. Depuis les indépendances, les structures financières des sociétés se sont modifiées sous l'effet de prises de participation des États africains et de l'internationalisation des capitaux. La Comilog, après avoir connu une augmentation de la part de capital revenant à l'État gabonais et une érosion de la part américaine, a été rachetée par le groupe français Eramet. Quelle que soit leur configuration, les sociétés minières restent sous le contrôle, financier et technologique, des pays les plus industrialisés. Même quand le capital étranger ne contrôle pas toute la filière de production, il détient les leviers de la commercialisation et de la fixation des cours : les pays producteurs n'échappent pas à la dépendance envers les pays du Nord, un Nord où la Chine a maintenant une place prééminente. Pour tenter de se dégager d'une tutelle perpétuant la domination économique coloniale, certains États ont procédé après les indépendances à des nationalisations des grandes sociétés minières. La plupart, sinon toutes, se sont soldées par un échec. Aujourd'hui, le libéralisme faisant loi, toutes recherchent des repreneurs privés, mais le contexte politique n'est pas toujours favorable. En Zambie, la privatisation des mines de cuivre qui avaient été nationalisées en 1969 n'a trouvé son épilogue qu'en 2000 au terme d'un interminable feuilleton ; le puissant conglomérat sud-africain Anglo-American a pris le contrôle de la ZCCM (Zambia Copper Consolidated Mining). Par delà les aléas politiques l'économie minière est avant tout tributaire de la demande mondiale.

■ ***L'Afrique du Sud : pôle minier et financier.*** L'Afrique du Sud tranche avec le tableau général : l'industrie extractive, en effet, y a donné naissance à un authentique capitalisme national. Depuis la fin du XIXe siècle, la mine a stimulé la création d'infrastructures et entraîné une accumulation de capital à l'origine d'une industrialisation diversifiée. L'exportation de matières premières n'a pas cessé pour autant, l'Afrique du Sud s'est même affirmée comme un exportateur important de charbon. Au début des années 1960, sa production était comparable à celle de la France (environ 50 millions de tonnes) : elle dépasse maintenant les 200 millions de tonnes (250 en 2011). C'est toutefois dans le secteur des métaux précieux, or et platine, et dans celui des diamants que l'Afrique du Sud s'est hissée dans les premiers rangs mondiaux. Elle compte aujourd'hui deux géants miniers : Anglo-American et Gencor. Le groupe Anglo-American, fondé par Ernest Oppenheimer en 1917, a construit sa fortune sur l'or avant de diversifier ses activités. Ce conglomérat aux nombreuses ramifications comprend notamment De Beers, la célèbre société créée par Cecil Rhodes en 1880 et qui domine toujours le marché du diamant (2/3 du commerce mondial). Son siège social à Johannesburg arbore symboliquement la forme d'un diamant dont les facettes bleutées font miroiter la lumière. Le groupe Gencor, né de fusions industrielles en 1976, est issu lui aussi du capital minier. Ces deux sociétés constituent les piliers d'un capitalisme national qui s'est révélé assez puissant pour essaimer dans toute l'Afrique australe et même au-delà du continent, comme en témoigne la dimension multinationale d'Anglo-American. Toutefois, pour être davantage au coeur de l'économie mondiale, le plus puissant groupe sud-africain a transféré son siège social à Londres en 1998. Peut-être aussi pour se prémunir d'une éventuelle instabilité de l'Afrique du Sud.

Ressources minières et énergétiques

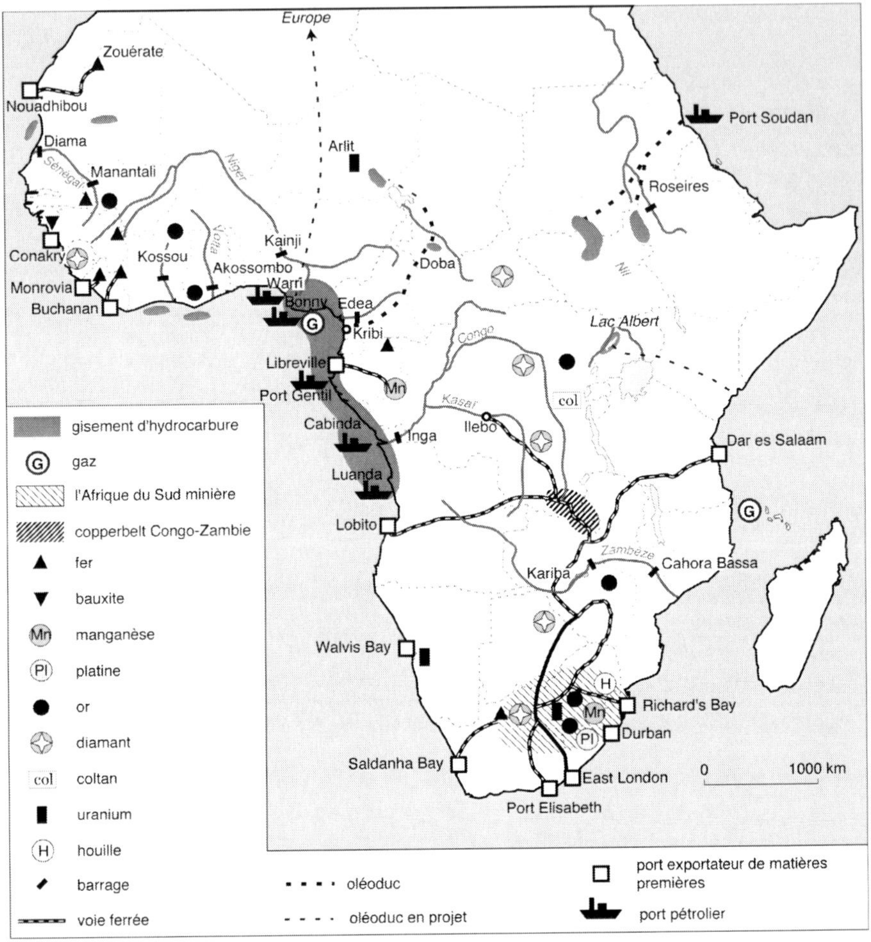

L'Afrique du pétrole

Bien qu'ils fassent figure de producteurs de moyenne importance en comparaison du Moyen-Orient, les pays du golfe de Guinée, entre Nigeria et Angola, sont néanmoins devenus des acteurs à part entière de la géopolitique mondiale des hydrocarbures. Les intérêts pétroliers ne sont jamais bien loin des conflits violents qu'a connus la région : guerres du Biafra (1967-1970), de Brazzaville (1994 et 1997), sans parler de celle qui a sévi en Angola et qui sommeille dans son enclave de Cabinda ou de la guerre qui s'est emparée du Soudan du Sud sur fond de contrôle de la manne pétrolière. En temps de paix comme en temps de guerre, la rente pétrolière tient une place éminente dans les économies des pays producteurs et exerce une influence déterminante sur leur politique. Le Gabon, à l'image d'un « émirat équatorial », tout comme le Congo-Brazzaville, incarnent l'« État rentier » sous sa forme la plus accomplie.

■ ***Le golfe de Guinée ou « l'autre golfe ».*** En 2012, la production de l'Afrique subsaharienne, concentrée pour plus de 90 % dans les pays riverains du golfe de Guinée s'est élevée à 266 millions de tonnes, soit 7 % du total mondial, en constante progression (5 % en 2000). C'est peu par rapport au golfe persique, mais les États-Unis misent sur le développement de cette région de production pour réduire leur dépendance vis-à-vis du Moyen-Orient : à l'horizon 2015, elle devrait compter pour 25 % de leurs importations de brut.

C'est au tournant des années 1960 que la fièvre pétrolière a gagné le golfe de Guinée ; la production démarre en 1956 en Angola, en 1957 au Gabon, en 1958 au Nigeria, en 1960 au Congo. Le Cameroun rejoint le groupe des producteurs en 1978, et le dernier venu, la Guinée équatoriale, en 1994. Le bassin sédimentaire côtier associe gisements marins et continentaux. L'exploitation *off shore* qui a débuté dans les parties peu profondes du plateau continental se déplace désormais vers des gisements dits de « mer profonde ». Ceux-ci nécessitent de nouvelles technologies de forage. Remarquable prouesse technique à l'actif d'Elf-Aquitaine, la plate-forme de Nkossa, à 60 km au large de Pointe-Noire, permet, depuis 1996, d'extraire du pétrole par des fonds de plus de 300 m. Depuis lors, l'exploitation en « mer très profonde » (1 000 m et plus) ne cesse d'étendre les zones d'exploitation marine. Au Congo, à 75 km des côtes, Total développe le gisement de Moho qui devrait entrer en production en 2015. Au Nigeria, en Angola comme en Guinée équatoriale, les trois premiers producteurs d'Afrique subsaharienne, l'exploitation en mer très profonde fournit une part croissante de la production. Les prospections effectuées sur le littoral d'Afrique de l'Ouest (Mauritanie, Sénégal, Côte d'Ivoire, Ghana, Bénin) commencent à donner quelques résultats encore modestes mais qui semblent prometteurs, notamment au Ghana. Quant à Sao Tomé, les prospections en cours laissent présager son entrée prochaine dans le club des pays producteurs.

Les pays du golfe de Guinée renferment aussi d'importantes réserves gazières, principalement au Nigeria. Les gaz associés à l'exploitation pétrolière, longtemps torchés (et source de pollution), sont progressivement utilisés pour l'approvisionnement du marché local. Mais surtout une filière GNL (gaz naturel liquéfié) s'est mise en place ; plusieurs unités industrielles, notamment à Bonny (Nigeria), plus récemment en Guinée équatoriale (Punta Europa sur l'île de Bioko), produisent du gaz exporté par méthaniers. Leur implantation dans le delta du Niger a ravivé le conflit latent entre les populations autochtones d'une part, l'État fédéral et les compagnies pétrolières d'autre part. Ce contexte d'incertitudes politiques n'empêche pas les projets de se multiplier, comme celui d'un gazoduc transsaharien (TSGP) destiné à transporter le gaz nigérian vers l'Algérie, d'où il serait acheminé vers l'Europe. L'insécurité au Sahara a repoussé ce projet dans un futur indéterminé. Le gaz naturel, comme le pétrole, fait partie des enjeux géopolitiques majeurs de l'Afrique.

■ ***Les bassins continentaux : les prémisses d'une nouvelle géographie pétrolière.*** La mise en exploitation au tournant du millénaire de gisements d'hydrocarbures dans l'intérieur du continent a amorcé un changement dans la géo-économie du pétrole. Au Soudan, le pétrole exploité au Kordofan depuis 1999 est acheminé par oléoduc jusqu'à Port-Soudan. Au Tchad, l'exploitation du gisement de Doba a démarré en 2003 après l'achèvement d'un oléoduc qui traverse le Cameroun jusqu'au port de Kribi. Au Niger, le gisement d'Agadem, exploité depuis 2011, alimente une petite raffinerie construite par les Chinois à Zinder. À la frontière entre Ouganda et RDC, le « Graben » au fond duquel se loge le Lac Albert, est activement prospecté. Dans un avenir plus lointain, il n'est pas exclu que la cuvette congolaise devienne un jour une province pétrolière : les milliers de mètres de sédiments accumulés pourraient contenir des réserves d'hydrocarbures considérables. En Ogaden (Éthiopie), les recherches ont mis en évidence la présence d'importantes réserves de gaz, mais l'insécurité dans cette région de peuplement somali a mis en sommeil un projet de gazoduc vers Harar. L'exploitation des hydrocarbures dans l'intérieur de l'Afrique n'en est encore qu'à ses débuts. Nul doute que la forte demande mondiale à venir permettra de surmonter le handicap des coûts de l'enclavement et de l'insécurité. Les positions dominantes acquises par les États-Unis au Tchad et par la Chine au Soudan préfigurent cette future configuration géopolitique.

Le pétrole en Afrique subsaharienne

	Production (millions de tonnes)		**Réserves fin 2012 (milliards de barils)**
	1998	2012	
Nigeria	106	116	5
Angola	36	87	1,7
Soudan	0,6	4,1	0,2
Soudan du Sud	–	1,5	0,5
Guinée équatoriale	4,1	12,2	0,6
Congo	13,6	15,3	0,2
Gabon	16,8	13,2	0,3
Tchad	0	5,3	0,2
Cameroun	5,5	–	–
Autres	3	11,6	0,5
Afrique du Nord			
Algérie	61,8	73	1,5
Libye	69,6	71	6,3
Égypte	43	35,4	0,6
Tunisie	4	3,1	0,1
Total Afrique	364	449	17,3
Total monde	3545	4119	236

Source : *BP Statistical Review of World Energy*, 2013.

■ ***Du pétrole destiné à l'exportation.*** Près de 90 % de la production de pétrole est exportée, principalement vers l'Europe, l'Amérique du Nord et la Chine. Ce pourcentage très élevé s'explique par l'étroitesse des marchés des pays producteurs, exception faite du Nigeria, et par la faible demande d'une population à bas revenu. Un réseau d'oléoducs concentre le brut vers des terminaux où les pétroliers embarquent leur cargaison. Celui de Warri (Nigeria), avec un trafic proche de 40 millions de tonnes, en fait le deuxième port d'Afrique en volume après le terminal charbonnier de Richard's Bay (Afrique du Sud). À Nkossa (Congo), les navires chargent directement depuis la plateforme : production et exportation sont ainsi totalement désolidarisées du continent, dans ce qui représente une sorte d'« exclave » territoriale.

Le pétrole est exporté à l'état brut. L'industrie du raffinage, peu performante et éclatée en petites unités, traite moins de 10 % des hydrocarbures, ceux à destination des marchés intérieurs. Au Nigeria, la production, répartie entre quatre raffineries, reste inférieure aux capacités théoriques (de l'ordre de 20 millions de tonnes) par suite de la vétusté des installations industrielles. Le premier producteur africain de pétrole est ainsi périodiquement confronté à des pénuries et contraint d'importer des produits raffinés, une situation paradoxale illustrant les dysfonctionnements de l'économie nigériane.

■ ***Pétrole et géopolitique. Les acteurs de la pétropolitique.*** L'économie pétrolière, par les formidables intérêts financiers qu'elle met en jeu, est étroitement liée à la politique des États. L'« affaire » Elf a jeté une lumière crue sur les réseaux de cette « Françafrique » dont les travers ont été dénoncés par François-Xavier Verschave (Verschave, 1998). De Pierre Guillaumat à Loïc Le Floch-Prigent, Philippe Jaffré et aujourd'hui Christophe de Margerie, la politique pétrolière de la France en Afrique, incarnée par Elf Aquitaine jusqu'à son rachat par Total-Fina en 2000, n'a pas changé de cap, nonobstant les renversements de majorité parlementaire. C'est ainsi qu'André Tarallo, « Monsieur Afrique » du groupe Elf a été, pendant plusieurs décennies, une des chevilles ouvrières de la politique française dans le golfe de Guinée. Si la « Françafrique » s'est nourrie de l'argent du pétrole, toutes les compagnies, à commencer par les *majors* anglo-saxonnes, ont recours aux mêmes pratiques. Les enjeux sont énormes pour les pays producteurs dont l'essentiel des recettes – plus de 90 % au Nigeria et au Congo-Brazzaville – provient de la vente du pétrole. Leur politique, tant intérieure qu'extérieure, est forcément liée aux intérêts des groupes pétroliers, acteurs secrets mais omniprésents d'une diplomatie qui ne peut échapper à la pression des pétrodollars.

Les compagnies les plus anciennement implantées en Afrique ont commencé leur activité avant les indépendances : au Nigeria, Shell et British Petroleum ; au Gabon SPAEF (Société des pétroles d'Afrique équatoriale française), ancêtre d'Elf Gabon. Dans le cadre juridique du régime colonial, elles ont bénéficié de conditions contractuelles très favorables. Après les indépendances, les pays producteurs se sont davantage ouverts à la concurrence internationale. Les États ont pris des parts dans le capital des compagnies pétrolières, sans aller toutefois jusqu'à la nationalisation. Au Nigeria, la *Nigerian National Petroleum Corporation* (NNPC) exerce un contrôle vigilant sur les activités du secteur pétrolier ; sa part représente 60 % des contrats d'exploitation. L'État gabonais est entré à hauteur de 25 % dans le capital des compagnies. Au régime initial des concessions s'est substitué, dans les années 1990, celui dit de « partage de production », plus favorable aux intérêts des pays producteurs. La renégociation en ce sens imposée par Pascal Lissouba (président de la République congolaise de 1992 à 1997) à Elf Congo ne fut d'ailleurs pas étrangère au refroidissement dans les relations franco-congolaises. Quels que soient les types de contrat, ce qui compte pour les pays producteurs c'est le niveau global des redevances ou *« royalties »*. Or celles-ci, fixées au prorata des bénéfices dégagés par les compagnies, répercutent directement toute variation des cours du brut : les États qui en dépendent sont donc exposés à une grande instabilité budgétaire en l'absence de mécanismes compensatoires qui écrêteraient les brusques variations des prix du brut.

La plupart des grandes compagnies pétrolières internationales ont aujourd'hui un pied dans le golfe de Guinée. Bien que concurrentes, elles sont souvent associées afin de répartir les risques technologiques, financiers et politiques. Dans le contexte pétrolier de la France, les positions acquises par Elf (aujourd'hui Total) en Afrique étaient considérables : plus des deux tiers de la production du groupe provenaient en effet de ses filiales du golfe de Guinée. Elf Gabon a joué un rôle historique éminent aussi bien dans le développement de la société Elf Aquitaine que dans l'évolution des relations franco-africaines. Elf Congo a été impliqué dans le financement de la guerre civile congolaise. Aujourd'hui, les principales attentes du groupe concernent l'Angola : Total compte, derrière l'américain Chevron, parmi les premiers opérateurs dans cette « province » pétrolière des plus prometteuses, en particulier pour ses perspectives de production dans l'*offshore* profond.

L'exploitation pétrolière illustre on ne peut mieux les séquences récentes de l'insertion de l'Afrique dans l'économie monde. La Grande-Bretagne (au Nigeria) et la France (au Gabon et au Congo) ont longtemps gardé leurs positions hégémoniques. Le Portugal (en Angola) n'avait pas les moyens d'une politique pétrolière : les États-Unis s'imposèrent comme acteur dominant, y compris durant les années de gouvernement « marxiste ». Ce sont encore des compagnies américaines qui ont raflé la mise en Guinée équatoriale et même au Tchad, au détriment d'Elf et de Shell. La montée en puissance de la Chine n'a pas tardé à faire sentir ses effets en Afrique. Profitant de la mise au ban du Soudan par les États-Unis, elle y a acquis des positions de quasi monopole. La *Chinese National Petroleum Corporation* (CNPC) est en effet devenue en quelques années un des principaux acteurs sur la scène pétrolière africaine. Forte de ces premiers succès, la Chine cherche à étendre ses positions dans l'ensemble des pays africains. Elle n'est d'ailleurs pas le seul pays émergent à investir dans le pétrole africain : Pétronas (Malaisie) a racheté les parts d'Elf dans le consortium d'exploitation du pétrole tchadien.

■ ***Un environnement et des populations menacés.*** À la différence des autres pays producteurs, une partie des gisements pétroliers du Nigeria se situe dans des espaces densément peuplés. Cela a engendré de vives tensions entre les compagnies pétrolières, soutenues par les pouvoirs d'État, et les populations autochtones qui s'estiment spoliées et victimes des dégradations de leur environnement naturel. Les rejets de l'exploitation des hydrocarbures ont provoqué pollution des eaux et appauvrissement de la flore et de la faune, désorganisant l'économie des populations du delta du Niger, notamment les Ogoni. Ceux-ci ont mené un combat politique contre Shell et les pouvoirs gouvernementaux pour obtenir un partage plus équitable des recettes pétrolières et davantage de respect de leur cadre de vie. En 1995, neuf membres du « Mouvement pour la survie du peuple Ogoni », parmi lesquels l'écrivain Ken Saro-Wiwa, ont été exécutés par la dictature militaire nigériane. L'émotion provoquée dans le monde par leur procès inique fut sans lendemain : le pétrole coule toujours, la pollution du delta s'aggrave, l'empoisonnement des mangroves continue, tandis que l'insécurité est devenue endémique. Les actes de sabotage des installations pétrolières et les prises d'otage se multiplient dans la région du delta. Le banditisme ajoute ses méfaits aux actions du principal mouvement politique, le MEND (*Movement for the Emancipation of the Niger Delta*). Depuis quelques années l'insécurité a franchi un degré supplémentaire avec l'apparition de la piraterie : les plateformes *offshore* éloignées de plusieurs dizaines de kilomètres de la côte nigériane ne sont plus à l'abri de cette nouvelle forme de banditisme.

Le cas particulier du Nigeria mis à part, les compagnies pétrolières prennent de plus en plus la mesure des enjeux environnementaux. Désireuses de ne pas susciter l'hostilité des populations et de se prémunir des actions menées par des groupes écologistes sans cesse plus incisifs et de préserver leur image, elles prêtent désormais davantage d'attention à l'environnement, naturel et humain. C'est ainsi que l'oléoduc Tchad-Cameroun a fait l'objet d'un luxe inhabituel d'études préalables sous la pression de la Banque mondiale en vue de limiter les atteintes à la nature ; des ONG ont par ailleurs pesé sur Esso pour un meilleur dédommagement des populations pour la perte de leurs biens (maisons, terres, arbres).

■ ***L'argent du pétrole : un pilier de la corruption.*** L'activité pétrolière est la branche phare du secteur formel africain, bien qu'elle crée relativement peu d'emplois directs. Les redevances fiscales, les salaires et les prestations sociales ne constituent en réalité que la partie visible des circuits de l'argent dont les réseaux occultes ne se laissent entrevoir qu'à l'occasion des scandales politico-financiers. Le pétrole est en effet le principal vecteur de la « grande corruption », celle qui transite par les coulisses de l'État patrimonial. Elle met en jeu des sommes incommensurables avec ce qu'étaient les standards de vie il y a seulement quelques décennies. La classe politique au pouvoir jongle aujourd'hui avec les millions de dollars des contrats pétroliers. Une partie des ressources occultes provenant de l'or noir vient grossir l'investissement urbain, une autre fraction du pactole retourne vers les pays du Nord, où elle se transforme en biens immobiliers et placements bancaires.

La mondialisation a intégré l'Afrique dans les circuits internationaux de la corruption : les ramifications africaines de l'« affaire Elf », l'obscurité qui a entouré les activités de la French Intercontinental Bank (FIBA) ou l'« Angolagate » en témoignent. Une opacité extrême n'a cessé de régner autour de la comptabilité pétrolière. Au Cameroun, les recettes pétrolières ont longtemps échappé à tout contrôle parlementaire : elles étaient placées dans un « compte hors budget », directement géré par la présidence. Partout, les détenteurs du pouvoir politique sont personnellement intéressés aux bénéfices des compagnies. Nul ne peut ignorer que toutes sortes de réseaux se sont greffés autour du pétrole, réseaux plus ou moins occultes où s'entremêlent les affaires, le renseignement, la politique. Les compagnies légitiment les pratiques de corruption – qu'elles ont d'ailleurs très officiellement intégré dans leur bilan financier sous la rubrique des « commissions » – au nom de cette *Realpolitik* imposée par la conquête des marchés et à laquelle les États adhèrent activement. Au Nigeria, un des pays les plus corrompus d'Afrique selon *Transparency International*, les généraux ont longtemps confisqué et le pouvoir et la rente pétrolière au détriment du développement économique et social. Des sommes colossales, chiffrées en milliards de dollars, ont été détournées. Le record en la matière revient au général Sani Abacha, chef d'État de 1993 à 1998 : il aurait accumulé une fortune personnelle de 5 milliards de dollars. Après sa mort et avec le retour du pouvoir civil au Nigeria, des actions en justice ont permis le rapatriement d'une partie de cette somme détenue notamment dans des banques en Grande-Bretagne et en Suisse. En 2010, Abba Abacha, un des fils du dictateur, était encore poursuivi par le tribunal de Genève pour sa participation au pillage des ressources nationales. Sans atteindre ces niveaux, aucun des pays producteurs n'est épargné par une corruption proportionnée au nombre de barils produits – mais qui expose désormais ses bénéficiaires à la justice internationale.

■ ***L'Initiative pour la Transparence des Industries Extractives (ITIE).*** C'est précisément pour lutter contre la corruption, que le Premier ministre britannique Tony Blair a lancé l'idée de cette initiative en 2002 lors du Sommet mondial sur le développement durable à Johannesburg. Elle s'est dotée en 2007 d'un secrétariat international installé à Oslo. Son principe fondateur repose sur la publication par les sociétés pétrolières et minières des sommes versées aux gouvernements des pays dans lesquels elles exercent leur activité. La plupart des pays africains producteurs ont adhéré à l'initiative, mais il y a loin de la déclaration d'intention à la validation par l'Assemblée générale de l'ITIE. En 2013, dix-neuf pays ont été déclarés conformes aux principes de l'ITIE. Parmi les pays candidats on trouve le Nigeria, la RDC, le Tchad, le Cameroun et bien d'autres, tous dénoncés par ailleurs pour leur haut niveau de corruption, ce qui laisse perplexe sur la sincérité de leur engagement. La plateforme d'ONG « *Publiez ce que vous payez* », qui regroupe des organisations dénonçant la « malédiction des matières premières » et militant pour une réelle transparence du secteur pétrolier, est de plus en plus réservée vis-à-vis d'une initiative menacée d'enlisement bureaucratique. Le chemin vers la transparence est semé d'embûches ; elle n'est pas pour demain – pas plus dans les activités extractives africaines que dans le système financier international dont la crise de 2008 a révélé une opacité insoupçonnée.

Des « États rentiers » aux économies fragiles

■ ***La dépendance des marchés extérieurs.*** Les économies fondées sur l'exportation de produits primaires sont extrêmement fragiles, surtout lorsqu'il s'agit de monoproductions : toute variation des cours se répercute mécaniquement sur les revenus des populations et les recettes des États. Plus encore que le secteur agricole, où les paysanneries parviennent à amortir les effets des crises en se repliant sur les productions vivrières, le secteur minier et pétrolier subit de plein fouet les conséquences des mouvements erratiques des prix sur lesquels les pays africains n'ont guère de prise. L'instabilité des termes de l'échange rend leurs économies très vulnérables, menaçant leur stabilité politique. Les mécanismes de régulation et de compensation commerciale et financière élaborés par la convention de Lomé, entrée en vigueur en 1976, avaient instauré un régime de préférence entre l'Union européenne et les pays

ACP (Afrique-Caraïbes-Pacifique). Les conventions successives de Lomé ont multiplié les outils d'intervention destinés en principe à soutenir des exportations agricoles (système de stabilisation des recettes d'exportation de produits de base agricoles, Stabex) et minières (Sysmin). Ce dispositif complexe, relayé en 2000 par les accords de Cotonou, s'est révélé impuissant à enrayer le recul commercial de l'Afrique subsaharienne, fragilisée par la structure de son économie. Plus récemment, les accords de partenariat économique (APE), conformes à la doxa libérale, se sont donnés pour objectif de développer le libre échange entre les pays ACP et l'UE. Ils auraient dû être signés en 2007, mais, à quelques exceptions près, les États africains ont manifesté leur réticence envers une politique commerciale menaçant leur agriculture et une industrie naissante. Réaction fondée, car la fragilité des économies africaines nécessite, au moins durant un certain temps, des mesures protectionnistes.

Rien n'illustre mieux la vulnérabilité des économies exposées aux à-coups des cours mondiaux que le pétrole. Après avoir été les grands bénéficiaires du « choc pétrolier » provoqué par la flambée des prix du brut en 1973-1974 (le baril fit alors un bond de 8 à 35 $), les pays producteurs ont subi les effets dévastateurs du « contre-choc » de 1986, lorsque le prix du baril rejoignit ses valeurs du début des années 1970. Fin 1999, le brut se négociait à guère plus de 10 dollars. Les variations des cours restent imprévisibles en l'absence d'une véritable régulation internationale du marché. Elles font valser les budgets des États car les recettes fiscales reposent en grande partie sur les revenus pétroliers. Le budget du Gabon tripla entre 1974 et 1975 ; au terme des « Douze Glorieuses » (1974-1986), il fut amputé de moitié. Au Congo, à la suite de l'effondrement des cours en 1986, les recettes tombèrent à un niveau si bas que le budget ne suffit plus à couvrir les seules dépenses courantes de fonctionnement : la crise politique des années 1990 est inscrite dans ces données brutes.

Les États rentiers s'étaient tous fortement endettés pour financer leur croissance. Acceptable en période de bonne conjoncture, l'endettement devient insupportable dès lors que le service de la dette absorbe une part trop élevée des recettes. Le Congo-Brazzaville a été le pays proportionnellement le plus endetté du monde au plus fort de la guerre civile : 247 % de la valeur de son PNB en 1997. Au Nigeria, pays dont la dette est la plus importante d'Afrique en valeur absolue, le ratio s'établissait cette même année à 72 %. Cet endettement montre, s'il en était besoin, combien la richesse « rentière » fondée sur la seule exportation de produits bruts est fragile : l'Afrique noire dans son ensemble a mis vingt ans à se remettre de l'effondrement des rentes dans les années 1980. Depuis 2000, le renchérissement de l'énergie a inauguré un nouveau cycle, probablement durable, d'autant que le *Peak Oil* se rapproche inexorablement, sans exclure des variations sur le court terme (jusqu'à 144 $ le baril en juillet 2008, autour de 100 $ depuis 2012). De même pour les minerais, dont les cours sont dopés par la demande des pays émergents. Reste que ces perspectives favorables, du moins pour les pays exportateurs, ne lèveront pas *ipso facto* l'hypothèque que les systèmes rentiers font peser sur les économies africaines. Les manifestations de la rente sont évidemment diverses, de nombreux paramètres différencient les situations locales d'un continent pluriel comme le montre ce *Voyage en Afrique rentière* auquel nous invite Géraud Magrin (Publications de la Sorbonne 2013).

■ ***L'Afrique prisonnière d'une économie primaire.*** Le débat est ouvert : les économies rentières ne sont-elles pas le dernier avatar de la relation dissymétrique constitutive autrefois de la domination coloniale, aujourd'hui d'un nouvel impérialisme dissimulé sous le masque de la mondialisation ? Ce que les économies des pays occidentaux et des grands pays émergents (Brésil, Inde, Chine) demandent à l'Afrique, c'est d'abord de participer à leur approvisionnement en matières premières. L'Afrique noire reste prisonnière d'une économie primaire d'exportation contrôlée par les multinationales, leurs capitaux et leur technologie, avec pour seule exception l'Afrique du Sud. Dans ce contexte global de la géopolitique externe, c'est l'accès à la rente qui mobilise les forces politiques locales. Là réside le véritable enjeu de la compétition pour le pouvoir depuis les indépendances. Les combats menés au nom de la liberté, de la justice, de la dignité se sont effacés derrière le désir de consommation, la soif d'un argent aujourd'hui indispensable à la manifestation du prestige, de la puissance. Les élites locales servent d'autant plus facilement de relais aux multinationales que les États sont fragiles. La « politique du ventre » (Bayart 1989), toujours d'actualité, s'inscrit dans cette relation dissymétrique qui a changé de périmètre mais pas de nature. Qualifiée de Nord-Sud depuis l'éclatement du Tiers-Monde, elle oppose maintenant les pays du « G 20 » à ceux d'un Sud qui tend à se restreindre à l'Afrique tropicale. Les premiers dévorent les ressources de la Planète, abandonnant aux seconds les restes d'un festin qui exclut l'immense majorité de la population – dans l'attente de l'avènement de ce « temps de l'Afrique » lorsque les économies africaines ne seront plus inféodées aux matières premières.

■ ***La criminalisation des échanges : carrefour des drogues et trafics d'armes.*** La crise économique des années 1990 accompagnée d'un affaiblissement des États a été partiellement compensée par une plus grande intégration commerciale dans les réseaux internationaux de trafics illicites. L'Afrique subsaharienne a rejoint le reste de la planète dans le commerce des drogues. Encore faiblement productrice, bien que la production de cannabis se développe rapidement, elle sert surtout de relais pour la cocaïne sud-américaine et secondairement pour l'héroïne asiatique destinées aux marchés du Nord. Le quart de la cocaïne consommée en Europe transiterait par l'Afrique. Débarquée dans les ports du golfe de Guinée (Lagos, Accra, Abidjan, Bissau, etc.), elle emprunte les réseaux marchands transsahariens jusqu'aux rivages méditerranéens. La Guinée-Bissau, pays déstructuré par la guerre civile, est devenue la proie des mafias et un narco-État comparable à ceux d'Amérique latine. Les réseaux commerçants transsahariens ont intégré la drogue, tout comme les cigarettes, dans des échanges illicites qui s'articulent à la déstabilisation politique de l'Afrique saharienne et sahélienne en participant au financement des rébellions et en facilitant leur accès au marché des armes.

Il est naturellement impossible de chiffrer l'ensemble de trafics que leur nature criminelle et la protection des plus hautes autorités politiques rendent particulièrement hermétiques. Les commissions d'enquête se heurtent à l'opacité des réseaux mondialisés. Une chose est sûre : cette économie parallèle, insaisissable fausse les données du commerce extérieur de plus d'un pays dont les statistiques officielles ne rendent ainsi que très partiellement compte de la réalité des échanges.

ENTRE NORD ET SUD : DES RECONFIGURATIONS EN COURS

Les relations entre l'Afrique et le monde ne se limitent pas aux échanges commerciaux de biens et de services. Elles possèdent une forte composante politique et culturelle. Les héritages bilatéraux, toujours très présents en situation post-coloniale, sont réinterprétés à la faveur des dynamiques africaines internes (nationales ou régionales), des nouveaux équilibres planétaires et de la mondialisation. Sur ce terrain mouvant où s'esquissent les traits possibles du futur, quelques thèmes significatifs de l'évolution dans les rapports entre Nord et Sud, entre Sud et Nord, et entre Sud et Sud méritent d'être évoqués.

Des stratégies politiques et militaires recomposées

■ ***De l'après guerre froide à l'après 11 septembre.*** Avec l'effondrement du bloc soviétique, la « rente géopolitique » dont bénéficiaient plus d'un pays africain s'est effritée. Dans les années 1990, on a observé un désintérêt certain des grandes puissances occidentales envers l'Afrique : l'Europe de l'Est recentrait leur champ d'attraction politico-économique. Seuls les États-Unis et la France étaient encore crédités, pour de bonnes ou de mauvaises raisons, d'une politique africaine. La première décennie du XXIe siècle a au contraire été marquée par un retour de l'Afrique dans la géopolitique mondiale. La révision de la politique extérieure des États-Unis consécutive au traumatisme du 11 septembre 2001 d'une part, l'arrivée tonitruante de la Chine d'autre part, en sont les deux moteurs principaux. Elles mettent à mal les positions des anciennes puissances coloniales.

■ ***Vers la fin de la « Françafrique ».*** Les liens privilégiés que la France entretenait avec son ancien empire colonial africain se sont effilochés depuis les années 1990. En réaction au discours de La Baule exhortant les pays africains à plus de démocratie, ces derniers ont pris davantage de distance envers l'ancienne métropole. La suppression du ministère français de la Coopération en 1998 préludait à une banalisation des relations franco-africaines. Les services de la coopération ont été intégrés au ministère des Affaires étrangères, d'abord au sein d'une « Direction générale de la coopération internationale au développement » (DGCID), puis, à partir de 2009, de la « Direction générale de la mondialisation, du développement et des partenariats » (DGM). Les relations bilatérales se sont partiellement fondues dans le multilatéral, qu'il s'agisse des multiples initiatives de l'Union européenne, ou même de la Francophonie, au détriment parfois d'une lisibilité de l'action spécifique de la France. Le « pré carré » ne sera bientôt plus qu'une référence nostalgique. Le temps n'est plus où les « réseaux Foccard » pesaient de toute leur influence sur l'Élysée. Certains piliers de la « Françafrique », comme l'avocat Robert Bourgi dont on dit qu'il eut l'oreille du président Sarkozy, sont encore actifs. Mais leur rôle s'estompe au fur et à mesure de l'affaiblissement de la part de l'Afrique dans l'économie française. La France conserve certes de solides positions dans le secteur énergétique, pétrole dans le Golfe de Guinée, uranium au Niger, mais son ancien empire africain n'est plus qu'un partenaire mineur : en

1970, 40 % des investissements directs français à l'étranger (IDE) allaient vers les pays de la zone franc, en 2009 à peine 1 %. (Bost *in* BAGF 2010).

Ce repli se traduit par une redéfinition des accords de défense conclus au moment des indépendances et par un allègement du dispositif militaire français. La première mesure spectaculaire a été la fermeture en 1998 des bases de Bangui et de Bouar en République centrafricaine. La perte d'une source de revenus importante et régulière n'a pas été une des moindres causes des violences qui ont secoué la capitale centrafricaine. En Côte d'Ivoire, la présence française (opération Licorne), directement liée à la crise politique qu'a connue ce pays est en cours de réorganisation : une base opérationnelle devrait compter autour de 800 militaires en 2015. En 2011, les effectifs de la base historique de Dakar ont été ramenés de 1 200 à 300. Restent N'Djamena, Libreville et surtout Djibouti qui, avec 2 900 hommes, abrite le détachement militaire français le plus important d'Afrique. Mais la base française de la Mer Rouge (tout comme les troupes stationnées à la Réunion), est en réalité davantage tournée vers les pays arabes et l'Océan Indien que vers l'Afrique. Depuis 2008, elle se trouve au centre du dispositif de lutte contre la piraterie qui sévit au large des côtes somaliennes. Parallèlement à son repli, la France a initié en 1994 le programme RECAMP (Renforcement des capacités africaines au maintien de la paix) qui vise à transférer aux États et aux organisations régionales des responsabilités militaires qui relevaient auparavant d'accords bilatéraux de défense. L'intervention militaire française au Mali et en RCA en 2013 a montré l'importance de la présence de forces prépositionnées.

■ ***La zone franc : un héritage colonial en suspens ?*** À l'heure de l'euro, on ne peut manquer de s'interroger sur l'avenir de la zone franc. Elle apparaît à beaucoup d'observateurs européens comme une survivance anachronique des relations néocoloniales de la France avec ses anciennes colonies. Le rôle tutélaire du Trésor français va à l'encontre des orientations libérales de la mondialisation. Rien de comparable dans les anciens empires coloniaux britannique, portugais ou belge, encore que l'East African Community envisage de se doter d'une monnaie commune, l'East African Shilling. La zone franc a toutefois été reconnue compatible avec le traité de Maastricht. Les relations entre la Banque européenne et les deux unions monétaires africaines d'Afrique de l'Ouest (UEMOA) et du Centre (CEMAC) ont été précisément définies. Elles garantissent la parité du franc CFA avec l'euro. Le devenir de la « zone franc » dépendra largement des performances économiques des pays membres, de leur capacité à développer des coopérations régionales et à dynamiser un marché fort de 135 millions d'habitants en 2010. À cet égard, la disparition de la compagnie multinationale Air Afrique, dont le siège se trouvait à Abidjan, soulève la question des capacités des pays de la zone franc à coordonner leur action et à gérer une société autrement que sur un mode patrimonial. Au sein de la CEMAC, Cameroon Airlines a sombré et la nouvelle compagnie créée en 2006, Cameroun Airlines Corporation, peine à se mettre en place ; Air Gabon résiste, le Tchad s'est récemment doté d'Air Tumaï. La compagnie Air CEMAC, dont le siège à Brazzaville a été inauguré en 2013, se veut un projet d'intégration régionale, avec le soutien d'Air France/KLM qui détient 34 % du capital. Le premier vol est en principe attendu en 2014.

■ ***Le renouveau d'intérêt des États-Unis pour l'Afrique.*** Sous couvert des valeurs du libéralisme, associées à la « bonne gouvernance » et aux droits de l'Homme, les États-Unis ont exercé une influence longtemps discrète, notamment par le biais du FMI et de la Banque mondiale. Les ajustements structurels auxquels ont été soumis la plupart des pays africains ont prorogé des situations de dépendance économique et financière vis-à-vis d'un « Nord » dont la configuration devenait unipolaire. Parallèlement, les « Africains-Américains », relayés par des ONG d'obédience chrétienne principalement protestantes et pentecôtistes, agissaient en faveur d'une réactivation des liens entre l'Amérique noire et les lieux de ses racines, la Bible cautionnant un prosélytisme issu de la société civile négro-américaine. Le fiasco de l'intervention américaine en Somalie en 1992 (*Restore Hope*) a montré les limites de son engagement en Afrique.

Mais le 11 septembre 2001 a changé la donne. La présence des États-Unis en Afrique a été considérée par l'administration Bush comme indispensable pour sa sécurité. Dès 2002, une base militaire était installée à Djibouti, doublant la base française. Forte de près de 2000 hommes, elle a pour mission de surveiller le détroit du Bab el-Mandeb, porte de la péninsule arabique. En 2007, les États-Unis ont annoncé la mise en place d'un commandement militaire régional africain, *Africom*, dont le siège, établi à Stuttgart, reste néanmoins hors du continent. L'action des États-Unis ne se limite pas aux questions sécuritaires : l'aide à l'Afrique a quadruplé entre 2001 et 2009. L'« initiative présidentielle pour la lutte contre le sida » et la « Millenium Challenge Corporation » (MCC) ont financé de nombreux programmes de développement, indépendamment de ceux de l'USAID. L'initiative privée n'est pas en reste. La fondation Bill et Melinda Gates, créée en 2000 et dotée de quelque 100 milliards de dollars, intervient dans le domaine de la santé, notamment la lutte contre le sida, avec des moyens sans précédent. Enfin, l'élection, en 2008, de Barak Obama, de père Kenyan, a ajouté une corde émotionnelle puissante à l'arc des multiples liens unissant les États-Unis et l'Afrique.

La déferlante de la « Chinafrique »

La présence chinoise en Afrique est longtemps restée peu visible. Si les érudits se plaisent à rappeler que, quelques décennies avant les « découvertes » portugaises, les expéditions maritimes de Zengh He entre 1410 et 1420 explorèrent les côtes orientales du continent, de la Mer Rouge au Mozambique, celles-ci furent sans lendemain. L'importation de coolies dans le sillage de la colonisation européenne, à l'origine de la présence chinoise à Maurice et Madagascar, n'eut pas l'ampleur de la migration indienne sur le versant oriental du continent. Après la proclamation de la République populaire de Chine en 1949, ses leaders se retrouvèrent aux côtés de ceux qui, en Afrique, luttaient pour leur indépendance. Celle-ci acquise, les relations sino-africaines ont été brouillées par l'existence de deux Chine, celle de Pékin et celle de Taïpeh, mais la Chine populaire a progressivement évincé Taïwan après l'avoir remplacé au Conseil de Sécurité de l'ONU en 1971. En 2010, Taïwan n'a plus de relation diplomatique qu'avec quatre pays africains (Burkina Faso, Gambie, Sao Tomé et Swaziland). Longtemps cantonnée à de petits projets agricoles, l'aide chinoise frappa un grand coup en construisant le chemin de fer « Tanzam » (1 860 km) entre Dar es-Salaam et Lusaka. Achevé en 1976, il désenclave la Zambie et lui permet d'exporter son cuivre sans passer par l'Afrique du Sud. La construction mobilisa 50 000 travailleurs chinois, inaugurant un modèle qui est aujourd'hui l'image de marque des réalisations chinoises en Afrique.

■ ***Une décennie de pénétration commerciale.*** Peu significatif à la fin du XXe siècle, le commerce sino-africain a dépassé la barre des 100 milliards de dollars en 2009, soit le double des échanges franco-africains. En 2013, la Chine est le premier partenaire commercial de l'Afrique avec des échanges de 210 Milliards de dollar (export 93 milliards, import 117 milliards).

La percée commerciale de la Chine en Afrique

	2000	2010	2000	2010
	Exportations de l'Afrique (%)		Importations de l'Afrique (%)	
Chine	3	13	3	9
Inde	3	4	1	2
Europe	46	34	19	13
USA	18	18	37	34

Source : Commission économique pour l'Afrique 2010

La structure des échanges sino-africains montre que l'attraction de l'Afrique découle de l'appétit de la Chine pour les matières premières, indispensables à la croissance de son économie. Le pétrole représente 60 % de ses importations ; viennent ensuite les produits miniers et forestiers et le coton. Inversement, ce sont les produits manufacturés et biens d'équipement qui constituent l'essentiel des importations chinoises en Afrique. Le « made in China » est désormais partout. Après avoir contribué à la disparition d'entreprises industrielles africaines non compétitives, notamment dans le textile, la Chine s'oriente vers une nouvelle politique avec la création de « zones économiques spéciales » dont la première a été implantée en Tanzanie en 2007 : ces ZES devraient générer, à l'instar de ce qui s'est produit en Asie, des emplois industriels et commerciaux.

■ ***De la grande entreprise à l'informel.*** La présence chinoise est d'abord visible dans le BTP. Les grandes entreprises, comme la *Chinese State Construction Engeneering Corporation* ou la *China Road and Bridge Coorporation,* se sont fait une spécialité de construction d'infrastructures dans des délais records. En quelques années, le réseau routier éthiopien a été modernisé de façon spectaculaire. En 2007, la Chine et la RDC ont signé un protocole de 6 milliards de dollars pour des infrastructures routières et ferroviaires. Protocole exemplaire de ces échanges « infrastructures contre permis miniers ou forestier » grâce auxquels la Chine ne cesse de gagner des marchés. À la différence des compagnies européennes, les sociétés chinoises emploient une abondante main-d'œuvre importée de Chine, une main-d'œuvre efficace, peu rémunérée et à faible protection sociale : une forme de dumping qui rend toute concurrence impossible, au point que des projets financés par les pays européens font appel à des entreprises chinoises... On estime à 100 000 le nombre de travailleurs venus de Chine employés dans ces entreprises. Mais le nombre total de Chinois en Afrique est bien supérieur : il pourrait atteindre 750 000. Par comparaison, le nombre de Français immatriculés en Afrique est à peine supérieur à 200 000, dont une forte proportion de bi-nationaux. Phénomène nouveau, un nombre croissant de Chinois investissent la petite entreprise commerciale et artisanale, bien au-delà de la restauration qui constitue souvent une porte d'entrée, et pénètrent jusqu'à l'informel. Au Cap, les « triades » ont même supplanté les Nigérians dans l'organisation du commerce illicite des drogues... Sur le terrain du petit commerce, les Chinois exercent une concurrence que les Africains ne sont pas prêts d'accepter : des émeutes anti-chinoises se sont déjà produites, par exemple au Soudan et au Sénégal. Ici et là on n'hésite pas à évoquer une nouvelle forme de colonialisme : on n'a pas fini de parler de la Chinafrique. D'autant que les migrations fonctionnent dans les deux sens : en 2006, les autorités chinoises faisaient état de 230 000 Africains vivant en Chine, notamment à Canton. Pour préparer l'avenir de ses relations avec l'Afrique, la Chine accueille de plus en plus d'étudiants : 21 000 boursiers en 2007 (Chaponnière, in *Les trajectoires de la Chine-Afrique*, Afrique contemporaine n° 228, 2008) et ouvre sur le continent des Instituts Confucius pour l'apprentissage de la langue et de la culture chinoises. L'arrivée en Chine d'un grand nombre de ceux qu'une population traditionnellement peu ouverte aux étrangers appelle les « diables noirs » a commencé à provoquer des réactions hostiles. Les autorités mettent en place des mesures restrictives, mais, comme en Europe, les candidats déterminés à tenter leur chance parviennent à les contourner.

La percée spectaculaire du commerce de la Chine en Afrique s'effectue au détriment des partenaires traditionnels, principalement européens. L'Union européenne résiste cependant et compte encore pour environ un tiers des échanges commerciaux africains. La focalisation sur la Chine ne doit pas occulter les autres partenaires asiatiques, Inde, Japon, Corée, Indonésie, Malaisie)

■ ***Dubaï, carrefour entre l'Afrique et l'Asie.*** Depuis les années 1990, Dubaï est devenu une plaque tournante de première importance dans les échanges extérieurs de l'Afrique. Beaucoup de produits manufacturés asiatiques transitent par son port. Dubaï développe parallèlement des activités de service : *Dubaï Ports World*, 3ᵉ opérateur portuaire mondial, a obtenu en 2007 la gestion du port à conteneur de Dakar, au détriment du français Bolloré. La compagnie aérienne *Emirates*, qui ambitionne de devenir la première compagnie mondiale, étend son réseau sur l'Afrique. Dubaï est ainsi devenu un des pôles majeurs de l'intégration de l'Afrique au monde.

■ ***L'aide publique au développement : un indicateur des changements géopolitiques mondiaux.*** Important destinataire de l'aide publique au développement (APD), l'Afrique subsaharienne a vu son montant évoluer en fonction de l'environnement politique mondial. En 2008, elle s'est élevée à 44 milliards de dollars, à parité avec l'Asie, sur un total mondial de 129 milliards de dollars. Bien que le calcul de l'APD soit complexe (aide bilatérale et multilatérale, versements effectifs et comptabilisation des remises de dette, fluctuations du dollar), les rapports du CAD (Comité d'aide au développement) de l'OCDE permettent d'en suivre l'évolution.

APD nette totale à destination de l'Afrique subsaharienne (millions de $)

	2006	2007	2008	2009	2010	2011
ASS	41 858	36 455	41 207	45 016	45 634	48 107
Total Afrique	44 568	39 546	45 173	47 808	47 976	51 261

Source : Perspectives économiques en Afrique 2013, BAD, OCDE, PNUD, CEA

Après avoir connu une augmentation sensible dans les années 1980, l'APD a stagné au cours de la décennie 1990. Cela s'explique en partie par la « conditionnalité » d'une aide attribuée en fonction de la démocratisation de la vie politique, selon les critères des principaux bailleurs d'aide bilatérale ou multilatérale (IDA, Association internationale de développement du groupe Banque mondiale, et Commission des communautés européennes). Par ailleurs, les résultats de l'aide publique n'ayant pas été, globalement, à la hauteur des attentes, les donateurs ont commencé à douter de son efficacité et à être plus attentif au slogan libéral « *trade no aid* ». L'APD a retrouvé un regain d'intérêt après 2001 lorsque les États-Unis ont considéré que la lutte contre le terrorisme passait par le développement. Ce changement de politique se lit dans l'évolution des contributions des bailleurs, les États-Unis devançant désormais la France qui était de loin le premier contributeur en 2000.

Principaux donateurs d'aide publique bilatérale à l'Afrique (millions de $)

	2006	2007	2008	moyenne sur 3 ans
États-Unis	5 805	5 031	7 202	6 013
France	5 159	3 558	3 370	4 029
Royaume Uni	5 462	2 457	2 594	3 504
Allemagne	3 463	2 415	2 703	2 860
Japon	2 596	1 766	1 571	1 978
Pays-Bas	1 342	1 677	1 516	1 512
Canada	1 067	1 195	1 346	1 203
Total des pays du CAD	31 490	24 525	27 209	27 742
Aide multilatérale				
Institutions européennes	4 172	5 184	6 012	5 123
IDA	3 245	3 147	4 053	3 815
Total de l'aide multilatérale	11 493	14 005	16 192	13 897

Source : Comité d'Aide au Développement, OCDE, 2010.

L'APD bilatérale, outil d'influence politique, sert aussi le commerce, directement par le moyen de l'« aide liée », ou indirectement. Parmi les grandes agences de développement, l'USAID (*United States Agency for International Development*) et, au Royaume-Uni, la CDC (*Commonwealth Development Corporation*), relayée depuis 1997 par le *Department for International Development*, DFID, orientent leur action principalement vers les pays anglophones. L'aide de la France, mise en œuvre par l'AFD (Agence française de développement), héritière de l'ancienne Caisse centrale de coopération économique (CCCE), s'est longtemps cantonnée aux pays de la zone franc. Depuis que la coopération est passée dans le giron des Affaires étrangères, le « champ » élargi de l'aide française couvre une vaste « Zone de solidarité prioritaire » (ZSP). Elle comptait 54 pays en 2009, dont 40 en Afrique subsaharienne : cette dernière reste au centre du dispositif de l'aide française, bien que sa part ait reculée avec l'élargissement de son champ d'intervention. La France a longtemps été en tête des donateurs en Afrique subsaharienne mais, n'ayant plus d'ambition africaine clairement affichée, elle a amorcé un désengagement et réduit son aide bilatérale. Ce désintérêt, s'il se confirmait, irait à contre-courant des recompositions du monde contemporain : les deux premières puissances mondiales, États-Unis et Chine ont bien compris l'importance d'être présent en Afrique.

■ ***La diaspora : un acteur essentiel du changement.*** Les Africains de la diaspora, outre qu'ils contribuent à arrimer l'Afrique au monde et à faire évoluer les mentalités, participent à son développement par d'importants transferts financiers, les fameuses « remises » des migrants. En 2012, celles-ci ont dépassé les 31 milliards de dollars selon la Banque mondiale, nettement plus eu égard aux transferts invisibles. Le ratio entre les transferts privés et le PIB est considérable, de 8 à 11 % pour le Nigeria, la Sierra Leone, le Togo, la Guinée-Bissau, le Sénégal et le Cap Vert. Les rentrées pour le seul Nigeria dépassent les 10 milliards de dollars.

Envois de fonds privés à destination de l'Afrique subsaharienne (milliards de $)

2005	2006	2007	2008	2012
9	13	19	21	31

Source : Banque mondiale.

L'Afrique et les TIC : une révolution spectaculaire

Qui, en 2000, aurait pu imaginer que l'Afrique noire, réputée si pauvre, allait, comme le reste du monde, adopter massivement le téléphone portable ? Car, si les smartphones et autre iPad sont encore réservés à la frange aisée de la société, le portable s'est répandu et banalisé à une vitesse qui a surpris tous les observateurs. Le nombre d'abonnés est passé de 51 millions en 2003 à 650 millions en 2013. La rapidité du changement étonne. Entre le portable, devenu un objet banal en quelques années, la télévision et Internet, les TIC ont transformé les relations interpersonnelles et bouleversé le rapport des Africains au monde.

■ ***L'explosion du mobile*** a largement remédié à la faiblesse de la téléphonie filaire. À l'exception de l'Afrique du Sud (un peu plus de 100 lignes pour 1000 habitants), la télédensité est très basse : de 2,5 à 10 lignes pour 1000 hab. dans la plupart des pays côtiers, moins de 2,5 dans les pays du Sahel ou la RDC. Le maillage du territoire étant plus facile dans les petits pays (Maurice, Bénin, Cap Vert, etc.), ceux-ci présentent des taux d'équipement parmi les meilleurs, mais, là comme ailleurs, les villes concentrent l'essentiel des lignes. Dans les États contrôlant mal leur territoire, notamment du fait des conflits armés (Angola, Liberia, RDC), les infrastructures fixes se sont dégradées. Le passage au mobile dispense de les entretenir, l'Afrique expérimentant de ce point de vue un véritable saut technologique. Les grands opérateurs mondiaux se livrent une concurrence sans merci pour s'emparer d'un marché à la croissance sans égal : Vodaphone, Orange, le sud-africain MTN, le koweïtien Zaïn... Début 2010 ce dernier, présent dans quinze pays africains, a été racheté par l'Indien Bharti Airtel : la mondialisation balaye les « chasses gardées » d'antan. Le portable est devenu en quelques années un objet quotidien ; il a généré de nouvelles activités : les vendeurs de cartes sont devenus des figures familières du commerce de rue, à l'articulation entre formel et informel. L'entrée simultanée de l'Afrique dans le troisième millénaire et dans le monde des TIC est un tournant capital.

■ ***La réduction de la fracture numérique.*** À l'échelle du monde, la connectivité de l'Afrique se renforce rapidement. Jusque dans les années 1990, les pays africains étaient essentiellement desservis par satellite. Le premier câble à fibre optique, installé en 1993, ne desservait que Dakar et Le Cap. Le câble SAT-3, posé en 2003 entre le Portugal et Le Cap, procure des accès à haut débit à une dizaine de pays de la côte atlantique. À l'Est du continent, le câble EASSY dessert les pays riverains de l'Océan Indien et se prolonge jusqu'à Port Soudan. D'autres câbles doivent suivre, renforçant l'intégration de l'Afrique au réseau mondial. Ces infrastructures excèdent pour l'instant les besoins, bien que l'équipement en ordinateurs progresse à un rythme soutenu. L'Afrique compte 80 millions d'internautes en 2009, dont plus de la moitié en Afrique du nord et en Afrique du Sud ; la pénétration du haut débit n'en est cependant qu'à ses débuts. Mais tout va très vite : le nombre d'utilisateurs de mobiles qui s'en servent pour se connecter à Internet explose : sept millions au Nigeria en 2008. L'utilisation de Skype se banalise : elle permet à la diaspora d'être en contact suivi avec la famille restée au pays. Si la distance à parcourir pour se rapprocher des standards des pays les plus avancés est encore longue, l'Afrique est entrée de plain pied dans l'univers multi-échelle des télécommunications. Là réside probablement un des plus puissants facteurs de changements, sur tous les plans, économique et politique, social et culturel.

■ ***L'information mondialisée : de nouveaux enjeux géopolitiques.*** Dans un secteur où la concurrence internationale se fait vive, les États-Unis usent de moyens très puissants (Voice of America, CNN), tout comme la Grande-Bretagne (BBC) et depuis 1996 la chaîne quatarienne de télévision Al Jezeera souvent considérée comme une CNN arabe. Les médias publics français, représentés par Radio France internationale (RFI) et, depuis 1989, par Canal France international (CFI) se sont dotés en 2006 avec France 24 d'une chaîne de télévision qui ambitionne de concurrencer les chaînes anglo-saxonnes. Longtemps accessibles uniquement sur ondes courtes, les émissions de RFI, peuvent désormais être reçues en FM dans un certain nombre de villes dotées dans les années 1990 d'équipements permettant de capter les signaux des satellites Intelsat. Une seconde chaîne francophone à vocation internationale, Africa n° 1, créée en 1981 par le Gabon avec l'appui de la France, a une orientation plus exclusivement africaine que la « radio mondiale » (RFI). Elle diffuse des émissions préparées dans les studios de Libreville et de Paris puis relayées par le satellite et les émetteurs de Moyabi (Gabon). Mais c'est le paysage télévisuel qui a le plus changé ces dernières années, grâce à la révolution du satellite. L'Afrique n'échappe pas à la mondialisation de, et par l'image. L'offre a explosé et propose même des chaînes cryptées payantes

L'Afrique câblée

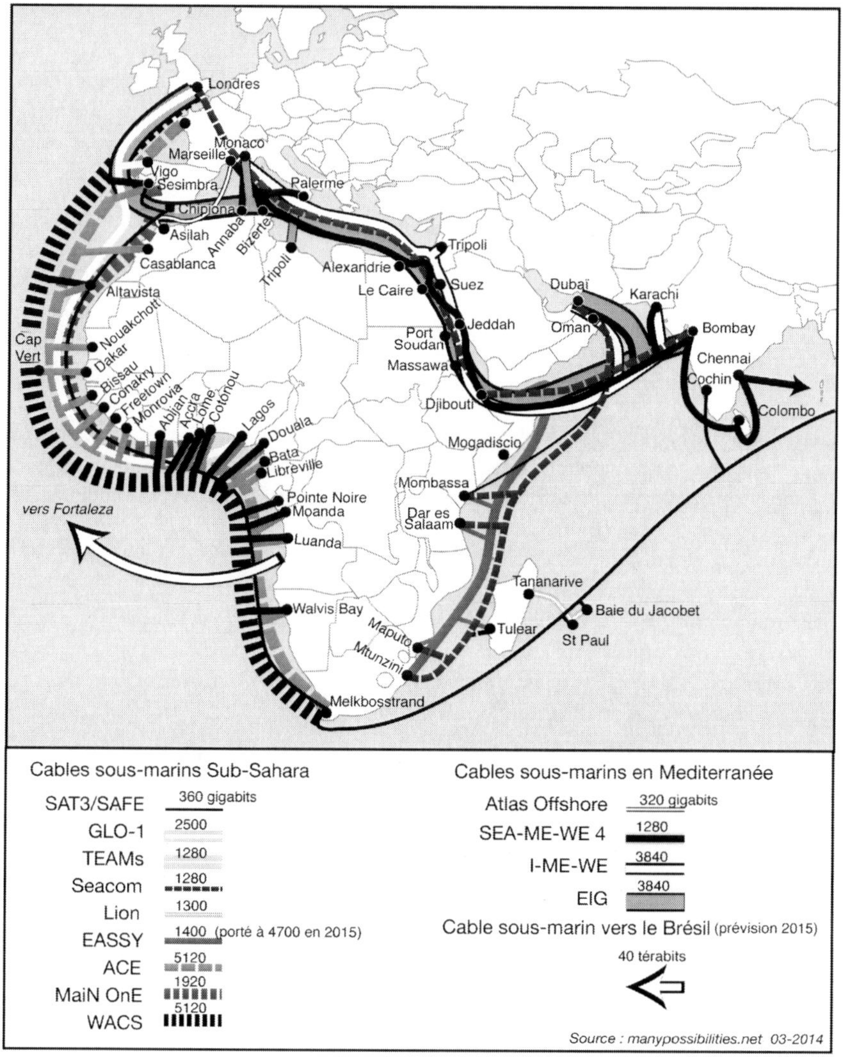

comme Canal Horizon. Dans les pays francophones, les journaux télévisés des grandes chaînes françaises sont couramment diffusés. Le PMU (Pari mutuel urbain) a profité de ce nouveau support pour créer des filiales africaines. Les amateurs de tiercé peuvent suivre en direct les courses qui se déroulent sur les hippodromes de Longchamp ou de Maisons-Laffitte : vécu quotidien et passionné de la mondialisation. Les telenovelas brésiliennes connaissent un grand succès, pas uniquement dans les pays lusophones.

Partout les records d'audience correspondent aux retransmissions des matchs de football : la coupe du monde 2010 en Afrique du Sud, pour la première fois sur le continent africain, les a pulvérisés. Dans un autre registre, les télévangélistes, principalement dans la nébuleuse protestante d'influence anglo-saxonne, peuvent aussi se tailler de francs succès populaires. En Afrique du Sud et au Nigeria, les sectes n'hésitent pas à utiliser le petit écran pour diffuser leur propagande. Dans cette concurrence médiatique, les pays arabo-musulmans ne sont pas en reste, grâce au satellite Arabsat qui relaye leurs émissions sur toute la moitié nord du continent.

L'Afrique noire se trouve désormais embarquée comme le monde entier dans ce gigantesque tohu-bohu de l'image et du son : séries américaines et dessins animés japonais s'installent dans les salons des citadins africains. Les niveaux nationaux d'équipement présentent, bien entendu, des différences considérables selon l'échelle du développement et entre les villes et les campagnes : selon une enquête TNS Sofres, le taux d'équipement en téléviseurs à Yaoundé, Dakar, Abidjan et Kinshasa en 2009 dépasserait 95 %. En 2010, TV5 Monde + Afrique inaugure la première web TV pour l'Afrique. Dans les campagnes, on est bien loin de tout cela, ne serait-ce que par manque d'électricité. Malgré ces retards, la pénétration de modèles culturels véhiculés par le petit écran couvre une aire de plus en plus vaste. Les flots d'images qui submergent le monde grâce au numérique traduisent et confortent la domination technologique et culturelle des pays du Nord, principaux concepteurs et émetteurs de messages. Confrontés à la tyrannie des productions américaines, les pays d'Afrique, comme ceux d'Europe, sont placés devant un même défi : exprimer leur identité, sinon leur « exception » culturelle, faire entendre leur voix en favorisant les créations nationales.

Migrations forcées et attraction européenne : entre passé soldé et nouvelles orientations

■ ***De lourdes contributions humaines aux guerres européennes.*** Les migrations africaines vers l'Europe ne sont devenues significatives qu'après les indépendances. Antérieurement, l'Europe avait surtout été un champ de bataille où des Africains étaient venus, plutôt mal que bon gré, « mourir pour la patrie ». Combien de « tirailleurs sénégalais » n'ont-ils pas payé de leur vie la défense de la France dans les tranchées de Verdun ! Le qualificatif « sénégalais » ne doit d'ailleurs pas être pris à la lettre. Il désignait indistinctement tous les militaires recrutés dans l'empire français d'Afrique : les pays du Sahel (Soudan français, Tchad), pays pauvres mais aux populations réputées guerrières, fournirent les plus gros contingents. Au total, la contribution de l'AOF et de l'AEF à la Première Guerre mondiale s'éleva à 189 000 hommes, parmi lesquels on devait compter environ 30 000 morts et disparus (d'après Marc

Michel, *Les troupes coloniales arrivent*, dans les collections de l'Histoire, n° 11, avril 2001). Avec la Seconde Guerre mondiale, l'organisation des forces armées de la France Libre en AEF entraîna une deuxième vague de recrutements. Après l'épopée de la deuxième DB (division blindée) depuis Fort-Lamy (N'Djamèna) jusqu'à Strasbourg, un certain nombre d'hommes de troupe et de sous-officiers africains restés dans l'armée prirent part aux guerres coloniales françaises. Jean Bedel Bokassa, président puis empereur de Centrafrique, suivit un tel parcours. De retour au pays, les anciens combattants ont contribué par leurs récits à l'ouverture des esprits, et, par de petits investissements, au progrès économique. Cependant, ces retraites qui avaient été « cristallisées » au moment des indépendances ont fini par ne plus représenter qu'un faible pécule. Il a fallu attendre des actions en justice, un début de « décristallisation » en 2006, et finalement une décision du Conseil Constitutionnel en mai 2010 pour que la retraite des étrangers soit alignée sur celle des Français. L'*ancien combattant* qu'une chanson rendue célèbre par le musicien congolais Zao a popularisé ne sera toutefois bientôt plus qu'une figure du passé.

■ ***Les flux migratoires contemporains : réalité et perception.*** Les migrants extra-africains se dirigent en priorité vers les anciennes métropoles, la connaissance de la langue, les connivences culturelles et les réseaux d'accueil facilitant l'intégration (Grande-Bretagne, France, Belgique, Portugal), mais aussi vers des pays que les offres d'emplois ont rendu attractifs, du moins jusqu'à la crise mondiale de 2008 (Allemagne, Italie, Espagne). En France, Sénégalais et Maliens composent traditionnellement le gros des bataillons des migrants, mais l'éventail des origines géographiques ne cesse de s'ouvrir. Les Congolais (Zaïrois) se partagent entre la Belgique et la France. Les Africains anglophones migrent plutôt en Grande-Bretagne et aux États-Unis. Un flux soutenu d'Éthiopiens et d'Érythréens se dirige vers l'Italie. Le Portugal accueille des originaires d'Afrique lusophone. En France, loin d'égaler celle des pays du Maghreb, la migration en provenance d'Afrique noire a pris de l'ampleur au cours des dernières décennies, d'autant plus qu'aux migrants économiques se sont ajoutés les demandeurs d'asile politique fuyant les dictatures et les guerres. Selon l'INSEE, le nombre d'immigrés originaires d'Afrique subsaharienne résidant en France est passé de 20 000 en 1962 à 669 000 en 2008. La progression est spectaculaire ; encore ne représente-t-elle que la migration légale. Une fraction notable des migrants emprunte en effet des filières clandestines, faisant les beaux jours de ces nouveaux négriers dont la cargaison n'est plus constituée d'esclaves mais de volontaires qui payent cher leur ticket d'entrée en Europe. Les risques pris pour pénétrer dans l'enclave espagnole de Melilla, l'embarquement sur des esquifs de fortune dans l'espoir d'atteindre les Canaries, Lampedusa ou la Sicile ou de franchir le détroit de Gibraltar en disent long sur ce désir d'émigrer au prix de sa vie. Il en résulte qu'un grand nombre de migrants africains se retrouvent en situation irrégulière : ils viennent grossir, auprès d'autres naufragés de l'exil, les effectifs des « sans papiers » que l'occupation, en 1997, de l'église Saint-Bernard à Paris a beaucoup contribué à faire connaître.

En tentant de contourner les mesures restrictives élaborées par l'Europe, comme le dispositif Frontex signé à Varsovie en 2004, les voies de la migration deviennent plus complexes qu'autrefois. L'« émigration choisie » a du mal à se mettre en place. Les filières clandestines s'adaptent aux variantes nationales des politiques migratoires pour pénétrer dans l'espace Schengen : les opérations périodiques de régularisation des étrangers soulignent le décalage entre les chiffres officiels et la réalité. En Italie en 2003 et en Espagne en 2005, les régulations d'étrangers ont chaque fois concerné des effectifs considérables, environ 700 000 personnes, mais les Africains n'en représentaient qu'une minorité. Il n'empêche, la perception pour une fraction de la population européenne, en particulier en France, est celle d'une invasion africaine.

En 2005, Patrick Lozès, d'origine béninoise, fonde le Conseil représentatif des associations noires de France (CRAN), présidé depuis 2011 par le Martiniquais Louis-George Tin. L'objectif du CRAN est de lutter contre le racisme et toutes les formes de discrimination au détriment de la « minorité visible » des Noirs. Malheureusement, par un étrange refus de nommer la réalité, la France interdit la publication de statistiques à caractère ethnique ou racial, et s'interdit ainsi de mesurer l'importance des Noirs en France, ouvrant la porte à tous les fantasmes. Que signifie le chiffre couramment véhiculé de 5 millions ? Le déni de vérité alimente dangereusement les courants politiques extrémistes dont les élections de 2014 ont révélé l'ampleur.

Les immigrés en France en 2008 (en milliers)

Région de naissance	
Europe	2 032
Maghreb	1 602
Afrique subsaharienne	669
Asie	757
Am. Océanie	282
Total	5 342

Source : « Immigrés et descendants d'immigrés en France », INSEE, 2012.

■ ***L'impact économique de la migration.*** La migration constitue aujourd'hui une ressource vitale pour de nombreux pays, notamment ceux de l'Afrique sahélienne. L'économie des îles du Cap-Vert s'effondrerait sans l'apport financier de la diaspora. La région de Kayes, à l'ouest du Mali, vit au rythme d'une migration tournante vers la France, et de l'arrivage régulier des « mandats » que les salariés en migration expédient à leurs parents restés au village – le mandat postal des années 1960 étant relayé par Western Union. Des réseaux très bien organisés fonctionnent entre les lieux d'acquisition de l'argent et ceux dont la survie est suspendue aux apports monétaires extérieurs. De nombreuses petites réalisations locales dépendent des « remises » tout comme, dans un autre registre, le boom immobilier d'Addis Abeba qui doit beaucoup aux migrants éthiopiens des États-Unis et d'Europe.

D'abord limitée à de jeunes hommes célibataires, la migration s'est élargie aux femmes à la faveur des politiques de regroupement familial. Les séjours en Europe sont en principe temporaires : quelques années, le temps d'économiser le capital nécessaire à la constitution d'une dot ou à l'achat d'une maison ou d'un commerce en prévision du retour au pays. Leur durée tend cependant à s'allonger avec le regroupement des familles, tandis que les enfants qui sont nés et ont grandi hors d'Afrique n'éprouvent pas le même désir d'y retourner que la génération de leurs parents. La migration s'inscrit en outre dans la complémentarité démographique entre des populations européennes vieillissantes et le réservoir de jeunesse des populations africaines : comment les personnes âgées de Grande-Bretagne feraient – elles sans les infirmières ghanéennes ?

Au total, la migration, à travers ses multiples réseaux – réseaux familiaux, réseaux d'originaires, réseaux professionnels – renouvelle la configuration de la diaspora noire, par laquelle les liens de l'Afrique subsaharienne avec le monde s'étoffent et se diversifient. Si le faisceau euro-africain demeure prépondérant, de nouveaux horizons s'offrent à la migration. Les Mourides du Sénégal ont ainsi élargi leur réseau commerçant du Boulevard Saint-Michel au Nouveau Monde, et de New York à Canton. Depuis l'aube du troisième millénaire, le Moyen-Orient (Dubaï) et la Chine comptent parmi les destinations les plus recherchées par les candidats à l'émigration.

■ ***La « fuite des cerveaux ».*** Les étudiants africains en formation dans les universités du Nord constituent une cohorte particulière de migrants temporaires. Aux flux traditionnellement orientés vers les anciennes métropoles, principalement l'Angleterre et la France, s'en sont ajoutés d'autres, reflets d'une géopolitique mondiale très attentive à la formation des élites : les États-Unis mènent une politique active d'attribution de bourses. Les pays de l'Est n'ont pas été en reste avant l'effondrement du communisme : un grand nombre d'Africains sont passés par l'université Lumumba de Moscou. D'autres ont étudié dans les universités roumaines. Certes les pays africains se sont dotés d'universités qui couvrent désormais tous les cycles de l'enseignement supérieur. Mais leurs universités manquent cruellement de moyens, de sorte que les étudiants qui en ont la possibilité – généralement les plus favorisés par leur origine sociale – poursuivent leurs études en Europe ou en Amérique du Nord.

Pour les Africains ayant acquis à l'étranger un haut niveau de formation, la question du retour se pose avec une grande accuité. Les premières générations de diplômés après les indépendances étaient assurées d'obtenir un poste rémunérateur et un statut gratifiant dans de jeunes États en construction qui manquaient de personnels nationaux compétents. Ce n'est plus le cas aujourd'hui, car partout les systèmes politico-administratifs sont saturés. Les professions nécessitant des études longues sont dévalorisées, notamment dans les secteurs de l'enseignement et de la santé, des chercheurs de haut niveau trouvent difficilement des emplois correspondant à leur formation. La tentation est grande de valoriser les acquis là où les structures économiques s'y prêtent : au Nord. Bien qu'elle soit difficile à mesurer, la fuite des cerveaux existe bel et bien. Elle prive l'Afrique d'une partie du bénéfice de son investissement dans la formation et des compétences dont son développement a impérativement besoin. Le fait qu'il y ait plus de médecins béninois en France qu'au Bénin interroge. Briser ce cercle vicieux représente un des grands défis auxquels l'Afrique est confrontée, afin que l'accumulation du capital intellectuel – la matière grise – ne suive pas le même chemin que les matières premières.

■ ***L'Afrique et la « planète foot ».*** Depuis le début du XXIe siècle, les relations de l'Afrique noire à l'Europe ont pris un tour nouveau avec le recrutement des footballeurs. Les clubs européens se bousculent pour découvrir de jeunes talents en Afrique. C'est le fil conducteur du roman d'Erik Orsenna, *Madame Bâ*, à la recherche de son petit fils avalé par l'ogre du football. A la fuite des cerveaux s'ajoute celle des corps. Elle touche un nombre croissant de sports, mais le foot reste la vedette incontestée. Au-delà du divertissement, se posent les questions de l'intégration sociale des minorités noires par le sport, de la naturalisation, du rôle joué par les héros du ballon rond dans les actions de développement de leur pays d'origine. Les compétitions sportives et la ferveur populaire qu'elles suscitent, amplifiées par les médias, ont fait entrer l'Afrique noire dans la mondialisation plus sûrement que des décennies de plans de développement savamment concoctés par des aréopages d'experts.

Des potentialités touristiques peu exploitées

Vue du Nord, l'Afrique n'est pas seulement un fournisseur de produits primaires, un débouché pour ses productions et un réservoir potentiel de migrants, c'est aussi une immense réserve touristique encore en friche. À l'échelle du tourisme mondial, l'Afrique noire fait figure de parent pauvre. Il est vrai que les images de misère, de famine, de guerre et de sida ne constituent pas la meilleure des invitations au voyage. Le tourisme souffre de cette mauvaise image globale qui n'épargne guère que les îles de l'océan Indien, à vrai dire si peu africaines, Seychelles, Maurice, la Réunion. Mais au-delà de ces aspects conjoncturels, l'Afrique continentale est pénalisée par un déficit structurel d'équipements touristiques, d'infrastructures hôtelières et de moyens de transport. Les tour-opérateurs et autres prestataires de services sont par ailleurs, pour la plupart, des entreprises des pays émetteurs du Nord, si bien que les pays récepteurs ne tirent pas tout le bénéfice qu'ils pourraient attendre de l'activité touristique. Pauvre en monuments anciens et en patrimoine architectural urbain, l'Afrique noire, à la différence de l'Égypte et du Maghreb, ne prédispose pas à un tourisme culturel de masse. L'Éthiopie, avec les ruines d'Axoum, les châteaux fortifiés de Gondar et des églises d'exception, possède il est vrai de nombreux sites attractifs, mais les difficultés d'accès aux lieux de visite et le peu d'infrastructures hôtelières en ont longtemps limité la fréquentation à une clientèle motivée dont l'importance croît cependant année après année. L'attrait de l'Afrique tropicale réside pour la majorité des Européens et des Américains dans la nature, les paysages et la faune.

■ ***Un patrimoine naturel riche mais menacé.*** Pour les non-Africains, l'image positive de l'Afrique est d'abord celle d'un continent soumis au règne de la nature : troupeaux sauvages parcourant d'immenses savanes, forêts mystérieuses hantées par le fantôme de Tarzan, gorilles de montagne rendus célèbres par les articles de Diane Fossey dans *National Geographic* et le film « Gorilles dans la brume ». Le continent noir n'est pourtant plus une inépuisable réserve de vie sauvage : il a perdu une part considérable de son potentiel faunistique en quelques décennies, au point qu'on a peine à croire aux descriptions du début du siècle. Les hippopotames ne se prélassent plus dans le Niger à Niamey. Certaines espèces sont menacées de disparition ou ont vu leur territoire se rétracter dangereusement. Les massacres d'éléphants et de rhinocéros ont fait des coupes sombres dans les troupeaux. L'extension des terres cultivées, une chasse peu contrôlée et l'efficacité destructrice des armes à feu appauvrissent le patrimoine tant de la grande faune que du petit gibier, sans parler des guerres civiles auxquelles les animaux payent aussi leur tribut : certaines espèces animales ne devront peut-être leur survie qu'aux zoos des pays du Nord.

Les premières mesures conservatoires ont été prises dans les années 1920 : réglementation sur la chasse et création de réserves naturelles puis de parcs nationaux. Le Krüger Park en Afrique du Sud (20 000 km^2) est la plus célèbre des réserves animalières. Son succès (plus d'un million de visiteurs par an) a fait oublier que sa création s'était faite au détriment des populations autochtones chassées de leurs territoires. Les États indépendants ont repris à leur compte, au moins sur le papier, l'ensemble des dispositions élaborées par les puissances coloniales. L'arsenal juridique reste cependant trop souvent lettre morte. Par manque de moyens ou de volonté, les administrations concernées s'avèrent souvent impuissantes à endiguer chasse illicite et contrebande d'espèces animales. La croissance démographique et la proximité des lieux habités font peser une menace sur les parcs et les aires protégées. Le Nairobi National Park s'étend aux portes de la capitale kenyane : le front d'urbanisation et l'ouverture de routes menacent d'entraver les grandes migrations saisonnières des gnous. En revanche, le vide humain du centre de la cuvette congolaise protège l'immense parc de la Salonga, inscrit au patrimoine mondial de l'UNESCO (36 000 km^2). Bien que la plupart des pays adhèrent à la Convention africaine sur la conservation de la nature et des ressources naturelles (convention d'Alger, 1968) et à la Convention sur le commerce international des espèces de faune et de flore sauvages menacées d'extinction (convention CITES signée à Washington en 1973), la gestion des espaces protégés et la protection des espèces diffèrent beaucoup selon les lieux et l'attitude des administrations nationales. Les pays d'Afrique orientale et australe combinent le double avantage d'un potentiel très riche en grande faune et d'une tradition anglo-saxonne militante en faveur de la préservation de la nature. Sous la pression de la communauté internationale et de quelques ONG puissantes comme le WWF, de nombreuses initiatives ont été prises ces dernières décennies pour donner un statut de patrimoine mondial ou de réserve de la biosphère aux sites naturels les plus remarquables – sans que soit toujours réglée la question des moyens et de l'autorité des comités nationaux chargés de les gérer. Au total, les aires protégées couvrent environ 10 % de la superficie de l'Afrique occidentale et centrale, et 13 % de celle de l'Afrique orientale et australe.

■ ***La nature spectacle.*** Le « tourisme de vision » correspond à la plus grande part du potentiel touristique actuellement exploité, principalement en Afrique orientale et australe. Le *safari* représente l'originalité de ce tourisme africain où, en dehors des parcs réservés à la grande chasse, l'appareil photo et la caméra se sont substitués à la carabine. Le Kenya en a fait une de ses principales ressources. La Tanzanie, dont le parc du Serengeti est peut-être le plus riche du continent, lui a emboîté le pas. Au Zimbabwe, la visite des Victoria Falls s'accompagne généralement de celle d'un parc naturel. En Afrique du Sud, le parc Krüger attire autant par les paysages grandioses du Drakensberg que par la faune, et, comme au Kenya, par la qualité des *lodges*, ces hôtels mariant le confort à une immersion raffinée dans la nature.

Là où la ressource animalière est moins spectaculaire, diverses formes d'éco-tourisme tentent de valoriser l'environnement global, en associant à la découverte de la faune celle de la flore et de l'activité paysanne, par exemple à Madagascar. La biodiversité tropicale commence à être marchandisée, sur le modèle du Costa Rica. Au Sénégal, des formules d'hébergement au village (la paillote étant érigée en gîte rural) ont été expérimentées avec un certain succès. Les initiatives locales se multiplient, proposant une gamme de produits de plus en plus diversifiée pour un éventail de prix de plus en plus ouvert. Le paradoxe, alors qu'il existe une demande de la clientèle des pays du Nord, réside dans le maintien des tarifs aériens les plus élevés du monde : au départ de l'Europe, les vols pour l'Afrique subsaharienne coûtent deux fois plus cher que pour l'Amérique du Nord. Ces coûts prohibitifs et l'insuffisance des structures d'accueil expliquent que le gisement touristique de l'Afrique noire soit encore peu exploité. Mais le désir de « nature » et de dépaysement devrait conduire à terme à une valorisation des potentialités africaines, pour peu que le capital nature soit préservé. Et surtout que règne la sécurité, paramètre essentiel auquel les touristes sont particulièrement sensibles.

■ ***Le soleil de l'Europe.*** L'Afrique noire possède un atout qu'elle commence seulement à valoriser : celui de la « tropicalité » et de ce gisement inépuisable qu'est... le soleil. Un nombre croissant d'Européens, de Nord-Américains, de Chinois, recherchent des séjours d'hiver dans les pays chauds. L'Asie du sud-est a de ce point de vue pris beaucoup d'avance : en 1980 elle comptait plus de 8 millions d'arrivées, contre 3 pour l'Afrique subsaharienne. En 2012, les arrivées atteignaient respectivement 25 et 22 millions en Malaisie et en Thaïlande contre 34 pour l'ensemble de l'Afrique subsaharienne. L'Afrique tropicale et le cône sud au climat méditerranéen ont commencé à combler leur retard, les complexes touristiques balnéaires sortent de terre sur les côtes kenyanes, mozambicaines, sénégalaises, sud-africaines, à l'île Maurice et à Nosy Be (Madagascar). La fin de l'apartheid a fait le l'Afrique du Sud la deuxième destination touristique du continent, talonnant le Maroc, avec 8 millions d'arrivées en 2012. Longtemps restée à l'écart des courants héliotropes majeurs, l'Afrique noire a sa carte à jouer car elle marie grands espaces et soleil. Avantage supplémentaire pour les Européens, elle se situe dans les mêmes fuseaux horaires. Le principal frein pour le développement du tourisme réside dans l'insécurité. La Sierra Leone avait misé sur le tourisme balnéaire pour diversifier son économie : la guerre civile a anéanti ses efforts, le redémarrage prend du temps. Les touristes ont bien sûr déserté tous les théâtres de guerre et les sites affectés par l'insécurité, les derniers en date au Sahel. Le Ministère français des affaires étrangères publie une carte actualisée très instructive de « conseils aux voyageurs » visualisant les zones dangereuses. Le Kenya qui fut dans les années 1980 la première destination touristique en Afrique noire n'occupe plus que le cinquième rang. Les violences politico-ethniques électorales de 2007-2008 et les attentats perpétrés par les Chebab ont porté un rude coup au tourisme. L'attaque meurtrière dans un super marché de Nairobi en septembre 2013 n'est pas faite pour attirer les visiteurs.

Arrivée de touristes internationaux en 2011

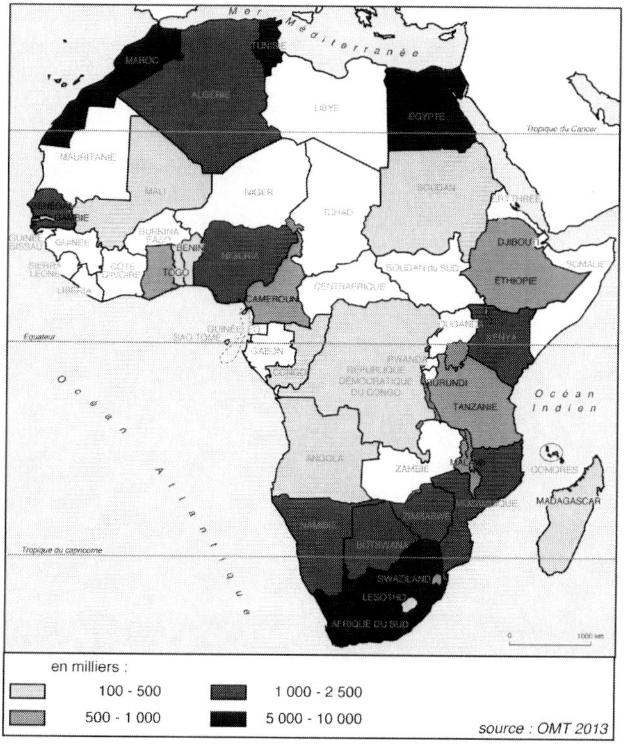

Comme dans la plupart des pays en développement, le tourisme africain reste un « tourisme d'enclave ». La clientèle, presque exclusivement issue des pays riches, n'a que des contacts filtrés avec la population : elle évolue dans des espaces protégés, parcs naturels ou complexes hôteliers de bord de mer. L'insécurité dissuade de sortir en ville, sinon en groupe, voire sous escorte. Les quartiers animés des grandes métropoles, Treichville à Abidjan ou Matonge à Kinshasa, se ferment ainsi aux visiteurs étrangers non-africains. La riche palette des cultures africaines demeure inaccessible au touriste du Nord qui n'en perçoit qu'un écho abâtardi au travers des spectacles de « danse traditionnelle ». La mise en scène dans des lieux clos d'un folklore déconnecté de la vie quotidienne souligne le statut d'étrangers des « Blancs », catégorie élargie aujourd'hui aux asiatiques. La banalisation de l'insécurité urbaine entretient une suspicion réciproque que seules les relations personnelles parviennent à lever. L'environnement de pauvreté n'encourage pas non plus le tourisme à sortir de ses enclaves pour aller au-devant du pays réel. Seuls le développement et la paix généralisée pourront en fin de compte intégrer davantage l'Afrique à ce pan de l'économie mondiale qui tire sa substance de la circulation des hommes, consommateurs boulimiques de lieux.

La nature, l'Afrique et le monde

Le « sommet de la terre » à Rio en 1992 avait pointé les contradictions entre environnement et développement. Les rapports Nord-Sud sont depuis lors dominés par ce débat dans lequel l'Afrique occupe une position singulière. Continent le plus pauvre, ses populations aspirent légitimement à une amélioration de leurs conditions de vie. La lutte contre la pauvreté est devenue le *vade me cum* de la Banque mondiale tandis qu'une myriade d'ONG s'affaire à soigner les plaies de l'Afrique. Sans doute vaudrait-il mieux penser le développement qu'en panser les blessures. Quoi qu'il en soit, les attitudes compassionnelles sont maintenant concurrencées par des postures écologiques. La rhétorique du développement tend à céder le pas à l'environnement, ou plus exactement, grâce à un biais du langage, au développement durable. L'Afrique qui dans l'esprit de nombre d'Européens et d'Américains est restée quelque part un continent vierge aurait donc un rôle spécifique et très important à jouer : préserver la nature, cette nature tellement mise à mal par les sociétés industrielles.

Avec le réchauffement climatique, les pays du Nord voudraient imposer des règles de préservation de la nature à un continent dont les habitants gèrent leur environnement selon d'autres préceptes, et sont de toute façon contraints par la croissance démographique à lui demander davantage de ressources. Au centre des débats : la forêt. Les grandes ONG internationales de protection de la nature sont montées au créneau : il faut sauver les forêts tropicales d'Afrique.

■ ***La forêt congolaise, nouvelle frontière pour des enjeux planétaires.*** La forêt amazonienne, depuis plusieurs décennies au centre de débats et de polémiques qui n'ont pas arrêté la hache ou la tronçonneuse des défricheurs, fait moins recette. Le président équatorien Rafael Correa a récemment proposé de geler l'exploitation de pétrole dans des milieux forestiers protégés en échange de compensations financières. Sans succès. C'est une démarche comparable qui fait l'objet de négociations avec les pays africains détenteurs de vastes forêts : elle a plus de chance d'aboutir, le mètre cube de bois économisé ne représente pas un coût comparable à la tonne de pétrole ! L'idée de financer la non exploitation de la forêt est dans l'air depuis un certain temps mais les négociations autour du mécanisme REDD s'éternisent (voir chap. 3).

Faire des forêts tropicales africaines des « puits de carbone » n'est pas à priori une mauvaise idée dans la mesure où les réserves forestières sont suffisamment abondantes pour les distraire partiellement de l'activité humaine, mais n'est-ce pas un moyen commode pour les sociétés d'abondance – devenues les sociétés de gaspillage – de se dédouaner de leurs responsabilités environnementales ? L'Afrique n'a pas vocation à résoudre les problèmes du monde industrialisé au prétexte que ses forêts seraient un patrimoine mondial. La protection de la nature, telle que prônée par des acteurs du Nord, ne remplit-elle pas une fonction comparable à la diffusion de la civilisation au début de la colonisation ? Pour certains auteurs radicaux elle participerait même d'un « colonialisme vert ». En tout état de cause, la question des forêts tropicales, embuée d'idéologie depuis des lustres, milite pour un renforcement de la présence d'Africains dans les cénacles où se pense l'avenir de la terre, car aucune mesure concernant l'avenir de la nature au sud du Sahara ne sera applicable sans leur aval.

■ ***Le Sahara, future usine énergétique ?*** L'énergie solaire a longtemps fait rêver. Les progrès technologiques permettent d'envisager le passage du rêve à la réalité. Le Sahara, plus grand désert chaud du monde, ne pourrait-il se transformer en usine à chaleur ? Cette perspective est de plus en plus sérieusement envisagée, à une échelle sans commune mesure avec les équipements domestiques. Depuis 2009, le projet Desertec, sous l'impulsion de groupes scientifiques et industriels allemands, renoue avec les projets pharaoniques en envisageant l'installation dans la partie septentrionale du Sahara de dizaines de milliers d'hectares de panneaux photovoltaïques, une partie de l'électricité produite devant être acheminée vers l'Europe. Ce projet gigantesque concernant la région EU-MENA (Europe-Moyen-Orient-Afrique) s'inscrit dans la stratégie allemande de sortie du nucléaire. Les défis techniques, financiers, politiques (l'insécurité du Sahara centrale notamment) sont tels que Désertec a dû ramener ses ambitions à une opération en cours au Maroc qui pourrait servir de test pour un développement futur. L'énergie solaire inépuisable du Sahara et sa proximité, à l'échelle planétaire, de l'Europe, confère au plus grand désert du monde une importance stratégique nouvelle. Le Sahara s'affirme comme enjeu géopolitique majeur pour les décennies à venir.

Influences croisées et métissages culturels

Les apports de l'Afrique au patrimoine humain révèlent une richesse bien supérieure à sa participation à l'économie mondiale. Un faisceau de relations à double sens, sud-nord, nord-sud, entrecroise les cultures, fécondant leur diversité. On assiste aujourd'hui à un renouveau des cultures africaines après qu'elles furent étouffées, sinon niées, par une colonisation qui se crut unique détentrice de la civilisation. Elles revendiquent tout à la fois une place de plein droit dans l'universel humain et la reconnaissance de leurs caractères propres.

L'Afrique baigne encore dans l'oralité. C'est sans doute un de ses héritages majeurs, nonobstant la diffusion de l'écrit par l'école. Culture et religion procèdent du verbe, tout comme la gestion politique à l'échelle locale : l'« arbre à palabres » des pays de savane et son pendant forestier, le « corps de garde », constituent les lieux par excellence où s'élabore, par la parole, le lien social. Les récits des généalogies ancrent les individus et les groupes dans le temps. Les contes, proverbes et énigmes dessinent les contours d'une sagesse, d'une *Weltanschauung* qui présente de nombreux traits communs à l'ensemble de l'Afrique noire. C'est pourquoi les détenteurs du savoir, un savoir où s'imbriquent histoire et sagesse, remplissent une fonction sociale si importante. On a coutume de dire qu'un vieillard qui meurt, c'est une bibliothèque qui brûle. Certes, les archives transmises de bouche à oreille finissent par se dissiper dans l'oubli ; les recueils de la « tradition orale » (transcriptions écrites, enregistrements) ne perpétuent qu'une connaissance morte en découplant les mots de leur enveloppe de chair. L'oralité ne disparaît pas pour autant : en Afrique occidentale, le griot, poète, chanteur, porteur de mémoire, la fait vivre. L'écrit ne saurait se substituer à ses prestations, car sa parole s'élargit en une gestuelle symbolique qu'accompagnent rythmes incantatoires, chants et danses dans une expression totale où s'estompe la frontière entre corps et esprit. Cette façon d'être fusionnelle rejoint la quête d'harmonie cosmique entre les forces vitales de l'homme et celles de la nature, fondement de l'animisme. La chair et l'âme font bloc. L'humain épouse le divin. L'adhésion aux religions monothéistes importées par les Arabes et par les Européens n'a pas éliminé l'antique fond animiste tapi dans le giron de la religiosité. Indépendamment de l'étonnante prolifération des églises et des sectes de toutes sortes, liée à la crise, les Africains témoignent d'une ferveur religieuse dont l'Europe occidentale a perdu jusqu'au souvenir. Dans le rite catholique « zaïrois », le prêtre marie l'aube à la peau de léopard, le rythme des tambours se mêle au balancement des encensoirs. L'assistance bat des mains, les chants communiquent à l'église ce sentiment sacré qui naît de l'émotion partagée.

■ ***Négritude et mondes noirs.*** Léopold Sédar Senghor opposait précisément l'« émotion nègre » à la « raison hellène » : formé aux meilleures écoles de la République française, porteur d'une double culture, ce poète qui fut président du Sénégal de 1960 à 1981 est représentatif d'une génération d'intellectuels noirs qui, dans le contexte colonial, revendiquèrent avec ferveur la reconnaissance des valeurs négro-africaines, sans pour autant rompre avec celles qu'ils admiraient en métropole. En 1935, Senghor et le Martiniquais Aimé Césaire fondèrent le concept de « négritude ». Le fait qu'elle soit née dans le Quartier latin et non sur les rives du Congo l'inscrit dans une ambiguïté que rejetèrent les tenants d'une rupture radicale avec le système colonial. Avec la revue *Présence africaine,* fondée en 1947 à Paris, Senghor et Césaire offraient une tribune aux Africains, et plus généralement aux Noirs. Car l'affirmation des valeurs culturelles africaines dépasse le cadre géographique du continent pour s'élargir à la diaspora noire, héritage des siècles de traite : la résonance est forte entre l'Afrique et les Amériques noires, principalement dans les domaines de l'expression religieuse et artistique. Les Africains transportèrent leurs croyances dans les navires négriers, nouant le Nouveau Monde à leur terre d'origine : le vaudou du Bénin se perpétue, sous des formes plus ou moins altérées, en Haïti. Au Brésil, le candomblé marie un fond de croyances africaines à des rites catholiques. Plus récemment, s'est développé à la Jamaïque le mouvement mystique et culturel *rastafari*, ou *rasta*, qui vit dans le dernier empereur d'Éthiopie, Ras Tafari (couronné sous le nom d'Haïlé Sélassié), le rédempteur du peuple noir. Le reggae, expression musicale des rastas, a connu, avec Bob Marley, une extraordinaire audience, amplifiant à l'échelle mondiale des connivences africaines inattendues.

■ ***L'Afrique et la passerelle des arts.*** On sait tout ce que l'art moderne doit à l'univers des formes d'Afrique noire. Picasso, Braque, Derain ou les expressionnistes allemands puisèrent une part de leur inspiration dans ce qu'on nommait « l'art nègre », aujourd'hui catalogué parmi les « arts premiers ». Les sculpteurs africains contemporains ne produisent plus ce que les Européens considèrent comme des « œuvres d'art », masques et objets rituels qui remplissent les musées et les collections privées du Nord. L'esthétique de l'objet n'était pas séparable des significations symboliques et des usages rituels et magiques dont la période coloniale a souvent fait perdre le sens. Des copies sans âme de ces objets alimentent aujourd'hui cet

« art d'aéroport » destiné aux touristes, tandis que la création artistique contemporaine, devenue profane, n'hésite pas à se mettre à l'écoute de l'Europe. L'école de peinture de Poto Poto, à Brazzaville, mêle les influences européennes à la sensibilité africaine ; les peintres congolais de Lubumbashi, dont les œuvres sont aujourd'hui très recherchées par les amateurs d'art, ont réinterprété de façon originale les courants de la peinture « moderne ». D'Addis Abeba à Kinshasa, d'Ibadan à Johannesburg, partout fleurit une esthétique métisse. Au Zimbabwe, des artistes shona ayant acquis la maîtrise de la sculpture sur pierre créent des œuvres remarquables dans un pays où l'art sculptural était inconnu. Au Gabon, la sculpture de la « pierre de Mbigou » a acquis un statut d'art national, bien qu'elle ne date que des années 1930 et soit due à l'initiative d'un Européen. Le sculpteur sénégalais Ousmane Sow, dont les œuvres exposées à Paris en 1999 ont connu un très vif succès, ne s'enferme pas dans les seuls thèmes africains (lutteurs nouba, guerriers masaï, pasteurs peul) : la bataille de *Little Big Horn* met en scène des Indiens d'Amérique. L'Afrique s'insère ainsi avec plus d'aisance dans l'universalité par la voie de l'expression artistique que par celle de la production économique.

■ ***La création littéraire et cinématographique.*** L'attribution en 1986 du prix Nobel de littérature à l'écrivain nigérian Wole Soyinka représente plus qu'un symbole : elle consacre la vitalité de l'Afrique noire dans un domaine d'expression qui bouscule la tradition de l'oralité. La littérature africaine demeure très liée aux héritages coloniaux : les écrivains s'expriment dans la langue de l'ancienne métropole, la langue « littéraire », principalement l'anglais et le français. Pour la génération d'écrivains qui a connu la période coloniale, celle-ci constitue une inépuisable source d'inspiration. Dans le domaine francophone, la littérature et l'histoire ont participé avec Cheik Hamidou Kane à la réhabilitation de l'Afrique. Chez Sembene Ousmane, écrivain et cinéaste, transparaît, à travers les événements mis en scène, un militantisme socialiste. Hampaté Ba brosse la fresque épique d'une Afrique entraînée dans le tourbillon du changement. Le roman africain touche un public européen sans cesse plus large, comme en atteste le succès du livre d'Ahmadou Kourouma, *En attendant le vote des bêtes sauvages* (Seuil, 1998), satire bouffonne et cruelle de la vie politique africaine. Le lectorat africain demeure en revanche restreint, par suite du taux élevé d'analphabétisme, et parce que le livre reste inabordable pour l'immense majorité de la population. Dans un autre registre d'expression, le cinéma africain dont le Fespaco (Festival panafricain du cinéma de Ouagadougou) exprime le dynamisme ne manque pas de talents : les films de Sembene Ousmane, Idrissa Ouédraogo, Souleymane Cissé, parmi des dizaines d'autres, en témoignent. Le Festival de Cannes 2010 a distingué le film tchadien de Mahamat Saleh Haroun en lui décernant le Prix du jury.

Le cinéma africain, plein de promesses, se heurte à des obstacles économiques qui entravent son développement, les coûts de production outrepassant en général les capacités de financement de pays pauvres. Avec une exception toutefois, le Nigeria, dont l'industrie cinématographique, baptisée *Nollywood* (sur le modèle de Bollywood à Bombay), s'est hissée au deuxième rang mondial derrière l'Inde en nombre de films produits, environ 2000 par an. Il s'agit pour la plupart de films vidéo destinés à un public africain, mais le cinéma nigérian produit désormais des films grand écran dont la notoriété dépasse le continent, par exemple *Idje* de Chineze Anyaene qui en 2010 a remporté plusieurs prix de festivals internationaux. On estime que l'industrie cinématographique fait vivre un million de personnes au Nigeria.

■ ***Des musiques à l'unisson du monde.*** Le rôle éminent de l'Afrique et plus généralement celui des peuples noirs de la diaspora dans les domaines de la musique et de la danse n'est plus à démontrer : il suffit d'évoquer les origines du jazz et des *negro spirituals* dans le Sud esclavagiste des États-Unis. La création musicale noire, avec ses percussions, ses rythmes, n'a cessé de s'élargir au monde. En Afrique du Sud, le « kwaïto », métissage de musiques puisant ses sources aussi bien à Londres qu'à Chicago ou Kingstown, est devenu le compagnon obligé de toutes les manifestations de la jeunesse. Une « tricontinentale » du rap rapproche les jeunes Noirs des villes d'Amérique, d'Afrique et d'Europe. Le rap dans toutes ses variantes a conquis les jeunes Africains. Les stars de la chanson, comme le « Zaïrois » Koffi Olomide en 2000 ou Youssou N'Dour en 2010, qui remplissent le palais omnisport de Bercy contribuent à lui donner ses lettres de noblesse. Cela n'est certes pas anodin car les courants musicaux participent plus ou moins ouvertement à la vie politique. En Côte d'Ivoire, la contestation étudiante contre le président Konan Bédié, au milieu des années 1990, a été conduite sur les rythmes du « zouglou » et du reggae ivoirien rendu fameux par Alpha Blondy. Les jeunes Africains, animés d'un sentiment de révolte envers une société peu accueillante, reprennent à leur compte certains des thèmes négro-américains du *black power* pour les dire en musique. Manifestation bruyante de métissages culturels, le rap et ses dérivés se font écho de part et d'autre de l'Atlantique et de la Méditerranée. Papa Wemba, Manu Dibango, Mory Kanté, etc., une pléiade d'artistes francophones font vibrer l'arc euro-africain de la création artistique. Le Belge Stromae (Paul Van Haver) tire ses chansons d'une Europe en crise lançant un autre pont vers l'Afrique de son père rwandais. L'Afrique n'est pas seulement le territoire des médecins sans frontière : elle occupe une place pleine et entière dans un art sans frontière, autre facette de la mondialisation.

Il existe indéniablement un fort potentiel de création en Afrique, dans tous les registres de l'expression artistique. Les influences réciproques, avec les mondes négro-américains et les réseaux euro-africains, ne cessent de l'enrichir. La vision que les populations du Nord portent sur l'Afrique noire, trop souvent misérabiliste dans les médias, est ainsi contrebalancée par ses apports à la culture mondiale. Ceux-ci ne se réduisent d'ailleurs pas à la seule dimension intellectuelle et artistique : ils incluent les manifestations qui valorisent le corps. Dans ce domaine, les performances africaines enrichissent le palmarès de l'athlétisme ; les coureurs de fond des hautes terres éthiopiennes et kenyanes dominent la spécialité. Le football passionne les jeunes de toute l'Afrique. Si la CAN (coupe africaine des nations) enflamme les Africains, la coupe du monde représente une occasion unique pour leurs équipes d'atteindre une audience internationale, ce qui contribue plus que tout à faire connaître leur pays. Les stades, arènes où s'expriment à l'occasion les passions nationales, ont aussi pour vertu de se métamorphoser en lieux où la magie du jeu efface des différences qui, en d'autres circonstances, peuvent engendrer des comportements racistes.

Longtemps confinée dans le local, enfermée dans un ghetto après avoir été assommée par la colonisation, l'Afrique noire renoue avec l'universel. La valorisation réciproque et sans tabou des cultures peut lui permettre de jouer pleinement sa partition dans le concert des nations. La mondialisation lui offre l'occasion de faire reconnaître ses compétences propres et de participer à ces métissages culturels qui enrichissent l'humanité. La relation du continent noir avec le monde ne saurait en effet se réduire à un « économisme » dont les présupposés et les méthodes ont longtemps bridé sa croissance. Le développement de l'Afrique ne dépendrait-il pas plutôt, en dernière instance, de la libération des énergies créatrices, c'est-à-dire en fin de compte des conditions culturelles et politiques qui sous-tendent les mutations en cours ? La génération de l'indépendance, celle qui fut dans sa jeunesse contemporaine des derniers temps de la colonisation, passe la main. Une nouvelle génération prend la relève : c'est à elle qu'incombe désormais de poursuivre le changement.

Documents

Comment l'afrique devient un narco-continent

L'Afrique n'est plus seulement un lieu de transit intercontinental, elle est devenue un espace de production et de consommation. Bref, un nouveau marché de la drogue. Depuis 2009 et l'atterrissage en pleine zone désertique, dans le Nord Mali, d'un Boeing 727 chargé de drogue venu d'Amérique latine on connaît la place de l'Afrique dans les réseaux mondiaux de stupéfiants. Mais, si la collusion entre crime organisé et organisation terroriste habite les esprits, de nouvelles questions se posent sur la place de l'Afrique dans le trafic de drogue.

Tous les regards se sont tournés, depuis l'atterrissage raté d'*« Air Cocaïne »*, vers le crime organisé latino-américain : l'Afrique de l'Ouest est devenue la porte d'entrée de la cocaïne à destination de l'Europe. Si la corruption n'est pas apparue avec Air Cocaïne, elle l'a décuplé dans les services des douanes, dans les ports, dans les milieux militaires, sécuritaires et politiques. Mais, dans le même temps, elle a perturbé la corruption traditionnelle car elle a entraîné un véritable *dumping* qui « fausse » les prix. Si quelques dignitaires (tel le fils du président guinéen Lansana Conté, accusé d'être un « baron de la drogue ») en profitent, les trafiquants de l'espace saharo-sahélien se sont contentés d'ajouter cette marchandise à leur catalogue. Mieux, ils évitent de procéder à une inflation trop forte des bakchichs qui susciterait des rivalités.

Quant à des organisations terroristes telles qu'AQMI, elles n'ont initialement pas eu besoin de cette plus-value fournie par les stupéfiants : le trafic de cigarettes et les rançons d'otages ont fait leur fortune, à l'image de Mokhtar Belmokhtar, surnommé « Mister Marlboro » en raison du succès de ses trafics de cigarettes. En revanche, les différentes organisations terroristes de la région bénéficient du désordre et de la recrudescence de réseaux informels de plus en plus connectés entre trois territoires du *jihad* (Nord-Mali, Sud Libye et Nord-Nigeria).

Au fond, ce sont en premier lieu les États qui ont payé le « prix de la cocaïne » et d'abord le Mali. Derrière l'affichage démocratique du régime ATT, les institutions étatiques – à tous les échelons – ont été profondément vérolées par la corruption liée au trafic de drogue. De sorte que les institutions internationales ont jeté sur certaines républiques africaines l'accusation de « narco-États » : la Guinée Bissau fut la première à recevoir cette étiquette dès 2009, lorsque les masses d'argent générées par la « coke » auraient dépassé le PIB national. Mais aux yeux de nombreux spécialistes, cette étiquette risque de faire basculer dans l'excès inverse, en aggravant la crise de l'État en Afrique – à l'image du cas béninois. La drogue a été, certes, un amplificateur des corruptions ; mais aucun État africain ne vit, comme en Colombie, au rythme des cartels de la drogue. En outre, les États d'Afrique de l'Ouest étant de plus en plus intégrés les uns aux autres, aucun « narco État » n'existe sans un voisin « propre » où l'argent de la drogue se trouve blanchi.

La « coke » masque cependant deux autres trafics, non moins prospères.

Historiquement, la plus ancienne production est la résine de cannabis notamment au Maroc – évaluée à près du tiers du PIB réel du pays. Exportée en Europe via Gibraltar et les célèbres *go fast*, elle est aussi (et surtout ?), exportée via la Mauritanie et la bande saharo-sahélienne, vers le Golfe arabique. Ce trafic alimente incontestablement les organisations criminelles locales (sans doute plus que la cocaïne), au point que le régime du général Mohamed Ould Abdel Aziz, le président mauritanien depuis 2009, fidèle allié militaire de la France dans la lutte anti-AQMI, a décrété « zone militaire » le tiers Nord-Est de la Mauritanie. Les trafics interafricains – et c'est un point clé – se font désormais en suivant les grandes pistes traditionnelles, comme la « route de l'espoir ». Ce quadrillage « routier », aussi bien Nord/Sud qu'Est/Ouest en Afrique de l'Ouest n'a, pour les historiens, rien d'inédit.

Le dernier trafic est plus inédit : pour la première fois, en 2013, est identifié le premier laboratoire africain de méthamphétamine. Il est entre les mains de la mafia Yorouba (Ouest-Nigeria), qui a capitalisé sur la base d'une expérience « chimique » vieille de plus de deux décennies avec le trafic de faux médicaments, connus sous le nom populaire de « kapsol » – une mine d'or et un danger sanitaire ignorés. Le tramadol fut un produit phare de ce trafic. Avec la création de ce premier laboratoire africain de transformation de drogue de synthèse, la mafia Yorouba s'est invitée dans le monde du grand crime organisé. L'influence de cette organisation pèse lourdement sur le fonctionnement de l'État nigérian, mais aussi de son voisin béninois. Connue et redoutée pour son extrême violence dans toute l'Afrique de l'Ouest, la mafia Yorouba modifie profondément les problématiques de la drogue. L'une des hypothèques les plus importantes s'avère la potentielle connexion avec des organisations du crime organisé d'Amérique et d'Europe… *A fortiori* à l'heure où se multiplient les insécurités, propices au développement d'organisations criminelles.

Source : conclusions d'une enquête de Jean-Pierre Bat et Nicolas Courtin, publiées dans *Africa4* (http://libeafrica4.blogs.liberation.fr) du 30 mai 2014.

■ L'Afrique dans l'art mondial : aux origines de l'« art nègre »

C'est à Maurice de Vlaminck qu'on attribue généralement le mérite d'avoir le premier estimé l'art nègre à sa juste valeur. Selon son propre récit, il aperçut en 1905, dans un bistro d'Argenteuil, « deux statuettes du Dahomey peinturlurées d'ocre rouge, d'ocre jaune et de blanc » et « une autre de la Côte d'Ivoire, toute noire ». Alors qu'André Derain et lui n'avaient vu que des « fétiches barbares » dans les objets que leur avait révélés le musée du Trocadéro, il fut profondément ému par ces trois statuettes et obtint de les emporter. À cette première acquisition s'adjoignirent peu après « un grand masque blanc et deux superbes statues de la Côte d'Ivoire » qu'un ami de son père lui donna, en lui disant que « sa femme voulait jeter aux ordures ces horreurs ». Cédé à Derain, le masque tomba sous les yeux de Matisse et de Picasso, qui en furent bouleversés. « Dès lors, ce fut la chasse à l'art nègre », écrit Vlaminck, qui ajoute que

Picasso, « comprenant le premier le parti qu'on pouvait tirer des conceptions plastiques des nègres d'Afrique et des îles océaniennes, les fit progressivement entrer dans sa peinture » et ainsi « détermina un mouvement dont la nouveauté fit croire qu'il était révolutionnaire : *le cubisme* ».

[...] Chez Vlaminck – de même qu'un peu plus tard chez Amedeo Modigliani – on trouve la marque de l'art nègre, mais il s'agit d'une influence purement stylistique qui ne résulte pas d'une véritable réflexion sur les modes de figuration et de construction mis en œuvre par les sculpteurs africains. De même, les expressionnistes allemands – ceux du groupe *Die Brücke* dont les animateurs Ernst Ludwig Kirchner et Carl Schmidt-Rottluff, vers l'époque où Derain et Vlaminck fréquentaient le Trocadéro, découvrirent les beautés du Musée ethnographique de Dresde, ceux encore qui en 1912 à Munich publièrent sous la direction de Wassili Kandinsky et Franz Marc, dans le cadre de l'almanach *Der Blaue Reiter*, un recueil où sont reproduites plusieurs pièces africaines et océaniennes – ne s'attachèrent apparemment pas à pénétrer la structure de ces œuvres. Réagissant d'une manière toute romantique, ils furent sensibles surtout à ce que l'un des plus notoires historiens de l'art africain, Eckart von Sydow, a nommé leur « contenu émotionnel mystique », alors que, suivant le même auteur, les cubistes retenaient bien plutôt le « caractère architectural » dont sont empreintes, dans l'ensemble, les sculptures africaines.

Michel Leiris et Jacqueline Delange, *Afrique noire. La création artistique*,
Paris, Gallimard, coll. « L'Univers des formes », 1967, p. 8.

Orientation bibliographique

■ *Ouvrages généraux*

D'Almeida-Topor Hélène, *L'Afrique au xxe siècle*, Paris, 2003.

Atlas de l'Afrique, Paris, Les éditions du Jaguar, 2009.

Atlas historique de l'Afrique, Paris, Les éditions du Jaguar, 1988.

Balandier Georges, *Afrique ambiguë*, Paris, Plon, 1957.

Bart François, Bonvallot Jacques, Pourtier Roland (dir.), *Regards sur l'Afrique*, Paris, Historiens et Géographes n° 379, 2002.

Bart François (dir.) *L'Afrique. Continent pluriel*, Paris, SEDES, 2003.

Bossard Laurent (dir.), *Atlas régional de l'Afrique de l'Ouest,* Paris, OCDE, CSAO, 2009.

Brunel Sylvie, *L'Afrique. Un continent en réserve de développement*, Paris, Éditions Bréal, 2004.

Bulletin de l'Association de Géographes Français (BAGF), *Cinquante ans d'indépendance africaine,* Paris, mars 2010.

Chaléard Jean-Louis, Chanson-Jabeur Chantal, Béranger Chantal (dir.), *Le chemin de fer en Afrique*, Paris, PRODIG-SEDET, Karthala, 2006.

Cheneau-Loquay Annie (dir.) *Accès aux nouvelles technologies en Afrique et en Asie. TIC et service universel,* Paris, L'Harmattan, 2009.

Coquery-Vidrovitch Catherine, *Afrique noire, permanences et ruptures*, Paris, Payot, 1985.

Cour Jean Marie, Snrech Serge (dir), *Pour préparer l'avenir de l'Afrique de l'Ouest : une vision à l'horizon 2020*, Paris, Club du Sahel, OCDE, 1998.

Courade Georges, *Les Afriques au défi du xxie siècle*, Paris, Belin, 2014.

Dubresson Alain, Moreau Sophie, Raison Jean-Pierre, Steck Jean-Fabien, *L'Afrique subsaharienne. Une géographie du changement*, Paris, Armand Colin, 1998, 3e éd. 2011.

Dubresson Alain, Marchal Jean-Yves, Raison Jean-Pierre (dir.), *Les Afriques au sud du Sahara*, Paris, Belin-Reclus, Géographie Universelle, 1994.

Dumont René, *L'Afrique noire est mal partie*, Paris, Seuil, 1962.

Gallais Jean, *Les Tropiques, terres de risques et de violences,* Paris, Armand Colin, 1994.

Giri Jacques, *L'Afrique en panne. Vingt-cinq ans de « développement »,* Paris, Karthala, 1986.

Gourou Pierre, *L'Afrique*, Paris, Hachette, 1970.

Gourou Pierre, *Terres de Bonne Espérance. Le monde tropical*, Paris, Plon, 1982.

Hugon Philippe, *L'économie de l'Afrique*, Paris, La découverte, 1993, 6e éd. 2009.

Hugon Philippe, *Géopolitique de l'Afrique*, Paris, SEDES, 2007.

Jacquemot Pierre, *Économie politique de l'Afrique contemporaine*, Paris, Armand Colin, 2013.

Kabou Axelle, *Et si l'Afrique refusait le développement ?*, Paris, L'Harmattan, 1991.

MAGRIN Géraud, *Voyage en Afrique rentière. Une lecture géographique des trajectoires du développement*, Paris, Publications de la Sorbonne, 2013.

PÉLISSIER Paul, *Campagnes africaines en devenir*, Paris, Arguments, 1995.

Perspectives économiques en Afrique, 2014, Paris, OCDE, Banque Africaine de Développement, PNUD, 2014.

POURTIER Roland, *Atlas de la zone franc en Afrique subsaharienne. Monnaie, économie, société*, Paris, Ministère de la Coopération, La documentation française, 1995.

RETAILLÉ Denis (dir.), « L'Afrique », *L'information géographique*, hors série, n° 1, 2003.

SAUTTER Gilles, *Parcours d'un géographe. Des paysages aux ethnies, de la brousse à la ville, de l'Afrique au monde*, Paris, Arguments, 2 vol. 1994.

SELLIER Jean (dir.), *Atlas des peuples d'Afrique*, Paris, Éd. La Découverte, 2003.

SMITH Stephen, *Négrologie. Pourquoi l'Afrique meurt,* Paris, Calmann-Lévy, 2003.

SEVERINO Jean-Michel, Ray Olivier, *Le temps de l'Afrique*, Paris, Odile Jacob, 2010.

VOLVEY Anne (dir.), *L'Afrique*, Atlande, 2005.

Collectif, *Tropiques, lieux et liens*, Paris, ORSTOM, 1989.

■ *Population*

Atlas des migrants en Europe. Géographie critique des politiques migratoires, Paris, Armand Colin, 2009.

CAMBRÉZY Luc, *Réfugiés et exilés. Crise des sociétés, crise des territoires*, Paris, Éditions des archives contemporaines, 2001.

CAMBRÉZY Luc, Lassailly-Jacob Véronique (dir.), *Populations réfugiées : de l'exil au retour*, Paris, IRD, 2001.

GUICHAOUA André (dir.), *Exilés, réfugiés, déplacés en Afrique centrale et orientale*, Paris, Karthala, 2004.

FERRY Benoît (dir.), *L'Afrique face à ses défis démographiques. Un avenir incertain*, Paris, AFD-CEPED-Karthala, 2007.

LASSAILLY-JACOB Véronique, MARCHAL Jean-Yves, QUESNEL André (dir.*), Déplacés et réfugiés. La mobilité sous contrainte*, Paris, IRD, 1999.

DUREAU Françoise, *Migration et urbanisation. Le cas de la côte d'Ivoire*, Paris, ORSTOM, 1987.

GRUENAIS Marc-Eric, POURTIER Roland (dir.), *La santé en Afrique. Anciens et nouveaux défis*, Paris, Afrique contemporaine n° 195, juillet-septembre, La documentation Française, 2000.

NOIN Daniel, *La population de l'Afrique subsaharienne*, Paris, UNESCO, 1999.

PNUD, *Lever les barrières : mobilité et développement humain*, Rapport annuel, 2009.

ROBIN Nathalie, *Atlas des migrations ouest-africaines vers l'Europe, 1985-1993*, Paris, ORSTOM, 1997.

TABUTIN Dominique (dir.), *Population et sociétés en Afrique au sud du Sahara*, Paris, L'Harmattan, 1988.

■ *Milieux naturels*

AUBRÉVILLE André, *Climats, forêts et désertification de l'Afrique tropicale*, Paris, Société d'édition de géographie maritime et coloniale, 1949.

DEMANGEOT Jean, *Tropicalité. Géographie physique intertropicale,* Paris, Armand Colin, 1999.

GAUD Michel, PONTIÉ Guy (dir), *L'environnement en Afrique*, Paris, Afrique contemporaine n° 161, janvier-mars, La documentation Française, 1992.

HIRSCH Bertrand, ROUSSEL Bernard, VERDEAUX François, FAUVELLE-AYMAR François-Xavier, *Le Rift est-africain. Une singularité plurielle*, Montpellier, Publication scientifique du muséum, IRD, 2010.

LEROUX Marcel, *Climat de l'Afrique tropicale,* Paris, Champion, 1983.

PETIT Michel, *Géographie physique tropicale. Approche aux études du milieu*, Paris, ACCT, Karthala, 1990.

ROSSI Georges, *L'ingérence écologique. Environnement et développement rural du Nord au Sud,* Paris, CNRS Éditions, 2000.

UICN, Union mondiale pour la nature, *L'Atlas pour la conservation des forêts tropicales d'Afrique*, Paris, Jean-Pierre de Monza, 1996.

DE WEISSEIGE (coordinateur), *Les forêts du bassin du Congo. État des Forêts 2008*, Luxembourg, Communautés européennes, 2009.

■ *Agriculture, société rurale*

Agriculture familiale en Afrique sub-saharienne, Afrique contemporaine n° 217, Paris, Bruxelles, AFD, De Boeck, 2006.

BLANC PAMARD Chantal, CAMBRÉZY Luc (dir.), *Terre, terroir, territoire. Les tensions foncières*, Colloques et séminaires, Paris, ORSTOM, 1995.

BOUTRAIS Jean, *Hautes terres d'élevage au Cameroun*, Paris, ORSTOM, 2 vol., 1995.

CHALÉARD Jean-Louis, *Temps des villes, temps des vivres. L'essor du vivrier marchand en Côte d'Ivoire*, Paris, Karthala, 1996.

CORMIER-SALEM Marie-Christine, *Gestion et évolution des espaces aquatiques : la Casamance*, Paris, ORSTOM, 1992.

DEVÈZE Jean-Claude (dir.), *Défis agricoles africains,* Paris, Karthala, 2008.

GOUROU Pierre, *L'Afrique tropicale, nain ou géant agricole ?*, Paris, Flammarion, 1991.

GRIFFON Michel, *Nourrir la planète. Pour une révolution doublement verte*, Éd. Odile Jacob, 2006

LAVIGNE DELVILLE Philippe (dir.), *Quelles politiques foncières pour l'Afrique rurale ?* Paris, Karthala, 1998.

LERICOLLAIS André, *Paysans sereer. Dynamiques agraires et mobilités au Sénégal*, Paris, IRD Éditions, 1999.

MARCHAL Jean-Yves, *Yatenga (Nord Haute-Volta). La dynamique d'un espace rural soudano-sahélien*, Paris, ORSTOM, 1983.

PÉLISSIER Paul, *Les paysans du Sénégal. Les civilisations agraires du Cayor à la Casamance*, Saint-Yrieix, Fabrègues, 1966.

RAISON Jean-Pierre (dir.), *Paysanneries malgaches dans la crise*, Paris, Karthala, 1994.

RAKOTO-RAMIARANTSOA Hervé, *Chair de la terre, œil de l'eau. Paysanneries et recompositions des campagnes en Imerina (Madagascar)*, Paris, ORSTOM, 1996.

SEIGNOBOS Christian, THYS Éric (dir.), *Des taurins et des hommes. Cameroun, Nigeria*, Paris, ORSTOM, 1998.

Seignobos Christian, Marzouk Yasmine, Sigaut François (dir.), *Outils aratoires en Afrique. Innovations, normes et traces*, Paris, IRD, Karthala, 2000.

Collectif, *Le développement rural en questions*, Paris, ORSTOM, 1984.

■ *La dimension politique*

Amselle Jean-Loup, Mbokolo Elikia, *Au cœur de l'ethnie. Ethnies, tribalisme et État en Afrique*, Paris, La Découverte, 1985.

Bach Daniel (dir.), *Régionalisation, mondialisation et fragmentation en Afrique subsaharienne*, Paris, Karthala, 1998.

Bat Jean-Pierre, *Le syndrome Foccart. La politique française en Afrique de 1959 à nos jours*, Folio histoire, Gallimard, 2012.

Bayart Jean-François, *L'État en Afrique, la politique du ventre,* Paris, Fayard, 1989.

Braeckman Colette, *Les nouveaux prédateurs. Politique des puissances en Afrique centrale*, Paris, Fayard, 2003.

Bouquet Christian, *Géopolitique de la Côte d'Ivoire,* Paris, Armand Colin, 2e éd. 2008.

Châtaigner Jean-Marc, Magro Hervé (dir.), *États et sociétés fragiles. Entre conflits, reconstruction et développement*, Paris, Karthala, 2007.

Chrétien Jean-Pierre, Prunier Gérard (dir.), *Les ethnies ont une histoire*, Paris, Karthala, 1989.

Collier Paul, Hoeffler Anke, *The Challenge of Reducing the Global Incidence of Civil War*, Oxford University Press, 2004.

GEMDEV, *Les Avatars de l'État en Afrique,* Paris, Karthala, 1997.

Foucher Michel, *Fronts et frontières. Un tour du monde géopolitique*, Paris, Fayard, 1991.

Gascon Alain, *La Grande Éthiopie, une utopie africaine*, Paris, CNRS éditions, 1995.

Glaser Antoine, *AfricaFrance. Quand les dirigeants africains deviennent les maîtres du jeu*. Fayard, 2014

Herbst Jeffrey, *States and Power in Africa : comparative Lessons in Authority and Control*, Princeton, Princeton University Press, 2000.

Igue John, *Le territoire et l'État en Afrique, les dimensions spatiales du développement*, Paris, Karthala, 1995.

Les trajectoires de la Chine-Afrique, Afrique contemporaine n° 228, Bruxelles, De Boeck, 2008.

Mathieu Paul, Willame Jean-Claude (dir.), *Conflits et guerres au Kivu et dans la région des Grands Lacs*, Tervuren, Paris, CEDAF, L'Harmattan, 1999.

Médard Jean-François, *États d'Afrique noire. Formation, mécanismes et crises*, Paris, Karthala, 1991.

Michel Serge, Beuret Michel, *La Chinafrique, Pékin à la conquête du continent*, Paris, Grasset, 2008.

Ngoupandé Jean-Paul, *L'Afrique sans la France : histoire d'un divorce consommé*, Paris, Albin Michel, 2002.

Pétré-Grenouilleau Olivier, *Les traites négrières. Essai d'histoire globale*, Paris, Gallimard, 2004.

Pourtier Roland (dir.), *Géopolitiques africaines*, BAGF, juin 2002.

RAISON Jean-Pierre et MAGRIN Géraud (dir.), *Des fleuves entre conflits et compromis. Essais d'hydropolitique africaine,* Paris, Karthala, 2009.

REYNTJENS Filip, *L'Afrique des Grands Lacs en crise. Rwanda, Burundi, 1988-1994*, Paris, Karthala, 1994.

Structurations stratégiques en Afrique, Les Cahiers de la Revue Défense Nationale, Hors-série, janvier 2010.

TERRAY Emmanuel (dir.), *L'État contemporain en Afrique,* Paris, L'Harmattan, 1987.

VERSCHAVE François-Xavier, *La Françafrique. Le plus long scandale de la République*, Paris, Stock, 1998.

■ *Questions urbaines*

AFD, SEDET, *Africapolis. Dynamiques de l'urbanisation, 1959-2010. Approche géostatistique. Afrique de l'Ouest*, Paris, 2008.

BERTRAND Monique et DUBRESSON Alain (dir.), *Petites et moyennes villes d'Afrique noire*, Paris, Karthala, 1997.

BOPDA Athanase, *Yaoundé et le défi camerounais de l'intégration. À quoi sert une capitale d'Afrique tropicale ?,* Paris, CNRS Éditions, 2003.

CALAS Bernard, *Kampala. La ville et la violence*, Paris-Nairobi, Karthala-IFRA, 1998.

CHOPLIN Armelle, *Nouakchott. Au carrefour de la Mauritanie et du monde*, Paris, Karthala-PRODIG, 2009.

COQUERY-VIDROVITCH Catherine, *Histoire des villes d'Afrique noire. Des origines à la colonisation*, Paris, Albin Michel, 1993.

DORIER-APPRILL Élisabeth, KOUVOUAMA Abel, APPRILL Christophe, *Vivre à Brazzaville. Modernité et crise au quotidien*, Karthala, 1998.

DUBRESSON Alain, *Villes et industries en Côte d'Ivoire. Pour une géographie de l'accumulation urbaine*, Paris, Karthala, 1989.

DUBRESSON Alain et JAGLIN Sylvy, *Le Cap après l'apartheid. Gouvernance métropolitaine et changement urbain,* Paris, Karthala, 2008.

FOURNET-GUERIN Catherine, *Vivre à Tananarive. Géographie du changement dans la capitale malgache*, Paris, Karthala, 2007.

GERVAIS-LAMBONY Philippe, JAGLIN Sylvy, MABIN Alan, (dir.), *La question urbaine en Afrique australe. Perspectives de recherche*, Paris, Karthala-IFAS, 1999.

GERVAIS-LAMBONY Philippe, NYASSOGBO Gabriel Kwami, *Lomé. Dynamiques d'une ville africaine,* Paris, Karthala. 2007.

GUILLAUME Philippe, *Johannesburg. Géographies de l'exclusion*, Johannesburg, Paris, IFAS, Karthala, 2001.

GODARD Xavier (dir.), *Les transports et la ville en Afrique au sud du Sahara*, Paris, Karthala, INRETS, 2002.

HOUSSAY-HOLZSCHUCH Myriam, *Le Cap ville sud-africaine. Ville blanche, vies noires*, Paris, L'Harmattan, 1999.

HUGON Philippe, POURTIER Roland (dir.), *Villes d'Afrique*, Afrique contemporaine, n° 168, Paris, La documentation Française, 1993.

JAGLIN Sylvy, *Services d'eau en Afrique subsaharienne. La fragmentation urbaine en question*, Paris, CNRS éditions, 2005.

MORELLE Marie, *La rue des enfants, Les enfants des rues. Yaoundé et Antananarivo*, Paris, CNRS Éditions, 2007.

PÉROUSE DE MONTCLOS Marc-Antoine, *Villes et violences en Afrique noire*, Paris, IRD-Karthala, 2002.

PEYROUX Élisabeth, *Windhoek capitale de la Namibie. Changement politique et recomposition des périphéries*, Johannesburg, Paris, IFAS, Karthala, 2004.

PIERMAY Jean-Luc, *Citadins et quête du sol dans les villes d'Afrique centrale*, Paris, L'Harmattan, 1993.

POURTIER Roland, *Villes africaines*, Paris, La documentation française, 1999.

SALEM Gérard, *La santé dans la ville. Géographie d'un petit espace dense : Pikine (Sénégal)*, Paris, Karthala-ORSTOM, 1998.

VENNETIER Pierre, *Les villes d'Afrique tropicale*, Paris, Masson (2e édition), 1991.

■ *Approches régionales*

Atlas régional des transports et des télécommunications dans la CEDEAO, Paris, Club du Sahel et de l'Afrique de l'Ouest-OCDE, 2005.

BART François, MBONILE MILLINE Jethro, DEVENNE François (dir.), *Kilimandjaro. Montagne, Mémoire, Modernité*, Bordeaux, Espaces tropicaux n° 17, Presses universitaires de Bordeaux, 2003.

BENNAFLA Karine, *Le commerce transfrontalier en Afrique centrale*, Paris, Karthala, 2002.

BISSON Jean, *Mythes et réalités d'un désert convoité : le Sahara*, Paris, L'Harmattan, 2003.

BURGEOT André, *Horizons nomades en Afrique sahélienne. Sociétés, développement et démocratie*, Paris, Karthala, 1999.

COLL Jean-Louis, GUIBBERT Jean-Jacques (dir.), *L'aménagement au défi de la décentralisation en Afrique de l'Ouest*, Toulouse, Presses Universitaires du Mirail, 2005.

CORMIER-SALEM Marie-Christine, *Rivières du Sud. Sociétés et mangroves ouest-africaines*, Paris, IRD Éditions, 1999.

CÔTE Marc, *Le Sahara. Barrière ou Pont*, Presses Universitaires de Provence, 2014.

DAMON Jacqueline, IGUÉ John (dir), *L'Afrique de l'Ouest dans la compétition mondiale. Quels atouts possibles ?*, Paris, Club du Sahel et de l'Afrique de l'Ouest-OCDE, Karthala, 2003.

GALLAIS Jean, *Hommes du Sahel*, Paris, Flammarion, 1984.

GASCON Alain, *Sur les hautes terres comme au ciel. Identités et territoire en Éthiopie*, Paris, Publications de la Sorbonne, 2006.

GERVAIS-LAMBONY Philippe, *L'Afrique du Sud et les États voisins*, Paris, Armand Colin, 1997.

GRÉGOIRE Emmanuel, *Touaregs du Niger. Le destin d'un mythe*, Paris, Karthala, 1999.

LESOURD Michel, *État et société aux îles du Cap-Vert*, Paris, Karthala, 1995.

LINIGER-GOUMAZ, *La Guinée Équatoriale convoitée et opprimée. Aide-mémoire d'une démocrature 1968-2005*, Paris, L'Harmattan, 2005.

MAGRIN Géraud, *Le sud du Tchad en mutation, des champs de coton aux sirènes de l'or noir*, Montpellier, Saint-Maur-des-Fossés, CIRAD, Éditions Sépia, 2001.

Marysse Stefaan, Reyntjens Filip (dir.) *L'Afrique des Grands Lacs*, Annuaire, depuis 1996.

Pourtier Roland, *Le Gabon, tome 1 Espace, histoire, société ; tome 2 État et développement*, Paris, L'Harmattan, 1989.

Prunier Gérard (dir.), *L'Éthiopie contemporaine*, Addis-Abeba, Paris, CFEE, Karthala, 2007.

Raison Jean-Pierre, *Les Hautes Terres de Madagascar*, Paris, Karthala-ORSTOM, 1984.

Sautter Gilles, *De l'Atlantique au fleuve Congo, une géographie du sous-peuplement*, Paris-La Haye, Mouton, 1966.

Seignobos Christian et Tourneux Henry, *Le Nord-Cameroun à travers ses mots*, Paris, IRD-Karthala, 2002.

Trefon Théodore (dir.), *Réforme au Congo (RDC). Attentes et désillusions*, Tervuren, Paris, Africa Studies, L'Harmattan, 2009.

TABLE DES MATIÈRES

Table des cartes

Table des documents

PAPIER À BASE DE FIBRES CERTIFIÉES

hachette s'engage pour l'environnement en réduisant l'empreinte carbone de ses livres. Celle de cet exemplaire est de :
1080 g éq. CO_2
Rendez-vous sur www.hachette-durable.fr

Achevé d'imprimer en France par Dupli-Print à Domont (95)
Dépôt légal : janvier 2019 - Collection n° 11 - Édition 04
N° d'impression : 2018113118
14/0341/9

